U0605667

权威·前沿·原创

皮书系列为
"十二五""十三五""十四五"时期国家重点出版物出版专项规划项目

BLUE BOOK

智 库 成 果 出 版 与 传 播 平 台

乡村振兴蓝皮书
BLUE BOOK OF RURAL REVITALIZATION

# 桂林乡村振兴发展报告（2021~2022）
REPORT ON GUILIN RURAL REVITALIZATION AND DEVELOPMENT (2021-2022)

主　编／贺祖斌　赵奇玲
副主编／林春逸　魏承林

桂林发展研究院
西部乡村振兴研究院／研创
珠江—西江经济带发展研究院

社会科学文献出版社
SOCIAL SCIENCES ACADEMIC PRESS（CHINA）

图书在版编目（CIP）数据

桂林乡村振兴发展报告 . 2021-2022 / 贺祖斌，赵奇
玲主编 . --北京：社会科学文献出版社，2023.5
（乡村振兴蓝皮书）
ISBN 978-7-5228-1440-7

Ⅰ.①桂… Ⅱ.①贺… ②赵… Ⅲ.①农村-社会主
义建设-研究报告-桂林-2021-2022 Ⅳ.①F327.673

中国国家版本馆 CIP 数据核字（2023）第 029681 号

乡村振兴蓝皮书
# 桂林乡村振兴发展报告（2021~2022）

主　　编 / 贺祖斌　赵奇玲
副 主 编 / 林春逸　魏承林

出 版 人 / 王利民
组稿编辑 / 周　丽
责任编辑 / 徐崇阳
文稿编辑 / 白　银
责任印制 / 王京美

出　　版 / 社会科学文献出版社·城市和绿色发展分社（010）59367143
　　　　　地址：北京市北三环中路甲 29 号院华龙大厦　邮编：100029
　　　　　网址：www.ssap.com.cn
发　　行 / 社会科学文献出版社（010）59367028
印　　装 / 天津千鹤文化传播有限公司

规　　格 / 开 本：787mm×1092mm　1/16
　　　　　印 张：23　字 数：348 千字
版　　次 / 2023 年 5 月第 1 版　2023 年 5 月第 1 次印刷
书　　号 / ISBN 978-7-5228-1440-7
定　　价 / 168.00 元

读者服务电话：4008918866

▲ 版权所有 翻印必究

# 《桂林乡村振兴发展报告（2021~2022）》
# 编辑委员会

主　　编　　贺祖斌　赵奇玲

副 主 编　　林春逸　魏承林

编　　委　（按姓氏笔画排序）

马姜明　伍先福　李强谊　　肖富群　张海丰

陆　军　欧吉兵　欧阳修俊　罗宇溪　钟学思

莫燕华　徐其龙　梁　君　　谭智雄

英文翻译　　罗宇溪

# 主要编撰者简介

贺祖斌　1965 年生，广西灌阳人，二级教授，教育学博士，博士生导师。广西师范大学党委副书记、校长，广西社科联副主席，自治区政协委员，广西师范大学西部乡村振兴研究院院长，中宣部全国文化名家暨"四个一批"人才，享受国务院政府特殊津贴专家，广西优秀专家。厦门大学、华中科技大学兼职教授、博士生导师，中国教育发展战略学会高等教育专业委员会副理事长。主持完成国家社会科学基金项目、全国教育科学规划项目等 20 余项；出版《高等教育生态论》《区域高等教育发展论》《高等教育质量论》等论著 18 部，发表学术论文 160 余篇；获国家教学成果奖 2 项、自治区教学成果一等奖 5 项、广西社会科学优秀成果一等奖 3 项。研究方向为高等教育生态与管理、区域经济与高等教育、乡村振兴等。

林春逸　1967 年生，广西昭平人，二级教授，法学博士，博士生导师。广西师范大学党委常委、副校长，广西人文社会科学发展研究中心主任，广西师范大学西部乡村振兴研究院副院长，兼任全国普通高校毕业生就业创业指导委员会委员、广西高校课程思政建设专家咨询委员会主任委员等职务。先后被评为"全国优秀教师"、"全国高校优秀思想政治理论课教师"、"全国高校思想政治理论课教学能手"、"广西文化名家"及"四个一批"人才等，入选"全国高校优秀中青年思想政治理论课教师择优资助计划"。主持完成国家社会科学基金项目、教育部人文社会科学研究项目、广西重大课题、广西特色新型智库联盟重大课题等 10 余项；出版学术著作 4 部，发表论文 60 余篇。研究方向为马克思主义发展理论、思想政治教育发展、发展伦理与文化发展等。

# 序　言

2017 年 10 月 18 日，习近平总书记在党的十九大报告中首次提出乡村振兴战略，实施乡村振兴战略是党中央在新时代做出的重大决策部署。"务农重本，国之大纲"，"三农"问题是关乎民生福祉的根本性问题，必须始终把解决好"三农"问题作为全党工作的重中之重。2021 年，《中共中央国务院关于全面推进乡村振兴加快农业农村现代化的意见》指出，要全面推进乡村振兴，实现巩固拓展脱贫攻坚成果同乡村振兴有效衔接、举全党全社会之力加快农业农村现代化、大力实施乡村建设行动、加强党对"三农"工作的全面领导，不断满足人民对美好生活的向往。2021 年 4 月，正值全面推进乡村振兴开局之年和"两个一百年"奋斗目标的重要历史交汇期，习近平总书记亲临桂林视察，做出一系列重要指示，强调全面推进乡村振兴，要立足特色资源，坚持科技兴农，因地制宜发展乡村旅游、休闲农业等新产业新业态，贯通产加销，融合农文旅，为桂林全面推进乡村振兴确标定向、擘画蓝图，全市上下倍感振奋、深受鼓舞。桂林市委、市政府团结带领全市各族人民，坚持以习近平新时代中国特色社会主义思想和党的二十大精神为指引，把习近平总书记视察桂林重要指示精神作为主题主线，坚定乡村振兴、产业先行的发展方向，奋力谱写建设乡村振兴的"桂林样本"。

在新的历史发展时期，桂林市在扎实推进乡村振兴的过程中迎来诸多机遇与优厚条件，同时面临一系列挑战和亟须补齐的短板。本书立足桂林市发展的新定位新要求，科学评估 2021～2022 年桂林市乡村振兴所取得的显著成就，揭示桂林市高质量推进乡村振兴的现实困境，提出未来精准实施乡村振兴战略的思路与对策。在进一步巩固脱贫攻坚和"美丽桂林"建设成果，实现与国家全面推进乡村振兴战略有效衔接，引领经济社会高质量发展的伟大进程中，桂林市通过编撰蓝皮书的方式为经济社会平稳健康可持续发展和高质量推进乡村全面振兴提供战略性和前瞻性的研究成果。

本书由桂林发展研究院、广西师范大学西部乡村振兴研究院、广西师范大学珠江—西江经济带发展研究院组织新型智库专家、高校学者以及政府研究人员撰写完成。本书的撰写多次得到桂林市委、市政府主要领导的关心和指导。在此，衷心感谢桂林市委、市政府的大力支持和帮助。

《桂林乡村振兴发展报告（2021~2022）》的编撰从党和国家事业发展全局出发，坚持以习近平新时代中国特色社会主义思想为指导，坚决贯彻中央和自治区各项决策部署，牢固树立农业农村优先发展理念，坚守保障国家粮食安全和不发生规模性返贫两大底线，全面落实产业兴旺、生态宜居、乡风文明、治理有效、生活富裕的总要求，扎实有序推进乡村发展、乡村建设和乡村治理，建立健全城乡融合发展体制和政策体系，加快农业农村现代化发展步伐，统筹推进"产业振兴、人才振兴、文化振兴、生态振兴、组织振兴"，深入剖析2021年桂林市持续巩固拓展脱贫攻坚成果同乡村振兴有机衔接工作的热点、焦点和难点问题。本书涵盖桂林市农村经济建设、政治建设、文化建设、社会建设、生态文明建设和党的建设等多个领域，体系完备、内容翔实、数据可靠，具有鲜明的时效性、科学性和前沿性，可为政府及社会各界的科学决策提供参考借鉴，有助于推进桂林市乡村振兴战略发展相关议题的深入探讨，奋力书写新时期的"桂林答卷"，也为我国其他地区乡村振兴战略的实施提供"桂林经验"。

民族要复兴，乡村必振兴。乡村振兴是一场攻坚战，更是一场持久战。我们希望以此次图书出版为契机，贯彻落实习近平新时代中国特色社会主义思想，撸起袖子加油干。全面巩固脱贫攻坚伟大成果，保持战略定力、强化底线思维，确保不发生规模性返贫；夯实产业基础，促进乡村产业融合发展，科学规划乡村产业发展体系，提升农业产业化水平；涵养生态文明，着力建设具有民族特色的高品质农村风貌和人居环境；厚植文化力量，深挖红色文化时代内涵，建设世界级文化旅游之都；强化人才支撑，以高质量的发展拉动高水平的人才需求，形成良性共促生态；抓实组织建设，坚持和完善党对乡村振兴的核心领导，加强农村基层党组织组织力建设；坚持和完善乡村治理，立体化布局、差异化实施，开辟一条独具桂林特色的乡村振兴新路子。

　　党的二十大报告再次把全面推进乡村振兴置于重要突出位置，是实现第二个百年奋斗目标的题中之义。新起点、新征程，要将全面推进乡村振兴这张蓝图一绘到底。未来，我们要坚持一以贯之抓落实的战略定力，深入学习贯彻党的二十大精神，将巩固拓展脱贫攻坚成果同乡村振兴有效衔接，为实现桂林乡村振兴而不懈奋斗；持续科学有序推动桂林乡村产业、人才、文化、生态和组织全面振兴，以更大的决心、更明确的目标、更有力的举措，带动广大农民脚踏实地加油干，在中国特色社会主义乡村振兴道路上稳步前进，为绘就壮美桂林乡村振兴画卷贡献新力量。

　　　　　　《桂林乡村振兴发展报告（2021~2022）》编辑委员会
　　　　　　　　　　　　　　　　　　　　　　　　　2022年11月

# 摘　要

　　为全面贯彻落实《中共中央　国务院关于实施乡村振兴战略的意见》、《中共中央　国务院关于实现巩固拓展脱贫攻坚成果同乡村振兴有效衔接的意见》及《中共广西壮族自治区委员会关于实施乡村振兴战略的决定》等文件精神，桂林立足区域发展实际，多措并举，扎实推进乡村产业、人才、文化、生态、组织振兴，2020年、2021年连续两年居广西乡村振兴实绩考核首位，打造了乡村振兴"桂林样板"。

　　《桂林乡村振兴发展报告（2021~2022）》由总报告、分报告、专题报告和附录四个部分构成。总报告在回顾桂林乡村振兴发展背景的基础上，重点对桂林乡村振兴所取得的成效进行了阐述和分析，并从机制保障视角为桂林全面深入推进乡村振兴提出了有关政策建议。总报告认为，2021年以来桂林在农产品高质量发展、乡村产业结构调整、乡村人才培育、乡风文明建设、宜居乡村打造、乡村治理创新等方面取得可喜成就，后续应全力做好机制保障工作，争取让桂林乡村振兴更上一层楼。

　　分报告以乡村产业、人才、文化、生态、组织"五大振兴"为框架，依次对桂林乡村产业振兴、人才振兴、文化振兴、生态振兴、组织振兴等方面的典型议题进行了专门调查和研究。其中，《桂林乡村产业振兴调查与研究报告》对特色产业发展、产业科技创新、产业品牌塑造、产业帮扶振兴等内容进行了总结和分析；《桂林乡村人才振兴调查与研究报告》对缺才、流才、忽才、混才、断才、分才、费才等典型问题及相应举措进行了全面论述；《桂林乡村文化振兴调查与研究报告》对思想引领、文化传承、文明传习、惠民文化体系等核心议题进行了深入探讨;《桂林乡村生态振兴调查与研究报告》对人居环境改善、农业环境污染系统治理等方面取得的成效进行了概括,并针对存在的问题提出了解决对策;《桂林乡村组织振兴调查与研究报告》对"党建+N"、基层"微治理"等基本模式进行了提炼,并认为应针对乡村组织振兴典型问题采取相应举措。

专题报告主要聚焦阳朔民宿发展和乡村振兴典型案例。其中,《乡村振兴背景下阳朔民宿发展调查研究》重点对乡村振兴实践中阳朔民宿发展的基本现状、存在的问题、发展特点、基本经验等进行系统归纳和提炼总结,并针对阳朔民宿发展存在的典型问题提出相应对策建议。《桂林乡村振兴典型案例分析》选取桂林乡村产业振兴、文化振兴、组织振兴、人才振兴、生态振兴五个方面的典型案例,通过剖析 5 个典型案例实施乡村振兴战略的主要措施和取得的成效,总结其成功的经验,为桂林市实现乡村全面振兴提供启示。此外,附录对 2021~2022 年桂林乡村振兴的一些典型事件进行了梳理。

**关键词:** 乡村振兴 阳朔民宿 桂林

# 目 录 ⬈

## Ⅰ 总报告

## Ⅱ 分报告

## Ⅲ 专题报告

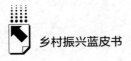

# Ⅳ　附录

皮书数据库阅读**使用指南**

# 总 报 告

## General Report

**B.1**
# 桂林乡村振兴发展成效及机制保障

贺祖斌 林春逸 李强谊*

**摘　要：** 桂林市深入学习贯彻落实国家、广西关于乡村振兴战略的重要论述，齐抓共管聚合力、扎实整改促振兴。本报告紧密围绕《中共中央　国务院关于做好 2022 年全面推进乡村振兴重点工作的意见》的重要指示和发展目标，回顾总结与系统评估桂林市乡村振兴重点工作情况与成效。桂林市始终牢牢守住不发生规模性返贫的底线，有效巩固拓展脱贫攻坚成果；深入实施"藏粮于地、藏粮于技"战略，提升农产品供给保障能力；紧盯"两个关键"，推动农业农村现代化，充盈乡村发展之"实"；扎实推进

* 贺祖斌，博士，广西师范大学党委副书记、校长，教授，博士生导师，广西社科联副主席，自治区政协委员，广西师范大学西部乡村振兴研究院院长，研究方向为高等教育生态与管理、区域经济与高等教育、乡村振兴等；林春逸，博士，广西师范大学党委常委、副校长，教授，博士生导师，广西人文社会科学发展研究中心主任，广西师范大学西部乡村振兴研究院副院长，研究方向为马克思主义发展理论、思想政治教育发展、发展伦理与文化发展等；李强谊，博士，广西师范大学经济管理学院副教授，广西师范大学珠江—西江经济带发展研究院研究员，研究方向为资源与环境经济学。

美丽宜居乡村建设，塑造美丽乡村之"形"；聚焦"实""调""建""织""树"，攻坚"新难点"，铸牢乡村治理之"魂"。但现阶段农村生产生活和公共服务设施建设等存在短板。本报告继而提出全面推进桂林市乡村振兴的基本对策：坚守"两条底线"，强化机制创新；聚焦"三项重点"，夯实发展成果。桂林市以昂扬的精神状态、务实的工作作风学习宣传贯彻党的二十大精神，持续聚焦重难点精准发力，努力在新征程上开创乡村振兴新局面。

**关键词：** 乡村振兴　农业农村现代化　乡村发展　美丽宜居　乡风文明

# 一　桂林推进乡村振兴的基本背景

农为邦本，本固邦宁。中华文明根植于农耕文明，但在经济社会发展进程中，"农业边缘化""农村空心化""农民老龄化"现象凸显。[①] 城镇化的推进，造成第二产业和第三产业的占比迅速上升，2020 年工业服务业劳动生产率是农业劳动生产率的 3.1 倍，农村土地"抛荒"现象日益严重。同时，农村人口大量外移，其中青壮年人口流失问题极其严峻，使"老人农业"现象更为突出。此外，城镇居民和农村居民收入差距不断扩大，《中国住户调查年鉴—2021》显示，2020 年全国居民人均可支配收入基尼系数已经高达 0.47，城镇居民和农村居民收入差距大是导致全国居民收入不均衡的主要因素，低收入农民群体仍较为庞大。

"三农"问题是关乎国计民生的根本性问题，破解"三农"问题已然成为党和国家工作的重中之重。2018 年中央一号文件《中共中央　国务院关于实施乡村振兴战略的意见》指出，实施乡村振兴战略，是新时代"三农"工作

---

① 陈文胜主编《湖南乡村振兴报告（2022）》，社会科学文献出版社，2022；项继权、周长友：《"新三农"问题的演变与政策选择》，《中国农村经济》2017 年第 10 期。

的总抓手。乡村全面振兴，是部署和落实这一战略的总目标和关键所在。聚焦产业兴旺、生态宜居、乡风文明、治理有效和生活富裕的总要求，着力推进乡村产业振兴、人才振兴、文化振兴、生态振兴和组织振兴，奋力开创农业强、农村美、农民富的新局面。2020年，脱贫攻坚目标顺利实现，但"脱贫摘帽不是终点，而是新生活、新奋斗的起点"[1]。推动脱贫攻坚和乡村振兴有机衔接，对于保障困难群众基本生活、巩固脱贫攻坚成果具有重大意义。现阶段，叠加世界百年未有之大变局等因素影响，牢牢守住保障国家粮食安全和不发生规模性返贫两条底线，有序推进"乡村发展、乡村建设、乡村治理"三项重点工作大为重要。乡村振兴工作如火如荼开展，全国各地立足新发展阶段，稳住农业基本盘，以便有效发挥"三农"压舱石作用。

广西拥有天然的水路运输条件，地理位置特殊，作为中国"南大门"，是东盟与我国有效衔接的重要节点，肩负"东西往来"和"南北交流"的职责和使命。广西应厚积薄发，贯彻新发展理念，谋篇布局，为全面融入共建"一带一路"奠定坚实基础，为开创乡村振兴新局面提供保障。广西作为欠发达地区脱贫攻坚战役的主战场之一，交出了一份高质量的脱贫攻坚答卷，历史性地解决了延续千百年的绝对贫困难题。虽然广西减贫成效显著，但富民乡村产业可持续发展不够坚实、产业基础设施建设跟不上等问题仍存在。广西产业结构不合理、农村基础设施较为落后、农民收入水平低等问题亟待解决，农业发展路径亟待厘清，农村要素供给力度亟待加大，农业现代化建设、农村环境治理、文化传承发展等亟待加强。广西地形地貌较为特殊，山多地少，总体是山地丘陵性盆地地貌，四周被山地、高原环绕，中部和南部多丘陵平地，耕地面积压力较大。[2] 2021年4月，习近平总书记在视察广西时强调，"现在全中国56个民族都脱贫了，兑现了我们的庄严承诺。但我们还不能停步，接下来要向着第二个百年奋斗目标新征程迈进，一个民

---

[1] 习近平：《在全国脱贫攻坚总结表彰大会上的讲话》，《人民日报》2021年2月26日，第2版。

[2] 王鹏程等：《广西耕地"非粮化"时空演变及影响因素研究》，《中国农业资源与区划》。网络首发时间：2022年6月24日。

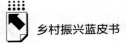 

族也不能少，加油、努力，再长征"。习近平总书记关于"乡村振兴"的指示及视察广西"4·27"重要讲话精神，为广西社会主义新农村建设和共同富裕的推进举旗定向、领航掌舵。实施乡村振兴战略，是建设"壮美广西"的磅礴伟力，还是助推富民兴桂的必然要求，更是实现共同富裕的关键一招。

2018年，全区构建具有广西特色的"四梁八柱"政策体系，多举措扎实全面推进乡村振兴各项工作，围绕基础设施、公共服务、特色产业三个方面，大力实施乡村振兴三年行动计划，努力谱写乡村振兴新篇章，这也是中国旅游业风向标——桂林市的头等大事。桂林市统计局资料显示①，2021年桂林市城乡居民人均可支配收入差额达21746元，农村居民可支配收入仅为18993元/人。桂林市农村基础设施和公共服务建设长期滞后，农业机械化水平与全国整体水平仍有较大差距，农业科研体系尚不健全，农业新技术应用范围十分有限，农村耕地非农化趋势日益加剧，村屯空心化、农户空巢化、农民老龄化现象也比较明显。为奋力开创乡村振兴新局面，防止土地荒芜、农村凋敝、农民流失，桂林要努力实现农业高质高效、农村宜居宜业、农民富裕富足，争做广西乡村振兴"排头兵"，在中西部地区乡村振兴中发挥示范引领作用。全面推进乡村振兴，是桂林市的一项重大使命、重大决策和重大挑战，是践行"两山"理念样板地的题中之义，是桂林"三农"工作补齐短板的现实需求。桂林市要以山水秀甲天下的独特优势为"底板"，补齐发展"短板"，绘就乡村振兴秀美画卷，为广西实施乡村振兴战略提供更多的桂林经验、桂林方案和桂林样本。

## 二 桂林乡村振兴取得的显著成效

为落实"全面推进乡村振兴"的战略定位与使命任务，牢记嘱托谱新篇。2021年桂林市踔厉奋发，全方位夯实粮食安全根基，对标对表织牢防

---

① 《居民收入实现较快增长生活水平持续提高——党的十八大以来桂林市经济社会发展成就系列之十》，桂林市统计局网站，2022年10月26日，https：//tjj.guilin.gov.cn/tjfx/202210/t20221026_2395723.html。

贫保障网，以"促发展、抓建设、善治理"为重点，扎实推动乡村产业、人才、文化、生态、组织振兴，行稳致远，奋发有为，让乡村振兴各项工作落到实处、卓有成效（见图1）。

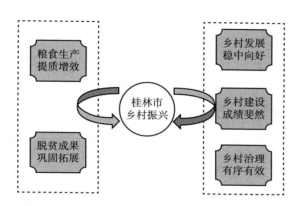

**图1　桂林市乡村振兴"两条底线"与"三个重点"工作成效**

## （一）农产品实现持续有效供给，粮食安全保障稳步强化

国以民为本，民以食为天。桂林作为广西农业大市，素有"桂北粮仓"之美誉。2021年，桂林市各级各部门坚持以乡村振兴统揽新发展阶段"三农"工作，克服新冠疫情、农资涨价等诸多不利因素影响，担当实干、主动作为，致力于从传统"农业大市"大踏步迈向"农业强市"。各部门深入实施"藏粮于地、藏粮于技"战略，强化科技支撑，农业综合生产能力明显提升，农产品供给保障能力稳步提升，农业生态化可持续发展稳步推进，农业现代化水平显著提高。

1. 农产品种植规模与产量稳步提升

2021年，桂林全面落实党中央、国务院战略部署，着力抓好农业稳产保供和农民增收，农村经济持续向好发展，粮食、蔬菜生产保持稳定，水果实现丰产丰收，生猪产能加快恢复，全市农林牧渔业总产值从2012年的429.00亿元提高到2021年的896.79亿元，比2012年增长109.0%，年均增长5.5%（见图2）。其中，农业产值659.92亿元，年均增长6.4%；林业产值 39.18 亿元，年均增长 3.5%；牧业产值 152.43 亿元，年均增长 3.1%；渔业产值 14.89 亿元，年均增长 4.0%；农林牧渔专业及辅助性活动产值 30.37 亿元，年均增长 7.0%。[①] 进入 2022 年，桂林农村经济持续稳定增长，第一季度和第二季度农林牧副渔业实现总产值 245.18 亿元，同比增长 6.2%。[②] 同时，2022 年上半年桂林市第一产业总增加值为 129.16 亿元，所辖 6 区 11 县（市）均有不同幅度的增加。其中，灵川县增加值占比最大，为 12.16%，其他县（市、区）按增加值占比由高到低依次为：全州县、临桂区、平乐县、阳朔县、荔浦市、永福县、恭城县、兴安县、灌阳县、资源县、雁山区、龙胜县、叠彩区、七星区、象山区、秀峰区（见图 3）。

**图 2    2012~2021 年桂林农林牧渔业总产值**

资料来源：桂林市统计局。

（1）粮食生产实现面积、单产、总产三增长。2021 年，全市各地高度重视粮食生产，层层压实粮食生产责任，建基地、抓示范、带规模，全力推动撂荒耕地复耕复种，积极落实相关粮食补贴和奖补政策，提高农民和各类农业生产经营主体种粮积极性，粮食播种面积、单产、总产

---

① 《农村经济蓬勃发展生产能力显著提高——党的十八大以来桂林市经济社会发展成就系列之四》，桂林市人民政府网站，2022 年 10 月 22 日，http：//www.guilin.gov.cn/glsj/sjfb/tjfx/202210/t20221022_ 2394275.shtml。
② 参见桂林市统计局网站。

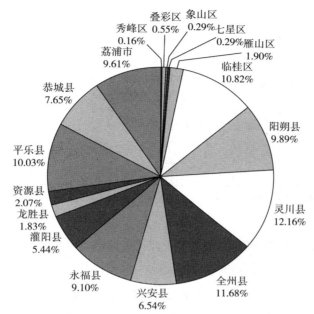

**图3　2022年上半年桂林市各县（区）一产增加值占比**

资料来源：桂林市统计局网站。

继续保持增长态势。2021年，桂林市粮食播种面积510万亩，较2020年增加4.1万亩，增长0.8%；粮食亩产351.29公斤，每亩比2020年增加1.55公斤，增长0.4%；粮食总产量179.16万吨（见表1），比2020年增加2.23万吨，增长1.3%。

**表1　2017～2021年桂林主要农产品产量**

单位：万吨

| 主要农产品 | 2017年 | 2018年 | 2019年 | 2020年 | 2021年 |
|---|---|---|---|---|---|
| 粮食 | 195.79 | 175.98 | 169.00 | 176.93 | 179.16 |
| #稻谷 | 154.84 | 137.92 | 132.22 | 137.26 | 139.07 |
| 玉米 | 20.61 | 19.89 | 19.55 | 22.32 | 22.64 |
| 豆类 | 6.85 | 6.71 | 6.41 | 7.11 | 7.20 |
| 薯类（折粮） | 12.39 | 9.81 | 9.30 | 9.22 | 9.20 |
| 油料 | 7.78 | 2.55 | 8.09 | 8.38 | 8.45 |
| #花生 | 7.07 | 1.92 | 6.98 | 7.23 | 7.27 |

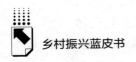
续表

| 主要农产品 | 2017 年 | 2018 年 | 2019 年 | 2020 年 | 2021 年 |
|---|---|---|---|---|---|
| 糖类（甘蔗） | 40.09 | 0.35 | 28.75 | 27.77 | 26.98 |
| 水果产量 | 539.74 | 563.52 | 678.29 | 792.02 | 914.35 |
| #柑橘 | 323.04 | 364.6 | 458.18 | 551.98 | 643.29 |
| 蔬菜产量 | 431.32 | 485.56 | 499.60 | 533.65 | 546.59 |
| 肉类总产量 | 54.34 | 55.61 | 50.54 | 47.95 | 56.73 |
| #猪肉 | 32.37 | 33.32 | 25.73 | 23.78 | 33.37 |
| 水产品产量 | 13.04 | 9.63 | 10.08 | 10.27 | 10.64 |
| 禽蛋产量 | 6.59 | 5.24 | 5.75 | 3.79 | 3.80 |

资料来源：2017～2021 年桂林市国民经济和社会发展统计公报。

（2）蔬菜生产平稳发展。随着奖补政策的落地、蔬菜示范点的建立、农作物间套种模式的推广，以及种植高产品种、蔬菜产量提高等一系列"菜篮子"工程的顺利实施，桂林市蔬菜生产实现平稳发展。2021 年，全市蔬菜（含食用菌）产量 562.20 万吨，同比增长 5.4%①。2022 年上半年，全市蔬菜（含食用菌）总产量 258.20 万吨，较上年同期增加 15.19 万吨，同比增长 6.3%；其中，食用菌总产量 6.61 万吨，较上年同期增加 1.47 万吨，同比增长 28.7%。

（3）水果实现丰产丰收。桂林市各级党委、政府加大对水果生产的政策扶持力度，加强技术指导，种植面积相对稳定，且全市大部分果树处于挂果丰产期，水果产量实现较快增长。以柑橘类为首的水果产业实现高速发展，成为桂林市农业增效、农民增收的助推器。2021 年，全市水果产量达914.35 万吨，同比增长 15.4%。其中：柑橘类水果全年产量达 643.29 万吨，同比增长 16.5%；柿子全年产量达 122.54 万吨，同比增长 12.7%；葡萄全年产量达 47.93 万吨，同比增长 13.3%；李子全年产量达 23.47 万吨，同比增长 20.4%。2022 年上半年，全市水果产量达 366.59 万吨，较上年同期增加 50.21 万吨，同比增长 15.9%，橙、桃和李等主要品种同比均实现两位数增长。

（4）生猪生产实现快速恢复性增长，牛羊禽稳定增产。随着非洲猪瘟

---

① 《2021 年桂林市国民经济和社会发展统计公报》，桂林市人民政府网站，2022 年 4 月 25 日，https：//www.guilin.gov.cn/glsj/sjfb/tjgb/202204/t20220429_ 2263301.shtml。

的有效控制和 2020 年新、改（扩）建养殖场投产，生猪生产实现快速恢复性增长。2021 年，全市生猪存出栏量基本恢复至正常年份水平（见图 4），全市以生猪为重点的畜牧业稳定发展。2021 年，全市生猪出栏 426.49 万头，比 2012 年增长 0.4%；家禽出栏 13646.21 万只，比 2012 年增长 17.2%；全市肉类总产量 56.73 万吨，比 2012 年增长 8.5%。其中：猪肉产量 33.37 万吨，比 2012 年增长 4.8%；牛肉产量 1.64 万吨，下降 1.2%；羊肉产量 0.32 万吨，增长 6.7%；禽肉产量 19.69 万吨，增长 12%。① 2022 年上半年，全市猪肉总产量 17.82 万吨，同比增长 9.8%；生猪出栏 221.10 万头，较上年同期增加 18.43 万头，同比增长 9.1%。②

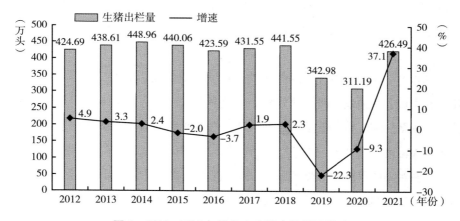

**图 4　2012～2021 年桂林市生猪出栏量及增速**

资料来源：桂林市统计局。

（5）耕地保护成果显著。2021 年，桂林严格按照党中央严守十八亿亩耕地红线的要求，积极出台各项政策，确保粮食播种面积稳定。2021 年 11 月，桂林出台《桂林市耕地保护田长制实施方案》，以开展耕地保护系列专

---

① 《农村经济蓬勃发展生产能力显著提高——党的十八大以来桂林市经济社会发展成就系列之四》，桂林市人民政府网站，2022 年 10 月 22 日，http：//www.guilin.gov.cn/glsj/sjfb/tjfx/202210/t20221022_ 2394275.shtml。

② 《文芳：桂林市 2022 年上半年农村经济保持良好发展》，桂林市人民政府网站，2022 年 8 月 2 日，https：//www.guilin.gov.cn/glsj/sjfb/tjfx/202208/t20220802_ 2343968.shtm。

项行动为具体抓手，全面有序铺开田长制各项工作，力争实现地有人种、田有人管、责有人担。在土壤污染治理方面，全面实施网格化管理，提升耕地保护效率。在基本农田保护方面，则严格按照要求对开发行为进行规范管理，严禁不合规的开发行为。严格要求各类开发建设活动贯彻落实尽量不占或少占耕地的原则，同时，进一步加大撂荒地治理力度。进一步加大撂荒地治理力度。在土壤污染排查方面，积极开展土壤污染排查，推动农业污染物减排和区域环境质量改善。推进土地利用总体规划和永久基本农田划定成果应用，加强农业可耕地土壤治理，积极谋划土地整治工程，不断夯实生态国土空间。桂林完成116个国家土壤环境监测网风险监控点样品采集工作。在土壤综合整治方面，逐步建立健全田长制政策体系，基本构建了耕地保护网格化监管体系。其中，临桂区六塘镇开发宜耕土地后备资源（旱改水）约3500亩。

2019年以来，以灌阳县为代表的种植区，着手高标准农田项目实施。灌阳镇、新街镇、黄关镇、西山瑶族乡等乡镇多个水稻生产重点地区实现扩建和改造，实施新建和改善渠道灌溉、高效节水灌溉管路安装工程，增加了有效灌溉面积，大幅度提高土地质量和土地利用率。同时，形成良好的垃圾处理体系，使土壤被污染的可能性大幅下降，总体确保基本农田总量不减少、用途不改变、质量有提高。2022年，桂林积极对"三低"①果园进行排查登记，具体分析造成这种现象的原因，并积极探究解决这些现实困境的有效路径，积极引导"退果还粮"，使"三低"果园农田重新得到合理高效的利用。截至2022年5月，全市"退果还粮"、撂荒地治理种植粮食面积达5.3万亩。②

### 2. 农业生态化可持续发展稳步推进

2021年，桂林深入学习贯彻习近平生态文明思想，坚持走农业生态化发展道路，积极探索和拓宽绿色农业发展渠道，因地制宜构建生态循环种养体系，同时加强农产品投入市场监管，农业生态化可持续发展取得良好成效。

---

① "三低"：低产、低质、低效。
② 《广西桂林落实粮食安全责任出实招》，光明网，2022年5月12日，http：//difang. gmw. cn/gx/2022−05/12/content_ 35728565. htm。

（1）生态循环种养体系建设取得良好成效。2021年，桂林积极因地制宜开展生态循环种养模式的探索，解决了传统生产方式带来的诸多弊端，大幅减少废弃物的产生与排放，成效显著。如灵川县采取"菌菇尾料+生态养鱼"发展模式，组织桂泰种养专业合作社实施"秀珍菇+姬菇"周年生产良种繁育基地建设项目，解决基地菌菇尾料处理难题，形成基地"菌菇生产—尾料—养鱼"生态循环种养体系。三街镇、灵川镇、潮田乡等乡镇共建立种植赤松茸10亩以上的示范点18个，发展赤松茸种植700多亩。2021年，食用菌（不含灵芝及野生菌）干鲜混合品总产量达2.88万吨，同比增长79.92%。[①]又如兴安县大力推广"稻米菜花肥"生态循环种植模式，全县甜玉米种植面积稳定在10万亩左右，总产量达到13万吨；兴安镇、高尚镇和白石乡等乡镇的高海拔山区，大力发展高山特色绿色蔬菜以及反季节优质蔬菜种植，重点建设全县"菜篮子"生产基地，打造高山特色精品蔬菜品牌形象。[②]

（2）农产品追溯体系为食品安全提供保障。食品安全是关系民生福祉的大事，是社会各界广泛关注的问题。2021年，桂林深入贯彻落实习近平总书记对食品安全提出的"四个最严"要求，深入实施农药、化肥"零增长"行动。通过加强农产品投入市场监管，抓好农产品追溯体系建设，强化农产品农药残留检测，为人民食品安全提供保障。其中，永福、平乐2个县列入国家有机肥替代化肥试点县；灌阳县实施农业农村部水稻绿色高质高效创建项目取得实效；恭城瑶族自治县、全州县通过国家农产品质量安全创建县考核验收；荔浦市大力推广绿色生产技术，将生态诱虫板、生物有机肥、水肥一体化等不会对土地造成二度污染的生态友好型科技成果引入农业生产，促进产业生态化发展，为食品安全提供保障。

3.智慧农业助力增产增收

2021年，桂林持续推进"科教振兴"战略，通过科技创新驱动发展，持续加快产业振兴，积极推进科技与农业结合，致力于发展智慧农业。

---

① 桂林市发展和改革委员会：《2022年桂林市国民经济和社会发展报告：灵川县2021年乡村振兴工作总结及2022年工作计划》，2022年。

② 兴安县乡村振兴局：《兴安县乡村振兴工作2021年度工作总结及2022年度工作计划》，2022年。

（1）科技特派员为乡村振兴注入强劲科技动力。2021年以来，桂林市不断加强科技赋能乡村振兴，引领乡村产业兴旺发展。2021年，共选派乡村科技特派员658名①，解决关键技术问题3900余个，服务基地面积超100万亩，受益人数超24万人，为广大农民的种植提供了重要指导。以全州县为例，通过引进优质新品种、改善本地品种结构、向种植者供应葡萄等方式进行培训，通过提供种苗、葡萄销售渠道。解决产品销售难题，对症下药，助力毛竹山村逐步完善和发展葡萄产业。同时，引入葡萄种植技术和科技创新团队，为当地农民的发展、生产提供技术支持，使葡萄产业真正成为当地脱贫致富和乡村振兴的主要产业。毛竹山村带动周边3000余亩土地用于葡萄生产，形成了统一品牌、统一技术、统一销售的行业发展模式。

（2）数智技术促进农业高质量发展。农业生产方式机械化和智能化是农业高质量发展的重要保障。2021年，桂林积极推进数智技术与农业生产相结合，改造、升级已有乡村信息化设备设施，促进农业生产现代化、数字化转型升级。

在新技术应用方面，灌阳县"神农稻博园"水稻（核心）示范区成果颇丰。作为袁隆平院士1000公斤高产攻关基地之一，2021年以来，示范区采用"超级稻+再生稻+绿肥"种植模式，推广绿色防控、水气平衡、配方施肥等新技术，提高水稻产量。"头季稻+再生稻"亩产突破1500公斤，连续11年为广西单产第1名，实现了袁隆平院士的"吨半稻"梦想，被袁隆平院士誉为"广西超级稻产量第一县""再生稻甲全球"。此外，恭城智慧农业生态体系建设成效颇丰，为构建智慧农业生态体系提供模板。恭城以莲花镇红岩村月柿产业为试点，投入资金对已有的乡村信息化设备设施进行改造、升级。在月柿博览园推行月柿数字化种植，配备土壤检测仪、微型气象仪、光谱检测仪、植物体营养检测仪、水肥一体机等智能硬件，实现每亩增产30公斤，每亩节本增收776元。同时，通过建设数字综合展馆和数字乡村大数据可视化中心，实现"人、田、村、政"数据一张图，为智慧农业模式创新提供样板。

---

① 《936名科技特派员活跃在桂林田间地头》，《桂林日报》2022年2月18日。

## （二）筑底线聚强力解难题，脱贫攻坚成果持续巩固

民族要复兴，乡村必振兴。在打赢脱贫攻坚战后，规模性返贫的风险依然存在，乡村振兴任重而道远。桂林市按照习近平总书记的指示要求，坚持将巩固拓展脱贫攻坚成果同乡村振兴有效衔接放在重要位置，坚决遵守脱贫攻坚底线原则，积极探索桂林市全面推进乡村振兴的有效路径，并取得了良好的发展成效。

### 1. 强保障建机制，压紧压实主体政治责任

2021 年是实施"十四五"规划的第一年，也是巩固拓展脱贫攻坚成果同乡村振兴有效衔接五年过渡期的第一年。在这一年中，桂林市保持战略定力，根据扶贫重点多措并举，推动脱贫攻坚与乡村振兴工作有效衔接，防止规模性返贫措施成效明显，与乡村振兴的衔接机制正在形成，农村地区的脱贫成果及社会经济都取得新的突破发展。

（1）落实"两不愁三保障"，强化"四项举措"，及时排查脱贫群众容易出现的因灾因病返贫问题，确保脱贫群众稳步走向富裕。一是广泛开展访民情、送政策、送温暖活动。由市级部门统一组织，充分了解基层干部和群众对健全巩固拓展脱贫攻坚成果长效机制、推动乡村振兴等方面工作的理解认识、困难问题、意见建议，与基层干部、脱贫户面对面学习党史、解读政策，努力破解发展难点、民生痛点，帮助困难群众解决实际困难。2021 年上半年，全市集中组织开展调研活动 2 次，为基层解决实际困难问题 238 个（项）。二是有效落实为民办实事各项工作任务。2021 年，自治区下达桂林市巩固拓展脱贫攻坚成果为民办实事基础设施项目 639 个、产业开发项目 62 个。桂林市按照党史学习教育要求，扎实推进为民办实事项目落实，取得了明显成效。2021 年，桂林市基础设施项目已开工 599 个、完工 249 个，分别占计划数的 93.7% 和 39%；产业开发项目完成 50.2%，受益脱贫户 46835 户 203515 人。2022 年，桂林市推进市级重大项目共计 1047 个，总投资 9708.59 亿元，年度计划投资 1084.78 亿元（见表 2）。其中，基础设施项目 224 个，总投资 1911.09 亿元，年度计划投资 211.84 亿元；产业开发项目 610 个，总

投资 6695.48 亿元，年度计划投资 710.13 亿元；社会公益项目 175 个，总投资 816.79 亿元，年度计划投资 147.56 亿元（见表 3）。三是健全防贫监测帮扶工作队伍。落实每个脱贫村 1 名驻村第一书记、2 名工作队员，其他村至少 1 名工作队员的调整轮换工作机制，确保帮扶力量不弱化，帮扶工作不断档、不松懈。督促 94 个市派定点帮扶单位、8 个区直驻桂林定点帮扶单位成立防贫监测帮扶工作小组，指导结对帮扶村开展监测帮扶活动。四是夯实监测对象帮扶工作。通过常态化开展监测评估、风险排查，及时开展工作调度，针对筛排出的风险监测对象，第一时间对症施策帮扶、第一时间销号。

**表 2  2017~2022 年桂林市重大项目投资情况**

单位：个，亿元

| 年份 | 项目数 | 总投资 | 年度计划投资 |
| --- | --- | --- | --- |
| 2017 | 889 | 5175.02 | 833.46 |
| 2018 | 990 | 5847.99 | 937.89 |
| 2019 | 758 | 6796.83 | 684.27 |
| 2020 | 860 | 7642.62 | 838.56 |
| 2021 | 897 | 8479.10 | 988.89 |
| 2022 | 1047 | 9708.59 | 1084.78 |

资料来源：桂林市历年国民经济和社会发展公报。

**表 3  2022 年桂林市重大项目各行业类别投资情况**

单位：个，亿元

| 项目类别 | 项目数 | 总投资 | 年度计划投资 |
| --- | --- | --- | --- |
| 基础设施类 | 224 | 1911.09 | 211.84 |
| 产业开发类 | 610 | 6695.48 | 710.13 |
| 社会公益类 | 175 | 816.79 | 147.56 |
| 节能环保类 | 38 | 285.23 | 15.26 |

资料来源：桂林市统计局。

（2）坚持"多管齐下"，精准施策。桂林始终把解决深度贫困问题作为全市脱贫攻坚的重中之重，聚集优势资源力量打好歼灭战。重点加强帮扶力度，做到每个深度极度贫困村有 1 名市领导联系指导、1 家后盾单位包联、

2 家以上重点企业帮扶。打好义务教育、基本医疗、住房安全保障和饮水安全"四大战役",打好产业扶贫、基础设施、易地扶贫搬迁、村级集体经济、粤桂扶贫协作"五场硬仗"。通过政策协同、线上线下联动,破解扶贫农产品销售困局,消费扶贫实现销售额 28.3 亿元;通过开发村级公益岗位、"点对点"服务等措施,累计帮助 1.8 万名脱贫劳动人口实现应就业尽就业。为实现脱贫攻坚与基层党建、乡村振兴、社会治理的有效衔接,桂林市开展了党旗领航·脱贫攻坚行动,充分发挥党员的示范带动作用,涌现 13 名先进典型和一批先进模范。探索具有桂林特色的自治、德治、法治相结合的社会治理模式,"一巩固三结合"脱贫攻坚模式形成了互促共进的良性循环,坚决守好不发生规模性返贫的底线。

（3）加大财政投入力度。"十三五"以来,桂林市共安排财政专项扶贫资金 25.97 亿元,用于贫困村基础设施建设。桂林共新建、扩建村屯道路 4802 条,实施人饮工程 686 处;完成农村危房改造 49976 户,其中贫困户 19264 户;完成 2.95 万名贫困人口搬迁任务,实现了 100% 的贫困村通村道路和 95% 以上的 20 户以上自然村道路硬化,100% 的贫困人口有了安全稳固住房、安全饮水、生活用电、通信网络;累计为 4.34 万户贫困户发放小额贷款,贷款余额 22.66 亿元,有效解决了贫困群众产业发展资金不足的瓶颈问题。针对无劳动能力和产业收益途径的特殊贫困对象,政府委托扶贫经济组织设立"扶贫股",按股分红,获取稳定收益,使 5000 多户特困家庭通过资产性收益项目获得稳定的收入来源。同时,桂林为每个贫困村安排 50 万元以上的村级集体经济发展扶持资金。截至 2020 年,510 个贫困村村级集体经济收入超过 4 万元,其中,收入 5 万元以上的占 96%、10 万元以上的占 25%。与此同时,桂林市认真抓好保障扶贫工作,确保低保制度和扶贫开发政策有效衔接。全市农村低保平均标准达到每人每年 3850 元,农村特困人员救助供养平均标准达到每人每年 5005 元。全面落实贫困群众"198"政策、先诊疗后付费、"一站式"结算和贫困家庭签约服务,并通过"雨露计划"补助做到"应补尽补"。贫困家庭子女义务教育阶段入学率达 100%。桂林市将坚决遵守脱贫攻坚底线原则,进一步推进巩固拓展脱贫攻坚成果同乡村振兴的有效衔接，确保乡村振兴有序推进。①

（4）不断创新完善工作机制，保障脱贫成果稳步巩固。一是坚决贯彻中央和自治区决策部署，持续深化扶贫领域腐败和作风问题专项治理，严格落实"6+2"工作机制，拓展"抓系统、系统抓"工作，以"五聚焦五强化"为抓手，全力巩固脱贫攻坚成果。二是全面运用桂林市政治生态分析研判系统，对15个市纪委监委派驻扶贫领域职能部门纪检监察组执纪审查情况和驻在部门问题线索移交情况等进行量化考评，共录入数据9.7万条，下发任务3.8万项，完成问题整改2384个。2020年上半年，24个市直扶贫领域职能部门全部解决线索"零移交"，共移交问题线索32条，转立案12件，有效推动"专项治理横向纵向一体抓"工作机制顺利实施。三是依托旅游产业优势，进行创新旅游扶贫项目开发，形成试点项目带动、龙头企业带动、旅游扶贫项目带动、村寨旅游联盟开发等发展机制，通过旅游开发带动3万多名贫困人口实现脱贫；创新推进"互联网+社会扶贫"，在社会扶贫网注册的爱心人士达52.65万人，做到"桂林样本"在全区、全国推广。

**2. 聚焦重点深度发力，筑牢防止规模性返贫"防护堤"**

加强对易返贫致贫人口的监测，做到早发现、早干预、早帮扶。防止返贫，既是一个动态的概念，也是一项长期性行动。《2022年政府工作报告》提出，全面巩固拓展脱贫攻坚成果，确保不发生规模性返贫。桂林市立足实际，因地制宜延续、优化、调整帮扶政策，构筑好防止返贫的"防火墙"。

（1）突出产业就业稳增收。现代化农业产业是巩固拓展脱贫攻坚成果和加快乡村振兴的核心动能。经过多年持续发力，桂林六大百亿元特色产业集群基本形成，带动和保障脱贫人口稳定就业创业，以稳定的、不断增长的、可持续发展的产业确保脱贫人口就业稳中提质；2021年脱贫人口人均纯收入超过1.25万元，较2020年增加1748元，增长16%以上；推行"千企扶千村"活动，鼓励各级各类企业吸纳脱贫人口就业；推动就业扶贫车

---

① 《【收官"十三五" 精彩看桂林】桂林：脱贫攻坚结硕果 乡村振兴有蓄力》，桂视网，2021年2月3日，http://news.gltvs.com/202102/202102030944518d769bfd647f4347.shtml。

间等经营主体带动脱贫户就地就近就业。2021 年，全市有 12 万多名脱贫劳动力外出务工，2.5 万多名脱贫人口到本地扶贫车间、扶贫龙头企业务工就业；开发 1.2 万个乡村公益性岗位，安置 1.12 万名脱贫人口，实现脱贫人口稳定就业有支撑、增收脱贫有保障，进一步降低脱贫人口返贫和新致贫风险。

（2）落实易地扶贫搬迁工作。桂林把加快推进住房保障体系建设作为满足群众基本住房需求、实现全体人民住有所居的重要抓手，努力为百姓安居托底。全市共易地扶贫搬迁 6986 户 29934 人，设置易地扶贫搬迁集中安置点 43 个，其中集中安置 3652 户 15227 人、分散安置 3334 户 14707 人。截至 2021 年底，全市累计开工建设保障性住房 91933 套（户），其中新开工棚户区改造住房 73545 套（户），新建公共租赁住房 18388 套（户）；发放租赁补贴 20671 户，发放金额 1.18 亿元；政府投资公租房累计建成 1.05 万套（户），分配入住 1.03 万套（户），分配入住率 98.09%。2021 年 7 月 1 日~2022 年 7 月 1 日，共批复减免行政事业单位国有资产类经营用房租金 66.54 万元。同时，为加大稳岗助企支持力度，继续实施失业保险稳岗返还政策，截至 2022 年 6 月底，全市发放稳岗返还资金 1.14 亿元，惠及 1.3 万家企业 27.24 万名职工。向疫情低风险地区 5 个特困行业的所有大型企业和中小微企业发放一次性留工培训补贴，2022 年 6 月发放一次性留工培训补贴 142.2 万元，惠及 27 家企业 2844 名职工，切实帮助企业纾困解难。通过延续就业帮扶车间优惠政策，提高安置区公共就业服务水平和就业创业服务质量，为广大群众特别是易地扶贫搬迁群众就近就业创造条件。全市共有有劳动能力且有就业意愿的易地扶贫搬迁户 6871 户 15413 人，其中安排就业 1.2 万人，实现一户至少一人就业。

（3）从严排查整改问题。从严从实排查问题、整改问题，补齐短板弱项，是巩固拓展脱贫攻坚成果的重中之重。桂林坚持问题导向，深入开展排查工作，2020 年以来全市共检查扶贫项目 8562 个、扶贫资金 66.4 亿元，发现问题 584 个，整改问题 401 个，移交问题线索 212 条，转立案 75 件，切实解决了一批群众操心事、烦心事、揪心事；共发现违规发放和领取残疾补贴、残疾等级评定不精准等问题 303 个，转立案 2 件；发现取消低保还继续享受困难生活补贴 59 人，挽回经济损失 20 多万元；核对低保户 22.91 万人次、资金 7536 万元，移送问题线索 12 条，转立案 2 件，问责 8 人，制发监察建议书 5 份，提出整改措施建议 21 条，督促修改完善低保资金动态管理制度、高龄津贴发放实施办法等 5 项制度文件。截至 2020 年，桂林市纪委监委主动认领的中央脱贫攻坚专项巡视"回头看"反馈的 1 个方面 3 个问题 11 项整改措施 28 项具体整改任务已全部完成整改并长期坚持。以恭城县为例，截至 2022 年 4 月中旬，该县共处置问题线索 41 条，运用第一种形态批评教育帮助 31 人，立案 39 件，挽回经济损失 38.7 万元，推动完成整改并解决问题 27 个。全市认真落实自治区扶贫领域腐败和作风问题线索大起底工作要求，开展问题线索大排查、大起底，由桂林市纪委监委领导带队，组建 3 个整改督导组，对专项巡视"回头看"移交的 27 条问题线索进行全面清查处置，全部清零。①

3. 盯问题补短板，协调部署推进有效衔接工作落地见效

严格落实"四个不摘"要求，全方位做好过渡期领导体制、工作体系、政策举措、帮扶机制、发展规划、考核机制"六大衔接"，推进各项政策体制有效衔接落到实处，确保过渡期内主要帮扶政策总体稳定，责任不松动、力度不减弱、政策不断档。

（1）做好领导体制衔接。调整充实中共桂林市委员会农村工作（乡村振兴）领导小组（指挥部），统一指挥全市巩固拓展脱贫攻坚成果和全面推进乡村振兴工作，指挥部下设办公室和 14 个专责小组，每月集中曝光一批典型案例，第一时间通报直查直办案件，2018 年以来全市共通报扶贫领域案件 430 批次 880 件。积极组织开展"十个一"警示教育活动，先后对 320 名扶贫干部和 2000 余名脱贫村村干部开展警示教育专题授课，组织 3462 批次 12.8 万人次到桂林廉政教育基地接受警示教育，筑牢扶贫干部思想防线。②

---

① 《年中看进展 | 桂林"五聚焦五强化"夯实脱贫攻坚纪律保障》，桂林纪检监察，2020 年 7 月 21 日，https://www.sohu.com/a/408948029_ 120214185。

② 《桂林市监察委员会关于开展脱贫攻坚监察监督工作情况的报告》，桂林市监察委员会网站，2021 年 9 月 17 日，http://www.qlgl.gov.cn/show-3-41232-1.html。

（2）加强政策举措和工作机制衔接。延续、优化、调整脱贫攻坚期间各项支持政策，2022 年 4 月桂林市出台《桂林市实现巩固拓展脱贫攻坚成果同乡村振兴有效衔接"十四五"规划》，制定了"1+20+N"系列脱贫攻坚政策文件，解决很多以前解决不了的"老大难"问题，打出一整套政策"组合拳"。"十三五"期间，累计有 800 多家企业结对帮扶 510 个贫困村，肇庆—桂林扶贫协作成效显著，共实施协作项目 162 个，惠及 106 个贫困村、8.6 万名贫困人口。① 桂林建立健全督查考核体系，建立市委巡察、纪检监察、审计审查、社会监督相结合的全方位督查体系，常态化开展暗访督查，严格开展交叉考核，确保脱贫攻坚政策有效落实。各县（市、区）相继制定具体的工作方案，保障主要帮扶政策的延续性和稳定性；严格落实"一年两例会、一月一报告、问题线索排查、直查直办、通报曝光、联动协同"六项制度和"专班专抓、蹲点督导"两项机制，推动监督治理制度化、规范化。

（3）做好返贫监测和帮扶机制衔接。出台《桂林市"防返贫 守底线"专项行动工作方案》等 5 个监测帮扶类文件，建立健全责任落实、监测预警等工作机制。坚持常态化排查与集中排查相结合，强化帮扶单位调查、5 支队伍排查、数据比对筛查和部门联动协查"四查"机制。截至 2022 年 6 月中旬，全市累计纳入监测对象 12624 户 41674 人，其中已消除风险 5083 户 17515 人。所有监测对象都落实帮扶措施，没有发生返贫致贫现象。截至 2022 年 7 月 4 日，全市脱贫人口及监测对象务工规模已达 17.69 万人，已完成年度目标任务的 104.99%。② 由乡村振兴部门牵头，定期协调教育、医疗、住建、卫健、医保、民政等有关部门，开展风险信息预警和线索日常排查，继续落实每个脱贫村和易地扶贫安置社区选派 1 名第一书记、2 名工作队员，确保帮扶力量不弱化。

---

① 《桂林市乡村振兴局关于印发〈桂林市实现巩固拓展脱贫攻坚成果同乡村振兴有效衔接"十四五"规划〉的通知》，桂林市人民政府网站，2022 年 4 月 27 日，http://www.guilin.gov.cn/zfxxgk/fdzdgknr/shgysyjslyxxgk/tpgjly/zcwjxczx/202205/t20220506_2264910.shtml。
② 《第七期：桂林市乡村振兴工作简报》，桂林市乡村振兴局网站，2022 年 7 月 25 日，http://fpb.guilin.gov.cn/gzdt/202208/t20220805_2348555.html。

### （三）扩规模优结构强组织，乡村发展稳中向好

产业兴，则乡村兴。党的十八大以来，桂林市深入实施乡村振兴战略，农业农村发展取得历史性成就。立足自然地理风貌和民俗风情等资源优势，乡村经济新产业新业态兴起，农业农村经济向规模化、产业化迈进，充盈乡村发展之"实"。桂林市聚焦产业和就业两个关键，促进农业高质高效发展，一二三产业融合发展持续推进，特色优势产业明显做大做强，着眼就地创业就业，脱贫群众持续稳定增收的良好局面基本形成。

1. 聚焦产业增产增收，夯实乡村振兴物质基础

（1）农业生产总体呈上升态势。《2021年桂林市国民经济和社会发展统计公报》显示，2021年桂林市第一产业增加值为549.47亿元。各地立足实际，做好产业规划，农业生产实现稳步增收。2021年，农林牧渔业总产值同比增长10.2%。粮食"基本盘"持续稳固，粮食实现稳产增产。2022年第一季度，桂林市以农产品产业发展为主线，多措并举带动乡村振兴，农业经济保持中高速增长。蔬菜种植户种植蔬菜的积极性提高，蔬菜生产保持稳定发展，抓好临桂、灵川、雁山等近郊常年蔬菜生产基地建设，发展设施蔬菜生产保障。随着各项支农惠农政策的落实，水果种植面积稳定、技术成熟，总产及亩产持续保持高速发展态势，2022年第一季度水果总产量272.77万吨，同比增长13.8%，其中占比最大的柑橘类水果产量高达272.40万吨，同比增长13.8%，成为支撑桂林市农业经济发展的主要力量。[①] 2021年新、改（扩）建养殖场投产，与新希望六合、正邦、东方希望等几大集团公司签订战略框架协议等推动生猪产业持续向好发展，2022年第一季度生猪存出栏量均较上年呈增长态势：生猪出栏117.52万头，同比增长32.92%。猪肉产量10.70万吨，同比增长33.0%，产能逐步提升。渔业生产保持平稳增长，2022年第一季度水产品产量达2.43万吨，

---

① 《文芳：桂林市2022年一季度农村经济继续保持中高速增长》，桂林市统计局网站，2022年4月29日，http://tjj.guilin.gov.cn/tjfx/202209/t20220910_2369774.html。

同比增长 2.5%（见表 4）。同时，农民增收和农作物生产齐头并进，农业经济和农民收入保持较高增速，进一步实现脱贫群众稳步增收。2022 年上半年，全市农村居民人均可支配收入为 9851 元，同比增长 5.9%，城乡居民人均收入比值为 2.17，比上年同期缩小 0.08，乡村消费品零售额增长 0.7%。① 农民的"钱袋子"越来越鼓，乡村"里子"日益厚实，"面子"也在持续改善。桂林市农村产业发展发生历史性变革，辐射联动引领农民生活水平稳步提升，为全面实施乡村振兴战略奠定坚实基础。

**表 4　2022 年第一季度桂林市主要农产品产量及变化情况**

| 农产品名称 | | 2022 年第一季度 | 同比增长（%） |
|---|---|---|---|
| 蔬菜（含食用菌） | 总产量（万吨） | 161.16 | 4.8 |
| 水果 | 总产量（万吨） | 272.77 | 13.8 |
| 生猪 | 出栏（万头） | 117.52 | 32.92 |
| 猪肉 | 产量（万吨） | 10.70 | 33.0 |
| 水产品 | 总产量（万吨） | 2.43 | 2.5 |
| | #淡水捕获（万吨） | 0.15 | 0.2 |
| | #淡水养殖（万吨） | 2.3 | 2.7 |
| | #其他类（万吨） | 0.03 | 34.3 |

资料来源：桂林市统计局。

（2）富民产业发展趋势向好。兴旺发展的富民产业是乡村振兴的基石。乡村要振兴，因地制宜选择富民产业是关键。得益于自然资源优势，近年来，桂林市深入贯彻习近平总书记关于"一定要呵护好桂林山水"的殷殷嘱托，加强科学规划，推动花卉苗木产业快速发展。花卉苗木产业是绿色产业、富民产业，截至 2022 年 3 月，全市花卉苗木种植面积达 50 万亩，2021 年生产总值高达 45 亿元，花卉苗木产业向高品质、现代化、集约化方向发展。党的十八大以来，平乐县全力培育钢材、高新电子信息、绿色新型建材新材料、冷链物流农产品深加工、新能源 5 条产业链，全力打造 3 个"双百双新"产业

---

① 《2022 年上半年桂林市经济稳中趋缓　缓中显韧》，桂林市人民政府网站，2022 年 7 月 30 日，https：//www.guilin.gov.cn/glsj/sjfb/tjfx/202207/t20220730_ 2341866.shtml。

集群，工业经济得到长足发展。全市新型农业经营主体蓬勃发展，2021年累计建成市级以上农业产业化重点龙头企业209家，其中以力源粮油、莱茵生物、桂柳家禽、桂林吉福思为代表的农业产业化国家重点龙头企业产值高、辐射带动力较强。工商注册农民专业合作社7425家，其中国家级示范社38家、自治区级示范社308家、市级示范社194家；工商注册家庭农场2516家，其中自治区级示范家庭农场183家、市级示范家庭农场260家。① 截至2022年6月底，桂林市共培育壮大家庭农场、专业合作社、龙头企业等新型农业经营主体10150家，② 农业现代化、产业化发展稳步推进，成为推进乡村产业振兴的重要牵引、促进农民增收致富的重要抓手，连农带农产业发展成效凸显。

2. 加快产业提档升级，三次产业加速融合发展

（1）现代农业产业园区发展格局持续优化。近年来，桂林市贯彻中央和自治区党委、政府的有关决定和指示，大力实施农产品加工业提升措施，构建以粮油、食品、生物制药、饮料生产和竹木制品为支柱的农产品加工体系。建立一批现代特色农业示范区，将农业种植、农产品加工运输、农产品销售、互联网农业、农业社会化服务、休闲农业和乡村旅游有机结合，促进农村三产融合发展。2022年，桂林继续推进农业专业合作社的发展与建设，积极组织示范农业合作社、示范家庭农场的评选，充分调动各农业专业合作社和家庭农场的积极性。在桂林市农产办组织召开的2022年国家农民合作社示范社、2021年度自治区示范合作社、示范家庭农场，以及桂林市第七批示范合作社、示范家庭农场申报材料评审会上，全市共有217家单位申报，其中申报国家农民专业合作社示范社12家，拟推荐12家；申报桂林市第七批示范合作社24家，拟认定21家；申报示范家庭农场89家，拟认定88家。③

现代农业产业是巩固拓展脱贫攻坚成果和加快乡村振兴的核心动能，桂

---

① 卢景润：《桂林市乡村产业发展现状问题及对策》，《南方农业》2022年第13期。

② 《第七期：桂林市乡村振兴工作简报》，桂林市乡村振兴局网站，2022年7月25日，http://fpb.guilin.gov.cn/gzdt/202208/t20220805_2348555.html。

③ 《桂林市农产办组织召开2022年国家农民合作社示范社、2021年度自治区示范合作社、示范家庭农场以及桂林市第七批示范合作社、示范家庭农场申报材料评审会》，中国农业信息网，2022年7月4日，http://www.agri.cn/V20/ZX/qgxxlb_1/gx/202207/t20220705_7870384.htm。

林市坚持提高现代农业水平，持续推进农业产业规模化、标准化、品牌化、市场化，优先把现代农业做大做强，推动乡村产业不断发展。桂林市提升打造优质粮食产业集群，"十三五"时期创建了一批绿色高产高质高效示范区，提升了农产品精深加工水平，加快打造农产品加工集群。2021年以来，桂林建成国家特色农产品优势区4个，加快打造超百亿元产业集群6个，还打造了2家超百亿元、3家上市农业产业化龙头企业及一批农产品加工集聚区、电商物流园、冷链物流园。依托特色农业、农产品示范区，桂林市充分发挥优势，做活特色优势产业集群，提升产业效益，打造特色农产品产业链，多渠道实现农民增收，大大激活乡村振兴的内生动力。桂林市多地依托资源优势，因地制宜拓展产业发展新空间，接续打造现代农业产业园，延伸农产品产、供、销、精深加工全产业链，持续提升农产品附加值，集群化做活做大优势产业。

（2）特色产业持续壮大。"农旅文"融合是乡村振兴战略的一个关键主旨，田园综合体建设可以加快乡村振兴的步伐。桂林的田园综合体坚持现代化发展，把农业、旅游和文化结合起来，形成现代化发展体系，加快各产业的融合，实现产业结构纵向发展。截至2021年底，桂林各县（市、区）累计建成国家特色农产品优势区4个、全国"一村一品"示范村镇23个、全国休闲农业与乡村旅游示范县5个、自治区现代特色农业示范区40个、自治区休闲农业与乡村旅游示范点45个、市级田园综合体43个，认定国家农产品地理标志保护登记产品29个（见图5）。各地凭借资源优势，纷纷打造特色产业。其中，七星区推进"大美漓江"田园综合体（七星段）建设：按照"一村一品"要求，采用"一产带二产促三产"模式，打造现代农业观光园；以彩色富硒水稻、古典民居为切入点，打造古典民宿村；以"一米阳光"生态花园为切入点，打造特色花卉基地；通过新建成的16公里休闲绿道，将田园综合体范围内的"风景点"连成"风景线"，形成"风景面"。秀峰区打造的"诗意桃花湾"田园综合体入选第一批"桂林市五星级田园综合体"。桃花湾乡村旅游发展经济带、精品农业体验区、都市农业集中区、休闲农业度假区建设如火如荼。资源县启动中峰镇华南地区一流的田园综合体、华南地区乡村振兴示范区、华南地区乡村风貌建设示范区、广西一二三产业融合发展高质量发展示范区和国家级现代农业科技产业园建设。龙胜各族自治县深入践行"绿水青山就是金山银山"理念，凭借得天独厚的旅游梯田景观和浓郁的少数民族风情，依托优势产业，"十三五"以来，全县共接待游客 4856.84 万人次，实现旅游总消费 588.39 亿元；全县旅游直接从业人员达 2.5 万人，间接从业人员达 5 万人，走出一条"打梯田牌，赚梯田金"的旅游致富之路。桂林市各地依托大特色、发挥大作用、开创大前景，主导产业特色鲜明，特色产业百花齐放，走出一条富有特色的农业高质量发展之路，共绘"满园春色"的乡村发展美好新画卷。

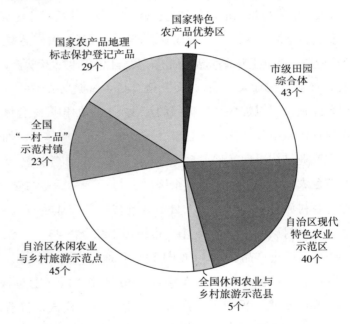

**图 5　桂林市现代农业产业发展成果**

资料来源：桂林市人民政府网站。

（3）农产品特色品牌打造持续推进。桂林市实施粮食安全与重要农产品产能提升工程，培育壮大蔬菜、养殖、水果等优势产业集群。推进实施桂林地标特色农产品加工深度开发与产业化工程，提升生态食品附加值，集聚优势产业，推动生态农业规模化、集约化、品牌化发展。如临桂区逐步形成"一乡一业、一村一品"产业格局，做好产品营销，2020年策划"嗨临桂"系列活动，围绕"吃住行游购娱"，举办7场乡村振兴助农直播活动，助力农产品实现销售40多万元。近年来，雁山区大力培育农业品牌，全国"集装箱+生态池塘"尾水处理技术模式现场观摩会于2021年在"鱼伯伯"生态渔业养殖示范区举行。2021年，雁山区新认证广西绿色农产品2个、新增广西农业产品品牌1个和自治区级农业龙头企业2家、新增农民专业合作社6家、新认定家庭农场12家。灵川县创新融合"电商+特色产业"发展模式，积极打造"分拣+仓储+办公"产业链，助推农产品销售搭上电商快车，为乡村振兴注入强劲发展动力。永福县积极充分发挥互联网经济力量，联合抖音短视频平台，培养一批"网红"主播，通过举办"智美永福"抖音主播培训班，推介"中国罗汉果之乡""中国长寿之乡"以及砂糖橘、罗汉果、旅游等优势产业。龙胜各族自治县利用特有农业资源优势，积极打造"龙胜制造"优质品牌，培育红阳猕猴桃等近20个农产品并获得有机农产品认证。兴安县大力培育新兴产业，重点引导壮大食用菌等新兴农业产业，创建现代特色农业（核心）示范区、新型农业经营主体14个，其中自治区级3个；积极培育新型农业经营主体，引导农业走规模化、现代化道路，全县共有农民专业合作社409家、家庭农场110家。桂林市"数商兴农"工程持续推进，电子商务走进乡村，利用电商发展农产品带货越发盛行，地域特色品牌铺就农民致富路。

3. 加强产业组织建设，产业发展获得强劲活力

（1）农业供给侧结构性改革明显加快。桂林市紧紧围绕农业供给侧结构性改革这一主线，积极探索质量兴农之路，农业农村现代化水平稳步提升。一是农机方面，科技之光在田野上越发闪亮。桂林市把农业机械化和农机装备产业发展作为实施乡村振兴战略的重要内容，智能农机装备成为农民的重要帮手，发挥现代特色农业生产机械化的示范效应。农业科技创新撬动粮食全产业链升级发展，现代农机装备深入田间地头春耕生产一线。截至2022年3月，灵川县已组织调运储备各类农机具1500多台（套），检修农机具2590台次，投入下田作业机具5280台（套），开展农田机耕作业1.1万多亩。逐步实现农业机械化向全程全面高质高效升级，农业综合生产能力稳步提升。为

确保颗粒归仓、粮食安全，截至 2022 年 9 月，龙胜各族自治县农机总动力已达 32 万千瓦，农业机械保有量达 1 万余台（套），水稻机收水平达 93% 以上，机械化作业助推丘陵山区连年五谷丰登。二是种植技术方面，农业绿色高质高效。桂林市多地开展特色农业产业调研，盘活地方优势资源，进行新品种、新技术等农业科技成果转化示范，辐射带动农业生产科学化、标准化，提升产业技术水平和竞争力，提高单位面积产量和产值。桂林市多地积极开展农业技术培训，农户种植技术明显提升，为乡村振兴插上"科技翅膀"。同时，因势利导，坚持走绿色道路，特色产业绿色发展稳步推进。农业发展方式不断转变，生态农作模式显著改善。大力实施畜禽粪污资源转化利用，推广油菜、秸秆等农业废弃物收集和综合利用；实施农膜和农药包装废弃物回收行动，推进农药减量，逐步转向绿色农业发展模式，开创高质量发展新格局。

（2）农村产业投入力度不断加大。桂林市两项举措奋力推动乡村发展各项工作。一是加大资金扶持力度，保障"原动力"充足。发展农业产业化联合体是促进乡村振兴的重要举措之一，桂林市进一步完善扶持政策，持续加大对农业产业化联合体的支持和投入力度。2021 年，桂林市筹措乡村振兴补助资金 3.3 亿元，推动乡村振兴产业发展、基础设施建设和公共服务能力提升。同时，桂林市获得 2021 年广西农业产业化联合体试点扶持项目扶持资金 1676.5 万元，扶持资金额度居全区首位，占全区的近 1/4。[1] 市财政每年预算安排 1000 万元，通过贴息、补助、奖励等形式，支持农业龙头企业、农民专业合作社、家庭农场兴建生产服务设施、建设原料生产基地、扩大生产规模、推进技术改造升级、建立科技研发机构等，提供全产业链综合金融服务，引导各类新型农业经营主体发展规模经营。此外，全市国资国企主动担当作为，通过产业投入、项目合作、搭建平台全力以赴促进乡村发展，推动企业党建与乡村振兴同频共振、同向发力，在全面推进桂林乡村振兴中展现新担当新作为。二是实施多项人才计划，注入乡村发展"原动力"。桂林

---

[1] 《桂林市获得 2021 年广西农业产业化联合体试点扶持项目扶持资金 1676.5 万元》，广西农业农村厅网站，2021 年 1 月 21 日，http://nynct.gxzf.gov.cn/xwdt/gxlb/gl/t7729811.shtml。

市开展定点帮扶，向脱贫群众宣讲产业发展等方面的惠民政策，坚持"输血"与"造血"并重。市内高校与乡村组建科研团队，实施"资金帮扶+科技支援"的"志智双扶"模式，助力帮扶脱贫村发展特色产业。雁山区鼓励引导人才向乡村一线聚集，持续建设与广西师范大学、桂林市农业科学研究所、桂林吉福思罗汉果生物技术股份有限公司等辖区 15 所高校、院所、企业共同成立人才合作联盟，推行校地企乡村振兴人才共享机制。① 桂林市全州县咸水镇将人才作为实现乡村振兴的关键，实施"头雁提升""人才孵化""引凤回巢"三大行动。截至 2022 年 8 月，全镇共培育"土专家""田秀才"等本土人才 136 名，涵盖水稻种植、柑橘管护、红枫培育等多个方面。2022 年，全镇共开展"技术下乡助农增收"行动 5 次，从农作物选种、病虫防治等多个方面为群众普及农业产业知识。为返乡创业的优秀大学生、产业发展能人开设干事创业"绿色通道"，全镇通过"引凤回巢"行动成功回引返乡人才 68 名，重点培育家庭农场、农民合作社、农业企业等经营主体 48 家，通过订单农业、入股分红、劳务转移等形式帮助辖区 2.7 万人实现经济增收。其中，由返乡人才创建的桂林全州县新律电子有限公司，每年让辖区 200 余名群众实现"家门口就业"。

## （四）因地制宜细描摹，乡村建设行动走深走实

党的二十大再次强调，坚持农业农村优先发展，巩固拓展脱贫攻坚成果，加快建设农业强国。乡村建设是推进农业农村现代化的重要抓手。桂林市紧密结合国际旅游胜地和国家可持续发展议程创新示范区建设规划，坚持从改善人居环境入手，统筹城乡发展，扎实推进美丽宜居乡村建设，抓好分类处置，完善工作流程，审慎、规范、有序推进各项乡村建设行动。

### 1.健全乡村建设实施机制

按照"先规划再建设"原则，分重点、分区域、分特色编制"多规合一"的村庄规划。推进农村乱占耕地建房问题专项整治，严格控制加建乱

① 《第二期：桂林市乡村振兴工作简报》，桂林市人民政府网站，2022 年 3 月 1 日，https：//www.guilin.gov.cn/zfxxgk/fdzdgknr/shgysyjslyxxgk/tpgjly/xczxgz/202203/t20220301_ 2230464. shtml。

建现象，建立完善乡村建设管理机构，建立规范农村建房、新建农房审批流程系统，审批农村宅基地 6921 宗。[①] 确保规划专业性，聘请相关专家组建专家团队，成立由专业技术人员、高校师生组成的工作专班，850 多名技术人员深入村屯一线，进行全覆盖全过程技术指导，确保各项工作按规划高标准高质量推进。[②] 立足特色资源优势，根据村庄自然环境、原有建筑风貌、民风民俗等特点，因村制宜、分村施策编制村庄规划，注重人与自然和谐相处、传统与现代相结合，成功打造一批有山有水、乡愁浓郁的特色村庄，形成独特的桂北乡村韵味。通过"户代会""夜谈会"等方式，做好村民思想动员、意见征集工作，引导群众为村屯风貌改造建言献策，让村民知晓、村民做主、村民监督、村民满意。出台《推进落实农房管控工作暂行办法》，严格落实"一户一宅"基本制度，编制设计农村建房实用图集 124 套供村民选用，严格实施"带图报建"制度和建设过程监管"三到场"要求。探索组建县、乡、村三级乡村建设管理机构，创新实施"聚零为整、拆旧预留、集体收储"等方式。对预留公共土地实行统一管理、统一规划、统一分配，以机制创新推动农房管控落到实处。

2. 强化农村人居环境改善

根据建设"美丽乡村"的顶层设计，乡村建设依照"清洁、生态、宜居、幸福"的原则有序开展。深入践行"绿水青山就是金山银山"理念，把农村厕所革命、生活污水治理、生活垃圾治理及村容村貌提升作为一个整体，开展一体化、系统性整治，加快推进田园综合体和美丽乡村建设。截至2022 年 1 月 12 日，桂林累计获评国家级文明村镇 12 个、乡村治理示范村镇5 个，并全面建成城镇化示范乡镇 74 个，获评中国美丽休闲乡村 9 个，共创建自治区级生态村 183 个、市级生态村 1406 个，完成中国传统村落项目85 个，创建美丽乡村示范村 1018 个，完善桂阳公路旅游休闲带等 8 条生态

---

① 桂林市发展和改革委员会：《2022 年桂林市国民经济和社会发展报告：2022 年农业和农村经济发展报告》，2022 年。

② 《桂林统筹推进乡村风貌提升绘就最美乡村新画卷》，广西新闻网，2021 年 11 月 26 日，http://www.gxnews.com.cn/staticpages/20211126/newgx61a07422-20554779.shtml。

休闲旅游精品线路，打造精品示范村 200 多个。近年来，桂林集中处理生活垃圾和污水的农村数量逐渐增多（见图 6）。截至 2021 年，全市累计自来水受益村 1497 个，自来水普及率达 84.7%，农村垃圾处理率达 100%，卫生厕所覆盖率达 94.4%，县以上文明村镇覆盖率达 79.4%。市辖 6 个县（市、区）共获得中央及自治区农村环境综合整治资金 3554 万元，完成村庄环境整治 401 个、村屯全域基本整治 8975 个，污水处理设施 1026 套的运行维护及监督管理全部纳入官员绩效考核。在全市广泛开展"三清三拆"①，"三微、四化、五网、六改"② 得到进一步落实，桂林乡村人居环境得到全面改善。自治区下达第一批农房风貌塑造任务高质量完成，考评排名居自治区首位，市下达村庄整治任务累计完成 6320 个，立足"一村一景"风貌尽显。恭城红岩村、灌阳江口村、阳朔鸡窝渡等特色村庄景观千姿百态，形成"精品+风景+形象"兼备的良好农村面貌。

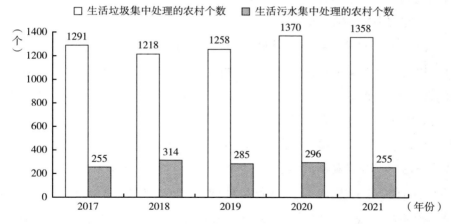

图 6　2017~2021 年桂林市农村生活垃圾和污水集中处理情况

资料来源：桂林市统计局网站。

① "三清三拆"：清理村庄垃圾、清理乱堆乱放、清理池塘沟渠；拆除乱搭乱建，拆除广告招牌，拆除废弃建筑。
② "三微"：微花园、微菜园、微果园；"四化"：亮化、绿化、美化、文化；"五网"：电网、路网、宽带网、电视网、排水网；"六改"：改房、改水、改厕、改厨、改圈、改渠道。

2021 年 4 月 25~27 日，习近平总书记视察广西，首站来到桂林，嘱咐桂林全市上下要当好保护桂林山水的"二郎神"。为此，桂林市深入推进农村环境污染监测工作，2021 年桂林农村环境监测地域已扩大至 12 个县（市、区）的 15 个村庄，县域覆盖率达 100%，涵盖空气、地表水、土壤等领域，并依照"十四五"环境监测要求首次将农业环境污染水质监测纳入环境监测范围，建设农村村庄生活源、养殖大县以及种植大县河流水质断面等农业环境污染控制断面 19 个。① 积极向农民科普农业面源污染危害，大力宣传推行农业绿色生产耕作方式。实施农药零增长、农业废弃物资源化利用行动，推广农作物绿色防控技术，建立统防统治与绿色防控融合示范区 119 个，回收农膜 90265.61 吨，农药使用量减少 20% 以上。桂林市政府全方位统筹布局、协调规划、整体推进乡村环境治理，全市农村环境持续优化改善，绘就村林院景的乡村水彩画卷，构筑美丽桂林乡村生态格局。

**3. 完善农村基础设施建设**

（1）着力建设农村公共基础设施。持续推动水、电、路、气、讯、广电、物流等基础设施在村级层面横向覆盖、在农户层面纵向延伸。坚持建设好通村公路"最后一公里"，持续加强"四好农村路"建设，通公共交通的村落数量明显增加。截至 2021 年末，全市农村公路通车里程达 1.21 万公里，134 个乡镇已有 129 个通二级（或三级）公路，乡乡通二级（或三级）公路率达 96.3%，高出广西全区 13 个百分点，全市 1654 个建制村通畅率达 100%，通客车率达 100%。具备条件的乡镇、建制村通公交车率分别达 100% 和 60%。基本形成以县—县道路为农村公路网络骨架、乡—乡道路为支线、村—村道路为脉络的一体化路网体系。桂林积极开展农村公路建设质量监督工作，2021 年组织第三方机构对全市 175 个农村公路建设项目开展质量专项抽检，农村公路质量缺陷整改率达 100%。共督导返工路面缺陷

---

① 《生态产品价值实现典型案 l 桂林市漓江流域综合治理及价值实现案例》，桂林市人民政府网站，2022 年 9 月 28 日，https://www.guilin.gov.cn/ztzl/tslm/ndzdgz/gssthjtjlsfz/cgzs/202209/t20220928_2383111.shtml。

3210 平方米、波形护栏 1250 米、桥梁 6 座，砼强度、钢筋保护层厚度技术指标合格率达 95%以上。全市 510 个脱贫村村委会所在地和 20 户以上的自然村通村公路全部实现硬化，建设小型独立桥梁 406 座，有效联通村屯路网，村民出行更加安全便捷。

年度农网工程建设任务巩固提升，供电质量和服务水平明显提高，城乡供电服务均等化水平进一步提升，2021 年农村居民段电压合格率达 99.257%（含新电力），城乡供电服务均等化指数小于 2.904，全市农村地区客户年均停电时间（中压）小于 10.5 小时。扎实推进农村电网改造升级，总投资 5.16 亿元，加速实施农网项目 2349 个，同时加大重组后对新电力电网投资力度，新增 7 个县新电力投资 4.3 亿元，新增农网项目 616 个。累计自来水受益村 1497 个，通有线电视村 1675 个，通宽带村 1631 个（见图 7），实施农村电网改造项目 4118 个，农户生活通电、光网通达率、4G 网络有效覆盖率均达 100%。① 实施完成人饮工程 1755 处，饮水安全得到全面解决，农村集中供水枯水期水质监测达标率大幅提高。截至 2021 年末，乡镇级累计建设公园休闲健身广场 93 处，设置金融机构网点 737 个，管道燃气用户达 83790 户。乡镇便民休闲、娱乐以及商品交易市场规模进一步扩大，农村居民消费显著升级，农村生活性服务业支持政策优化完善，农村基础公共设施向便利化、精细化、品质化方向发展，乡镇住宿餐饮企业累计达 4200 家，商品交易市场共计 247 个，营业面积 50 平方米以上的综合商店或超市共计 2501 个。

（2）大力推进数字乡村建设。以数字技术赋能乡村公共服务，农村宽带互联网通达率逐年增加，截至 2022 年 4 月，市辖 12 个县（市、区）行政村光纤到户（FTTH）通达率达 100%，自然村农村住户 10G PON 覆盖率超 70%，5G 网络站点达 2600 个。推动"互联网+政务服务"向乡村延伸，完成 155 个村委会智慧大屏激活上线，通过乡村振兴定制界面公开政

① 桂林市发展和改革委员会：《2022 年桂林市国家经济和社会发展报告：2022 年农业和农村经济发展报告》，2022 年。

务内容、党建历史，建立政府与群众沟通新桥梁。2020 年 10 月，恭城县
获批成为国家数字乡村试点地区，明确"四个到位"① 要求，探索运用
"数字"赋能乡村经济发展，扎实推进国家数字乡村试点建设。数字农业
服务链进一步延伸，信息进村入户和益农社建设工程持续开展，数据采
集、管理与应用服务有序推进，建成县级运营中心 1 个、益农社 351 个，
全县 117 个行政村实现全覆盖，形成"政府+运营商+服务商""三位一
体"推进机制。

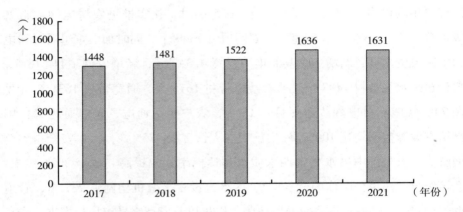

**图 7　2017~2021 年桂林市通宽带互联网的农村数**

### 4. 推进城乡公共服务均等化发展

桂林加快推进以县域为重要载体的城镇化建设，提高乡村教育质量、农
村医疗卫生水平，着力提高城乡低保标准，提升救助保障水平。推进城市优
质教育资源、医疗卫生资源不断向县域集中，积极推动城乡基本公共服务均
等化发展。

坚持把教育工作摆在优先发展的战略位置，大力实施"科教兴县"和
"人才强县"战略，不断深化教育改革，持续加大对教育的投入力度，县域
教育事业呈现良好发展态势。截至 2021 年末，全市乡镇累计建设幼儿园、
托儿所 1486 所，小学 1177 所。2021 年，9 个县新建小学和幼儿园共计 20

---

① "四个到位"：思想认识到位、组织领导到位、制度保障到位、资金筹措到位。

032

所。"十三五"以来，灌阳县累计投入教育基础建设资金 5.86 亿元、教学设备资金 5006 万元，基本解决大校额、大班额、入园难问题。灵川县学前三年毛入园率达 126.06%，公办及普惠性幼儿园覆盖率达 90.85%，282 名适龄残疾儿童少年入学率达 100%。①

农村居民低保、基础养老等保障水平稳步提高，城乡居民养老人数达 235.41 万人，享受农村最低生活保障人数达 20.19 万人，农村最低生活保障标准从每人每年 4500 元提高到 5300 元，农村低保平均补助水平从每人每月 210 元提高至 235 元以上。2017 年以来，桂林市顺利整合城镇居民医保和新型农村合作医疗制度，落实全区统一的城乡居民基本医疗保险待遇政策，基本医保总体支付比例在 70% 左右，全市基本医疗保险参保人数达 509.93 万人，参保率达 97% 以上。

县域卫生健康事业长足发展，不断强化基层公共卫生体系，创新医防协同机制，医疗联合体和县域医疗共同体②试点改革大力推进。截至 2021 年末，县域医疗共同体乡镇卫生院覆盖率达 99.27%。参与"三二"医联体建设县级医院 15 个，县域医疗共同体覆盖乡镇卫生院 131 个。其中，恭城县、灌阳县、龙胜县、灵川县、临桂区等入选国家级紧密型县域医共体建设试点县，恭城县被确定为国家 PCIC 项目的 6 个试点县之一。③

农村公共文化服务设施不断完善，截至 2021 年末，乡镇（街道）累计建成综合文化站 141 家、图书馆 154 个、电影院 25 个、体育场馆 56 个。深入实施文化惠民工程，建立市、县、乡、村网络式公共文化设施体系，加大乡村免费公共文化服务供给力度。持续办好"漓江之声""周末大家乐"系列活动。2021 年，举办"我们的中国梦"文艺会演 450 余场次，并组织基

---

① 参见《2022 年桂林市国民经济和社会发展报告》《关于灵川县 2021 年国民经济和社会发展计划执行情况与 2022 年国民经济和社会发展计划（草案）的报告》。

② 医疗联合体：整合同一个区域内的医疗资源，组建成一个联合体，通常由一个区域内的三级医院与二级医院、社区医院、村医院组成一个医疗联合体。县域医疗共同体：以县级医院为龙头整合县乡医疗卫生资源实施集团化运营管理。

③ 《百姓在家门口享受优质医疗》，《桂林日报》2022 年 7 月 26 日。

层文化文艺培训活动，对村级文化队伍进行专业指导。[1] 灵川县围绕重要节日、纪念日和农村集市组织开展"三下乡""千台大戏送农村""电影下乡""文化大集"等活动。县图书馆、县文化馆、桂北民俗博物馆、八路军桂林办事处灵川县路莫村军需物资转运站纪念馆、各乡镇综合文化站以及全县 136 个村级公共文化服务中心等公共文化设施场所全部向公众免费开放，积极开展各类文化惠民服务。

普惠金融综合服务点在农村全面铺开，提高农村金融服务水平，打通金融业务延伸至村民家门口的"最后一公里"，截至 2022 年 4 月，全市超过 1000 个村设立桂林银行农村普惠金融综合服务点。桂林银行县域贷款投放增量超过贷款总增量的一半，涉农贷款余额超过 140 亿元，支持新型农业经营主体 919 户，授信 46 亿元。全市共设立 34 家"服务乡村振兴示范点（区）"，给予示范点（区）主体企业授信合计超 60 亿元。[2]

## （五）举旗帜兴文化树新风，乡村治理出实招见实效

乡村治，百姓安、国家稳。[3] 扎实推动乡村振兴，治理有效是关键。桂林市从乡村社会所处发展阶段的实际出发，遵循乡村社会发展规律，着力促进党组织领导有力、村民自治依法规范、法治理念深入人心、文化道德蔚然成风、乡村发展充满活力和农村社会安定六个方面的内容。深入挖掘、选树、打造一批治理特色鲜明、成效显著的典范，试图走出一条独具特色的桂林乡村治理之路，打造乡村振兴的"桂林样本"。

### 1. 强化党建引领，夯实基层战斗堡垒

党的二十大报告开篇强调了弘扬伟大建党精神，习近平总书记在参加广西代表团讨论时提到，要推进全面从严治党，使党始终成为中国特色社会主

---

① 《报告中的"文化桂林"》，《桂林日报》2022 年 1 月 26 日。
② 《金融助力　出乡村振兴"新路子"》，《桂林日报》2022 年 4 月 26 日。
③ 《乡村振兴要夯实乡村治理这个根基》，光明网百家号，2020 年 8 月 27 日，https：//m. gmw. cn/baijia/2020–08/27/1301500177. html。

义事业的坚强领导核心。① 基层党组织是党的"神经末梢",发挥着举足轻重的作用。近年来,桂林市不断加强党建引领乡村治理,夯实基层治理基础,着力打通基层治理"最后一公里",加快构建乡村善治善为新局面。2021 年,桂林市精心组织,高质量完成村(社区)"两委"换届工作,换届后全市 1790 个村(社区)100%实现村党组织书记和村委会主任"一肩挑",村(社区)党组织书记平均年龄为 44.3 岁,比上届下降 3 岁,51.4%的村(社区)干部具有高中(中专)及以上学历,村(社区)"两委"班子结构全面优化;"跨越式"整顿提升 22 个软弱涣散村党组织和 90 个后进村党组织,全市 825 个村级党组织获得自治区"三星级"以上认定,占比 46%。

桂林市持续推动组织创新,密切党群联系,充分发挥党员的先锋模范作用,推进构建党建引领下的新型邻里互助自治模式,带领居民共创美好生活。灵川县定江镇全面推行"1+N"乡镇干部"包村联户"工作机制,通过强化组织领导、健全工作制度、压实包联责任,全面提高乡镇干部对基层情况的判断力、工作的落实力和决策的执行力,激活乡村治理新动能。该镇要求村干部每周至少入村两次,每月至少入户一次;乡镇包联干部组织第一书记、村"两委"班子每周召开一次分析研判会,对本周村情民意收集、矛盾纠纷化解、重点人员稳控等情况进行分析研判,分类建立问题台账,明确责任人和完成时限。不断创新党建引领乡村治理的途径,切实把党的政治优势、组织优势转化为乡村治理效能,以高质量党建引领乡村治理现代化。荔浦市马岭镇坚持以提升组织力为重点,以党组织"达标创优"为抓手,建立领导挂点、干部驻村、部门包村、党员联户"四个一"服务体系,15 名领导干部挂点包村、77名干部驻村蹲点、11 个部门单位结对帮扶、1144 名党员联系近 4 万户农户,为乡村治理提供坚强有力的组织保障,全镇所有村级党组织达到星

---

① 《习近平在参加党的二十大广西代表团讨论时强调 心往一处想劲往一处使推动中华民族伟大复兴号巨轮乘风破浪扬帆远航》,求是网,2022 年 10 月 17 日,http://www.qstheory.cn/yaowen/2022-10/17/c_ 1129067927. htm。

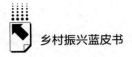

级标准。

近年来，全市狠抓提质聚力，在基层党组织能力建设上下功夫，统筹实施"规范提质、强能聚力、品牌增效"三大党建工程，建强党组织带头人队伍，全力推进村（社区）党组织书记、主任"一肩挑"，选好育好乡村治理领头雁。桂林市兴安县界首镇以村（社区）"两委"换届选举为契机，优化队伍结构，配强领头雁，从致富带头人、返乡能人、培养村干部中择优选拔村（社区）"两委"干部92人，稳步推进12个村（社区）党组织书记和主任"一肩挑"，规范村务监督，加强日常检查。同时，扎实开展基层党组织达标村、达标屯创建工作，引导各村级党组织"创星、升星、保星"，2021年申请达标村8个、达标屯16个，石门村获评四星级党组织、宝峰村获评三星级党组织。

## 2. 发挥德治教化功效，焕发乡风文明新气象

桂林市丰富拓展新时代文明实践，深化群众性农村精神文明建设。在农村精神文明建设比较突出的兴安县积极开展文化惠民活动，2021年共举办惠民演出52场次，戏曲进乡村10场次，戏曲进校园20场次，文化培训活动50场次，民间工艺品、书画展览2场次。永福县坚持以德治为先，让"第一议题"进村屯，在全县127个新时代讲习所、新时代文明实践站，通过交流研讨、知识竞赛、案例分析、观看专题片等形式，开展理论宣讲、文化服务等9项活动112场次；组建85支村屯文化彩调队，搭建标准化彩调戏台82个，增进乡村治理感召力。临桂区六塘镇和16个部门形成联治体系，以岚岩村为试点，在产业发展、文化提升、招商引资、人才培养、生态治理、村庄规划等方面提供指导。联治的各部门主动公开服务清单，根据收集的村民需求"派单"。2021年以来，岚岩村播放电影12场次，开展技能培训、文化宣传、义诊和民宿协会论坛等活动50场次，参与人数8000多人次（见表5）。

推进移风易俗是社会主义精神文明建设和乡村振兴的重要内容。桂林市纪委监委将红白事文明新办纳入日常监督重要内容，将党内监督和党外监督相结合。市民政局在市纪委监委指导下，制定下发《桂林市关于移风易

**表5　2021年以来桂林部分乡镇农村精神文明建设情况**

单位：场次，人次

| 地区 | 文化演出活动 | 文化培训活动 | 参与人数 |
|---|---|---|---|
| 兴安县 | 84 | 50 | — |
| 永福县 | 112 | — | — |
| 临桂区六塘镇 | 12 | 50 | 8000 |

资料来源：广西桂林市党建网。

俗的倡议书》，投入42.75万元在17个县（市、区）的试点村建设红白理事中心，弘扬喜事新办、丧事简办、厚养薄葬、环保健康等理念，持续整治"节庆风、吃请风、纵酒风"。灌阳县观音阁乡通过召开移风易俗建设文明乡风动员大会，督促各村建立红白理事会，并借鉴好经验、好做法，修订完善村规民约，将婚事新办、丧事简办、遏制"天价彩礼"、破除陈规陋习等内容写入其中，引导村民自觉遵守。全州县白宝乡坚持以文养德，在全乡范围内持续开展"最美家庭""文明村屯"创建活动，引导群众争创文明家庭，进一步树立良好的社会风气。2021年以来，全乡共选出最美家庭5户，举办集中宣讲活动5场次（见表6），参与群众达1000余人次，形成良好的社会风尚，促进乡村治理提质增效。

**表6　2021年以来桂林乡镇移风易俗、树立文明乡风建设情况**

单位：户，场次

| 乡镇 | 最美家庭 | 集中宣讲活动 |
|---|---|---|
| 灌阳县观音阁乡 | 6 | 6 |
| 全州县白宝乡 | 5 | 5 |

资料来源：广西桂林市党建网。

桂林市依托文明实践站（所）组建志愿服务队，充分发动乡、村两级党员和群众参与志愿服务活动。近年来，桂林开展政策宣讲、移风易俗、破除封建迷信等志愿服务示范引领活动，大力促进乡村治理提质增效。龙胜县依托全县 177 个文明实践站（所），丰富党员志愿服务活动形式，做实建强党员志愿服务总队和"8+N"志愿服务队伍，开展新时代文明实践志愿服务活动 4000 余场次，惠及群众 16 万余人次；临桂区两江镇新时代文明实践所联合两江村、车梁村、高妙村新时代文明实践站，开展志愿服务活动，截至2022 年 9 月，共有 30 余名大学生志愿者参与活动，受益群众达到 600 余人次。

**3. 强化法治保障，夯实乡村治理根基**

近年来，桂林市切实发挥农村基层党组织在法治建设保障乡村治理工作中的战斗堡垒作用，推动社会治理和服务重心向基层下移，强化法治宣传教育，组织动员党员干部深入村屯，多措并举引导群众学法用法、依法办事，不断提高乡村治理法治化水平，推动全民普法。全州县白宝乡组织乡镇领导、村"两委"干部、驻村工作队员、党员志愿者等力量，组建 3支普法宣讲队，经常性开展"普法进校园""普法进田间地头""普法街道进行时"等宣传活动，增强群众对法律法规的了解，提高群众的用法率。2021 年以来，有效化解群众反映土地占地纠纷、邻里矛盾等问题 23起，收集意见建议 8 条。恭城县西岭镇坚持以"队伍建设、文化构建、自我服务、创新管理"四驱动为载体，打造"村、屯、组"三级网格法治先锋队，累计培育"法律明白人"3 名、"法治带头人"5 名、"人民调解员"8 名、"村级网格员"25 名，同时推动全镇基层治理全方位纳入法治化管理轨道。全州县大西江镇党委抽调司法所、综治办等部门 5 名骨干组成普法宣讲队，联合 15 个村的法律顾问，深入各村开展"学法用法，法在身边"系列活动，帮助修订村规民约，积极为村民提供法律咨询和法律帮助，并邀请文艺爱好者以舞台剧、话剧、小品、相声等群众易于理解、乐于接受的方式，寓法于艺、寓教于乐，加强党员干部、农民群众、青少年等重点对象学法用法教育宣传，引导广大群众自觉学法用法守法。2021年以来，共开展普法讲座 15 场次，法治文艺会演 7 场次，惠及群众千余人次（见表 7）。

#### 表7　2021年桂林部分乡镇法治建设情况

单位：件，场次

| 地区 | 处理纠纷 | 开展法治活动 |
|---|---|---|
| 全州县白宝乡 | 23 | — |
| 龙胜各族自治县 | 141 | — |
| 灌阳县黄关镇 | 38 | — |
| 全州县大西江镇 | — | 22 |
| 恭城瑶族自治县西岭镇 | — | 5 |

资料来源：广西桂林市党建网。

龙胜县构建以公安民警为主导，以村（社区）2082名干部、党员和治安积极分子组建的10支专业联防队和128支义务联防队等社会力量为基础的社会面巡逻网，独具地方特色，强化社会治安防控体系建设，维护社会和谐稳定，持续推进"三官一律"①进驻乡村，强化村屯周边治安综合治理。永福县组建法治队伍化解治理风险，聘请专职辅警117名，启动"百村千人夜巡"行动，实现常态化管理和应急管理相衔接；借助自媒体平台创建点对点、"键对键"党群联系微信群近300个，倾力打造快速推送、高效回复、动态监控等多功能互动新平台。截至2022年8月，该平台共受理纠纷141起，提供群众咨询服务5063人次，预约受理业务2158人次。

4.解码乡村治理新模式，激发农民内生动力

为贯彻落实中央关于推进乡村治理体系与治理能力现代化的决策部署，以典型示范引领发展，2019年底中央农办等5个部门联合开展并推进治理示范村镇创建工作，在全国确定99个乡（镇）为全国乡村治理示范乡镇，998个村为全国乡村治理示范村。其中，桂林市1镇4村获评全国乡村治理示范村镇。②

桂林贯彻落实新发展理念，坚持以人民为中心的发展思想，重点推进乡村治理大胆改革创新，聚焦平安乡村建设，着力做强乡镇（街道）、做优乡村（社区）、做实系统、做活治理，推动实现"小网格、大治理"，有力提

---

① "三官"：法官、检察官、警官；"一律"：律师。
② 《我市4村获第二批全国乡村治理示范村》，《桂林日报》2021年11月16日。

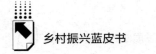

升全市乡村治理水平。不仅在推动乡村治理体系和治理能力现代化、创新特色治理模式方面取得了重大突破，而且落实了倾听村民诉求、激发村民内生动力政策，紧紧依靠自治、德治、法治"三大机制"推进乡村善治。

（1）群策群力，高标准打造旅游精品路线和精品村。桂林按照"半年大推动，一年见成效，两年大变样，三年展新貌"的工作要求，以"党建+"模式充分引导各县（市、区）注重因地制宜发掘自身的文化底蕴、民风民俗，打造独特的乡村治理模式和风貌，形成"市级统筹、上下联动、齐抓共管"的治理格局。同时，通过广泛发动群众，着力整合各方力量，最大限度凝聚群众的智慧和力量，将乡村治理与国际旅游胜地升级发展、巩固拓展脱贫攻坚成果、乡村振兴新型乡镇建设、田园综合体建设、传统古村落保护以及基层组织建设等方面相结合。有效配置资金、人力资源，用于旅游精品路线与精品乡村打造，激发积极因素集中解决乡村基础设施建设、公共服务、产业发展、环境卫生、农房风貌等方面存在的问题。

（2）各有千秋，地方文化价值挖掘与乡村治理协同。桂林鼓励和深入开展乡村建设文明创建活动，根据各乡镇实际及特色，采取试点推广、充分协商等措施，调动群众积极性，推动形成以好家风带民风、促社风的乡村治理良好局面。

德治与法治结合契合桂林乡镇的治理现状。各乡镇挖掘和培养乡贤、自由职业者等"法律明白人""法治带头人"25名，引导和鼓励乡贤参与制定村规民约，建立完善红白理事会等制度措施，革除陈规陋习，推动家风、民风、民俗与社会主义核心价值观融合。"法治+德治"乡村治理模式凸显了灵川县当地人文风俗特色，为因地制宜搞发展、活用群众精神财富于治理提供了生动的实践样板。以风俗文化为载体，桂林乡镇以文治理实践活动更加丰富。例如，七星区创新探索"美丽+"工作机制，创新人才主导型乡村治理模式，通过"人员+"方式，组织各村成立乡村风貌理事会，号召近万名党员干部、志愿者、乡贤等主动参与，构建"政府引导、群众主体、社会参与"的工作格局，形成自下而上推动模式，加快推进乡村风貌提升。

（3）科技融入，数字赋能打造乡村治理新模式。搭建乡村治理数字信息化平台，发挥互联网数据信息应用在网格管理中的核心作用，提高乡村治理的精准性和科学性。以桂林市恭城瑶族自治县"三心三治一守"[①] 治理模式为例，该模式以数字赋能组甲，打破信息壁垒，形成全方位、多角度治理格局（见表8）。一方面，通过织密"红色网络"，以每10～15户农户组成一个甲，将政治强、作风正、邻里关系和谐、有影响力的党员、村民骨干等纳入组甲长队伍中，把党小组建在组上，推动基层党建网络与社会治理网络"双网结合"。同时，为组甲长划分"红色责任田"，由组甲长协助村"两委"开展管理工作，形成"县、乡、村、屯、甲"五级联动管理网络，村屯基础设施建设和环境卫生不断改善，文明礼貌、尊老爱幼、助人为乐等美德蔚然成风。

另一方面，推进"数字化+网格化"建设，发挥县、乡、村三级综治管理中心的协调治理与服务联动作用，构建县、乡、村三级综治信息系统与技术服务平台，畅通民意反映渠道。同时，开通综治e通手机客户端，通过建立"互联网+网格化"基础数据库，实现基层治理向精准化转型，推动基层服务向高效化提升，实现基层治理精准化、基层服务高效化，推动基层社会治理手段由"管控"向"智控"转变。"三心三治一守"治理模式为全区乃至全国提供乡村社会治理的模板。

表8 2022年桂林市恭城瑶族自治县乡村治理模式情况

| 配置组甲的行政村（个） | 组数（个） | 甲数（个） | 义务巡防队（支） |
| --- | --- | --- | --- |
| 117 | 2061 | 4396 | 120 |

资料来源：中国警察网。

# 三 桂林推动乡村振兴的机制保障

《中共中央 国务院关于做好2022年全面推进乡村振兴重点工作的意

---

① "三心三治一守"：忠孝心、敬畏心、互助心，自治、德治、法治，守规矩。

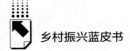

见》强调，"必须着眼国家重大战略需要，稳住农业基本盘、做好'三农'工作，接续全面推进乡村振兴"，进一步地，应"加大政策保障和体制机制创新力度"。在党的二十大报告中，习近平总书记明确指出，要全面推进乡村振兴，坚持农业农村优先发展，巩固拓展脱贫攻坚成果，加快建设农业强国，扎实推动乡村产业、人才、文化、生态、组织振兴。在新时代新征程上，桂林亟须建立长效保障机制，为乡村振兴全面推进指出"破题之道"，为农业农村现代化加快实现注入"源头活水"。

### （一）坚守"两条底线"，强化机制创新

2021年以来，桂林市围绕返贫风险隐患、帮扶措施、动态管理等工作重点，努力构建"四个四"防返贫致贫快速响应机制，强化机制创新，巩固拓展脱贫攻坚成果。

#### 1. 建立四项机制

建立层级负责的保障机制。夯实"四级书记"主官主责、党政领导干部同责、行业部门协同履责、驻村干部履职尽责机制，扛牢压实市、县、镇、村四级责任，为强化返贫风险监测、巩固拓展脱贫攻坚成果同乡村振兴有效衔接提供有力组织保障。建立科学合理的分工机制。桂林市由市委牵头组建乡村振兴战略指挥部，市乡村振兴局及其下属单位负责监测、帮扶等具体工作，上下一心，为乡村振兴的持续全面胜利实现"开门红"。建立保障完善的政策机制。制定产业扶持、就业援助、贫困助学、健康保障、兜底保障和综合帮扶六项防贫政策，盯紧致贫返贫风险户对症施策。建立奖罚严明的督考机制，把预警监测和帮扶工作落实情况作为督查核实重点，通过"红黄蓝"三单管理，强化督查督办、过程监管和问责问效。

#### 2. 拓展四个渠道

通过"四个渠道"，同向发力全面排查返贫致贫风险点。帮扶单位调查。各帮扶单位组建由6名熟悉业务的干部组成的防贫帮扶小组，每月开展一次入村入户调研核查，及时排查风险因素，制定帮扶计划。"五支队伍"排查。由县级部门干部、乡镇干部、村"两委"干部、驻村第一书记和工作队员"五

支队伍"每月开展一次政策宣传、到户排查。建立监测预警台账。市、县、乡、村四级每周开展一次数据比对，分析问题数据，查找风险线索，及时发布监测预警信息。部门联动协查。由乡村振兴相关部门牵头，协调教育、医疗、住建、卫健、医保、民政等有关部门，开展风险信息预警和线索日常排查。

### 3. 强化四项举措

开展访民情送温暖活动。定期组织机关干部到基层与基层干部、群众面对面解读政策，破解难点、痛点。强化县级统筹联动。由县级乡村振兴局牵头，加强沟通协调和工作联动，动态监测风险对象。落实村镇帮扶工作。由村镇两级负责收集返贫致贫风险户信息，制定帮扶意见，确定帮扶责任人，落实帮扶措施。抓实村社双重管理。针对易地搬迁社区和安置点的脱贫户及"三类人群"，由居住社区或安置点和户籍所在村双方同时安排包联干部，相互配合，积极落实帮扶措施。

### 4. 筑牢四道防线

筑牢宣传动员防线。采取会议、微信、宣传单等线上线下结合形式宣传相关政策、标准和程序，家庭可随时向村委会或通过微信、"12317"国务院扶贫监督举报电话、"12345"政务服务便民热线等进行困难申报。筑牢信息互通防线。市、县、乡、村四级要及时沟通预警监测和帮扶信息，确保对村屯、易地搬迁社区、安置点群众的监测无盲点、帮扶无漏点。筑牢网格排查防线。村级相关干部负责每月对本村内所有农户进行一次返贫致贫问题排查，每季度对分散特困供养人员基本生活保障和监护人履责情况开展一次核查。筑牢数据审查防线。县、乡、村三级包括市县相关部门要加强各自负责区域范围内脱贫农户监测数据的实时收集汇总，必须做到每月至少进行一次数据信息审查核实比对，做到发现问题及时反馈、及时解决。

## （二）聚焦"三项重点"，夯实发展成果

### 1. 持续推进美丽乡村建设，增强乡村振兴"牵引力"

以乡村建设行动为抓手，打造宜业、宜居、宜乐、宜游的美丽乡村，拉

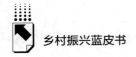

动各类要素向乡村振兴聚集。

一是下好全域美丽一盘棋。桂林市分期梳理、策划、实施一批重大项目和重大工程，实行项目化、清单化推进措施。打造"新型城镇+美丽乡村+三产融合"发展模式，坚持"把农村建设得更像农村"，因地制宜编制村庄规划，发挥群众主体作用。

二是打好农房管控攻坚战。建立统筹推进机制，市、县两级党委、政府成立农房管控工作领导小组，成立农房管控业务指导组、督察考核组、宣传报道组、监督问责组4个专责小组，形成"一办四组"专班专抓工作机制，建立健全镇（乡）、村、屯三级联动机制。严格执行"一户一宅"管理规定，持续开展乱占耕地建房专项整治行动，坚持"零容忍"态度，实行新增违建农房每日"零报告"制度，建立巡查机制，做到新增违建农房第一时间发现、处置。

三是打出生态保护"组合拳"。深入推进厕所、污水、垃圾"三大革命"，全面治理垃圾乱倒、污水乱排、棚舍乱搭、柴草乱堆等现象，在保持现有农村卫生厕所数量的基础上，进一步提高全域卫生厕所普及率。完善农村生活垃圾处置体系，保证农村生活垃圾收运处置覆盖率不低于95%。稳步解决村内道路泥泞、村民出行不便、出行不安全等问题，消除乡村道路安全隐患。因地制宜开展荒山荒地荒滩绿化，加强农田（牧场）防护林建设和修复，引导鼓励农民开展庭院和村庄绿化美化，建设村庄小微公园和公共绿地，推动农村生活环境更加优美宜居。

2. 加大特色产业支持力度，增强乡村振兴"支撑力"

坚持贯通产加销、融合农文旅，以产业兴旺为引擎，撬动乡村振兴，实现生活富裕。

一是培育品牌拉动，增强产业发展新动能。自治区政府印发了《广西壮族自治区人民政府关于认定第四批广西现代特色农业（核心）示范区的决定》，共认定桂林市永福县福寿桔园（核心）示范区等15个示范区"广西现代特色农业（核心）示范区（三星级）"称号。桂林市始终把创建现代特色农业示范区作为发展现代农业的重要抓手和载体，加快示范区产业融合发展，发挥现代特色农业的辐射带动作用，通过农业现代化赋能乡村振兴。

二是延伸链条带动，拓展产业发展新空间。推进乡村产业融合升级，支持农产品加工区按照试点带动、整区推进思路发展数字农业。推动农产品仓储保鲜冷链物流设施覆盖城乡，借助农业直播平台，提升农产品销量。加大农业科技创新投入力度，致力于提高农机设备水平。落实重要农产品保供稳价工作。

三是融合发展推动，探索产业发展新模式。推动农业与文化、旅游、生态等深度融合，真正把桂林市天然的"绿水青山"变成惠及广大人民群众的"金山银山"。构建乡村特色文化旅游休闲专线，加快乡村旅游和休闲农业的融合，打造精品田园综合体。引领农业绿色发展，创建自治区级绿色精品农产品和特色农业示范区，持续推动"三品一标"产品的认证。

3. 坚持党建引领乡村治理，增强乡村振兴"原动力"

突出党建引领，健全自治、联治、共治相结合的乡村治理体系，培育文明乡风，构建乡村善治格局，画好乡村治理"同心圆"。

一是激发群众自治活力。完善农民参与乡村建设机制。坚持和完善"四议两公开"制度，依托村民会议、村民代表会议、村民议事会、村民理事会、村民监事会等，引导农民全程参与乡村建设。加强和完善网格化管理服务，做到精准化、精细化。落实民意收集员、纠纷调解员、法规宣传员等职责，实现"小事不出村"。组建法律服务团队，充分发挥法学会、律师等第三方优势，开设法律讲堂，不断完善社会矛盾纠纷多元预防调处化解综合机制，推动农村社会治理能力全面提升。

二是借助部门联治外力。结合党史学习教育活动，搭建"帮扶单位+村""党员+农户"的"双对接"模式，派强用好驻村第一书记和工作队，健全常态化驻村工作机制，做到脱贫村、易地搬迁安置村（社区）、乡村振兴任务重的村、党组织软弱涣散（后进）村等全覆盖，推动各级党组织通过驻村工作有计划地培养锻炼干部。

三是凝聚多元共治合力。引导社会力量参与，将乡村建设纳入粤桂东西部协作和中央单位定点帮扶重点支持工作。创新金融服务，鼓励银行业金融机构加大贷款投放力度，支持乡村建设，运用支农支小再贷款、再贴现等政策工具，引导机构法人、业务通过县域农信社、村镇银行等金融机构把工作重心放在乡村振兴上。打造数字乡村平台，运用信息化技术为农房管控、隐患排查、纠纷调处等基层治理赋"智"赋能，打造充满活力、和谐有序的善治乡村。

# 分 报 告
## Topical Reports

# B.2
# 桂林乡村产业振兴调查与研究报告[*]

伍先福 梁君[**]

**摘 要:** 立足乡村振兴的经济发展使命,桂林多管齐下集中发力乡村产业振兴,取得良好成效:第一,乡村特色产业逐渐发展壮大;第二,产业科技创新效应逐渐显现;第三,乡村产业特色品牌得以塑造;第四,乡村产业帮扶振兴渐成气候。依托相对占优的要素禀赋,桂林逐渐形成"党建+""农业+""组织+""生态+"等颇具地方特色的乡村产业振兴模式,对其他地区具有较大借鉴意义。在取得系列发展成效的同时,桂林乡村产业振兴呈现一些典

* 本报告为国家自然科学基金项目(71963003)和 2022 年度珠江—西江经济带发展研究院科学研究基金项目(ZX2022001)的阶段性成果。

** 伍先福,博士,广西师范大学经济管理学院经济系主任,教授,硕士生导师,广西师范大学珠江—西江经济带发展研究院研究员,广西师范大学西部乡村振兴研究院研究员,南京大学商学院产业经济学访问学者,研究方向为全球价值链(CVC)升级、产业集聚与城市经济发展、技术创新与全要素生产率提升等;梁君,博士,广西师范大学经济管理学院教授,博士生导师,广西师范大学社会科学研究处处长,广西人文社会科学发展研究中心常务副主任,广西师范大学珠江—西江经济带发展研究院院长,广西师范大学西部乡村振兴研究院执行副院长,研究方向为宏观经济学、产业组织理论、文化产业发展与规划、传媒经济与管理等。

型问题，表现在：第一，乡村特色产业发展大而不强；第二，特色产业科技创新效应偏低；第三，乡村产业特色品牌管理不当；第四，乡村产业帮扶振兴仍存短板。针对上述典型问题，加快推进桂林乡村产业振兴有必要采取如下举措：首先，应有序做大做强乡村特色产业；其次，应稳步推进乡村产业科技创新；再次，应系统管理乡村产业特色品牌；最后，应全面补齐乡村产业帮扶振兴短板。

**关键词：** 产业振兴　特色产业　科技创新　特色品牌　产业帮扶

# 一　桂林乡村产业振兴取得的主要成效

全面打赢脱贫攻坚战以来，桂林以打造世界级旅游城市为统领，以巩固拓展脱贫攻坚成果同乡村振兴有效衔接为主线，坚持"突出点、连好线、扩大面、全覆盖"和"依托一产，壮大二产，催生三产，一二三产融合联动"的思路，不断探索创新优势特色产业发展路径，取得了积极进展。据桂林市统计局数据，2021年桂林第一产业增加值同比增长8.9%，增速创2000年以来新高，拉动全市地区生产总值（GDP）增长2.07%；农村人均可支配收入达到18993元，居广西第3位。具体而言，桂林乡村产业振兴取得的主要成效如下。

## （一）乡村特色产业逐渐发展壮大

### 1. 乡村产业发展规模得到不断扩充

（1）全市第一产业总产值持续增长。根据《2021年桂林市国民经济和社会发展统计公报》，2021年，桂林市农林牧渔业总产值达913.95亿元，比2020年增长10.2%，增速创2017年以来新高（见图1）。其中，农业产值比上年增长7.7%；林业产值比上年增长3.5%；畜牧业比上年增长

21.0%；渔业产值比上年增长 3.6%；农林牧渔专业及辅助性活动产值比上年增长 6.2%。

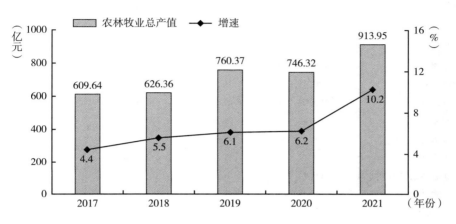

**图 1　2017～2021 年桂林市农林牧渔业总产值及增长速度**

资料来源：桂林市统计局网站。

（2）各县（市、区）第一产业呈不均衡增长态势。在全市第一产业总产值保持持续增长的前提下，2021 年桂林市第一产业增加值较上年增长 8.9%；从各县（市、区）的相关统计数据来看，虽然各县（市、区）GDP 均保持同比正增长，但第一产业增加值增速存在较大差异。兴安、资源、灵川、雁山、灌阳、平乐、荔浦、永福 8 个县（市、区）的第一产业增速高于全市水平，而秀峰、叠彩、象山、七星 4 个老城区的第一产业增速严重低于全市水平（见表 1）。

**表 1　2021 年桂林市及各县（市、区）地区生产总值及一产增加值**

单位：亿元，%

| 市、县（市、区） | 地区生产总值 | 同比增长 | 第一产业增加值 | 同比增长 |
|---|---|---|---|---|
| 桂林市 | 2311.06 | 6.6 | 549.47 | 8.9 |
| 秀峰区 | 101.11 | 3.1 | 0.59 | -0.4 |
| 叠彩区 | 93.38 | 4.3 | 1.57 | 3.1 |
| 象山区 | 197.18 | 6.5 | 1.34 | 2.0 |

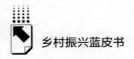

续表

| 市、县（市、区） | 地区生产总值 | 同比增长 | 第一产业增加值 | 同比增长 |
|---|---|---|---|---|
| 七星区 | 294.90 | 4.0 | 1.64 | −1.1 |
| 雁山区 | 33.54 | 5.0 | 6.91 | 9.7 |
| 临桂区 | 254.79 | 6.8 | 51.54 | 8.7 |
| 阳朔县 | 116.66 | 7.1 | 32.66 | 8.0 |
| 灵川县 | 190.41 | 7.3 | 60.04 | 9.9 |
| 全州县 | 193.09 | 8.0 | 76.02 | 8.0 |
| 兴安县 | 162.47 | 9.3 | 67.05 | 10.3 |
| 永福县 | 93.49 | 8.3 | 33.41 | 8.9 |
| 灌阳县 | 77.74 | 8.6 | 32.82 | 9.6 |
| 龙胜各族自治县 | 66.15 | 6.2 | 15.68 | 8.8 |
| 资源县 | 58.47 | 6.3 | 24.24 | 10.0 |
| 平乐县 | 127.38 | 10.3 | 66.40 | 9.2 |
| 恭城瑶族自治县 | 90.86 | 6.3 | 44.40 | 7.9 |
| 荔浦市 | 159.45 | 6.3 | 33.18 | 9.0 |

资料来源：桂林市统计局网站。

**2. 县村两级特色产业目录基本确定①**

根据广西《全区有扶贫任务县（市、区）特色产业目录和认定标准》，桂林有扶贫任务的 2 个城区（雁山区、临桂区）和 11 个县市根据各自发展实际遴选了 5 个相对固定的产业和 2 个可年度调整的产业，各贫困村从所在县（市、区）5 个相对固定产业中遴选 3 个产业并自行确定 1 个可年度调整的产业，从而形成"县有扶贫支柱产业、村有扶贫主导产业、户有增收致富项目"的产业扶贫格局。在此基础上，桂林各县（市、区）以县级"5+2"、村级"3+1"特色产业目录为基本框架和发展蓝本，结合自身乡村产业振兴目标和特色产业发展近况，适时调整特色产业目录并对产业布局、产业结构等进行合理优化，逐渐形成独具各县（市、区）特色的乡村振兴特色产业目录体系（见表2）。

---

① 本小节资料均来自 2021 年《桂林经济社会统计年鉴》。

表2　桂林各县（市、区）乡村振兴特色产业目录

| 县（市、区） | 乡村振兴特色产业 |
|---|---|
| 秀峰区 | 百香果、食用菌、乡村旅游与休闲农业等 |
| 叠彩区 | 花卉苗木、火龙果、葡萄等 |
| 象山区 | 酒类酿造、禽畜养殖、肉类加工、生态农业及产品加工 |
| 七星区 | 富硒水稻、乡村旅游与休闲农业 |
| 雁山区 | 优质粮食、优势水果、优质蔬菜、特色养殖及花卉苗木等 |
| 临桂区 | 柑橘、无公害蔬菜、生猪、家禽、水产畜牧业 |
| 阳朔县 | 柑橘、鸡、牛、优质稻、花生、大豆 |
| 灵川县 | 柑橘、叶菜类、食用菌、竹、鸡 |
| 全州县 | 优质稻、柑橘、金槐、花生、大豆、地方特色品种（猪） |
| 兴安县 | 优质稻、柑橘、猪、土鸡、甜糯玉米、葡萄、毛竹 |
| 永福县 | 罗汉果、砂糖橘、富硒优质稻、生猪养殖等 |
| 灌阳县 | 以"粮食、果蔬、禽畜、林药"为主的农业产业体系 |
| 龙胜各族自治县 | 红糯（大糯）、罗汉果、高山蔬菜、百香果、柑橘等 |
| 资源县 | 红提、西红柿、猕猴桃等传统特色产业，有机富硒产业，中药材产业，林下经济 |
| 平乐县 | 月柿、柑橘、香芋等优势产业，蔬菜、茶叶、中药材等种植业，生猪、牛、羊、家禽等养殖业 |
| 恭城瑶族自治县 | 月柿、柑橘、李子、鸡、根茎薯芋类、油茶、中药材等 |
| 荔浦市 | 优质水果、蔬菜、畜禽（生猪）养殖、花卉苗木、中草药、茶叶、荔浦芋头、优质稻 |

注：上述特色产业目录主要根据各县（市、区）2020~2022年的政府工作报告或乡村振兴工作总结整理。①脱贫攻坚期间，秀峰区、叠彩区、象山区、七星区等无扶贫任务，其特色产业目录主要根据乡村振兴要求和地区实际确定；②其他县（市、区）均有扶贫任务，其特色产业目录根据脱贫攻坚期间的"5+2"特色产业结构进行合理调整确定。

### 3. 乡村特色产业集群开始形成

在乡村特色产业不断壮大和集中连片发展的基础上，经过政府、企业、合作社、农民等的共同努力，桂林开始形成粮食、柑橘、特色水果、中草药、特色蔬菜、茶产业、食用菌、家禽、家畜等特色产业集群。

（1）粮食产业集群。粮食产业集群主要有谷物（稻谷为主）、豆类、薯类等细分行业，播种面积均相对较大，规模效应较明显。其中，稻谷播种面

积为 22.04 万公顷，主要分布在全州、临桂、兴安、灌阳、灵川等地；豆类播种面积为 3.22 万公顷，主要分布在全州、平乐、灵川、临桂、兴安、恭城等地；薯类播种面积为 3.74 万公顷，主要分布在全州、兴安、灌阳、临桂、平乐、龙胜等地。

（2）柑橘类水果产业集群。桂林是柑橘生产大市，2020 年柑橘类水果产量达 551.98 万吨，其中，柑、橘、金橘、橙、柚等的产量分别为 378.90 万吨、15.21 万吨、37.98 万吨、79.37 万吨和 40.52 万吨，主要分布在荔浦、永福、全州、灵川、临桂、阳朔、灌阳、平乐等地。

（3）特色水果产业集群。桂林种植的特色水果主要有柿子、葡萄、李子、桃子、猕猴桃等，2020 年产量分别为 108.75 万吨、42.29 万吨、19.50 万吨、19.15 万吨和 0.70 万吨，主要分布在恭城、平乐、兴安、资源、灵川、灌阳、全州等地。

（4）中草药产业集群。桂林是广西乃至全国重要的中草药材产地。2020 年，桂林中草药材播种面积为 2.87 万公顷，主要分布在永福、全州、临桂、资源、龙胜、平乐等地。

（5）特色蔬菜产业集群。特色蔬菜产业集群主要包括叶菜类、白菜类、甘蓝类、根茎类、瓜菜类、豆类（菜用）、茄果菜类、葱蒜类、水生菜类等细分行业。2020 年，除甘蓝类（3295 公顷）、水生菜类（1721 公顷）和葱蒜类（9691 公顷）等外，其余细分行业蔬菜播种面积均超过 1 万公顷。

（6）茶产业集群。桂林是广西重要的茶叶产地之一。2020 年，全市茶叶产量达到 6919 吨，其中，绿茶 1991 吨、红茶 636 吨、其他茶 4259 吨，主要分布在全州、平乐、龙胜、恭城等地。

（7）食用菌产业集群。2020 年，桂林食用菌总产量达 14.65 万吨，其中，蘑菇（鲜）9.47 万吨、香菇（干）1.68 万吨、云（木）耳（干）0.42 万吨，主要分布在全州、荔浦、兴安、平乐等地。

（8）家畜产业集群。2020 年，桂林猪年末存栏 245.8 万头、牛年末存栏 44.85 万头、羊年末存栏 21.71 万头，主要分布在全州、兴安、灌阳、灵川、永福、临桂、荔浦、恭城、平乐、阳朔等地。

（9）家禽产业集群。2020年，桂林家禽年末存栏3824.13万只，其中，鸡、鸭、鹅分别存栏3064.7万只、682.14万只和77.28万只，主要分布在临桂、灵川、永福、全州、阳朔、平乐等地。

## （二）产业科技创新效应逐渐显现

在乡村振兴产业成片化、规模化、集约化发展过程中，桂林乡村振兴产业的科技含量逐渐提高，创新示范效应逐渐凸显。

### 1. 种养业核心技术得到不断提升

种养业是桂林乡村产业振兴的主体产业和支柱产业，在各县（市、区）乡村振兴产业总产值中的占比基本保持在60%甚至70%以上。由于种养业基本上呈现"小、散、弱、差"等特点，因此其技术提升对产业效益增长至关重要。近年来，桂林各县（市、区）结合地方产业特色和区域发展优势，依托外聘专家、技术服务人员、本地技术能人等的技术培训或传帮带形式，不断推动种养业核心技术提升。截至2022年7月，全市获批认定广西农业科技园区7家、自治区级星创天地13家。在乡村种养业发展的过程中，其核心技术提升的路径主要有：第一，开展技术专项培训。针对种养业发展的普遍性科技问题，各县（市、区）通常会采取专项技术培训的方式进行技术提升。例如，雁山区采取"土专家"言传身教、本土授课形式开展技术培训，2021年全区共组织专业人才培训268场次，培训党政人才562人次、专业技术人才220人次、高技能人才15人次、农村实用人才3476人次。2021年，阳朔县组织产业发展专题培训26场次，惠及753人次，发放宣传资料939份。第二，成立技术攻关小组。针对种养业发展中的具体问题或疑难杂症，各县（市、区）设法成立技术攻关小组，有效解决了各类种养技术难题。例如，为强化乡村产业振兴中科技创新的引领作用，2021年以来，兴安县以县"5+2"、村"3+1"特色产业为框架，成立了葡萄、柑橘、银杏、百香果、猕猴桃、食用菌、鲜食玉米等10个技术攻关组，并采取"专业合作社+基地+农户""公司+基地+农户"发展模式，通过合作社、致富带头人、驻村第一书记等，把科学技术送到贫困户手中。[①] 第三，开展"引智下乡"活动。2021 年至 2022 年 5 月，桂林共选派 658 名乡村科技特派员，深入县、乡、村提供技术服务和开展创新创业，服务基地面积超100 万亩。其间，广西师范大学、桂林理工大学、桂林电子科技大学等高校充分发挥科研技术优势，按照"聚合资源、科创驱动、产业引领"的帮扶思路，精准开展科技帮扶乡村振兴工作，为资源县、灌阳县、全州县等地农村发展振兴、农业技术创新和农民增收致富贡献了"高校智慧"，特别是聚焦农业生产、产业发展等核心环节的瓶颈问题，组建"专家团队+科研攻关小组+第一书记"三级帮扶队伍，成为乡村产业振兴的坚强后盾。

**2. 机械化和数字化程度逐渐提高**

一方面，机械化作业是提高乡村产业劳动生产率的有效方式。近年来，桂林各县（市、区）充分利用各自的产业发展条件和规模生产情况，积极试点并推广农业机械化作业，产业生产效率得到不断提升。例如，兴安县全力扎紧"粮袋子"，牢牢抓住粮食生产不放松，坚决防止耕地"非粮化"，大力实施高标准农田项目建设，推广水稻全程机械化生产新模式，全面落实粮食生产补贴、农机购置补贴等强农惠农政策，依托农业生产和生产托管项目实施，利用 3 个基地平台（兴安县全新农机专业合作社、兴安县雄力农机专业合作社、兴安县园缘农业机械化服务有限公司）继续做好水稻生产全程机械化技术推广工作，2021 年完成粮食播种面积 47.96 万亩，实现总产量 17.85 万吨。另一方面，数字化转型是乡村产业振兴的基本方向和有效路径。近年来，桂林条件相对较好的县（市、区）开始率先推进乡村产业数字化转型。恭城瑶族自治县是广西 4 个首批国家数字乡村试点地区之一，2020 年以来，该县实施农业生产数字化工程，塑造农业格局新生态，建成县级运营中心 1 个、益农社 351 个，实现全县 117 个行政村全覆盖，形成

---

① 《建立稳定可持续产业　建设生态宜居美丽乡村——广西兴安县推动脱贫攻坚与乡村振兴有机衔接》，农业农村部网站，2020 年 11 月 15 日，http：//www.jhs.moa.gov.cn/cyfp/202001/t20200115_6336124.htm。

"政府+运营商+服务商"三位一体推进机制，数字农业服务链进一步强化。同时，依托恭城优势产业，构建智慧农业生态体系，在月柿博览园配备土壤检测仪、微型气象仪、光谱检测仪、植物体营养检测仪、水肥一体机等智能硬件，推行月柿数字化种植，将月柿博物馆改造升级为数字综合展馆，打造数字乡村大数据可视化中心，实现"人、田、村、政"数据一张图。

### 3. 农产品电商与直播带货快速发展

农村电商与直播带货是解决农产品因滞销而出现"丰产不丰收"问题的有效路径。近年来，随着农村公共基础设施建设的不断发展，桂林各县（市、区）的网络通信条件稳步改善，为农产品直播带货提供了良好条件。据桂林市统计局数据，截至2021年底，桂林1634个行政村中，通宽带互联网的村达到1611个，村级宽带通达率为98.59%，基本实现了"村村通宽带"。第一，各县（市、区）农村电商基础设施建设稳步推进。以冷链物流、农村电商等为主要切入点，各县（市、区）实施基础设施建设提升行动，县级物流仓储中心和物流信息管理平台等不断投入运营，2020年恭城瑶族自治县电子商务交易额达到3.53亿元，同比增长30.7%。第二，各县（市、区）农产品电商与直播带货业态丰富多样。灵川县创新融合"电商+特色产业"发展模式，积极打造"分拣+仓储+办公"产业链；荔浦市积极探索"特色产业+基地+电商"发展模式；永福县联合抖音短视频平台，培养一批"网红"主播宣传"中国罗汉果之乡""中国长寿之乡"，推介砂糖橘、罗汉果等优势产品。第三，农产品电商业态综合示范县建设加快推进。2021年，入选国家级电子商务进农村综合示范县的灵川县，依托独特的区位优势，建设聚农电商物流园，搭建配套的物流配送产业发展平台，建成2万平方米的电商仓储快递分拣中心，改造高铁园电商大厦，提供5000平方米办公场地，打造"分拣+仓储+办公"产业链。截至2022年3月，全县有电商个体户、企业1200家，建成县级物流服务中心1个、县级电商运营中心2个，成立覆盖全县所有乡镇的物流服务站12家、菜鸟驿站88个；全县成立乡村电商站点128个、乡村益农信息服务站384个，实现农村电商行政村全覆盖。

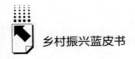

## （三）乡村产业特色品牌得以塑造

### 1. 乡村产业特色品牌逐渐形成

通过加快发展现代农业产业，桂林各类型的乡村产业特色品牌逐渐形成并得到市场认可。截至 2021 年底，桂林各县（市、区）累计建成国家特色农产品优势区 4 个、市级田园综合体 43 个、自治区现代特色农业示范区 40 个、全国休闲农业与乡村旅游示范县 5 个、自治区休闲农业与乡村旅游示范点 45 个、全国"一村一品"示范村镇 23 个和国家农产品地理标志登记产品 29 个（见表 3）。其中，桂林桂花茶、桂林葡萄、桂林罗汉果、桂林砂糖橘等为桂林市本级国家农产品地理标志登记产品，覆盖全市各县（市、区），其余产品相对集中在龙胜、全州、荔浦、兴安、恭城等县（市、区）。

**表 3　截至 2021 年底桂林各县（市、区）全国"一村一品"**
**示范村镇与国家农产品地理标志登记产品**

| 县（市、区） | 全国"一村一品"示范村镇 | 国家农产品地理标志登记产品 |
|---|---|---|
| 阳朔县 | 白沙镇（金橘） | 阳朔九龙藤蜂蜜 |
| 灵川县 | 潭下镇合群村（伊泉砂糖橘）、三街镇龙坪村（红薯）、海洋乡小平乐村（桃子） | 无 |
| 全州县 | 绍水镇（双孢蘑菇）、绍水镇柳甲村（福禄旺砂糖橘）、安和镇（香芋）、才湾镇南一村（葡萄） | 全州禾花鱼、东山猪、全州文桥鸭、安和香芋 |
| 兴安县 | 漠川乡（川珠王葡萄）、溶江镇（葡萄） | 兴安葡萄、兴安蜜橘、兴安甜玉米 |
| 永福县 | 龙江乡龙山村（罗汉果）、龙江乡（永福罗汉果） | 三皇西红柿 |
| 灌阳县 | 新街镇江口村（灌阳雪梨）、灌阳镇大仁村（灌阳雪梨）、灌阳镇长坪村（灌阳雪梨）、新圩镇合睦村（黑李） | 灌阳雪梨 |
| 龙胜各族自治县 | 乐江乡地灵村（龙胜红糯）、龙脊镇（休闲旅游） | 龙胜凤鸡、龙胜翠鸭、地灵花猪、龙脊辣椒、龙脊茶、龙胜红糯 |

| 县（市、区） | 全国"一村一品"示范村镇 | 国家农产品地理标志登记产品 |
|---|---|---|
| 资源县 | 无 | 资源红提 |
| 平乐县 | 无 | 平乐石崖茶、平乐慈姑 |
| 恭城瑶族自治县 | 莲花镇势江村（恭城月柿）、莲花镇（恭城月柿） | 恭城娃娃鱼、恭城月柿、恭城竹鼠 |
| 荔浦市 | 东昌镇民强村（荔浦芋）、修仁镇（砂糖橘）、东昌镇安静村（三华李） | 荔浦马蹄、荔浦芋、荔浦砂糖橘 |

资料来源：农业农村部网站发布的相关文件。

### 2. 特色产业品牌效应开始显现

在上述乡村产业特色品牌的带动下，桂林各县（市、区）的乡村振兴产业持续呈现良性发展态势，特色产业品牌效应开始显现。依托全国"一村一品"示范村镇品牌，桂林29个村镇快速发展。荔浦市修仁镇、阳朔县白沙镇分别依托砂糖橘和金橘品牌，入选"2021年全国乡村特色产业十亿元镇"；灵川县潭下镇合群村、永福县龙江乡龙山村、全州县才湾镇南一村、全州县绍水镇柳甲村等分别依托伊泉砂糖橘、罗汉果、葡萄、福禄旺砂糖橘品牌，入选"2021年全国乡村特色产业亿元村"。依托国家农产品地理标志登记产品——恭城月柿，恭城瑶族自治县的月柿产品销路日益扩大，不仅畅销国内多个省（区、市），还出口到俄罗斯、泰国、越南等国。依托广西休闲农业与乡村旅游示范点形成的旅游业体系，2021年灵川县共接待休闲农业与乡村旅游人数701.48万人次，实现总收入26.92亿元，分别比2020年增长26.82%和27.46%。[1] 2021年，永福县永安乡枫木村全面打响"永安红——珍珠红籽花生"品牌，获评东盟现代种业发展大会"好种好品"银奖。随着"永安红"品牌的走红，红籽花生的收购价格由8元/斤提升至12元/斤，在"良种+技术服务+订单式收

---

[1] 《灵川：发展乡村特色　助推乡村振兴》，广西壮族自治区农业农村厅网站，2022年4月20日，http：//nynct.gxzf.gov.cn/xwdt/gxlb/gl/t11789183.shtml。

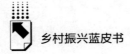

购"模式的带动下，红籽花生种植面积达 3000 余亩、产量近 20 万斤，增加产值 1500 万元。[①]

### （四）乡村产业帮扶振兴渐成气候

在乡村产业振兴的过程中，桂林各县（市、区）充分发挥各方合力作为促进乡村产业发展的有效动力，呈现政策帮扶、金融帮扶、企业帮扶、人才帮扶、新型农业经营主体帮扶等齐头并进的乡村产业帮扶局面。

**1. 政策帮扶力度不断加大**

政策帮扶是开展乡村产业振兴的基本路径和手段。在乡村产业振兴过程中，桂林各县（市、区）均适时出台了相应专项政策，并配套了相应专项资金。2021 年以来，各县（市、区）均制定了关于"实施 2021 年巩固拓展脱贫攻坚成果产业以奖代补项目""特色产业发展计划"的专项文件，重点对县乡级特色优势产业进行奖补。如 2021 年阳朔县共计发放产业奖补资金 922.5478 万元，惠及 2150 户脱贫户（含脱贫不稳定户、边缘易致贫户）；灵川县共发放产业奖补资金 989.48 万元，共计奖补脱贫不稳定户、边缘易致贫户、2016~2020 年脱贫户 2655 户，奖补规模为种植业 12949.52 亩、养殖业 80364 只（头、羽）；永福县共发放产业以奖代补资金 1121.25 万元；灌阳县共发放奖补资金 2294.23 万元；龙胜各族自治县向符合项目验收条件的 3707 户脱贫户、监测户发放产业奖补资金 1135.15 万元；等等。

**2. 金融帮扶成效逐渐彰显**

通过政府和银行等金融机构开展金融帮扶是解决乡村产业振兴资金难题的主要手段。近年来，桂林各县（市、区）驻乡镇金融机构网点数呈现较快增长态势，为开展金融帮扶产业振兴奠定较好基础。据桂林市统计局数

---

① 《永福县永安乡：党旗领航壮大集体经济　特色产业赋能乡村振兴》，桂林党建网，2022 年 7 月 28 日，http://www.guilindj.gov.cn/WebSite/contents/248/117937.html。

据，截至 2021 年底，桂林全市 134 个乡镇共有金融机构网点 606 个。但这些金融机构网点多集中在各县（市、区）政府机构所在的乡镇，其余乡镇相对较少。例如，全州县、荔浦市、灵川县金融机构网点数排名前 3，网点数分别为 72 个、67 个和 61 个，但其政府机构所在的全州镇、荔城镇、灵川镇分别有 29 个、45 个和 30 个，占比均达到 40% 以上，其中荔浦市的占比高达 67.16%。借助驻乡镇金融机构，各县（市、区）积极开展信贷帮扶产业振兴活动。临桂区针对脱贫人口积极推广小额信贷业务，截至 2021 年底，脱贫人口小额信贷（含扶贫小额信贷）2787 户 6028 笔，信贷金额 22746.27 万元。全州县积极强化金融帮扶，2021 年以来，全县发放脱贫人口小额信贷资金 19936 万元，受益家庭 4601 户。龙胜各族自治县通过优化脱贫小额信贷、到户产业奖补等政策，为脱贫群众解决产业发展资金难题，截至 2022 年 6 月，全县新增发放脱贫人口小额信贷 1967.35 万元（完成"保三"任务的 98.37%，"争五"任务的 61.48%）。荔浦市积极引导金融扶持乡村产业发展，截至 2022 年 6 月，荔浦脱贫人口小额贷款余额 6135.11 万元，到期处置率为 99.97%，累计贴息 72.27 万元，为脱贫群众发展产业、持续增收提供了有力的资金保障。

3. 企业帮扶模式基本形成

民营企业是参与乡村振兴的重要力量。《中共中央　国务院关于做好 2022 年全面推进乡村振兴重点工作的意见》提出，要广泛动员社会力量参与乡村振兴，深入推进"万企兴万村"行动。根据中央、自治区"万企兴万村"行动有关精神，桂林各县（市、区）积极开展"万企兴万村"行动，助力村企结对共建利益联结机制，把企业发展融入乡村振兴，实现村企共赢、乡村产业振兴。"万企兴万村"行动的帮扶主体既包括本地企业，也包括外地企业，其中本地企业因具有"地利人和"优势成为帮扶主力。依托各类本地或外地企业资源，各县（市、区）积极引导企业有效参与乡村产业振兴。在临桂区，以罗汉果全产业链为主线，桂林莱茵生物科技股份有限公司通过"公司+基地+农户"的方式，开展种植、加工、检测、销售、认证等工作，2016 年以来累计带动罗汉果农 8 万多户，平均每户每年增收约

6300 元。① 灵川县为保障畜产品有效供给，积极引进力源集团、桂林正大公司、温氏集团、广西扬翔公司等养殖龙头企业，以"公司+农户"等模式发展养殖产业。资源县引进修正药业集团，着力打造资源县修正药业健康产业园；同时，针对农业产业规模小但产品品质高的现状，创新成立由政府直接管理的国有独资企业——广西资新投资开发有限公司，并联合资源县博盛优农产品有限公司、资源县山里山农产品有限公司等农业企业，以国有参股形式成立混合制农业龙头公司，按照工业化理念和产业链思维，推动一二三产业融合发展，促进乡村振兴。

### 4. 人才帮扶思路逐渐开阔

"筑巢引凤"、让人才人尽其用是实现乡村产业振兴的核心动力和有效催化剂。近年来，桂林各县（市、区）在人才帮扶产业振兴上举措频出，已收到一定成效。第一，为推进人才帮扶产业振兴提供政策衔接。例如，资源县制定了《资源县人才强县三年行动计划》、《资源县乡村振兴人才评价认定和管理办法（试行）》和《资源县关于激励干部新时代新担当新作为工作实施方案》等政策文件，不断为乡村振兴重点帮扶地区提供人才保障，全力推动各类乡村振兴人才创新创业，激发基层干部干事创业的激情和热情。第二，构建人才帮扶产业振兴体制机制。以平乐县为例，2021 年以来，该县为解决乡村产业振兴的人才瓶颈，实施"头雁计划"、"鸿雁计划"和"归雁计划"，优化乡村振兴的人才供给体系。第三，深耕人才培育沃土，发力乡村产业振兴。近年来，阳朔县实施乡村振兴产业人才集聚计划和"筑巢引凤·人才创业"行动，2021 年组织文旅发展系列讲座、法律知识讲座、民宿专题培训等文旅业务培训 5 场次，开展职业技能、农村实用人才培训 74 场次，培训 3400余人次。第四，依托高素质农民培育活动助力乡村产业振兴。近年来，象山区积极组织开展高素质农民培育培训班，根据现代农业发展实际，邀请农业专家围绕农业生产技术、农村电商、新型农业发展模式等进行专门授课，旨

---

① 《全面推进乡村振兴战略　桂林奋力奏响新时代田园牧歌》，"桂林日报全媒体"百家号，2021 年12 月 14 日，https：//baijiahao.baidu.com/s？id=1719076909738536215&wfr=spider&for=pc。

在为象山区培养"有文化、懂技术、善经营、会管理"的高素质农民，提高农业从业者生产和经营管理能力，为该区农业现代化培养高素质人才。

5. 新型农业经营主体帮扶形势喜人

新型农业经营主体主要包括致富能人或专业大户、家庭农场、农民专业合作社等，这些新型农业经营主体通常具有双重身份，本身既是乡村产业振兴的参与者，也是带动村民发展致富、推动村镇产业发展的核心力量之一。

（1）致富能人或专业大户帮扶。例如，在灵川县三街镇龙坪村，致富能人全建军带领全村发展红薯干产业，成效显著。2013 年，全建军成立灵川县龙达种植专业合作社，是灵川县第一家种植与初加工相结合的合作社。注册"九坎十坪"商标，建设三街黄金红薯干加工厂，推动传统红薯干制作产业化、规模化，持续发展。现在，龙坪村每年生产红薯干约 300 吨，在合作社"产业+合作社+党员+农户"特色产业模式的带动下，周边村屯 500多名村民进行红薯种植和加工，红薯干产业成为当地农民脱贫致富的重要产业。红薯干产业既解决了农民就业问题，也增加了农民收入，由原来每亩收入 1000 元，达到现在的 2 万元。

（2）家庭农场或农民专业合作社帮扶。例如，七星区设法发挥新型农业经营主体的助推和带动作用，旭秋茭白、龙门果蔬、畔塘丰泽园等农民专业合作社积极开展土地流转，大力发展特色农业、休闲农业。阳朔县不断强化新型农业经营主体的建设与推荐工作，以家庭农场和农民专业合作社两类经营主体为主要抓手，加强新型农业经营主体经营管理能力，提高带动脱贫户发展产业的能力，全县 23 个脱贫村均有农民专业合作社带动脱贫户发展特色产业，带动脱贫户比例达到 37.77%。平乐县为充分发挥新型农业经营主体作用，在所有脱贫村建设 1 个以上新型农业经营主体或产业基地（园），做到新型农业经营主体全覆盖。

## 二 桂林乡村产业振兴的主要模式

2021 年以来，桂林各县（市、区）充分利用各自的发展条件和竞争优

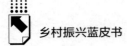

势，通过模仿借鉴、自创更新、综合提炼等多种形式，将脱贫攻坚期间的产业扶贫模式逐渐演变为乡村产业振兴模式，很有借鉴意义。

### （一）"党建+"乡村产业振兴模式

"党建+"乡村产业振兴，即村镇党组织充分利用政治敏锐和集体智慧优势，在上级党组织领导下带领所在村镇科学遴选乡村特色产业，合理规划乡村产业振兴发展方向，提出乡村产业振兴基本思路与框架，带领村民积极落实乡村产业振兴政策及相关发展规划，积极解决乡村产业振兴中遇到的困难或问题。

#### 1. "党建+"激发乡村产业振兴热情

为巩固产业发展成效，拓宽产业发展路子，荔浦市积极创新产业项目建设模式，推出"村党组织自建自营自管"产业配套项目建设模式，在不断完善产业基础设施建设的同时，激发群众投身乡村振兴的热情，进一步提高脱贫人口的收入。继续发挥党建作用，加强与脱贫户利益联结机制建设，因地制宜探索"特色产业+基地+电商""品牌产业+合作社+脱贫户""资源开发+企业""高科技项目+资产盘活"等多种发展模式，并投入1000万元进一步壮大村集体经济规模，打造荔城镇乡村振兴"七彩超市"、文德村灵芝鸡种养、南源村香菇种植及深加工、长滩村冷水鱼养殖、马岭镇景区旅游银合酒店品牌等一批高质量、高效益村集体经济实体，形成一条"村集体经济+产业发展+稳岗就业"综合发展路径。

#### 2. "党建+"塑造乡村产业振兴品牌

党建品牌一旦树立，即具"乡村赋能"功效。2021年以来，阳朔县抓党建促乡村振兴的发展成效成为桂林市典范。阳朔县努力实现从"五级书记抓扶贫"向"五级书记抓振兴"过渡，建立常态化驻村工作和乡村振兴工作队考评机制，包村指导经验获广西卫视《第一书记》栏目报道。2021年，阳朔县共组建党员攻坚队114个，全域出战"一江一河一廊一道一线"乡村振兴示范带建设，将最美乡村建设成自治区和桂林市标杆，位列乡村风貌提升验收考评第一档；鸡窝渡、桥北村入选自治区级乡村振兴案例，喜龙村成为东南亚驻华使节交流活动参观点。同时，阳朔县积极优化"党支部+党员+群众"发展模式，开展"扶持党员创业、带动群众就业"行动，2021年共建立党员"双带示范基地"12个，建成区、市、县级特色农业示范园区37个，打造村级现代特色农业示范点125个，百里橘香等五星级田园综合体农旅效应充分显现，集体经济发展专项资金惠及漓江、遇龙河沿线群众6万余名，特色产业体系有力推动富民增收，阳朔县连续5年入选广西高质量发展先进县，连续3年入选全国县域旅游综合实力百强县。

**3."党旗入企"提高乡村产业振兴速度**

"党旗入企"让两新组织争当乡村振兴"合伙人"，提高乡村产业发展速度。近年来，永福县两新组织以党史学习教育为契机，大力推进"党旗入企"行动，推动电商、快递物流业等新兴业态党组织建设与乡村振兴产业发展深度融合，强化两新组织在经济发展中的政治属性，引领乡村振兴驶入"快车道"。第一，通过"党建+非公企业建设"，培育经济发展"先锋兵"。建强非公企业战斗堡垒，截至2021年底，永福县共有两新组织党组织91个，其中，非公企业党组织63个，实现应建尽建目标，切实将党建活力转化为非公企业经济发展的强劲动力。第二，通过"党建+富民产业培育"，筑牢产业发展"桥头堡"。永福县依据自身罗汉果发源地的优势，将党建与富民产业培育相结合，联合县内28家罗汉果合作社成立集生产、加工、销售于一体的企业联盟——永福福中福罗汉果有限公司，并创建罗汉果绿色食品基地24个，认证通过的绿色食品占比达65.5%。第三，通过"党建+电商经济发展"，开启村级发展"加速器"。为了增强非公企业经营信心，永福县两新组织开展"外出学习""考察取经"等多种形式的党日活动，并将电商发展、经验模式探索等议题纳入支委会、党员大会议程，以主题研讨、集中学习、经验交流等多种形式，统筹解决电商运营中的难题。[①]

① 《永福县两新组织争当乡村振兴"合伙人"》，桂林党建网，2021年12月6日，http://zhdj.guilindj.gov.cn/WebSite/contents/41/76411.html。

#### 4."党建+"谱写乡村产业振兴新篇章

近年来,平乐县平乐镇以"党建+产业"为乡村产业振兴工作思路,积极探索发展壮大村级集体经济和村屯特色产业的有效路径,用"富民党建"理念谱写乡村产业振兴新篇章。第一,"党建+"创出"金点子"。为拓宽村级集体经济发展思路,平乐镇积极探索"镇党委+后盾单位+村党组织"三方结对共建的路子,以三方智慧党建助力村级集体经济发展;通过把"金点子"制成"一村一策发展作战图",对图作战、对表推进,"金点子"顺利转化为乡村振兴成果。第二,"党建+"助力农村电商产业发展。平乐镇紧跟农村电商发展步伐,积极实施"党建+产业+电商"农产品出村进城工程,在长滩、福兴和附城3个片区引进电商服务站,用"合作社+农户+电商"销售模式为柿饼、柑橘、石崖茶等特色农产品搭上互联网销售"东风"。第三,"党建+"缓解资金难题。为解决群众生产资金不足难题,平乐镇围绕"党建+政策+金融"扶持模式,以产业奖补、小额信贷、香芋种植补贴等为切入口,引入"金融活水",为合作社、家庭农场、脱贫户等提供资金支持,推动柿饼、柑橘、石崖茶等特色产业步入发展"快车道"。①

### (二)"农业+"乡村产业振兴模式

乡村产业融合发展是乡村产业振兴提质增效的重要路径,基本依托产业为农业,基本发展思路为"农业+",主要表现为"农业+二三产"融合发展和农业全产业链协同发展两种形式,而田园综合体是这种发展模式在特定区域内的典型实践。

#### 1.坚持"农业+二三产"融合发展主基调

"农业+二三产"融合发展,即在乡村产业振兴过程中,以农业发展为主体和依托,带动第二产业发展,连接第三产业发展,让一产"接二连三"。例如,永福县于2018年入选全国农村一二三产业融合发展先导区创

---

① 《平乐县平乐镇:点燃"党建+"引擎 助推乡村产业振兴》,桂林党建网,2022年3月29日,http://www.guilindj.gov.cn/WebSite/contents/248/91419.html。

建名单，此后，该县遵循高质量创建标准，以罗汉果和砂糖橘产业为乡村产业振兴主线，坚持种植、加工和销售一体化发展，科学规划并设法落地实施。在罗汉果和砂糖橘种植环节，该县打造了一批生产示范基地，引导群众聚焦绿色高质高效农业发展。以砂糖橘种植为例，该县不断改进并推广砂糖橘肥药双减绿色高质高效栽培技术、水肥一体化技术、自动化+机械化喷药技术，进一步提高果农的生产力。推广肥药双减绿色高质高效栽培技术，大幅减少农药化肥的使用量，实现防止农残超标的目的。砂糖橘创建示范基地的机械化、自动化、科技化喷药应用覆盖面不断扩大。与此同时，该县积极推动企业在物流、冷链、仓储、运输等环节系统筹划并发力实施，目前已具备砂糖橘全产业链完整加工和销售能力。① 又如，资源县以产业发展为核心，实施"农业+"多产业融合发展模式。在第一产业发展上，该县充分发挥混合制农业投资公司带动作用，设立乡村产业振兴发展奖励扶持基金，大力发展有机富硒、中药材、高山茶叶、亚冷水鱼等产业；在第二、第三产业发展上，与农业发展相配套，积极推动车田蔡佳水云里茶乡田园综合体、中峰国家级现代农业科技产业园、修正医药健康产业园、粤桂协作农副产品冷链仓储物流产业园等项目建设，一二三产业融合度逐渐提高。

2. 遵循"农业全产业链协同发展"基本思路

"农业全产业链协同发展"思路，是指从投入产出的视角，将农产品上、中、下游产业链条视为发展整体，充分发挥各链条互补优势，由"链主"企业或机构打通生产、运营、销售、流通、技术、管理等农业全产业链的各个链条，使之相互配合、相互协调，最终实现农业全产业链协同发展。例如，作为广西三星级现代特色农业（核心）示范区，兴安县红色湘江蜜橘产业（核心）示范区遵循全产业链发展思路种植南丰蜜橘和冰糖橙。近年来，该示范区积极对各种生产要素进行优化组合，统一开展标准化生

---

① 《永福：树立产业振兴乡村新标杆 使广大农民不离乡土也能富起来》，中国新闻网，2020年5月13日，http://www.gx.chinanews.com.cn/gxgd/2020-05-13/detail-ifzwcvts5495156.shtml。

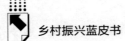

产，种植专业合作组织及家庭农场、水果包装加工企业、龙头企业等齐聚示范区，形成了种植、加工、冷藏、销售一体化发展的蜜橘产业链。又如，兴安县灵渠葡萄产业（核心）示范区以灵渠为中轴，地理范围覆盖了 13 个行政村、110 个自然村，总面积共 6.6 万亩。该示范区按照"经营组织化、装备设施化、生产标准化、要素集成化、特色产业化"的要求，持续加强基础设施建设，依托农业科技发展不断提升示范区现代农业发展水平，产业发展后劲得到进一步加强。①

### 3. 打造田园综合体示范建设的桂林样板

田园综合体是实践"农业+二三产"融合发展或农业全产业链协同发展的有效路径，具有较好的示范带动作用。根据《桂林市田园综合体创建验收标准》，桂林市三星级田园综合体规划区面积 4 平方公里以上、核心区主导产业面积 3000 亩以上、规划区内不少于 3 个自然村 50 户农户（四星级、五星级要求更高），形成 1~3 个以种植业、休闲农业和乡村旅游等产业为主且特色明显的主导产业，建成以主导产业为基础、一二三产业协同发展的全产业链。自 2019 年印发《桂林市人民政府办公室关于桂林市田园综合体创建的指导意见（试行）》以来，各县（市、区）齐抓共建，已初步建成市级田园综合体 43 个。在实践中，七星区高位推进"大美漓江"田园综合体（七星段）建设。按照"一村一品"的要求，采用"一产带二产促三产"模式，华侨旅游经济区以 800 亩乌桕滩及沿线的现代桂北风格建筑为切入点，打造现代农业观光园；以彩色富硒水稻、古典民居为切入点，打造古典民宿村；以"一米阳光"生态花园为切入点，打造特色花卉基地。通过新建成的 16 公里休闲廊道，将田园综合体范围内的"风景点"串联成"风景线"，形成"风景面"。9 家民宿、80 亩花卉基地、30 亩特色果蔬、64 亩火龙果采摘园在节假日游客爆满，为当地群众提供了 200 多个就业岗位，莲花园生态田园成为广西休闲农业和乡村旅游示范点以及广西四星级农家乐，

---

① 《建立稳定可持续产业　建设生态宜居美丽乡村——广西兴安县推动脱贫攻坚与乡村振兴有机衔接》，农业农村部网站，2020 年 1 月 15 日，http://www.jhs.moa.gov.cn/cyfp/202001/t20200115_ 6336124. htm。

"一米阳光"生态花园被评为示范家庭农场，真正实现了经济效益和社会效益双丰收。

### （三）"组织+"乡村产业振兴模式

这里的组织，主要是指村级集体经济组织；而"组织+"乡村产业振兴模式，是指村"两委"通过土地流转、产权转让等多种形式，将相对分散的农地进行整合，集中发展村级特色优势产业，以集体经营、集体受益的形式进行运营管理，形成村级集体经济持续发展和高效产出的良性生态。

#### 1.创新经营模式构建村级集体经济组织

锚定村级集体经济组织优势，七星区积极创新多种经营形式，不断发展村级集体经济和增加农民收入。例如，朝阳乡发动各界力量积极培育农民专业合作社，并让专业合作社带动茭白、生态蔬菜等产业发展，初步形成西南村茭白种植基地、新建村皎霞休闲农业、小龙门茭白种植基地、岩前村生态蔬菜种植基地等。象山区抢抓桂林工业振兴战略实施和高新区象山园建设机遇，采取"园区+企业+村集体"合作模式，持续推动村级集体经济多元快速发展。其中，涝塘村集体经济产业园项目占地400亩，规划建设标准厂房20万平方米，产业园建成后可实现村民人均增收0.5万元/年。

#### 2.通过多方联动壮大村级集体经济组织

首先，坚持抱团发展。2021年，灌阳县通过"并村联建"的方式，整合68个村扶持资金4080万元，与德天实业有限公司合作打造灌阳县村级集体经济产业园，推动村级集体经济与工业产业融合发展。其次，做优"村企共建"。灌阳县以"集体经济组织+旅游"方式合资合作发展文旅产业，全县9个乡镇23个村集体经济组织整合资金1120万元投入广西千家洞圣宝胜旅游开发有限公司，为乡村振兴增添"新活力"。最后，注重因村施策。灌阳县立足各村资源优势，利用后盾单位的专业力量做好项目规划，整合村级集体经济组织资金，成功打造东阳村黄关面条产业园、永富村农产品深加工厂、大源村中草药材种植基地等6个特色项目，推动村级集体经济发展提

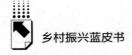

质增效，实现以特色产业助力乡村振兴。①

### 3. 依托村级集体经济组织谋产业发展

依托良性运行的村级集体经济组织，桂林各县（市、区）的村级集体经济不断发展壮大，乡村产业振兴效果良好，并形成一定示范效应。七星区华侨旅游经济区围绕"大美漓江"田园综合体（七星段），大力发展特色休闲农业，实现村集体收入翻番。2021 年，象山区所有行政村的集体经济收入均超过 5 万元，其中 10 万元以上的占 50%，50 万元以上的占 25%；2021 年，阳朔县 23 个脱贫村的集体经济收益均达 5 万元以上，2022 年将继续投入 1220 万元扶持资金，以"龙头企业+村级集体经济发展"的入股分红模式，不断促进村级集体经济稳定增收；2021 年，灵川县 154 个村（社区）集体经济收入稳定在 5 万元以上，其中三街镇溶江村、海洋乡思安头村、定江镇金灵村等 12 个村大力发展竹制品加工、中草药种植、养殖等产业，2022 年各村集体经济收入均有望突破 20 万元；龙胜各族自治县创新采用社员变股东、社员变劳动者、社员变多栖农民、社员变供货商、社员变投资人的"五变"村级集体经济发展模式，有效壮大村级集体经济，2021 年全县村级集体经济收入达 2045.11 万元，是 2016 年的 5 倍。

## （四）"生态+"乡村产业振兴模式

"生态+"乡村产业振兴模式本质是产业系统生态循环发展模式，即从投入产出的视角看，第一个环节的产出成为第二个环节的投入，环环相扣，最后一个环节的产出又成为第一个环节的投入，从而构成一个产业生态循环系统。

"生态+"乡村产业振兴模式的典型代表是恭城瑶族自治县创新打造的"恭城模式"。该模式可追溯到 20 世纪 80 年代"一池带四小"的庭院经济

---

① 《灌阳县：强化党建引领　为乡村振兴聚力赋能》，桂林党建网，2022 年 4 月 27 日，http://www.guilindj.gov.cn/WebSite/contents/248/98213.html。

发展思路，即一个沼气池，配套一个小猪圈、一个小菜园、一个小果园、一个小鱼塘。20世纪90年代，该县调整农业产业结构，开展"养殖—沼气—种植"三位一体生态农业建设，"生态立县"发展战略正式确立，"养殖—沼气—种植"三位一体农业发展模式被总结为"恭城模式"。随后，该县逐步完善"养殖—沼气—种植"三位一体生态农业建设体系和沼气建设技术、管理、服务体系，不断加大科技培训力度，将农田生态、草地生态、森林生态与水域生态等有机结合，形成良性循环，加快农村能源规范化、产业化进程。2006~2015年，该县在"养殖—沼气—种植"三位一体农业发展模式取得可喜成绩的基础上，顺应农村、农业发展实际，逐步探索适合县域实际的"生态+"发展模式。在这一阶段，恭城生态乡村、宜居乡村建设得到加强，特别是在改善农村人居环境方面得到突破发展。2007年，该县成功引进中国汇源果汁集团有限公司，建立桂林汇源食品饮料有限公司，进一步强化生态农业产业化发展。2008年，该县提出"人畜分离，统一建池，分户供气，市场运作"的沼气建设新模式。由于黄龙病的严重影响，恭城的柑橘支柱产业遭受重创，原三位一体农业发展模式产业链受损、效益降低，大量青壮年农民外出务工，个体养殖户随之减少，沼气原料不足，三位一体农业发展模式遭遇发展瓶颈。为解决这一难题，该县在栗木镇建安村兰家屯率先试行农村沼气"全托管"服务模式，并逐步形成"规模化养殖—沼气全托管—规模化种植"新三位一体现代生态农业发展模式。同时，以建设生态月柿示范园、生态观光采摘园、生态宜居体验园、生态加工物流园、月柿产业文化园为目标，推进月柿现代特色农业（核心）示范区建设。2016年以来，恭城瑶族自治县以创建桂林国家可持续发展议程创新示范区为契机，将新三位一体现代生态农业发展模式进一步提升为"一城二区三生四大"发展模式，其中，"一城"即生态养生城，"二区"为城乡一体化示范区和现代特色农业示范区，"三生"即力求生产、生活、生态相融合，"四大"即强力发展大旅游、大养生、大文化、大流通。

在"恭城模式"的示范引领下，其余县（市、区）也积极结合自身实际，着力探索适合本地条件的产业系统生态循环发展模式。例如，灵川县积极探索生态循环种养体系。近年来，该县组织桂泰种养专业合作社实施"秀珍菇+姬菇"周年生产良种繁育基地建设项目，采取"菌菇尾料+生态养鱼"发展模式，解决基地菌菇尾料处理难题，逐渐形成基地"菌菇生产—尾料—养鱼"生态循环种养体系。三街镇、灵川镇、潮田乡等乡镇共建立种植赤松茸 10 亩以上的示范点 18 个，发展赤松茸种植 700 多亩；2021 年，食用菌（不含灵芝及野生菌）干鲜混合品总产量达 2.88 万吨，同比增长 79.92%。再如，资源县梅溪镇坪水底村大力推广"稻、渔、薯生态轮作"模式。2021 年，该模式在 7 个村民小组 227 户定点推广，共计投放鱼苗 2 万余尾、种薯 3000 斤，经桂林市农科院、资源县科技局现场查定验收：亩产禾花鱼 80 余斤、马铃薯 1000 余斤。据测算，2021 年实现单季每亩增加产值 0.4 万~0.5 万元，打破了传统种水稻低产出、低收入的局面，为村民增收拓宽了渠道。

# 三　桂林乡村产业振兴存在的主要问题

近年来，虽然桂林乡村产业振兴取得了相对较好的成绩，对广西乃至全国各地的乡村产业振兴具有较好的示范和带动效应，但仍存在一些问题，如产业规模小、产业链条短、产业化发展不足、科技创新支撑不强、新型农业经营主体缺乏、品牌影响力较弱、产销对接不畅等。

## （一）乡村特色产业大而不强

### 1. 乡村特色产业发展规划缺失

在自治区及桂林市"巩固拓展脱贫攻坚成果产业以奖代补""特色产业发展计划"等政策的支持下，桂林各县（市、区）分别制定了相应的产业以奖代补政策或特色产业发展计划，但乡镇层面乃至村级层面针对特色产业的发展规划基本缺失，致使各村级特色产业基本处于各自为政、无序发展的状态，跟风种养成为基本发展范式。以砂糖橘产业为例，由于率先种植砂糖橘的农户收益较好，呈现一定示范效应和循环叠加效应，2007~2017年桂林各县（市、区）的砂糖橘产业规模迅速扩大，砂糖橘也由最初的柑橘类特色品种发展为桂林柑橘类水果中占比最高的品种。其间，由于无病苗木无法满足农户种植需求，很多种植户跟风购买质量无法保障的露地苗木，因此黄龙病开始流行。2018年以来，桂林各县（市、区）的砂糖橘产业既经历了因供给过剩而价格持续走低的阵痛，也时刻面临柑橘黄龙病大规模暴发的风险。规划不到位导致跟风种养的类似现象几乎出现在桂林的所有种养行业，如葡萄、罗汉果、月柿、桃子、李子、猪牛羊等。一项针对罗汉果种植户的调查显示，有30.4%的农户为无规划跟风种植，即农户种植罗汉果前并未对市场前景、历年收益、种植成本、种植风险等进行全面权衡。[①]

### 2. 乡村特色产业产业化水平不高

虽然桂林各县（市、区）的柑橘、葡萄、罗汉果、月柿、蔬菜等产业整体上已达到一定规模，但基本模式是分散生产和经营，且以家庭农户为主，经营主体各自为政，极少相互协作，致使规模效应所需的机械化作业、专业化分工、产供销一体等产业化发展条件无法形成，从而出现产业发展有规模但无规模效应的现象。以砂糖橘产业为例，虽然桂林与该产业相关的新型农业经营主体（企业、合作社、家庭农场等）已有近2000家[②]，但这些新型农业经营主体基本规模不大、覆盖面有限、带动力不强，有些新型柑橘经营主体因经营效益低下已名存实亡；同时，新型柑橘经营主体之间、新型柑橘经营主体和农户之间，以及农户与农户之间基本上缺乏有效的联结机制，致使全市各县（市、区）的砂糖橘产业仍然处于以"农户自主小规模生产+自主销售"为主的状态，市场组织化和标准化生产程度低，规模生产效应非常有限。再以近年来快速发展的葡萄产业为例，虽然全市各县（市、区）成立了葡萄专业合作社近百家，但受技术、资金、人才等因素的制约，

---

① 梁锌等：《桂林市罗汉果种植市场调查分析》，《产业与科技论坛》2019年第1期。
② 李凤英等：《桂林市沙糖橘产业高质量发展研究》，《广西农学报》2021年第3期。

真正能够发挥产业化功能的专业合作社不多，各县（市、区）的葡萄产业仍然是以各家各户分散种植模式为主；同时，由于大量农村青壮年劳动力外出务工，葡萄果园多为老人和妇女管护，果园管理粗放现象较为普遍，如整形修剪质量差、防治病虫害不及时、葡萄标准化生产程度低等。[①]

3. 乡村特色产业发展结构失衡

在脱贫攻坚期间，虽然桂林各县（市、区）基本构建了县级"5+2"、村级"3+1"产业体系，但各县（市、区）尤其是乡镇的产业发展基本集中在1~2个相对成熟的细分产业上，其他细分产业的生产、加工、销售等环节很不完善。如阳朔县集中发展金橘种植、永福县集中发展砂糖橘和罗汉果种植、荔浦市集中发展砂糖橘和荔浦芋种植、兴安县集中发展葡萄种植、恭城瑶族自治县集中发展月柿种植等，致使产业结构相对单一，抵抗市场风险能力偏弱。以柑橘类水果为例，有关调查发现，我国柑橘产业种植品种丰富，2020年产量超过1万吨的品种共有67个，主要包括砂糖橘、沃柑、沙田柚、纽荷尔脐橙、琯溪蜜柚、椪柑、南丰蜜橘、早熟温州蜜柑和中熟温州蜜柑等。[②] 然而，桂林的柑橘类水果品种相对集中，宽皮橘约占2/3，其中砂糖橘的占比为45%、其他宽皮橘的占比达到23%。而这些宽皮橘中的2/3上市时间集中在每年1~3月，致使其价格优势不大、滞销风险较高。与此同时，一些有特色且具备较大发展潜力的乡村细分产业，由于受多方面因素影响，各县（市、区）给予的重视程度远远不够，一直未能做大做强，暂未成长为当地的支柱产业。例如，阳朔茨菇、全州禾花鱼、灵川百香果、平乐腌菜、灌阳雪梨和黑李、荔浦茭白和三华李等，产业规模都不大，虽有一定市场认可度并已在市场上产生一定影响，但尚未形成有影响力的市场品牌。

4. 主要特色产业产加销衔接不畅

从目前桂林各县（市、区）的乡村产业振兴情况看，绝大多数农产品产业将主要精力集中在生产环节，往往对加工和销售环节有所忽略，产

① 徐玉君等：《桂林葡萄产业发展历程、现状与发展建议》，《南方园艺》2021年第2期。
② 邓秀新：《柑橘产业发展趋势与桂林柑橘品种结构调整》，《南方园艺》2020年第6期。

加销一体化的产业组织体系发展严重滞后，致使广大农户仅在售卖农产品，而非售卖具有品牌含金量的商品。以砂糖橘产业为例，多数农户的主要任务只是砂糖橘种植，较少将精力花在销售渠道搭建、保鲜贮运处理、促销宣传等方面，采摘的砂糖橘基本上由本地或外地经销商收购，自主销售和电商销售占比较小。再如，桂林的葡萄产业主要集中在兴安、资源、灵川、全州等县，葡萄对贮运条件要求高，但目前全市并无拥有葡萄销售运输专线冷链车的高端物流企业与上述各县（市、区）合作并参与葡萄销售环节，致使桂林各县（市、区）的葡萄销售半径明显偏小，且价格相对较低，严重影响市场拓展和葡萄品牌打造。又如，60%左右的桂林月柿集中在恭城瑶族自治县，但由于该县流通体系不健全，月柿市场销售乏力。①

## （二）特色产业科技创新效应偏低

近年来，虽然桂林各县（市、区）的乡村产业振兴科技含量有所提升，且逐渐释放出一定的科技创新效应，但这种创新效应仍然偏低。

### 1.特色产业科技创新人才严重缺乏

在乡村产业振兴中，人才尤其是县乡基层科技创新人才是关键。一方面，桂林各县（市、区）大量农村青壮年劳动力外出务工，留守农村的基本为 60 岁以上的老人以及妇女儿童，使各县（市、区）农业经营主体中专业技能或高层次农业创新人才，尤其是既能开拓市场又能引导生产的科技领导型人才非常稀缺。另一方面，各县（市、区）的基层农业技术服务机构与从业人员严重不足，且人员年龄相对较大，导致相应产业发展所需的科技创新和储备能力严重不足，农业技术普及不到位、农业新品种及农业先进技术很难在田间地头推广等现象普遍存在。② 据桂林市统计局数据，截至 2021 年底，桂林各县（市、区）134 个乡镇仅有农业技术服务机构 213 个、农业

---

① 王昕怡等：《桂林恭城月柿产业发展现状与对策分析》，《辽宁农业科学》2020 年第 5 期。
② 卢景润：《桂林市乡村产业发展现状问题及对策》，《南方农业》2022 年第 13 期。

技术服务机构从业人员 1101 名，即每 8.2 人要完成一项乡村农业技术推广任务。以七星区大河乡为例，该乡真正能够服务蔬菜产业的专业技术人员不足 3 名、管理种植业的农艺师只有 2 名，而各村的农科员服务基本处于空白，面对 297.34 公顷的蔬菜种植规模，技术服务严重滞后，很难适应产业发展需求。①

### 2. 科技运用广度和深度远远不够

整体来看，桂林各县（市、区）的农业产学研用体系很不健全，缺乏自主创新能力，农业专利技术拥有比例低，农业科研成果转化率不高，农业机械化、自动化、数字化等程度明显偏低，农业科技含量整体不高。一方面，部分农业企业因量产效益偏低而对科技应用积极性不高，使农业科技未能有效转化为产能②；另一方面，水肥一体、生物防治等农业新技术的应用受投资成本等因素影响使用范围有限③。由于农业科技人才的缺乏和农业科技服务体系的滞后，甚至较常规的种植技术也难以得到有效推广。有关调查显示，在罗汉果种植过程中，不掌握种植技术的种植户占 27.8%，仅掌握一定种植技术的占 53.1%。④ 再以恭城瑶族自治县的月柿产业为例，管理粗放、标准化生产不足已成为该县月柿产业发展的常态。虽然该县月柿种植面积大、产量高，但基本上为农户分散种植，技术含量低。虽然该县技术服务部门会定期或不定期地向种植户发布有关种植技术培训的通知，但由于培训宣传和后续服务不到位，月柿种植户参与技术培训的比例普遍偏低，种植户月柿种植技术基本来自日积月累的经验及父辈的传授。而在月柿成长期，要想维持月柿的最优生长条件，标准化、专业化、规范化的知识与技术支撑显得尤为重要，仅依靠经验积累和父辈传授往往事倍功半。

### 3. 农业病虫害防治问题悬而未决

病虫害防治不到位直接影响农业产业收成和效益。近年来，虽然桂林各

---

① 冯春丽、潘玲华：《桂林市大河乡蔬菜种植现状分析及发展对策》，《南方园艺》2021 年第 2 期。
② 李扬宇：《桂林市乡村产业振兴浅析》，《中共桂林市委党校学报》2020 年第 2 期。
③ 周久贺：《桂林市实施乡村振兴战略的现实困境与路径选择》，《经济师》2019 年第 2 期。
④ 梁锌等：《桂林市罗汉果种植市场调查分析》，《产业与科技论坛》2019 年第 1 期。

县（市、区）的乡村产业振兴病虫害防治体系逐渐完善，但具体产业防治不到位的情况时有发生，农业病虫害防治问题仍然是困扰桂林农业发展的主要阻碍之一。以柑橘黄龙病防治为例，黄龙病大规模暴发风险仍然较大。近年来，虽然桂林不断总结柑橘黄龙病的防治经验，并提炼形成了防控"三板斧"模式，且桂林市政府与各县（市、区）政府签订了柑橘黄龙病防控责任状以层层压实责任，确保全市柑橘产业健康可持续发展，但是由于各县（市、区）柑橘种植面积大，又基本处于小户分散种植且监管困难的状态，柑橘黄龙病仍不断出现，个别地区甚至偶尔大规模暴发。再以桂林葡萄病虫害防治为例，葡萄根瘤蚜虫害暴发风险也不小。在葡萄主产地兴安县，近年来葡萄根瘤蚜虫病时有发生。该虫为检疫性害虫，传播性极强，危害性极大。由于苗木市场管理不规范，近年来一些葡萄育苗户仅从自身利益出发，采取在有根瘤蚜虫的葡萄树下直接扦插育苗的方式培育苗木，造成根瘤蚜虫大量传播，严重威胁整个葡萄产业发展。[①]

### （三）乡村产业特色品牌管理不当

#### 1. 品牌规划不周

虽然桂林已初步建成特色农产品优势区、田园综合体、现代特色农业示范区、休闲农业与乡村旅游示范县（点）、全国"一村一品"示范村镇、国家农产品地理标志登记产品等多个品牌，且各类品牌数量均居广西各地市前列，但各类品牌建设基本遵循国家和自治区的相关政策导向，缺少结合实际制定的科学完整的品牌建设规划。各县（市、区）应如何在各类品牌建设上布局，如何协调各县（市、区）的各类品牌建设和发展，如何共同打响已初步建成的共有品牌以使品牌价值最大化等，这些问题均未得到系统解答。

#### 2. 品牌塑造不精

虽然桂林各类特色农业品牌数量均居广西各地市前列，但各县（市、

---

① 徐玉君等：《桂林葡萄产业发展历程、现状与发展建议》，《南方园艺》2021年第2期。

区）基本上遵循重数量轻质量、重建设轻维护的思路进行品牌塑造，致使品牌塑造不精。典型做法是：在申报相应品牌称号前或申报过程中，各县（市、区）会不遗余力地按照相关建设标准打造甚至新建品牌，待获得品牌称号后，后续投入却极为有限，有些品牌称号甚至因后续验收不达标而被摘牌。例如，桂林砂糖橘、桂林罗汉果、桂林葡萄、恭城月柿、灌阳雪梨等均为国家农产品地理标志登记产品，品牌市场知名度已相对较高，但各县（市、区）并未在此基础上加大投入力度将品牌做精做强，而是基本沿袭已有的发展路线，产品质量不但没有因此得到提升，甚至在一定程度上因管理失当而有所下降。

3. 品牌宣传偏少

由于农产品同质化程度较高，产品竞争日趋激烈，"酒香也怕巷子深"，因此，作为彰显农产品差异的品牌理应得到大力宣传。然而，桂林并未从全市层面统筹各类品牌的宣传与推广，各县（市、区）也并未制定品牌专项宣传计划或方案，致使很多品牌多年"养在深闺人未识"。例如，全国"一村一品"示范村镇品牌对所在村镇的发展非常重要，各县（市、区）理应出台专项计划并借助各类媒体进行系统宣传，但灵川县三街镇龙坪村的红薯、全州县绍水镇的双孢蘑菇、龙胜各族自治县乐江乡地灵村的龙胜红糯、荔浦市东昌镇安静村的三华李等特色品牌，外界所知甚少，品牌对当地经济的拉动效应并未形成。

4. 品牌应用失策

品牌理应成为农产品品质和价值提升的依据，并逐渐树立鲜明的品牌形象让市场广泛接受和充分认可，例如，赣南脐橙"品质好、价格高"的品牌形象已深入人心，品牌塑造和品牌应用较为成功。实际上，桂林砂糖橘的品牌知名度并不低于赣南脐橙，但近年来因无序发展砂糖橘品质不断下降、价格逐渐走低，不但没有让桂林打好"砂糖橘"这张牌，还在一定程度上给桂林柑橘类甚至水果类产业发展带来了负面影响。仅将品牌作为农产品价格上涨依据且不注重产品品质和市场价值提升，并任由种植户无序扩张而导致产品品质下降的现象并非个案，桂林罗汉果、桂林葡萄、恭城月柿、灌阳雪梨、资源红提等在一定程度上正在走砂糖橘产业的老路。

## （四）乡村产业帮扶振兴仍存短板

### 1. 政策帮扶覆盖不全

当前，正处在巩固拓展脱贫攻坚成果同乡村振兴有效衔接的关键时期，巩固脱贫攻坚成果仍然被置于首位，虽然从中央、自治区到桂林市均有一定的财政配套衔接资金用于帮扶县、乡、村各级的特色产业发展，并出台了衔接发展专项政策，但由于各级政府下拨的衔接资金相对有限，且受各县（市、区）乡村振兴局人力、物力、财力资源不足的制约，县乡级特色产业所得衔接资金的 70% 只能用于脱贫村，而面上村受惠面相对有限，即便很多面上村的通村道路、产业路、安全饮水项目等基础设施建设落后于脱贫村，帮扶政策也较难覆盖。

### 2. 金融帮扶门槛偏高

针对乡镇、村屯两级特色产业发展，桂林市及各县（市、区）均采取了相应的金融帮扶举措，但金融帮扶效果不尽如人意。调研发现，无论是一般种养户还是种养大户或种养专业户，资金短缺、融资困难均是其扩大生产规模和发展专业化作业的主要障碍。这些经营主体在购买种子、农药、肥料、饲料，尤其是在购置农机设备或进行农田规范化整理时需要大量资金，但金融机构在信贷融资上设置了较高的资产抵押门槛。这些经营主体的农业可抵押物极为有限，土地确权登记又不成熟，符合抵押条件的多数抵押物均存在产权不清晰、风险难以控制等情况，致使金融部门因难以对抵押物进行合理资产评估而不敢放贷，种养户能贷到的资金较少，甚至得不到所需资金的现象普遍存在。

### 3. 企业帮扶实效有限

虽然从中央到地方均制定了"万企兴万村"产业引导和激励扶持政策，但该类政策的有效实施依赖广大企业的自觉参与。无论是数量上还是质量上，桂林各县（市、区）与"万企兴万村"的要求仍存在较大差距。一方面，帮扶村屯产业发展的企业数量整体偏少，加入帮扶队伍的企业基本带着"政治任务"，即只有在政府给予相应激励或优惠政策的情况下才愿意帮扶；

另一方面，真正将企业切身利益与村级发展紧密结合的情况少之又少，不少企业往往在入驻村屯帮扶时承诺很多，但在实际落地阶段进展缓慢甚至半途而废。根据调查，在灵川县大境瑶族乡某村，受桂林市政府部门的邀请，某企业承诺给该村新建食用菌冷链基地，并承担食用菌加工、销售与休闲农业项目实施等方面的任务，但目前该企业仅在该村新建了食用菌冷链基地，其他项目基本处于停滞状态。

**4. 人才帮扶管理不当**

无论是科技人才，还是经营管理人才，桂林各县（市、区）均严重缺乏，人才帮扶成为缓解各地乡村产业振兴困难的重要途径。虽然2021年以来，各县（市、区）的人才帮扶振兴已取得一定成效，但仍存短板。第一，"引才"不多，虽然各县（市、区）均出台了力度相对较大的"引才"政策，如大学生村官制度、驻村第一书记制度、回乡创业制度等，但由于乡镇尤其是驻村工作环境相对较差，子女上学、求医看病、休闲娱乐等需求较难满足，"引才"效果不尽如人意。第二，"育才"不快，不少乡镇甚至村屯均实行了英才培育计划，即选派工作出色的人才外出参加各类培训，让其接受更高层次、更加系统的技能或素质教育，但通过这种途径"育才"的速度较为缓慢，难以满足乡镇或村屯产业快速发展的需要。第三，"用才"不当，有些乡镇或村屯好不容易通过各类"引才"计划招揽到了素质较高的人才，却将其置于不合适的岗位，导致人才未尽其用。第四，"留才"不久，一方面，本地成长起来的人才，一旦表现突出，往往被上级机构或部门"挖走"，或者自己主动"出走"；另一方面，外地引进来的人才，由于环境不适、待遇不优、激励不当等，通常也会一走了之。

**5. 新型农业经营主体帮扶量质偏低**

（1）新型农业经营主体数量不多。无论是致富能人或专业大户、家庭农场，还是农民专业合作社，数量相对于各地快速发展的特色产业而言较为有限。据桂林市统计局数据，截至2021年底，桂林各县（市、区）134个乡镇仅有家庭农场2071个，平均每个乡镇仅有15.5个；1634个村委会仅有农民专业合作社4321个，平均每个行政村不到3个。

（2）新型农业经营主体能力有限。虽然各乡村或村屯有一定数量的致富能人或专业大户、家庭农场、农民专业合作社等，但其组织管理能力、示范带动能力等较为有限。种养大户、家庭农场、专业合作社、农产品销售大户、农产品加工企业等在协同发展、共建共享方面发力有限，难以显现农业产业发展的联动效应、规模效应和示范效应。

## 四　加快推进桂林乡村产业振兴的建议

### （一）有序做大做强乡村特色产业

#### 1.科学规划乡村特色产业发展

一方面，桂林市层面的乡村产业发展规划应结合桂林乡村产业振兴实际和使命，从产业组织、产业结构、产业布局等多个视角对全市各县（市、区）进行统筹规划，并适时制定特定产业专项规划，形成全市"一盘棋"。另一方面，县（市、区）层面的乡村产业发展规划既应权衡好与其他县（市、区）在产业组织、产业关联、产业协调、产业布局等方面的关系，也应统筹解决好本县（市、区）各乡镇及重点村屯的产业组织、产业结构、产业布局等核心议题。例如，永福砂糖橘产业发展规划既应考虑自身的砂糖橘产业发展实际，也应考虑荔浦市、阳朔县、兴安县、临桂区等其他县（市、区）以及广西其他地市砂糖橘产区的发展情况。

#### 2.设法提升特色产业产业化水平

首先，设法提高新型农业经营主体的连片种植规模。建立种养业集中连片规模发展奖励扶持制度，鼓励新型农业经营主体按照机械化作业要求带头将种养资源连线成片，鼓励采用代耕代种、联耕联种、土地托管等适宜产业化发展的多种形式。其次，有序推进农业机械化作业。对于适合机械化、自动化作业的种养片区，政府应出台专项政策积极鼓励经营主体开展机械化、自动化作业。最后，推动经营主体间分工协作。以种植业为例，可针对育苗、选种、翻地、播种、施肥、灌溉、除草、防虫、防潮、防灾、收割、分拣、打包、冷藏、运输、售后等不同环节进行专业化分工，让各经营主体各取所长、各司其职；在此基础上，构建经营主体间的利益联结机制，形成相互协作、利益共赢格局。

**3. 合理优化乡村特色产业发展结构**

合理调整市、县、乡、村等不同层级的产业发展目录，逐步打造层级清晰、主次分明、相互衔接的桂林乡村振兴产业结构体系。首先，桂林应统筹好各县（市、区）乡村产业振兴所需的主导产业、支柱产业、新兴产业等，严格规避类似砂糖橘产业"一哄而上"而导致供给过剩与品质下降的情形。其次，各县（市、区）既要集中精力发展优势产业和先导产业，并尽快将其打造成主导产业和支柱产业，也应合理有序发展辅导产业尤其是新兴产业，如休闲农业、创业农业等，尽量避免产业"一枝独秀"。最后，乡镇及村屯产业发展目录可参照全国"一村一品"示范村镇建设的产业发展思路，重点打造1个精品产业，并根据全产业链发展思维及时做好强链、补链、延链工作。

**4. 构建通畅的产加销衔接体系**

一方面，桂林市及各县（市、区）应针对当前农产品加工和销售两个相对薄弱的环节做好市场需求调查和科学布局，优先在砂糖橘、金橘、罗汉果、葡萄、月柿等主产县（市、区）建立跨县（市、区）的区域性加工与销售基地，引导鼓励加工企业向现代特色农业示范区和农业优势主产区集聚发展，有效延伸农业产业链条，力求形成种养一体化和产供销一条龙的发展格局。另一方面，各县（市、区）的乡村产业经营主体应遵循分工协作、集约经营的长远发展思路，不求全、但求精，扎实做好各自生产、加工、销售等环节的分工任务，并力求做好与其他经营主体的协调互动。支持实力雄厚的龙头企业在农业生产经营活动中建设以某一环节为中心的全产业链，对农产品生产、加工、销售等全链条进行实时监管，让农产品高质量发展实现全程可控。

### （二）稳步推进乡村产业科技创新

#### 1. 内外结合培育科技创新人才

从乡镇及村屯内部看，本土科技创新人才培养应坚持"两条腿"走路，既要设法留住学历相对较高的中青年劳动力并对其予以重点培养，也要分类分级选拔村屯技术能人让其系统接受科技创新培训。从外部科技创新服务人才培育看，一方面要逐步完善农业科技成果转化及收益管理、科技创新研发激励等制度，解决乡村产业振兴科技创新动力不足问题；另一方面要设法发挥乡村科技指导员的作用，尽量丰富各类农业科研机构的科技服务职能，让其以生产、加工、存贮、销售等环节为核心，为乡村产业振兴提供全过程服务。[①]

#### 2. 提高科技运用广度和深度

第一，推进农业科技创新研发。积极构建"政府引导、市场主导、科研发力、企业应用"的政产学研用一体化农业科技创新体系，尤其是要充分利用桂林的科研院所及高校力量，深入推进农业科技创新研发。[②] 第二，加速农业科技成果转化和应用。统筹协调政府部门、科研院所、行业企业等的技术力量，以政产学研用协作为基本思路，将农业科学研究、核心技术研发与推广运用相结合，着力解决技术集成和科技成果转化难题。[③] 第三，适时调整科技成果转化与推广应用形式。应结合桂林乡村产业振兴实际，积极探索本土特色农业科研机构与新型农业经营主体合作新模式，切实提高农业专利技术成果转化率和应用率，促进现代农业科技与乡村产业发展有机融合，开拓农业高质量发展新路径。[④]

#### 3. 规划落实农业病虫害防治

第一，应加强病虫害防治技术研究，特别是加强对柑橘黄龙病、葡萄根瘤

---

① 卢景润：《桂林市乡村产业发展现状问题及对策》，《南方农业》2022 年第 13 期。
② 彭忆红：《乡村振兴战略背景下推进桂林农业现代化的探究》，《中共桂林市委党校学报》2019 年第 2 期。
③ 卢景润：《桂林市乡村产业发展现状问题及对策》，《南方农业》2022 年第 13 期。
④ 李扬宇：《桂林市乡村产业振兴浅析》，《中共桂林市委党校学报》2020 年第 2 期。

蚜虫病、罗汉果根结线虫病等危害性极大的病虫害综合防治体系研究，应持续加大对葡萄抗根瘤蚜砧木和脱毒苗等的示范推广、攻关研究力度。第二，应针对具体产业的具体病虫害防治难题，做好专项攻坚与防控工作。以柑橘黄龙病为例，首先，采取预防为主、综合防治的基本策略，推行"种植无病种苗、防治柑橘木虱、清除染病植株"等"三板斧"防控措施；其次，做好宣传动员工作，提倡"谁生产谁负责"，推行村规民约，引导果农自觉"控黄"；再次，以经济合作社或专业合作社为单位，强调区间协作，开展联防联控，整村、整屯、整片统一时间、统一用药，防治柑橘木虱；最后，加强柑橘黄龙病防控体系建设，严格将柑橘黄龙病防控工作纳入绩效考核。①

## （三）系统管理乡村产业特色品牌

### 1.科学规划乡村产业特色品牌

特色品牌建设规划既要考虑已有一定基础尤其是已获得一定荣誉称号的农业产业品牌，如国家级特色农产品优势区、自治区级现代特色农业示范区、全国"一村一品"示范村镇、国家农产品地理标志登记产品等，也要考虑有序动态新增符合各县（市、区）实际的乡村产业特色品牌，形成国家级品牌领衔、自治区级品牌主导、市级各类品牌相互衔接的品牌发展体系。乡村产业特色品牌规划的要点是着力打造一批叫得响、品质高、价值好、影响力强的乡村特色产业知名品牌，并根据全市各行业发展实际及各县（市、区）发展特色，采取分行业、分领域、分品种、分层次等多种途径的有序推进方式。例如，依托特色农产品"三品一标"认证，桂林全市及各县（市、区）既要合理规划打造一批"有机农产品"、"绿色农产品"和"国家地理标志产品"，也要有序培育一批广受市场认可、质优价廉的大众品牌。

### 2.精心塑造乡村产业特色品牌

首先，应遴选好乡村产业特色品牌。虽然桂林已具备较多的乡村特色品

---

① 李凤英等：《桂林市沙糖橘产业高质量发展研究》，《广西农学报》2021年第3期。

牌资源，如各县（市、区）的"一村一品"示范村镇和国家农产品地理标志登记产品等，但不宜全面开花，而是要做好科学遴选工作，以便集中发力。其次，应根据品牌塑造规律有序推进乡村产业特色品牌建设。品牌塑造包括品牌定位、品牌包装、品牌宣传、品牌管理等环节，每个环节都应力求科学发展，不可急功近利，尤其是要杜绝只顾数量不顾质量的粗放型发展思维。最后，加大对特色优势农业品牌的保护力度。例如，桂林桂花茶、桂林罗汉果、桂林砂糖橘、灌阳雪梨、恭城月柿、全州禾花鱼等国家农产品地理标志登记产品已形成一定品牌知名度，在此基础上，不仅应将品牌持续做大做强，而且要强化对已有品牌的知识产权保护，让品牌所在地经营主体享受实惠和收益。

### 3. 大力宣传乡村产业特色品牌

加大对桂林砂糖橘、桂林罗汉果、桂林葡萄、恭城月柿、灌阳雪梨等已有特色品牌的宣传力度，促进相应农产品价值提升和销售流通，提高相应农产品的市场知名度和竞争力。例如，2018 年以来，桂林市有关部门多方筹集资金，让"桂林砂糖橘""广西好野'桂林砂糖橘'"等品牌多次亮相中央一套、七套等频道，并在北京新发地、浙江嘉兴、辽宁沈阳、广东广州、广东深圳等地举办"桂林砂糖橘"品牌专场推介会，赢得了较好的市场声誉。在此基础上，应不断挖掘桂林砂糖橘的宣传亮点，设计出带有桂林特色的宣传图案、宣传标志、宣传标语等，在设计、包装、宣传、运营等方面协同发力，使桂林砂糖橘的品牌影响力不断扩大。[①]

### 4. 合理利用乡村产业特色品牌

在品牌塑造和宣传基础上，合理利用乡村产业特色品牌成为实现品牌价值的重心和落脚点。以田园综合体品牌利用为例，由于田园综合体一般既承载农业生产功能，也天然具有休闲观光、农事体验等功能，且后者往往让田园综合体品牌自带人气，因此对后者加以合理利用不仅有助于田园综合体的有序发展壮大，而且有助于品牌文化的提炼和品牌价值的进一步挖掘。目

---

[①] 李凤英等：《桂林市沙糖橘产业高质量发展研究》，《广西农学报》2021 年第 3 期。

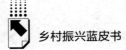

前,虽然桂林各县(市、区)的少数田园综合体已发展成为较为高端的乡村旅游目的地,但基本属于市民周末观光旅游和休闲打卡点,工作日游客不多,周末却人满为患。对此,一方面,应设法让市民错峰出游,如设计针对退休群体的专门休闲娱乐产品,让其与上班族错峰到田园综合体消费,以便有效利用田园综合体的品牌资源;① 另一方面,应充分利用桂林国际旅游胜地优势,分流部分外地游客前来消费。

### (四)全面弥补乡村产业帮扶振兴短板

#### 1.积极建设政策帮扶公共服务平台

政策帮扶除妥善安排衔接资金外,应重点开展乡村振兴产业公共服务平台建设,使桂林的农业社会化服务体系不断完善。首先,扩大政府帮扶覆盖面。针对面上村的产业发展诉求,以及各地农户数量众多且较为分散的特点,应事前做好农户政策需求调查,有序搭建政府与农户间的双向交流平台,实现政府帮扶信息无障碍传递。其次,厘定政策帮扶内容。政策帮扶应向基本公共产品倾斜,应着力加强农村互联网、物流冷链中心、产权交易中心等新一代基础设施建设。最后,做好政策帮扶衔接工作。政策帮扶既涉及帮扶资金筹措、帮扶产业遴选、帮扶对象排查等事前议题,也涉及帮扶资金发放、帮扶产业发展、帮扶对象监管等过程性议题,应统筹规划,使帮扶政策落到实处。

#### 2.有效降低金融帮扶的准入融资门槛

应根据桂林本地实际制定科学合理的农业普惠金融发展规划,让真正有融资需求且能够推动乡村产业振兴规模化、规范化、数字化发展的农业经营主体,不仅能融到资还能低成本融资。在融资门槛设置上,应鼓励金融机构根据农户土地流转权、农业收益权、房屋所有权等可抵押物灵活设置贷款条件,简化贷款流程;建立健全农户信用账户制度,让贷款资金向经营实力

---

① 桂林市委党校第 18 期少数民族班第 1 课题调研组、蒙岳鹏:《桂林市田园综合体建设研究》,《中共桂林市委党校学报》2021 年第 2 期。

强、信誉良好的农业经营主体倾斜，尤其是向家庭农场、专业大户、农民专业合作社、农业企业等农业经营主体倾斜，切实提高授信额度，动态调整贷款水平。

**3. 设法释放企业帮扶的动能和潜力**

一方面，应积极培育一批帮扶企业主体。根据各县（市、区）发展实际，支持涉农企业通过合理合法手段开展规模化经营，鼓励种植大户、农业专业合作社等注册涉农企业，引导非农企业积极开展农产品种植、加工、销售、流通等业务。例如，全州县利用地域资源优势，培育了"米兰香""九提香""徐七二""鑫计米业"等农产品加工龙头企业，[①] 具有借鉴意义。另一方面，应充分挖掘各类涉农企业的帮扶潜能。根据各县（市、区）的"5+2"特色产业发展方向，结合各类涉农企业实际制定专项帮扶政策，引导涉农企业结合自身发展目标及"万企兴万村"政策有效开展帮扶活动，让帮扶企业与农业经营主体无缝衔接，共商发展大计，协商解决发展难题，共享帮扶发展成果。

**4. 建立健全人才帮扶选用管体系**

首先，全方位做好"引才"工作。针对各县（市、区）"5+2"特色产业发展实际，及时出台乡村产业振兴的"引才"激励计划，让人才有动力下乡。其次，利用高校资源实施"育才"工程。结合桂林本地高校资源相对丰富的实际，出台农业产教融合专项政策，鼓励有干劲、敢干事、能干事的年轻人到高校接受在职教育，引导本地高校开发针对农事生产经营的培训课程。再次，多渠道动态调整"用才"计划。引导农业科技人才、农业创新人才、农业经营管理人才等积极投身乡村产业发展实践，通过人才自荐、政府支持、企业设岗等多种渠道开展"用才"计划，最大限度发挥人才帮扶产业效能。最后，系统推进"留才"工程。切实采取政策激励、保障兜底、收益分享、后勤支援等举措，给下乡人才吃下"定心丸"，使其与当地

---

① 桂林市委党校第 34 期县处班第 2 调研组等：《桂林乡村产业振兴的现状、问题及发展建议》，《中共桂林市委党校学报》2021 年第 4 期。

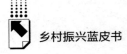
农业农村经济社会发展紧密融合。

### 5. 确保新型农业经营主体帮扶量质同升

一方面，适时出台针对新型农业经营主体的专项配套政策。根据致富能人或专业大户、家庭农场、农民专业合作社等的成长规律，结合各县（市、区）发展实际，出台专项激励扶持政策，让新型农业经营主体切实享受政策红利，既有效保障新型农业经营主体各项权益，也借此培育一批新型农业经营主体。另一方面，引导新型农业经营主体灵活采用多种形式开展产业帮扶。结合所在村屯实际，引导新型农业经营主体灵活选用"致富能人/专业大户+小农户""家庭农场+小农户""专业合作社+农户""专业合作社+家庭农场/专业大户+小农户"等具体帮扶形式，让新型农业经营主体成为农户致富的"引路人"、产业发展的"带头人"。

# B.3
# 桂林乡村人才振兴调查与研究报告

贺祖斌　欧阳修俊*

**摘　要：** 乡村振兴，关键在人。为谱写壮美广西的桂林篇章，桂林在乡村人才振兴上多点发力，卓有成效。桂林市基层各类型人才能力依靠交流引进和本土培育得到强化，同时推动创新实践平台发展，加强创新实践平台的载体建设并创新基层人才集聚方式，实现人才提质增效，进一步完善桂林乡村"留才"基础保障。桂林市乡村人才振兴的宝贵经验可以概况为"高校送智下乡"、"村支书产业引领"、"县域统筹协调"、"县聘退管干部"与"乡村产业依赖型"等模式。当然，桂林市乡村人才振兴也面临高质量发展的未来挑战，存在的主要问题包括乡村人才引进机制仍需进一步健全，乡村高端人才需求不足导致人才流失，人才意识薄弱导致人才问题被忽视，外来科技人才与本土人才缺乏融合，乡村人才在产业发展中缺失连续性，乡村产业与本土人才的关联性不强，乡村人才分类评价精准化程度不高。对此，建议有针对性地施策解决，积极发展产业激发人才需求并完善引人机制，使特色产业发展与乡村基础设施建设双轨并行，同时县域将人才问题列为关键问题加以重视，"去短视化"规划乡村与发展乡村产业。坚持"筛选"与"挖掘"相结合促进人才融合，增强乡村产业与农民发展的实质性联系，因地制宜完善乡村人才分类评价机

---

* 贺祖斌，博士，广西师范大学党委副书记、校长，教授，博士生导师，广西社科联副主席，自治区政协委员，广西师范大学西部乡村振兴研究院院长，研究方向为高等教育生态与管理、区域经济与高等教育、乡村振兴等；欧阳修俊，博士，广西师范大学教育学部副教授，硕士生导师，广西师范大学高等教育研究院副院长，广西师范大学西部乡村振兴研究院乡村教育发展研究中心主任，研究方向为乡村教育、课程与教学论等。

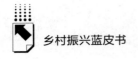

制，以此推动乡村人才振兴，打造人才强市。

**关键词：** 乡村人才振兴 送智下乡 人才引进 人才需求 人才管理

# 一 桂林乡村人才振兴取得的成效

为谱写建设新时代中国特色社会主义壮美广西的桂林篇章，打造世界级旅游城市，按照"世界眼光、国际标准、中国风范、广西特色、桂林经典"的总体要求，桂林市在乡村人才振兴方面做了多方努力。

## （一）桂林市乡村加强各类型人才的基层"引""育"

桂林市按照《关于加快推进乡村人才振兴的意见》（以下简称《意见》）对乡村人才培养的要求，对不同类型的人才进行针对性培养，旨在为乡村人才振兴提供方向。以培训为主渠道加强对适度规模经营农民现代技术的支持与指导；以项目支持、生产指导、质量监管、对接市场等方式为家庭农场经营者创造优质经营环境；以鼓励农民工、高校毕业生、退役军人、科技人员、农村实用人才等创办领办农民合作社的方式培养高素质农民、家庭农场经营者与农民合作社带头人；通过改善农村创业创新生态、举办电子商务下乡活动、开展传统技艺传承人教育等方式培育农村二、三产业发展人才；以落实城乡统一的中小学教职工编制标准、实施全科医生特岗计划、完善文化旅游专业人才扶持政策、扶持乡村本土规划建设人才等方式培养乡村公共服务人才；以选优配强乡镇领导班子、发展农村党员、推动乡镇社会工作服务站建设、安排专兼职人员等方式培养乡村治理人才；以实施农业农村领域"引才计划"、依托现代农业产业技术体系、培训年轻骨干农技人员、完善科技特派员工作机制等方式培养农业农村科技人才。

同时，桂林市根据基层人才实际需要，充分发挥基层党组织的振兴作用，加强党对人才振兴工作的领导，重心落在引进高校毕业生、高层次人才、返乡创业人才上。桂林 60 岁及以上人口占比为 20.33%，分别高于全国、全区平均水平 1.63 个和 3.64 个百分点，属于老龄化程度较高的城市之一；人才吸引力不强，劳动年龄人口规模减小与老龄化趋势并存，对年轻和高学历人才的吸引力不足。为着力推进经济政策和社会公共服务政策衔接，深化粤桂协作和社会力量参与帮扶机制，重点深化产业、劳务、消费、人才和社会等方面协作，在劳务就业和人才交流支援方面，肇庆市选派副处级干部 4 人、科级及以下干部 42 人次到龙胜各族自治县和资源县挂职开展支持帮扶工作；成立 4 个扶贫协作驻县工作组统筹扶贫协作事项；选派 222 人次专业技术人才开展支教、支医、支农和技术支援工作，为龙胜各族自治县和资源县培训党政干部 932 人次，培训专业技术人才 1960 人次；接收龙胜各族自治县和资源县专业技术人才 203 名到高要区和端州区挂职交流、跟班学习，在人才交流和人才引进方面取得了一定成效。

### （二）桂林市乡村创新基层人才集聚方式提质增效

桂林市深化拓展创新基层人才集聚方式，采取多样化方式努力促进乡村人才成长，为实现人才提质增效做出积极贡献，取得了显著成效。

一是积极创新培训模式，注重以连续性的培养方式分层次、多元化培育人才，培养出一批善于经营、精于管理、勇于创业的农村复合型人才。根据培训主体开展专题培训，大力开展新型职业农民培训、农村实用人才培训等新型农村人才培训。《2022 年桂林市国民经济和社会发展报告》显示，桂林市对急需关键人才开通评价认定"绿色通道"，通过"百名博士进百企"行动推动 80 名博士人才与 68 家企业签订人才科技服务协议。进一步加强科技人才队伍建设，组织实施各类人才培养工程和重大人才项目，引育高层次创新人才 60 人以上，培养技术经纪人 400 人以上。

二是创新订单化人才培养模式，推进实施"漓江学者"等人才培育工程，发挥好"海创基地"等平台作用。《桂林市乡村振兴简报》显示，桂林市雁山区以多种基层人才聚集方式精准择才引才，搭建乡村振兴人才智力库。在政策落实方面，出台《乡村振兴人才评价认定工作方案》，明确 16

个牵头单位，由牵头单位组织所属人员以及乡镇（街道）、村（社区）干部深入辖区各大高校、科研院所和 38 个行政村（含农村社区）、企业进行调查，精准掌握生产经营型、二三产业发展型、公共服务型、乡村治理型以及科技型人才基本情况，组建乡村振兴人才库。引进培育一批科技领军人才和创新团队，加快打造自治区级人才城、世界级旅游城市人才新高地。在实践方面，持续建设与广西师范大学、桂林市农业科学研究所、桂林吉福思罗汉果生物技术股份有限公司等辖区 15 所高校、院所、企业共同成立的人才合作联盟，推行校地企乡村振兴人才共享机制，构筑集信息沟通、人才培养、业务合作、资源共享、课题研究、政策咨询于一体的活动平台。联盟成立以来，引进辖区高校院所博士 3 名、硕士 2 名到区政府乡村振兴成员单位挂职锻炼。

三是兴建广西师范大学乡村振兴雁山调研基地，聘请高校和农科院 11 名高级职称专家担任雁山区乡村振兴战略技术顾问。在乡土人才方面，目前，全区已有 124 名乡土人才选拔入库。精准育才，提升乡村振兴人才专业技能素质。桂林市还通过完善基层专业技术人才学历、资历、业绩成果及论文等方面的职称评价标准，将职称评定向基层倾斜；同时，探索创造有利于青年居住、工作学习、就业创业的环境，打造体制机制灵活、创新活力涌动的青年友好型城市，以优质资源供给和人才发展空间为青年人才来桂留桂创造机遇，体现城市与青年人才的和谐共进，打造人才创新城市。

## （三）桂林市乡村人才发展创新实践平台建设持续加强

创新实践平台是乡村人才发展的重要依托，对吸引人才"下乡村"和"留乡村"具有促进作用。加强创新实践平台载体建设，是实现乡村人才振兴的有效经验，桂林市通过一系列措施积极推动创新实践平台建设。

一是促进人才进入乡村就业创业。桂林市通过制定推动乡村人才振兴保障措施，允许符合条件的入乡就业创业人员在原籍地或就业创业地落户并依法享有相关权益。支持荔浦、全州围绕荔浦芋、禾花鱼等特色产业，创造乡村人才发展空间。开展市县领导联系推动创新驱动乡村产业振兴试点，打造

"一县一业"科技推广应用先行示范区。在政策支持下，荔浦市设立的全区首只县级科创基金规模接近 5 亿元，永福、阳朔获批建设自治区农业科技园区，总数达到 4 家，获认定的自治区级星创天地达到 9 家，[①] 促进人才进入乡村创新创业。

二是创新平台体系提档升级。桂林市依托科教优势，通过产学研协同发力、聚焦主导产业，推动形成高质量创新平台建设体系。将"双创"（大众创业、万众创新）示范基地作为重中之重，强化示范带动效应，成立以常务副市长为组长的"双创"示范基地建设工作领导小组，以合提效形成联动。桂林高新区作为国家级示范基地全面启动创业带动就业示范行动，3 家首批自治区级示范基地紧密协作，分批推动 140 余家重点平台载体的提升、40 余家重点企业项目的发展，2021 年新增第二批 4 家示范基地相继启动建设工作，有效支撑了全市"双创"平台的扩面提质。[②] 桂林市新增广西特色农产品优势区 2 个、现代特色农业核心示范区 13 个，建成全州县、平乐县数字产地仓，"永福罗汉果""恭城月柿""全州禾花鱼""资源红提" 4 个大数据平台项目落地实施。[③]

三是探索融通路径。首先，推动"产业链+创新创业"，桂林市在全区率先出台科技项目"揭榜挂帅"制度，110 余家工业企业建有各类技术创新平台，提高创新链支撑产业链的整体效能，带动创新型企业加快发展，57 家企业获广西新增战略性新兴产业企业认定，数量占全区的 1/5，新增国家级"专精特新"企业 8 家、自治区级"专精特新"企业 24 家，认定高新技术企业 142 家，入围广西百强高新技术企业 18 家，数量上均居全区前列。其次，推动"人才链+创新创业"，建立"此端建有海创基地、彼端设立人才飞地"的双入驻引才平台，依托"桂林海创基地""桂林人才飞地"新引进 8 名高层次人才携项目落地，累计吸引 31 家单位入驻飞地，与奥创园、桂林理工大学科技园共同培育优质的创新创业型企业，打造"高创带众创"

---

① 桂林市发展和改革委员会：《2022 年桂林市国民经济和社会发展报告》，2022，第 66 页。
② 桂林市发展和改革委员会：《2022 年桂林市国民经济和社会发展报告》，2022，第 113 页。
③ 桂林市发展和改革委员会：《2022 年桂林市国民经济和社会发展报告》，2022，第 87 页。

协同模式。最后，推动"县域经济+创新创业"，资源、全州入选全国农村创业创新典型县；新增永福、阳朔获批自治区农业科技园区总数达4家，获认定自治区级星创天地达9家；荔浦市设立的全区首只县级科创基金正在向5亿元规模发展，成立食品药品研究院，建立三大产业培育示范基地，农民工创业园、小微创业园、科技企业孵化器协同发力，引进博士团队和项目20个，有效助力本地经济向中高端转型。[①]

四是探索快递电商融合发展新模式。支持快递企业为电商平台、品牌商家、社交电商、直播平台等提供仓储配送一体化供应链综合服务，将电商、品牌商直播间搬进仓配中心，货物就近入仓。顾客在直播中面对面下单，多仓立即协同发货，快递时效提升1~2天。2021年，桂林电商件在快递业务中的占比超过46%，2021年全市供销系统共组织各类"供销大集"活动32场次，累计销售农产品金额1750万元；有效拓宽农产品销售渠道，巩固脱贫攻坚成果，助力乡村振兴。充分发挥"扶贫832平台"作用，2021年全市供销系统"扶贫832平台"进驻企业48家、上架产品463种、累计成交金额为1.02亿元。[②]

### （四）桂林市乡村人才发展的基础保障进一步完善

基础设施建设与完善是乡村人才振兴的重要基础，升级乡村人才所在区域的基础保障水平，为乡村人才振兴奠定基础。桂林市在创业环境、医疗、住房、交通等多个方面采取积极应对措施，为进一步完善乡村人才基础保障做出积极贡献。

第一，创业环境保障。一方面，健全人才引进培育政策体系，为急需关键人才开通评价认定"绿色通道"，通过"百名博士进百企"行动推动80名博士人才与68家企业签订人才科技服务协议。另一方面，强化金融支撑，超八成的市本级财政科技资金用于支持企业创新，政府性融资担保精准聚焦

---

① 桂林市发展和改革委员会：《2022年桂林市国民经济和社会发展报告》，2022，第114页。
② 桂林市发展和改革委员会：《2022年桂林市国民经济和社会发展报告》，2022，第140页。

中小微、创新创业型企业，落实财政贴息资金 3.73 亿元，撬动"桂惠贷"投放资金 202.2 亿元，金额居全区第 3 位，直接降低市场主体融资成本 4.08 亿元，建立"桂惠贷—科创贷"名单制度，入库企业 590 家，投放贷款 16.71 亿元，惠及科技型企业 105 家。全市建设创业孵化基地 14 个，累计入驻企业和项目 1002 家（个）；建立农民工创业园 3 个，入驻企业 69 家，进一步提高孵培水平。[①]

第二，医疗保障。一是补齐短板，医疗资源配置不断优化。投资 1.23 亿元新建标准化桂林市疾控中心，推进突发公共卫生事件应急指挥中心项目建设，配备价值 800 万元的卫生应急装备。推进兴安、全州、灌阳、资源、永福、临桂 6 个县（区）疾控中心达标建设。二是扎实推进卫生领域项目建设。2021 年，广西公共卫生防控救治能力建设三年行动累计获得自治区补助资金 1.09 亿元，安排专项债券资金 1.58 亿元，已开工项目 10 个，完成投资 0.8 亿元。2021 年，桂林市中医医院城北院区建设项目获得中央预算内投资资金支持 1 亿元，总投资 7.9 亿元；永福县中医医院门诊综合楼等 2 个项目获得乡村振兴补助资金 5000 万元。三是引入优质医疗资源。广西壮族自治区人民政府、桂林市人民政府与中南大学湘雅二医院签订《共建国家区域医疗中心框架协议》，制定《中南大学湘雅二医院桂林医院国家区域医疗中心建设方案》，并上报国家。[②]

第三，住房保障。2021 年，桂林市计划开工建设保障性住房 1588 套、公共租赁住房 2700 套，保障性住房基本建成 3319 套，发放公共租赁住房租赁补贴 1795 户，任务完成率均超过 100%，完成投资 9.8 亿元。2021 年，桂林市被住建部列为全区唯一公租房 App 使用试点城市（全国 20 个试点城市），使用情况位居全国第 5。完善住房公积金制度，把城镇稳定就业的农业转移人口纳入覆盖范围。在保障性住房小区深入开展"阳光社区　美丽

---

① 桂林市发展和改革委员会：《2022 年桂林市国民经济和社会发展报告》，2022，第 113 页。
② 桂林市发展和改革委员会：《2022 年桂林市国民经济和社会发展报告》，2022，第 124、125 页。

家园"创建活动。①

第四，交通保障。铁路方面，推动南宁经桂林至衡阳、怀化经桂林至湛江、桂林经郴州至赣州、桂林经贺州至肇庆等铁路列入《中长期铁路网规划》和《"十四五"铁路发展规划》，协助自治区开展衡柳铁路扩能提速项目前期工作。加快推进桂林北站站房和东广场改造工程前期工作、桂林站改造工程后续工作，研究桂林站出站通道增加自动扶梯工程。高速公路方面，开工建设阳鹿路与贺巴路荔浦连接线，平乐至昭平、东安经全州至灌阳（广西段）等高速公路项目；加快建设桂林至柳城、龙胜—峒中口岸公路龙胜芙蓉至县城段、灌阳至平乐、桂林至柳州改扩建工程，贺州至巴马高速公路蒙山至象州段、桂林至钟山等高速公路项目；有序推进桂林外环、江永至桂林、融安经永福至阳朔、永福三皇至柳州等高速公路项目前期工作。②

## 二 桂林乡村人才振兴模式

2022 年上半年桂林 6 区 11 县（市）的一般公共预算收入为 67.35 亿元，2022 年上半年桂林 6 区 11 县（市）固定资产投资同比增长 2.3%，规上工业总产值同比增长 10.2%，规上工业增加值同比增长 2.7%。2022 年上半年，桂林 6 区 11 县（市）地区生产总值（GDP）为 1076.09 亿元，同比增长 1.6%；第一产业增加值为 129.16 亿元，同比增长 6.2%；第二产业增加值为 257.01 亿元，同比增长 1.8%；第三产业增加值为 689.92 亿元，同比增长 0.4%。③ 总体而言，桂林市经济呈良好发展态势，这离不开乡村经济振兴发挥的重要作用，而乡村经济振兴离不开乡村人才振兴。通过对桂林市多个乡镇的调研，本报告总结出了以下 5 类乡村人才振兴模式。

---

① 桂林市发展和改革委员会：《2022 年桂林市国民经济和社会发展报告》，2022，第 66 页。
② 桂林市发展和改革委员会：《2022 年桂林市国民经济和社会发展报告》，2022，第 99～100 页。
③ 参见桂林市统计局网站，http://tjj.guilin.gov.cn。

## （一）"高校送智下乡"人才振兴模式

关于乡村振兴，习近平总书记提出"五个振兴"的科学论断，即乡村产业振兴、乡村人才振兴、乡村文化振兴、乡村生态振兴、乡村组织振兴，这是习近平总书记对实施乡村振兴战略的明确指示。高等学校是新时代推进乡村振兴的重要力量。桂林市"高校送智下乡"人才振兴模式主要是指高校根据学校人才培养情况和乡村人才现实需求进行人才补足与缺口对接，服务乡村振兴。

例如，广西师范大学依据师范教育特色，在乡村教师培养、基层干部培育方面做了长足的工作。随着乡村振兴战略的推进，学校从专业改造、人才培养、教育教学、科学研究等方面加大服务乡村振兴力度，取得显著成效。

### 1. 高校优化专业结构培养乡村人才

以广西师范大学为例，学校依托现有专业，通过专业结构调整和优化，凸显专业优势，构建服务广西乡村振兴的"六位一体"专业集群，为地方经济社会发展和乡村振兴培养大量专业人才。比如，优化生物科学类专业群，立足生态农业发展和生态文明建设、环境保护和可持续发展的战略需求；调整经济金融类专业群，面向服务乡村产业建设。通过乡村服务，培养懂农村、懂经济、懂政策的推进农业农村现代化的复合型经济管理人才，助推西部地区乡村振兴；融合教育类专业师资，培养乡村教师，加强乡村教师的适应性教育，实施教育精准扶贫；依托干部教育基地和管理类相关专业，主动服务乡村振兴战略。通过承接村干部大专学历班项目，对乡村干部实施乡村治理综合能力教育，完成全区数万名村干部学历提升任务；实施乡村中小学名校长工程，提升校长办学治校能力，助力乡村文化建设。

同时，在人才培养上，学校通过创新人才培养模式，构建了服务乡村振兴培养方案、课堂教学、科研育人、乡村实践、"互联网+"的"五进协同"人才培养新模式，把乡村振兴理念融入人才培养全过程。近年来，学校人才培养模式取得了良好的实施效果，毕业生通过多渠道深入

艰苦地区或基层就业，就业点覆盖县乡村基层组织、教学单位等，实现了专业服务基层、知识回报社会的目的。近年来，相关专业毕业生到基层就业人数达2000多人，更有效地把党中央的政策、方针宣传到基层、落实到基层。

2. 高校开展社会服务助力乡村振兴

以广西师范大学为例，一是学校成立广西师范大学西部乡村振兴研究院、桂林发展研究院、可持续发展创新研究院等高校新型智库与科研平台，推动智库成果转化，促进乡村振兴的产教研融合。二是选派科技人员30多人次，深入广西贫困县，围绕乡村产业提供技术培训、田间指导等综合科技服务；设立科技扶贫项目，扶助乡村科技致富。三是派出驻村工作队。先后派驻20多名驻村第一书记，实施扶贫项目80多个，1万多名师生共同参与脱贫攻坚工作，成功助力对口帮扶的资源县摘掉贫困县帽子、6个贫困村和1297户贫困户全部脱贫。2017～2021年，建立金花茶、油茶示范基地20个，培训人员2500人次，通过科技扶贫共计产生经济效益数千万元，新增贫困户就业岗位200余个，帮助农民年均增收1万余元。四是引导创新创业。依托大学生创新创业项目、"互联网+"项目等，引导各类项目走向乡村、走向田间，使学生的学习内容与乡村振兴有效结合，在乡村振兴中不断培育和提升学生的核心竞争力。

作为师范院校，广西师范大学依托师范教育领域的优质资源，充分发挥学科专业优势，结合帮扶县及帮扶村实际，组织校内各单位开展系统性、全方位智力帮扶活动，推动乡村教育振兴。如学校与中小学开展定点帮扶活动，促进乡村学校教学水平提高，2015年以来，研究生支教团每年派驻4名成员到资源县车田乡车田民族中学、资源实验中学开展为期1年的定点支教活动，累计派出成员27名。同时，学校开展乡村支教、结对帮扶、关爱乡村教师、志愿者服务等教育帮扶活动以及形式多样的培训。近年来，学校培训乡村干部、在岗乡村教师分别达1万多人次，提升了乡村治理者、乡村教师的素质。

### （二）"村支书产业引领"人才振兴模式

#### 1. 村支书具备产业发展潜力

2018 年 1 月发布的《关于实施乡村振兴战略的意见》指出，要坚持和加强党对农村工作的领导，健全党管农村工作领导体制机制和党内法规，确保党在农村工作中始终总揽全局、协调各方，为乡村振兴提供坚强有力的政治保障。在桂林市乡村振兴领导责任体系中，五级书记抓乡村振兴是工作要点。村党支部书记是五级书记中的最后一个层级，更是乡村振兴战略走在最前线的直接组织者、领导者与践行者，被村民寄予厚望，任重道远。

在乡村振兴五大环节中，产业兴旺居于首位，是促进经济发展、实现共同富裕的重要推动力。村支书研究上级政策，多方实地考察，结合当地自然条件和农业发展状况，走村访户了解农民心声。村支书真心实意为了农民去做"致富带头人"，一心推动农业产业旺盛发展，这对于解决农村人才问题具有重要意义。以村支书为引领，以特色产业增强引才能力，以合理分配优化用才手段，以自主培养加大育才力度，有助于健全保障完善的留才机制。

#### 2. 村支书引领带动人才发展

农村基层党组织是党在农村全部工作和战斗力的基础，实际落实党和国家对农业农村发展、促进农业农村现代化的重大决策是其职责所在。村支书作为农村基层党组织的重要成员，有着多元的身份。以平乐县二塘镇茶林村为例，该村位于平乐县东南部，距二塘镇人民政府 1.1 公里，村中人口约4600 人，其中脱贫户 37 户、监测户 3 户。茶林村拥有土地 9000 余亩，受益于地理位置优越，村落森林覆盖率达 50% 以上，有公益林 4700 亩，水塘 20余亩。坝井和上河有两个自然村屯得到市级乡村立面改造项目支持，目前为市级乡村改造重点示范村。全村蔬菜种植历史有 30 多年，有丰富的蔬菜种植经验和成熟的柿饼加工技术。茶林村特色产业在村支书的带领下发展良好，如柿饼加工业、果蔬种植业（包括番茄、豆角、瓜类和青菜种植等）。村中有固定收购点收购农产品。农户每年的经济作物收入普遍超过 1 万元，

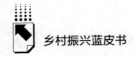

收购价为 1~2 元/斤。该村有经济作物种植面积达几十亩的农户。特色产业带来的本地就业岗位较多，如装卸工、分拣员、打包员和零售工等。茶林村有部分人员外出务工，其余人务农或从事本地产业。该村有农业技术人员 5 人，还有参与园区建设的建筑工人。茶林村村支书立足本村村情，是群众的"知心人"，通过实地走访，深入群众，克服各种困难，走村串户与农民交谈，听民声、察民情。茶林村积极建设公共基础设施，小到路标大到文化广场，为村民打造宜居的生活环境，为经济发展铺设道路。村支书以一双慧眼抓住村庄经济发展的契机，将如何推进三产融合与发展农业特色产业以及优化农业结构作为主要问题，一一落实解决。在村支书引领下，茶林村的蔬果种植和定点收购产业链条逐步完善。乡村振兴战略是政策引领，要真正发挥振兴的优势，还需要村支书具有主人翁精神，融入农村农业发展。

### （三）"县域统筹协调"人才振兴模式

#### 1. 县域统筹协调解决人才配备问题

乡村振兴，关键在人。2021 年 2 月，中共中央办公厅、国务院办公厅印发的《关于加快推进乡村人才振兴的意见》明确指出，要建立县域专业人才统筹使用制度，探索赋予乡镇更加灵活的用人自主权，鼓励从上至下跨层级调剂行政事业编制，推动资源服务管理向基层倾斜，并在县域卫生人才一体化配备和管理上鼓励实行"县聘乡用"和"乡聘村用"。"县域统筹协调"人才振兴模式是通过总结乡村人才实际问题（人才总需求量的现实评估规划与实际乡村人才需求缺口不相符的问题）得出的人才振兴模式。"县域统筹协调"人才振兴模式正如文件中县域卫生人才一体化配备要求一样，是以县域统筹协调解决农业技术人才、乡村管理人才以及乡村规划人才等引进和配备问题的人才振兴模式。

例如，恭城瑶族自治县平安镇桥头村的乡村规划人才与农业技术人员引进和配备问题就是靠县域统筹解决的。平安镇桥头村以康养文化村发展为主，产业主要包括餐饮、民宿、水果种植以及康养等。村级集体经济主要依靠村委会的固定资产——门面出租收入支撑，每年收入 11 万元左右。该村距离县城只有 3 公里，属于县城规划的高铁产业园区，因此还有许多工厂。桥头村劳动力总数为 2068 人，其中外出务工人数为 1100 人，约占劳动力总数的 53%，该村确立了民宿、餐饮、康养三大产业发展方向，目前均有示范带动户。该村毗邻恭城瑶汉养寿城（已建成并投入使用），瑶汉养寿城为广西职工疗休养示范基地，该村可为疗休养人群提供住宿、餐饮服务。该村的基层组织人才包括党支部成员 7 人、村委会成员 7 人，乡村规划人才缺乏。该村在高铁产业园区内统一设计规划了安置小区，目前安置小区已在建设中，占地面积 30 多亩，建设完毕后可用于对外经营民宿、餐饮、酒馆等。关于桥头村乡村规划人才引进和配备问题，目前恭城瑶族自治县的做法是由镇政府分管基础建设，副镇长与县规划局共同组织实施。同时，该村的科技服务人员包括防疫员 1 人、兽医员 1 人和其他科技人员 3 人，农业技术人员引进和配备问题的解决也要依靠县域统筹，县域人才扶持政策在桥头村发展中起到了重要作用。

**2. 县域统筹协调打通人才流通渠道**

从桥头村的具体实践来看，县域统筹协调很好地解决了乡村规划人才的引进和配备问题，乡村没有必要直接配备专门的规划人才，可由县规划办统筹协同和引进人才。特别是在信息化普及的时代，县域也可通过成立按技术特长划分的农业产业专业技术专家组，与乡村技术人才对接，通过网络交流平台发挥县域统筹协调人才的作用。《桂林市打赢脱贫攻坚战进程发展报告》指出，全市已实现贫困户全部通生活用电，光网通达率、4G 网络有效覆盖率均达 100%。贫困地区发生了翻天覆地的变化，处处呈现欣欣向荣的美好景象。县域可通过人才群体吸纳、优质资源共享等形式组建人才发展基地，成立专家组为各乡村农业产业的业务规划、生产加工、包装售卖、物流保障、品牌打造以及电子商务等提供专项指导。而且，随着互联网的发展，人才协同发展服务平台也可转移到线上，新发展格局将更多依靠智能化手段。县域人才服务乡村不一定需要完全实地指导，人才服务战略的实施应更多依靠互联网平台，推动从"人才帮扶"向"智力协助"的战略转型。开辟绿色在线交流通道，以远程技术指导实现跨区域帮扶，同时对部分乡村产业关键人员进行在线培训，形成层级递进的云端技术培训链条。由部分产业

带头人和专家组对接学习相关技术，再将技术要领传授给农民和产业工作人员。人才由县级强化支撑保障，组织专长小组按需求分派对接，形成"双向选择"的农业产业人才特派服务体系，实现各村驻派全覆盖。借助县域统筹协调，发挥人才专长优势，以技术培训帮扶带动产业发展，以建设示范服务鼓励创业，打通人才在县域之间的流通渠道，解决乡村人才问题。

### （四）"县聘退管干部"人才振兴模式

据桂林市统计局数据，2021年桂林市134个乡镇共有1420295户，户籍人口4752339人，乡镇幼儿园、托儿所共计1326个，小学1189所，小学专任教师18442人，小学在校学生303465人，同时有图书馆207个，剧场、影剧院26个，体育场馆210个，医疗卫生机构2310个。乡镇教育、卫生、文化事业的长远发展，离不开长远的规划，但乡镇中更多的是科技人才，具有丰富管理经验的人才极其匮乏。调研发现，部分县域特聘退休管理干部"沉"到乡村，为乡村教育、卫生、文化事业长远发展出谋划策。

1. 推进落实退休管理干部"下乡"制度

建立与完善退休管理干部服务乡村工作制度，深化服务乡村人才管理体制改革，从制度上落实退休管理干部的工作职责范围，为推动退休管理干部"下乡"提供重要保障。部分退休管理干部曾是各个单位的领导，他们思想觉悟高，成熟稳重，保持为人民服务的热情，在基层民众中具有较高的威望，能够发挥领头作用；他们有能力、会做事，具有较强的协调能力，对政策的把握准确，能够为乡村长远发展出谋划策；他们素质高、能吃苦，能够真正为农民办实事、办正事，有下沉到基层干事创业的条件，有服务乡村振兴的独特优势。

2. 营造利于退休管理干部发展的环境

科学谋划，统筹推进，加快形成有利于退休管理干部服务乡村的环境，消除影响退休管理干部发挥作用的障碍。退休管理干部经验丰富、能力过硬，他们在原岗位上做出过或大或小的贡献，多次经历和参与了基层的管理与发展，具有丰富的实践经验；退休管理干部素质全面且有办法、能落实，他们在工作中不断提升自我，各方面素质过硬，能够在工作落实中发挥重要推动作用；退休管理干部有经验会协调、有威望懂管理，他们在处理基层矛盾或冲突时具有丰富的协调手段，在地方具有较高的威望，能够有效沟通和化解管理中出现的问题。

### 3. 精准定位退休管理干部的服务职能

找准退休管理干部发挥作用的切入点和着力点，发挥好退休管理干部的人才优势，建立和完善退休人才服务乡村权益保障机制，让服务乡村振兴的退休管理干部下得去、干得好、留得住。例如，在象山区发展和改革局退休管理干部的参与下，桂林市乡村发展有了"带头人"。在退休管理干部的参与下，象山区深入开展乡村风貌提升工作，如期完成 17 个基本整治型村庄建设及 6 个自然村 345 栋房屋风貌改造提升工程，100% 拆除老旧厕所、占道钢架棚等约 2.5 万平方米，清运垃圾 3780 余吨，推进 85 个老旧小区改造，乡村风貌进一步改观。[①] 退休管理干部是一个特殊的群体，他们可以为乡村振兴提供智力支持。建议为服务乡村振兴的退休管理干部提供切实有力的保障，让他们服务乡村振兴的行动从自发变成有组织。

## （五）"乡村产业依赖型"人才振兴模式

乡村振兴过程中如何留住人才是一个复杂的问题，目前各个地区不断探索留才机制，包括采取住房条件、薪资待遇、子女教育等向人才倾斜方式，试图从人才的需求出发寻找留住人才的切入口。即使如此，乡镇依旧留不住人才，导致乡村产业发展质量总体上处于低水平状态。调研表明，人才对产业的依赖是乡村留住人才的核心，应从这个思路出发统一谋划，以最大力度留住人才。换言之，就是要发展能够留住人才的产业，以人才促进产业发展，以产业留住人才。

### 1. 打造与乡村人才紧密结合的产业链

乡村产业要形成产业链，而产业链的发展要与乡村人才紧密结合，为乡

---

① 桂林市发展和改革委员会：《2022 年桂林市国民经济和社会发展报告》，2022，第 211 页。

村人才提供施展技术、技能的空间。打造全产业链就是要形成精深加工产业链，将乡村技术人才作为发展的动力，强化产业对乡村人才的依赖性，提升乡村产业化发展水平，提高产业生产效率。乡村产业的发展要紧扣人才特性，让农业经营有效益，成为有奔头的基础性产业。同时，要重视第二、第三产业发展，抓住乡村人才这一关键要素，将第二、第三产业打造成为农民增收的重要产业，让农村留得住人才、靠得住人才。通过牢牢抓住乡村人才这一关键，将乡村产业打造得有特色、有亮点，引导乡村产业高质量发展。立足当地资源和区位优势，突破传统的发展方式，将先进技术、先进设备、先进生产方式引进乡村，因地制宜打造多样化生产方式，形成对人才的多样化需求，让乡村人才有用武之地，使乡村人才看到乡村发展的潜力，主动、乐意为乡村发展留在乡村。

**2. 推动乡村人才与乡村产业融合共生**

通过人才带动产业发展，以产业发展留下人才，将人才引进乡村是让乡村"热闹起来"，人才用得好是让乡村"发展起来"。推动乡村人才与乡村产业有效融合是实现人才与产业共同发展的关键。例如，2021年桂林乡镇快递网点覆盖率达100%，建制村快递服务覆盖率超过80%，打造了一条能够"留住人才"的产业链，形成了月柿及柿子干制品、罗汉果、砂糖橘、荔浦芋等自治区级快递服务现代农业项目，分别实现寄递业务量298.66万件、61.65万件、36.23万件和32.25万件。[①] 简言之，要将产业打造成依靠技术支持的产业链，减少仅依靠简单人力、简单劳动发展的产业，将乡村产业发展与乡村人才紧密结合，让人才长久服务于乡村振兴。

## 三 桂林乡村人才振兴存在的主要问题

### （一）缺才：乡村人才引进机制仍需进一步健全

人才与农业产业联系紧密，相关研究将人才与产业的关系描述为"人

---

① 桂林市发展和改革委员会：《2022年桂林市国民经济和社会发展报告》，2022，第140页。

才兴旺，产业才能兴旺"，将乡村人才问题描述为"乡村人才极度匮乏，无法满足人才需求"。宏观来看，这些表述是准确的，但实际调研发现，部分乡村人才振兴的核心问题并不在于人才匮乏，而在于是否有人才需求。乡村没有人才需求缺口和健全的农村人才引进机制等问题需要直面。

《2021年桂林市国民经济和社会发展统计公报》显示，2021年桂林市农林牧渔业总产值为913.95亿元，比上年增长10.2%。但存在的问题是，目前桂林市贫困乡村的产业体系不完善，无法为乡村劳动力提供足够的支撑。同时，青壮年人口从事农业耕作的意愿较低，农村人口特别是青壮年人口大量外流，不仅导致当地房屋空置率增加，还使乡村经济产业难以出现新型农业经营主体，乡村"空心化"问题日益严峻。虽然桂林市已经出台了多项乡村振兴人才智力支持政策，畅通了智力、技术、管理的下乡通道，以新型农民和农业科技特派员等为代表的农业人才队伍不断壮大，但是相对于农村人才队伍加快补给，现有的部分乡村人才问题出现在需求侧，无论是专业人才还是复合型人才均难以形成人才缺口，对构建乡村振兴长效机制形成了很大的阻碍。

人才需求水平主要取决于乡村产业发展的水平，人才需求的数量也主要由乡村产业创造的岗位需求决定，灌阳县黄关镇东阳村的发展情况就很好地说明了这个问题。据调查，东阳村地处灌阳县黄关镇东部，距离黄关镇人民政府4公里，全村辖15个自然屯30个村民小组1204户3531人，其中外出务工人员超过600人，留守的正常劳动力接近1400人。东阳村党支部现有党员86名，有村"两委"干部7名，其中支部成员6名（含区派第一书记1名），村委会成员5名，"两委"交叉任职3名，2021年村党支部被评为自治区"四星级农村基层党组织"。该村水、电、路、网等基础设施较为完善，2017年顺利实现整村脱贫摘帽，2020年底全部贫困户实现动态清零，2021年人均可支配收入达16000元。全村共有耕地2750亩，其中水田2250亩、旱地500亩，还有林地5000亩，主要产业为种植杉树、优质水稻、梨、砂糖橘等。生产模式基本上以各户分散独立种植为主，流转100亩以上土地开展规模化种植的有文成发等4户，流转20~100亩土地经营家庭农场的有

郑爱民等6户。农业散户种植和农作物售卖产生了一些岗位需求，但这些岗位对人才数量和质量的要求都不算高，都是为本地村民提供的就业机会。如果仅靠村中现存的人员构成就已能够实现农作物种植、收获、集中收购、运输与售卖等环节的运行，但只能保持当下的经济水平，且无法打开人才需求缺口，创造人才需求。因此，虽然人才匮乏问题普遍存在，但是部分农村更需要创造人才需求，农村人才引进机制尚需健全。

### （二）流才：乡村高端人才需求不足导致人才流失

乡村人才需求问题在供给侧和需求侧的表现不同，在实际调研中，需求侧的问题表现为乡村受产业发展情况限制对高端人才需求较少。也就是说，虽然部分乡村的农业产业发展处于上升期，但没有实现阶段性跨越，依然是低水平的发展，人才没有施展才能的平台，流失现象普遍存在。

桂林是传统农业大市、水果大市，是最适宜柑橘生长的地区之一。2019年，全市柑橘种植面积约410万亩，产量约645万吨，预计产值为211亿元，规模、产量、产值均居全区首位。其中，砂糖橘种植面积近300万亩，产量约500万吨。在荔浦市青山镇三联村，乡村产业以传统农业为主，经济作物种植是农民主要收入来源。在售卖农作物的收入占农民总收入绝大部分的情况下，务农是农民的主要生产活动。其他不从事农业活动的农民多外出务工，并且以在村庄周围打零工为主。在这种情况下，乡村整体发展水平不高，生产生活特别是农业生产受气候变化、市场需求、地方政策等因素的影响，无法脱离土地资源。如黄龙病暴发风险不断加大时，柑橘种植业因遭受巨大影响而减产，影响农民收入。此外，三联村有特色面条制作产业，但影响力远远不足，比不上该领域的知名品牌企业，企业规模小、分布散、产值低。企业在发展规模上只能归为小型作坊式企业，无法与相关企业构成产业链协同发展，因此在面临市场竞争和风险时就会展现出羸弱的一面。

总体来说，农产品产业发展处于初级阶段导致对高端人才的需求较少，农业产业链条发展缓慢，农产品生产停留在种植、采收、集散阶段，经济收入仅靠直接售卖农产品，相比农产品加工产生的利润较少。调查发现，虽然农业能带来经济发展和稳固收益，但未形成适应市场、具备地方品牌特色的农业产业，较少利用新型农业种植技术与机械化生产方式降低种植成本并提高生产效率。桂林市部分乡村种植的农产品局限于玉米、水稻等粮食性作物，而当前市场上基础性粮食作物的收益并不高，并且产品受欢迎程度比不上粮食生产大省。这样的传统农业村不在少数，产业升级缓慢导致对高端人才需求较少，导致优秀人才易流失。除了农业产业外，文明建设、基层组织、生态维持等方面的发展水平也制约人才需求的增加。调查显示，虽然部分大学毕业生有建设家乡、投身农村的理想，但由于城市回报率更高，农村基础设施、公共服务等条件比起城市有一定差距，经济收入水平达不到预期等，大学毕业生回乡意愿并不高。《桂林市实现巩固拓展脱贫攻坚成果同乡村振兴有效衔接"十四五"规划》表明，在政策扶持下，虽然农村在道路交通、住房条件、水利设施等方面得到了巨大改善，医疗服务和教育服务水平也有了一定提升，但与发展到一定水平的乡村和城市地区相比，贫困地区脱贫后的公共服务保障相对薄弱。虽然脱贫攻坚全面消除绝对贫困，但相对贫困问题的解决还需要久久为功，乡村振兴的短板在于脱贫地区的基础设施建设水平不高。高质量的农村工作、生活、居住水平是人才发展的物质需求，住房、医疗、子女教育、精神文化等配套服务的缺失是农村留才难和人才流失的重要原因。

### （三）忽才：人才意识薄弱导致人才问题被忽视

农村农业产业蓬勃发展，农村基础设施建设、农民文化水平和精神面貌的改善需要各类人才参与，乡村振兴"五位一体"总体布局应统筹推进，人才振兴是关键。调研发现，乡村还存在将产业振兴放在首位，忽视人才振兴的问题，人才振兴的实际受重视程度还有待提升，乡村人口的人才意识也需要加强。放眼桂林，主要通过"内培"与"外引"相结合的方式为乡村培养、吸引大批懂农业、爱农村、爱农民的"三农"人才。乡村忽视人才振兴问题表现在外来人才引进和乡村人才培育两个方面。

由于对人才问题的重视程度较低，人才引进的条件与乡村人才激励保障措施无法跟上发展趋势。乡村发展条件对人才的吸引力不足，乡村产业发展缓慢，区域经济的人才吸附能力不足，优秀人才难以引进。当前，乡村人才的数量和质量与推进乡村振兴人才需求之间有一定差距，致富带头人、返乡创业毕业生、农村技术实用人才的占比仍较少。农村三产融合、新农业模式、创新创业的水平较低，收益难以达到预期水平，导致人才意识薄弱。桂林市第七次全国人口普查数据显示，桂林60岁及以上人口占总人口的比重为20.33%，分别高于全国、全区平均水平1.63个和3.64个百分点，属于老龄化程度较高的城市之一。大多数村庄劳动人口以受教育水平较低的中老年人为主，这类劳动人口在思想观念和新型技术水平上有一定的滞后性。劳动年龄人口规模减小与老龄化趋势并存，桂林常住人口占广西常住人口的比重为9.84%，较2010年下降了0.48个百分点，全市15～59岁人口占广西总人口的比重为60.04%，较2010年下降9.04个百分点，桂林对年轻和高学历人才的吸引力不足。随着创新发展对年轻、高素质劳动力需求激增，人口与产业协调发展的结构性矛盾日益突出。在此背景下，部分乡村还未明白人才问题的重要性，人才问题是乡村发展的核心问题更是必须解决的关键问题，人才问题加剧了人口与产业协调发展的结构性矛盾。

《桂林市新型城镇化规划（2021—2035年）》表明，"十四五"时期新型城镇化主要指标中，有意愿参加职业培训的城镇失业人员、农民工、新成长劳动力免费接受基本职业技能培训覆盖率要从2020年的96%上升到2025年的98%，力求实现职业培训的广泛覆盖。在本土新农民等人才培训方面，育才养才能力也受人才意识薄弱的限制。职业农民接受继续教育，掌握一定的种植技术或养殖技术，合理利用自身拥有的生产资料能够有效帮助其规避风险和扩大经济效益。培训和教育还能够增强农民的可持续发展理念和培养良好的乡风民俗，对于建设本土人才队伍而言是十分重要的手段。调查发现，许多农民还未意识到人才问题的重要性，认为农民不需要学习新型技术和各种农业知识技能，这样的想法导致其不愿意参与技能等方面的素养提升和再教育。部分依然持传统小农思想的农民难以充分认识新型农业生产对于经济发展和乡村建设的重要性，将目光局限于自家的种植用地，无法准确理解乡村发展政策，只知道做简单重复性劳作。提及人才问题，部分农民觉得农村的农业就是农民种地，没有什么高深的技术，所以不需要人才。

## （四）混才：外来科技人才与本土人才缺乏融合

乡村人才中既有外来人才，也有本土人才，在乡村振兴中共同发挥重要作用。科技人才与本土人才有效融合是将外来人才和本土人才兼收并蓄的关键。当前，乡村振兴以引进外来人才为主，旨在着力打造具有科技创新能力的人才队伍，使乡村本土人才旁落，无法在乡村振兴中发挥有效的作用。

为了让乡村实现"科技振兴"，桂林市共选派科技特派员 658 名，深入县、乡、村提供技术服务和开展创新创业。[①] 以"科技人才"赋能乡村振兴，不仅要培育更多的科技人才，还要让科技人才与本地人才有效融合，共同推动农业农村的发展，让农民在技术的支持下，发挥积极性、主动性和创造性。但是，在推动科技产业和科技人才"下乡"时，未能有效将科技人才与本土人才有效融合，以发挥他们的合力。例如，荔浦市设立的广西首只县级科创基金规模接近 5 亿元，永福、阳朔获批建设自治区农业科技园区，总数达到 4 家，获认定自治区级星创天地 9 家。[②] 这些措施有效增加了乡村科技人才的数量，但在具体实践中忽略了乡村本土人才的价值，形成了以外来科技人才为核心的乡村科技振兴体系。这种现象具体而言有以下两点不足。

一是不利于本土人才队伍建设。乡村本土人才在乡村建设中具有天然的优势，他们熟悉乡情，掌握当地的基本情况，对乡村科技建设与发展具有重要的推动作用。据桂林市统计局数据，桂林市有乡村农业技术服务机构 240 个，农业技术服务机构从业人员 2034 人。从数量上看，科技人才的数量能够满足乡村发展的需要。但从人才来源看，这些科技人才以外来为主，乡村

---

① 桂林市发展和改革委员会：《2022 年桂林市国民经济和社会发展报告》，2022，第 66 页。
② 桂林市发展和改革委员会：《2022 年桂林市国民经济和社会发展报告》，2022，第 66 页。

本土人才鲜有，这为外来科技人才与乡村本土人才融合增加了难度。在外来科技人才不能与本土人才有效融合的局面下，科技人才在具体实践中需要经过更长时间的摸索，而乡村本土人才队伍的结构不完整，不利于本土人才队伍建设。

二是不能有效推动乡村本土人才为乡村振兴提供智力支撑。乡村本土人才是乡村发展的重要支撑，乡村振兴需要懂农业、爱农村的科技人才，本土人才正是其中的一部分。然而，在战略上重视引进人才的使用，但没有深入挖掘和利用本土人才的智慧力量，让乡村长期积累的科技经验无法发挥，没有真正将乡村本土人才放在乡村建设应有的位置。据桂林市统计局数据，桂林市的兽医（防疫）技术人员共计987名，这类人员多属于高知识分子，是"土专家"的极少，而他们在实践中与乡村本土人才合作的机会不多，无法有效推动乡村本土人才为乡村振兴提供智力支撑。

### （五）断才：乡村人才在产业发展中缺失连续性

桂林市累计投入资金160亿元，建设新型城镇化示范乡镇85个、美丽乡村1000多个、生态休闲旅游精品线路8条，国家级和自治区特优区项目、自治区级现代特色农业（核心）示范区、全国"一村一品"示范村镇数量均居广西第1位。[①] 形成"新型城镇+美丽乡村+三产融合"发展模式，乡村旅游人数达5000多万人次、收入超300亿元。其中，入选全国乡村特色产业"十亿元镇"2个、"亿元村"4个，入选广西特色农业现代化示范区13个，数量均居全区首位，新增全国乡村旅游重点镇村各1个。[②] 加快推进田园综合体和美丽乡村建设，完成村庄环境整治401个、村屯全域基本整治8975个，获评全国文明村镇12个，完成中国传统村落项目85个。[③] 可见，桂林市整体的产业发展具有长效性，形成了以旅游为独特发展模式的产业。

---

① 桂林市发展和改革委员会：《2022年桂林市国民经济和社会发展报告》，2022，第20页。
② 桂林市发展和改革委员会：《2022年桂林市国民经济和社会发展报告》，2022，第5页。
③ 桂林市发展和改革委员会：《2022年桂林市国民经济和社会发展报告》，2022，第5页。

然而，聚焦部分乡村可以发现，并非每个村都有条件形成旅游发展模式，而是需要因地制宜形成自身的独特模式。但乡村主导产业跟随市场需求变化而不讲求长远效益的现象显著，主导产业更换速度快，导致人才无法在当地实现连续发展。

调研发现，乡村产业深受市场经济的影响，随着市场的波动不断调整，以适应市场经济发展需要。乡村产业为追求经济效益需要适应市场发展需求，进行不断的优化和调整。然而，乡村产业在适应市场变化的过程中对乡村人才的需求不断变化，造成原有乡村人才无法切合现有产业的发展需求，需要随产业的变化不断调整。深究发现，市场的波动是产业频繁变更的直接原因而非根本原因。乡村产业不断变更的根本原因是乡村产业的"短视化"发展。一方面，乡村产业缺乏相关资源。在短视发展理念的驱动下，乡村产业的规划只着眼于市场需求，乡村产业发展出现了"随大流"的趋势，无法形成特色品牌，因此造成产业的持续性不强。乡村人才顺应产业发展的需求得以发展，如果产业发展不需要这一类型的人才，就会出现此类人才流向其他地区的现象。另一方面，农业产业化水平不高。当前的农业生产规模较小，并且在缺乏长远规划的情况下，乡村产业给农民带来的经济效益无法实现长久、稳定增长，农民参与乡村产业建设的积极性难以维系。

## （六）分才：乡村产业与本土人才的关联性不强

发展乡村产业是为了实现乡村振兴，乡村振兴是为了让农民增收，以实现共同富裕。农民作为乡村本土的重要人才，应在乡村产业中得到发展。因此，乡村产业的发展与农民密切相关，需要在建设中将农民纳入乡村产业振兴，让乡村产业发展真正惠及农民。据桂林市统计局数据，桂林市有乡镇农业技术服务机构 240 个，农业技术服务机构从业人员 2034 人，农业企业 1024 家，家庭农场 942 个，农民专业合作社 4842 个，农民专业合作社成员 149782 人，工业企业 13442 家（其中规模以上工业企业 430 家），建筑业企业 348 家，住宿餐饮业企业 5625 家，商品交易市场 217 个，营业面积 50 平方米以上的综合商店或超市 1870 个。尽管这些产业发展取得了一定的成绩，但是一些地区产业与农民没有关联的问题凸显，也就是说，乡村产业与农民没有实质性的联系。当乡村产业发展脱离农民时，乡村产业的发展也就失去了最本真的意义，这就造成乡村人才难以在产业发展中发挥作用。乡村产业与本土人才的关联性不强具体表现为以下几点。

一是产业发展与农民利益联结不紧密，农民失去直接参与产业发展的机会。在乡村产业发展过程中，出现部分产业脱离农民已有的资源，只利用农村的土地进行发展，没有顾及农民的生产需求，因此不能形成合作模式；在实现现代化发展过程中，乡村产业以大机械替代了人工，由此产生的就业机会极少，无法满足农民的就业需求，导致乡村产业在乡村场域中"悬置"，农民只能获得产业在当地租赁土地的微薄收入，无法满足对美好生活的追求。

二是产业发展速度与农民的素质不匹配，导致农民在产业发展中逐渐被"淘汰"。乡村产业在不断转型，产业设备、产业链以及发展模式都在不断完善，技术的升级对农民素质的要求不断提高，然而乡村地区留守的劳动力多是年龄较大、素质偏低的老人，他们跟不上产业升级的步伐，面临被产业淘汰的问题。作为乡村产业，如果雇员持续减少，产业与乡村的联系就会进一步弱化，农民也就难以支持乡村产业的发展。最为关键的是，产业的升级造成农民无法参与产业的工作，不能实现就业增收。而农民本身缺乏资金，又不能参与融资，这让农民没有实质性参与乡村产业发展的机会。

## （七）费才：乡村人才分类评价精准化程度不高

《中共中央　国务院关于做好 2022 年全面推进乡村振兴重点工作的意见》明确指出，要加强乡村振兴人才队伍建设，对县以下基层专业技术人员开展职称评聘"定向评价、定向使用"工作，对中高级专业技术岗位实行总量控制、比例单列。《桂林市乡村振兴人才评价认定和管理办法（试行）》的出台激励乡村人才在乡村振兴中更好地发挥示范带头作用，推进乡村人才振兴，为促进乡村振兴提供有力人才支撑。显然，乡村人才分类评价势在必行，这是推进乡村振兴的重要保障。当下，桂林市乡村人才分类评价精准化程度不高，主要体现在以下两个方面。

第一，乡村人才分类评价指标缺乏均衡性。一方面，乡村人才分类评价具有主观性，调研发现，许多乡村在涉及人才的问题上存在许多偏颇，造成对人才评价的不公正和不客观，让想干事、能干事、干成事的乡村人才得不到应有的职称评定。在具体落实中，难免出现唯文凭、唯档案的评价标准，让真正掌握技术、做出重要贡献的乡村人才得不到应有的评价。同时，难免出现对本土人才评定的失衡，让乡村人才在评价机制中失去应有的公正对待。另一方面，不同村落乡村人才评定缺乏均衡性，即发展好的乡村能够获得更多的人才评定指标，而发展不足的乡村评定指标较少。在乡村人才的分布上，乡村之间并非是均衡的，而是存在发展差异，因此在乡村评价中应当关注具体的个人，而不是根据乡村人才的数量分配指标，因为这样容易引发人才向某一乡村集聚，不利于其他乡村的发展。

第二，乡村人才分类评价的权力集中在县域，乡镇自主权不足。一方面，虽然桂林市的人才评定文件对人才进行了分类，但不同乡村执行的情况不同，有的乡村人才与分类标准不匹配，或者是人才的类型过于集中，分类评价机制缺失灵活性。因此，在对人才进行评价时会产生片面性和局限性，也存在模糊性与主观性，真正符合乡村社会发展需要的人才得不到应有的评定，评价的结果也缺乏公正性。另一方面，在市场经济影响下，乡村振兴重点关注乡村经济增长，在对乡村人才进行考评时，更加注重经济性指标，忽略了乡村公共基础设施建设等方面的指标。此外，在乡村人才评价中，没有结合各个乡村的实际情况有针对性地执行科学合理的评价标准，而是采取"一刀切"的评价标准，缺乏公正性与合理性。

## 四　推动桂林乡村人才振兴的建议

### （一）引才：发展产业激发人才需求并完善引才机制

乡村人才振兴要围绕产业发展，在产生新的岗位需求的同时产生人才需求，吸引人才到乡村发展。同时，应完善乡村人才引进机制，为引进乡村人才创造更好的条件。人才不仅要引得进，还要留得住，更要用得好，想要实现人才扎根基层长远发展，就必须要做到"目中有人"，更要真正看到青年人才的发展需求。

一方面，要结合桂林乡村产业发展特色，遵循"以产引才，以才促产"的良性发展思路，发展产业，产生人才需求。全面推进乡村振兴，离不开人才，乡村社会的现有人才结构和规模层次与乡村振兴要求仍存在一定差距。解决乡村人才需求缺口问题，须结合乡村振兴战略，综合考量区域协调发展要求，为心系乡村的高校毕业生、创业青年、成功企业家等人才创造更多发展机会。要结合农业供给侧结构性改革要求，进一步优化调整农业产业结构，加强高质量农业产业建设，创建生态友好型农业产业发展示范区。结合桂林"农业+旅游"产业特色，发展农田观光、花卉游赏、乡村休闲、农务体验、康养度假等特色景点。提升农业品牌品质，创建一批农产品区域公用品牌、企业品牌、农产品品牌。促进农村农业可持续发展，须统筹利用各级各类资源，在基层就业社保、医疗卫生、司法辅助、社会工作和养老服务等方面发掘岗位资源。乡村人才储备因此得到补充，技术型人才、师范类人才、特色旅游人才、农产品销售人才和基层治理人才组成的人才队伍逐步壮大。

另一方面，要加大创新人才引进力度，完善人才引进机制。农业农村的长远发展是最终目的，人才队伍的长期驻扎是现实追求。因此，要落实有志于乡村振兴的青年人才扎根基层的现实就业需求和帮扶制度，完善福利保障和条件支持政策。在农村这片广阔的发展天地，为人才引进创造条件，形成各行业人才支持三产融合发展的合作共识，将人才促进乡村振兴的效用发挥到极致。搭建就业创业乡村主阵地，让青年人才在农村产业融合中发挥自身价值并找到自身定位和发展意义。在数字经济和乡村产业趋向融合的信息时代，精通大数据、云计算、人工智能、5G通信技术、物联网的人才成为乡村发展新产业、新业态和新模式的支撑，其具备将乡村振兴推向新发展阶段的能力。乡村振兴加快农业农村现代化进程，解决人才问题，须立足人才长远发展的保障，打造可让青年人才融入的特色产业。维持良好的人才发展生态，发挥政策支持、组织规划、物质保障等方面的作用，形成产业吸引人才、乡村培育人才、乡土留住人才、人才振兴乡村的良性循环。

### （二）留才：特色产业发展与乡村基础设施建设双轨并行

乡村要实现人才流失率降低，须升级农业产业，以高质量的特色产业发展服务高水平人才发展需求，创造人才施展才能的产业舞台。广西文化和旅游厅发布的《广西乡村旅游高质量发展专项规划（2022—2025 年）》指出，到 2025 年，全区乡村旅游提质升级全面推进，成为促进农业增效、农民增收和满足大众休闲需求的民生产业；乡村旅游总人数预计超 5 亿人次，乡村旅游收入达 5000 亿元以上。桂林发展乡村旅游特色产业是促进人才发展的重要手段。特色旅游产业可结合各村村情发展成为特色农旅结合的新型产业。《关于桂林市田园综合体创建的指导意见（试行）》强调，桂林将围绕田园综合体建设目标和功能定位，以现代特色农业示范区、"美丽桂林·幸福乡村"建设和农村人居环境整治为基础，以地缘相邻、人居环境等基础较好的若干个自然村为片区，进行集中连线连片打造。而以农业为根基的产业经过改造升级也能形成特色地方产业，如资源县特色有机农业产业以点带面带动现有的茶叶、中药材、山羊等有机产品发展。据资源县农业农村局统计，2020 年资源县有机产品产值达 1.98 亿元，占资源县农业产值 26.18 亿元的 7.56%。乡村特色产业发展带动乡村人才振兴，人才借助产业彰显自身价值，有效解决人才流失问题。

乡村要想留住人才，须加大投入力度，逐步完善乡村基础设施建设和公共服务，不断提升农村居住环境。良好的环境是吸引人才、留住人才的重要前提。当前，桂林市乡村规划建设滞后，农村污水治理任务重，民居建筑风格和布局无序，乡村风貌特色不明显；文体娱乐、医疗、教育、养老等公共服务设施投入需求大，中央转移支付资金比较有限，地方财政保障能力不强。留才需要为人才创造良好生活环境，改善各项基础设施，要以乡村振兴为抓手，按照抓重点、补短板、强弱项的要求，围绕乡村人才相关的直接现实利益问题，以基础设施和公共服务配套设施建设为突破口，科学规划公共服务等基础设施布局，统筹推进交通、水利等农村基础设施建设。本着提升建设标准，做到可持续、更实用的原则，加快补齐农村基础设施短板，因地制宜合理配置基础设施和公共服务设施。解决乡村基础设施建设薄弱问题，为乡村人才培育沃土，加强基础设施建设。保障水、电、路、网畅通，优化改善环境，实施人居环境清洁改善行动，推动生态环境持续向好、公共卫生服务均衡发展。留才工作要做好，还要牢固树立服务意识，不断完善配套的人才服务保障机制，创造更好的硬件和软件环境，在岗位晋升、工资福利、子女就学、住房保障等方面开辟人才服务"绿色通道"，让人才实实在在享受政策红利。

### （三）惜才：县域将人才问题列为关键问题加以重视

人既尽其才，则百事俱举；百事举矣，则富强不足谋也。人才作为推动发展的第一资源，是乡村振兴的关键。对此，需要树立正确的乡村振兴人才观，将人才问题视为关键问题，紧紧抓住"人才"这一关键点，真正将外来人才引进和本土人才培育相结合，培养一支优秀的乡村振兴人才队伍。做好人才工作，补齐人才问题的短板，意识到人才问题的严峻性，逐步解决困扰乡村发展的乡村中青年本土人才外流、人才总量不足、人才质量不高、人才结构失衡、农业人才老龄化严重等问题，是拉近乡村人才总体发展水平与乡村振兴要求之间差距的重要手段。人才在产业运转、文化繁荣、教育覆盖等方面具有重要作用，人才供给是产业升级的前提，也是实现农业农村现代化、巩固拓展脱贫攻坚成果同乡村振兴有效衔接的重要基础。要切实发挥人才的独特作用，需要基层党组织认识人才发展的重要性，并树立一系列正确的人才理念。

第一，基层党组织要致力于打破固有的人才观，选择人才不只看重知识水平，不以学历和文凭作为选拔人才的唯一依据，而是按乡村的人才需求选择最适合的人才。做到以岗位限定人才，注重发挥人才的专长和独特能力，最大限度发挥人才的真才实用，使各路英才各施所长、各司其职。同时，乡村人才振兴要将外引与内培相结合，强化乡村人才支撑，增强人才的可持续发展能力。对于各地乡村而言，要因地制宜实施高素质本土人才培训规划。具体面向乡村领军人才、致富带头人、农民合作社带头人、各类经营主体负责人，在农业技术和生产加工、经营管理、服务能力和创新能力等方面开展科学、有效、针对性强的系统培训。在加强理论学习的同时，注重实践检验。在保障社会服务水平的基础上，提升劳动力的创业就业能力，以"造血式"内生发展促进乡村产业兴旺。在科学技术飞速发展、机遇与挑战并存的今天，需要树牢"人才是第一生产力"理念，慧眼识英才，广泛发掘优秀人才。为招引人才，要肯下功夫、肯做实事、肯开近路，如此才能真正让人才有用武之地。同时，基层党组织要兴起惜才识才之风，树立正确的人才观，举贤任能不拘一格，使人才各尽其能。

第二，认识到人才问题的关键，还需要在乡村振兴人才队伍建设上做好文章。要以解决实际问题为指引，克服人才发展障碍，建立不单纯以文凭为标准的人才使用机制，努力为人才落实基本政策，减少人才发展阻力，让人才毫无后顾之忧地一心服务乡村振兴。良禽择木而栖，要营造良好环境，留住优秀人才。将人才问题视为关键问题，重视人才在乡村振兴中的重要性，努力营造人才发展的良好环境，才能种好"梧桐树"引来"金凤凰"。一方面，"硬件"要补齐，要结合当地农村产业发展情况，完善优化乡村交通、住房、饮水和通信等基础条件。发展新型农业产业，包括休闲农业、农业旅游业、互联网农业等新型业态，提升居民居住幸福感，使人才在乡村既住得好也发展得好。另一方面，"软件"要配全，乡村教育条件、居住环境、医疗养老等公共服务质量要逐步提升，要缩短城乡差距，同时建立城乡、区域、校地之间的人才培养合作交流机制，让人才愿意留在乡村，在广阔的乡村施展才华、建功立业；还要以优质教育资源互通共享等手段为人才队伍搭建学习平台、创造学习机会，使人才有不断发展的空间。

### （四）育才："筛选"与"挖掘"相结合促进人才融合

外来科技人才与乡村本土人才的有效融合，是要坚持"外引"与"内育"相结合，即在积极引进外来科技人才的同时，加强乡村本土人才资源的挖掘，努力培育乡村潜在人才，这是实现乡村人才振兴的重要途径，能够为乡村振兴储备更多的人才。深入挖掘多样化的乡村潜在科技人才，包括"土专家""田秀才""乡创客"等专业技术人才。乡村人才振兴就是要坚持从外引进与对内培育相结合，促进外来科技人才与乡村本土人才有效融合。

一方面，引进外来科技人才要注重与乡村本土人才相契合，与乡村本土人才形成优势互补。外来科技人才具备固有的优势，其经过系统、专业的学习，拥有较强的专业技术技能，懂得在乡村发展中应用新技术。因此，需要将这一优势发挥出来，不仅要让外来科技人才将新技术应用于农业生产、产业升级，还要对农民进行"培训"，将技术教给农民，让农民懂技术、会技术、用技术，成为"小科技人才"。换言之，就是要与农民紧密结合，挖掘本土潜在人才，将本土潜在人才培养成能够带领一方发展的农民技术带头人。这样的方式不仅能够缓解乡村人才缺乏的问题，还能让农民参与科技建设，调动农民的积极性。因此，对于引进的人才就有了更严格的要求，一是要掌握前沿的科学技术，能够为乡村发展带来全新的动力，这项技术对人才的要求较高，需要外来科技人才的参与才能实现；二是为了适应乡村的发展，挖掘和培养乡村本土人才，外来科技人才还应掌握一项一部分乡村本土人才经过培训能够学会的技术，这样能够更好地与本土人才有效沟通、交流，培养更多的高素质农民。

另一方面，要从本土挖掘具有潜力的人才，让他们与外来科技人才有效融合，让科技更好"下田"，以及利用好本土已有的"科技人才"，主要是"土专家""田秀才""乡创客"，让他们能够参与乡村发展建设。具体而言，可以从以下两点切入。一是鼓励各类人才向乡村回流。外出的人才多是青壮年劳动力，他们学习技术的能力更强，能够更好地与科技人才沟通交流，尤其是在语言方面，这样能够确保本土有一部分人学习到科学技术。二是在乡村挖掘人才，尤其是老一辈的农民或者享誉一方的农业"专家"。他们在当地生活的时间长，对当地的自然地理环境更为了解，具有丰富的阅历

116

和经验，结合他们的技术经验能够更好地服务乡村发展，也能够将他们打造成为本土科技人才的一部分，发挥他们的作用。因此，要在农村通过开展各类农业技能培训班的方式，让外来科技人才为培育本土科技人才贡献力量，持续为农民生产过程中遇到的问题提供"售后服务"，并加强跟踪指导和继续教育，形成完整的本土科技人才培养模式。

要坚持"外引"与"内育"相结合的方式，就要从具体实际出发，让外来科技人才与本土人才相结合，让二者相互协作，高效利用外来科技人才与本土人才，为乡村人才振兴提供充足的人力资源和持久的发展动力。

## （五）管才："去短视化"规划乡村与发展乡村产业

乡村产业规划是乡村发展的重要内容，需要加以重视。对于市场的波动，应当理性对待，切勿急于求成。乡村产业要想得到长足发展，应着眼于长远效益，立足本土优势，因地制宜，打造特色乡村产业。在发展乡村产业时，应当减少同质化竞争，即不要随波逐流，避免盲目追求效益，而应依据产业融合特点，形成以第一产业为主的特色农产品产业，在此基础上发展绿色生态型产业；也可以打造以第二产业为主的现代农产品加工业、乡村手工业，支持现代农业产业园、农业科技园的发展；还可以打造以第三产业为主的绿色旅游、文化体育等产业。换言之，应有效结合本土的优势特色，打造符合本土发展需要的产业。打造特色产业，具体而言要注重以下几点。

一是大力挖掘乡村文化资源，提升产品附加值。每个地区都有自己独特的地形、气候、土地、乡村文化等资源，尤其是桂林具有独特的旅游文化优势。因此，产业在发展过程中应与旅游发展相结合，生产的产品可以和当地的旅游产业相联系。将生产的产品烙上旅游的文化烙印，既能带动旅游文化的发展，打造乡村旅游品牌，又能提升产品的附加值，提升市场竞争力。当然，在挖掘乡村文化资源的过程中，需要注重产品与文化的适应性，切不可将不相关的文化与产品强行联系，避免造成对乡村文化与产品的误读。

二是积极发展特色种植。种植业是我国农业重要的组成部分之一，在乡村发展中占据重要的地位。桂林各县（市、区）都有自己的特色种植产业，因此可以进行有效的规划，从县域层面进行谋划，把乡村打造成为特色种植产业区。例如，荔浦市的芋头是当地的特色，从当地的气候，到当地的土地等，都是芋头生长的有利环境，并且荔浦芋头在全国有一定的名气，因此打造能够"走出去"的荔浦特色芋头品牌，有助于种植业发挥优势。

三是发展和传承特色手工艺，打造特色手工产业，促进手工产品走出桂林。在现代化发展的时代，很多产品都能机械化生产，并且逐渐标准化，使手工产品受到更多人青睐。应结合本土发展特色，深入挖掘乡村手工艺人，让他们带动更多村民参与其中，形成规模化的手工产业，让手工生产的产品在市场上拥有更强的竞争力。因此，需要加大政策支持力度，要想形成规模化的产业链，还需要外部力量的支持与推进，更好地打造手工特色品牌。

乡村产业要想得到长远发展，就要通过规划开创一条具有自身特色、其他区域无法轻易取代的道路，并树立品牌形象，让品牌发挥带动效应，成为经济的新增长点。

（六）用才：增强乡村产业与农民发展的实质性联系

产业是增收的先导。乡村产业要发展，先导条件就是让农民增收。因此，乡村产业必须紧紧围绕农民发展，将农民作为产业发展的主力军，这是乡村产业得以发展的关键。要想让农民支持和参与产业发展，就要让他们共享产业发展的红利。让农民享受产业发展红利的方式具体有以下两种。

一是通过乡村产业发展创造就业岗位，让农民以直接就业的方式实现增收，从而获得乡村产业发展红利。例如，通过做大做强农产品加工业，拓宽和延长产业链，将产业加工细化，提高农产品加工效率，分解加工流程，创造更多工作岗位，而这些工作岗位正好能够满足农民的工作需求。农民能够在工作中学习一定的工作技能，从而更容易融入加工生产工作。此外，在关注简单劳动加工的同时，要加强乡村高素质人才的挖掘和使用，尤其是在现代化机械运用领域发挥他们的关键作用；在生产高品质农产品时，由乡村本土高素质农民操作和把关，能够对农产品进行有效分类，以实现农产品的最大价值。无论哪种方式，其核心都离不开农民的直接参与，农民的直接参与是将农民的利益与产业的发展牢牢捆绑在一起，有利于农民真正获得产业发展的红利。

二是乡村产业通过融资的方式，让农民有机会成为股东，将产业发展的"好坏"与农民收入的"多少"联系在一起，这是激发农民推动产业发展积极性的重要手段。农民合作社、家庭农场和中小微企业在乡村中发展时，可以鼓励有资金条件的农民参与，让他们成为乡村产业发展的一分子。通过融资的方式，积极推动传统产业的转型升级，大力发展新兴产业以及高端成长型产业，让农民有机会进一步扩大资金投入规模，以不断壮大乡村产业发展规模，从而带来更大的收益。既然农民是乡村产业的"股东"，就要让农民参与发展建设，形成常态化组织管理模式，让农民参与会议、生产活动等，让农民看到乡村产业发展的成果，增强农民对乡村产业发展的信心。

以上两种方式并不冲突，可以同时在乡村产业发展中实现，从而强化产业发展与农民利益之间的关系。

### （七）评才：因地制宜完善乡村人才分类评价机制

构建符合乡村社会发展需求的人才分类评价机制尤为重要，这是完善人才评价体系的重要内容。简言之，乡村人才的分类评价可以借鉴高校教师的职称评定模式，构建乡村人才职称评定体系，具体而言应关注以下两个方面内容。

一方面，完善乡村人才分类评定体系。2018 年，中共中央办公厅、国务院办公厅正式印发《关于分类推进人才评价机制改革的指导意见》，强调要"加快形成导向明确、精准科学、规范有序、竞争择优的科学化社会化市场化人才评价机制"。探索人才评价方式的改革必须适应经济发展与人才发展的需要，并且服务国家重大发展战略。乡村社会应针对不同乡村产业与乡村社会需要对不同类型的人才进行单列评定，这主要是由于不同类型的乡村人才在乡村社会不同领域发挥独特的作用，同一标准无法对不同的人才做出合适的评定。据此，乡村可主要依据农业生产经营人才、农业二三产业发展人才、乡村公共服务人才、乡村治理人才和农业农村科技人才五大类乡村

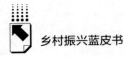

人才进行分类评定，并在此基础上进行二级类别的划分，针对不同职业的乡村人才建立具有特色、针对性较强的评价标准。值得关注的是，依据乡村场域的特殊性，人才分类评定落到实处应破除"唯学历"倾向，注重乡村人才的实践技能测评。换言之，在评定中既要注重对不同类型人才的"考试"，且"考试"的难度应依据乡村人才的现实情况确定，又要注重对乡村人才的"考核"，关注他们的实践技能以及对乡村社会发展的具体贡献。

另一方面，给予乡村职称评定的自主权。明确乡村人才职称评定应由谁来负责是确立评定等级后的第一步。乡村人才是长期扎根于乡村社会的先行者，不同乡村场域的乡村人才具有不同的特征，因此因地制宜进行乡村人才评定是有效挖掘人才的关键一招。这需要给予乡村人才评定的自主权，将评定的权力下放到乡村，让真正了解乡村人才的评审者发挥作用，为乡村发展选拔具有突出贡献的乡村人才。这样的方式有利于乡村评选出符合技能需求且具有丰富经验的乡村人才，为乡村人才营造良好的发展环境。此外，在给予乡村职称评定自主权的同时，要对权力进行监督，确保能够公平、公正、公开地对乡村人才进行评定，防止评定职权的滥用，这是促进乡村人才振兴的有效保障。通过释放权力让乡村实现人才自主评定，能够激发服务基层、具有突出贡献的乡村实用人才的积极性。

# B.4
# 桂林乡村文化振兴调查与研究报告

林春逸　钟学思*

**摘　要：** 乡村振兴既要塑形，也要铸魂。没有文化振兴，乡村振兴就会成为没有灵魂的振兴。党的二十大报告指出，推进文化自信自强，需要以社会主义核心价值观为引领，发展社会主义先进文化，弘扬革命文化，传承中华优秀传统文化，培育创新文化，满足人民日益增长的精神文化需求，健全网络综合治理体系，繁荣发展文化事业和文化产业。本报告基于2021年桂林各县（市、区）乡村文化振兴的进展实际，围绕思想引领、文旅融合、文化惠民、文明传习、网络文化、文化人才等方面，比较全面地梳理2021年桂林市乡村文化振兴取得的主要成绩；并在此基础上总结以文明活动、乡土文化传承、多元文化融入惠民建设、文明传习、网络文化、文化人才带动乡村文化振兴的主要特色，指出发展中存在的主要问题，最后在思想引领、加强文化遗产保护、文化惠民、文明传习、数字化建设和人才培育等方面提出对策建议。

**关键词：** 乡村文化振兴　思想引领　文旅融合　文化惠民　文明传习

\* 林春逸，博士，广西师范大学党委常委、副校长，教授，博士生导师，广西人文社会科学发展研究中心主任，广西师范大学西部乡村振兴研究院副院长，研究方向为马克思主义发展理论、思想政治教育发展、发展伦理与文化发展等；钟学思，博士，广西师范大学经济管理学院教授，硕士生导师，广西师范大学社会科学研究处副处长，广西人文社会科学发展研究中心副主任，广西师范大学珠江—西江经济带发展研究院副院长，研究方向为城市化与区域经济可持续发展。

习近平总书记指出,要推动乡村文化振兴,加强农村思想道德建设和公共文化建设,以社会主义核心价值观为引领,深入挖掘优秀传统农耕文化蕴含的思想观念、人文精神、道德规范,培育挖掘乡土文化人才,弘扬主旋律和社会正气,培育文明乡风、良好家风、淳朴民风,改善农民精神风貌,提高乡村社会文明程度,焕发乡村文明新气象。① 在新时代,桂林市重视乡村文化振兴,不断繁荣发展乡村文化,满足农民过上美好生活的新期待。本报告在调研基础上结合文献资料,从思想政治引领、文旅融合、文化惠民、文明传习、网络文化、文化人才等方面呈现 2021 年桂林市乡村文化振兴取得的主要成效及特色,同时深入探究桂林文化振兴存在的主要问题,并据此提出加快推进桂林乡村文化振兴的对策建议。

# 一 桂林乡村文化振兴取得的主要成绩

## (一)思想引领提升乡村文化振兴品位

近年来,桂林市认真贯彻落实习近平总书记关于宣传思想工作的重要论述,把强化思想引领放在首位,推动乡村文化振兴不断取得新成效(见表1)。

表1 2021 年桂林市部分县思想引领乡村文化振兴成效汇总

| 县(市、区) | 项目形式 | 项目措施 | 项目成效 |
|---|---|---|---|
| 阳朔县 | 专题培训<br>主题活动<br>志愿活动 | 鸡窝渡等村召开党史学习教育暨宣传思想文化工作专题培训会;组织红色电影进乡村公益放映 800 多场次;"文化进万家"文化志愿服务活动 100 余场次 | 不断提升宣传思想文化工作的凝聚力和引领力 |

---

① 《以文化人 汇聚乡村振兴的文明力量——从山东新时代文明实践看如何贯彻落实习近平总书记关于乡村文化振兴重要指示精神》,光明网,2022 年 1 月 20 日,https://news.gmw.cn/2022-01/20/content_ 35459587. htm。

| 县(市、区) | 项目形式 | 项目措施 | 项目成效 |
|---|---|---|---|
| 永福县 | 主题活动示范活动 | 广福村等开展"不忘初心、牢记使命"主题教育调研活动;举办新时代文明实践之文化科技卫生"三下乡"活动暨"学党史、悟思想、办实事、开新局"学雷锋志愿服务月集中示范活动 | 充分发挥文化的滋养和涵育作用,建设具有强大凝聚力和引领力的社会主义意识形态,开创永福宣传思想文化工作新篇章 |
| 灌阳县 | 网络培训班 | 排埠江等村宣传思想文化战线全员网络培训班开班,开展网络课程教学,共12讲。培训内容涵盖宣传思想队伍增强"四力"、当前意识形态领域热点问题的理论分析、运用新媒体做好宣传工作等 | 全面提升宣传思想文化系统干部做好新时代宣传思想文化工作的能力素质和业务水平 |
| 资源县 | 主题活动 | 全县开展"学党史、办实事,就业送岗下乡"主题活动,积极践行"学党史、悟思想、办实事、开新局"的要求 | 有效拓宽村民择业面和企业用工渠道,让群众在接受服务中获得感成色更足、幸福感更可持续、安全感更有保障 |
| 平乐县 | 宣教活动 | 茶林村、上河村、大面山村开展"传家训、立家规、扬家风"等新时代文明实践宣教活动;打造夏墩坡农耕文化馆、红色文化展馆、廉政教育馆,并在红色文化展馆内打造夏墩坡新时代讲习所 | 打造本土化的理论宣传教育传播品牌,增强宣传传播能力 |

资料来源:桂林市各县(市、区)乡村振兴重点村2021年度发展情况报告及相关政府网站。

### 1.深入挖掘并用好用活红色资源

桂林市宣传思想文化工作准确把握新形势新要求,为实现桂林"两个建成",建设壮美广西、共圆复兴梦想做出新贡献。2021年,桂林市认真开展党史思想文化学习教育活动,广大党员干部群众在实践中学史明理、学史增信、学史崇德、学史力行;认真贯彻习近平总书记视察桂林时提出的"用好用活红色资源""做到学史增信"等指示精神,深入推进党史学习教育活动，据统计，桂林市各级党委（党组）开展理论学习中心组专题学习2800余次，积极举办读书班800余期次、专题研讨1600余次、专题组织生活会8600余次、党课学习2200余场次。在专题党课学习中注重挖掘湘江战役等红色资源；在思想教育中聚焦"感党恩　跟党走"等活动；在实践中创新开展"万本党史书籍大家送、学习心得体会大家写、二万五千里长征路大家走、百堂党史课大家讲、先进工作大家创"五大系列主题活动。开展党史学习教育活动以来，"三园三馆"共计接待参观者770余万人次，探索出红色教育现场教学点30余个，推出红色游学精品线路9条，其中"血战湘江·突破包围"精品线路入选全国"建党百年红色旅游百条旅游精品线路"。

2. 唱响主旋律筑牢意识形态防线

桂林市宣传思想文化战线牢牢把握正确舆论导向，形成积极健康向上的舆论氛围，讲好"桂林故事"，传播"桂林声音"，唱响主旋律，振奋精气神。结合"不忘初心、牢记使命"主题教育，创新教育方式方法，注重经验传承，聚焦实践成效，把桂林红色文化遗产凝结为"教科书"，打造锻造灵魂的"大讲台"、凝聚力量的"练兵场"，有效引领红色血脉延续，不断夯实共同思想文化基础，使意识形态工作得到全面加强。2021年桂林市落实意识形态工作责任制成效位居广西第一，"学习强国"平台注册率、日活率均居广西前列，思想文化工作和意识形态工作得到自治区督查组的充分肯定。

3. 注重媒体融合提升工作实践

桂林市在思想文化工作方面持续抓好农村精神文明建设，繁荣乡村文化，完善农村公共文化服务体系，加强历史文化遗产保护传承，加快发展乡村文化产业。加快媒体融合发展，以机构改革为契机，持续推进市、县两级融媒体平台建设，进一步完善17个县（市、区）融媒体中心。创新网络管理，健全网络意识形态工作队伍。发挥新闻舆论宣传主阵地优势，开展多形式、多维度、多层次的宣传，如灌阳县将文史工作与思想文化工作结合起来，共编辑出版《灌阳文史资料》18辑，辑录灌阳文史资料149篇86万字，在乡村思想文化育人方面发挥重要作用。依托"建言献策促发展，遇龙河景区换新颜""传播优秀传统文化，助推民办博物馆建设"等专题，开展全媒体协商，聚集各方智慧和力量，共同推进桂林乡村文化振兴。

## （二）文旅融合助推乡村文化振兴

在文旅融合助推乡村文化振兴的生动实践中，桂林市取得了显著成绩。2021年5月14日，文化和旅游部、中央宣传部、中央党史和文献研究院、国家发展和改革委员会联合推出"建党百年红色旅游百条精品线路"。其中，桂林"血战湘江·突破包围"精品线路入选。2021年5月21日，第30届中国戏剧表演最高奖中国戏剧梅花奖在南京揭晓。桂林戏剧创作研究中心国家一级演员伍思亭以桂剧《马前泼水》崔巧凤一角成功"摘梅"，这是2019年以来桂林桂剧演员获得的第二座梅花奖。6月，第五批国家级非物质文化遗产代表性项目名录、扩展项目名录公布。桂林申报的"米粉制作技艺（桂林米粉制作技艺）"和"茶俗（瑶族油茶习俗）"成功入选。10月18日，河南省三门峡市举行"第三届中国考古学大会"开幕式，开幕式上公布"百年百大考古发现"，广西桂林甑皮岩遗址入选"百年百大考古发现"。10月，自治区文化和旅游厅确定第七批自治区级非物质文化遗产代表性项目代表性传承人193人，桂林有28人入选。11月，桂林市文物保护与考古研究中心、桂林考古博物馆揭牌，标志着桂林文物保护与考古事业的发展又上了一个新台阶。

### 1. 深入开展文化遗产遴选认定工作

桂林市深入贯彻落实习近平新时代中国特色社会主义思想，传承弘扬中华优秀传统文化，加强非物质文化遗产保护以及非物质文化遗产传承人队伍建设，更好地保护和传承非物质文化遗产代表性项目。根据《中华人民共和国非物质文化遗产法》《广西壮族自治区非物质文化遗产保护条例》有关规定，桂林市文化广电和旅游局组织专家评委评选出第七批市级非物质文化遗产项目，其中包括民间文学、传统音乐、传统戏剧等非物质文化遗产项目，类型众多（见表2）。这些非物质文化遗产项目为文旅融合助推乡村文化振兴奠定了坚实基础。

表2　桂林市第七批市级非物质文化遗产项目

| 县(市、区) | 项目类别 | 项目名称 | 项目成效 |
|---|---|---|---|
| 阳朔县 | 传统技艺 | 金宝仙人豆腐 | 结合红莲村人文历史、自然环境,加以宣传推广,提升知名度和影响力,利用仙人豆腐的独特优势拓展增收渠道,为乡村文化振兴注入"新动能" |
| 灵川县 | 传统技艺 | 大境斋茶制作技艺 | 种茶产业成为带动全村摆脱贫困的"致富经",通过种茶产业引领带动其他重点产业、特色产业齐头并进,实现产业兴旺、乡村文化振兴 |
| 全州县 | 传统技艺 | 红油米粉制作技艺 | 建设产业园、绍水农产品加工扶贫产业园等3个以米粉产业为主的园区,推动米粉产业标准化、规范化、规模化发展 |
| | 民俗 | 打社火 | 成为独具魅力的人文景观,彰显古代昇乡厚重的人文底蕴 |
| 永福县 | 传统音乐 | 永福瑶族民歌 | 传承瑶族文化,发扬民族民俗,丰富瑶族文化,助推乡村文化振兴 |
| | 传统医药 | 永福罗汉果饮膳养生法 | 累计培育发展罗汉果加工企业和专业合作社166家、龙头企业10家,年加工罗汉果30亿个以上。2021年开发出的罗汉果蜜、饮料等产品已超过1000种 |
| 资源县 | 民间文学 | 八角寨山水传说 | 提升资源旅游发展能力,将八角寨景区打造成为文旅融合的一张亮丽名片 |
| 平乐县 | 传统音乐 | 桂江船歌 | 保护船家文化,将传统文化资源与现代文化有机结合,对于研究岭南水上人家的族类文化及其社会发展有重要参考价值 |
| | 传统技艺 | 平乐雨帽制作技艺 | 进行技术创新,编出圆顶、方顶、鸭舌帽状等更多新款式雨帽,使其成为特色旅游产品,成为平乐县脱贫致富的渠道 |
| 恭城瑶族自治县 | 传统技艺 | 油茶制作工艺 | 成为恭城瑶族自治县的一张餐饮文化名片,成为特色产业,推动"一镇两平台"建设 |

资料来源:桂林市各县(市、区)乡村振兴重点村2021年度发展情况报告及相关政府网站。

### 2. 加强非物质文化遗产传承研修培训

桂林市围绕"十四五"非遗保护重点工作,重点开展传统工艺、传统表演艺术类非遗项目的研修培训，同时探索民间文学、民俗等非遗项目的试点工作。在研修方面，相关培训课程面向具有较高水平的各级非物质文化遗产代表性传承人及其弟子，通过专业理论研究、案例研讨和创作实践，帮助传承人提升思想艺术文化修养，解决发展难题。在培训方面，培训课程针对具有必要技能的从业人员，帮助参与者加强对桂林传统文化及其行业卓越性的理解，扩大视野和知识面，提高遗产传承实践能力。尤其是配合文化和旅游主管部门制定本地区的"中国非物质文化遗产传承人群研修研习培训计划"，有效促进了桂林非物质文化遗产的保护工作。

3. 加强传统历史村落保护利用

桂林是广西典型的多民族聚居区，各民族传统文化内容丰富、形式多样，各民族村落建筑风格独具特色。历史村落地域分布广，文化积淀深厚，反映不同时期的经济发展、历史迁移、民族融合、社会发展、民间艺术等情况，具有很高的历史文化价值和科学研究价值。桂林市高度重视历史村落保护，不断完善广西传统村落名录。目前，桂林共有 8 个中国历史文化名镇名村，数量位居广西第一；广西的 89 个中国传统村落中，桂林占 49 个，占比高达 55%。其中，有 4 个村已入选中国历史文化名村，2 个村已列入国家级文物保护单位，4 个村已列入省级文物保护单位。2021 年 6 月，117 个村被确定为第四批广西传统村落，村落覆盖广西的 8 个设区市。其中，桂林 64 个村落入选，为入选数量最多的地市。

## （三）文化惠民增强群众幸福感获得感

桂林市各县（市、区）面向乡村建强基层公共文化服务阵地，加强投入保障、政策保障和机制保障；通过多彩文化活动丰富群众文化生活，满足群众日益增长的精神文化需求；繁荣发展乡村文化产业，加大对乡村文化产业的扶持力度，实行差异化发展，推出具有地方特色的文旅体验活动，创建具有当地特色的文旅品牌，将红色文化元素、历史文化元素、节庆文化元素等优秀文化元素融入各类公共文化建设，取得诸多建设成效（见表3）。

表 3  2021 年桂林市公共文化惠民项目汇总

| 项目主题 | 县(市、区)、乡镇、村屯 | 项目措施 |
|---|---|---|
| 文化场所设施创建 | 临桂区 | 图书馆会仙分馆开馆运行;创建研学旅行教育基地;打造百里义江文明实践长廊 |
| | 阳朔县白沙镇五里店村 | 桂台民族文化创意园开工 |
| | 灵川县潭下镇源口村 | 阳式石雕馆提供艺术实践基地 |
| | 永福县城区 | 建设工人文化宫 |
| | 灌阳县东阳村 | 打造村级党风廉政教育示范基地 |
| | 龙胜各族自治县乐江镇乐江村 | "侗乡廉韵"廉政文化园开园 |
| | 龙胜各族自治县龙胜镇平野村 | 建成平野村文化楼和文化广场 |
| | 龙胜各族自治县泗水乡周家村 | 建设水银一、二、三组红瑶歌舞楼 |
| | 龙胜各族自治县平等镇新元村 | 修建寨老文化楼,推进独车至八榜风雨桥文化长廊建设 |
| | 资源县城区 | 成立本土文化创意展示中心 |
| | 资源县车田苗族乡黄宝村 | 推进农家书屋规范化、制度化建设 |
| | 资源县资源镇马家村 | 建设村级文化活动中心、村级图书室,修缮自治区文物保护设施马家祠堂 |
| | 平乐县黄牛头村 | 打造乡村农家书屋 |
| | 恭城瑶族自治县嘉会镇泗安村 | 建设瑶药博览园、月柿文化展示馆 |
| 文化实践活动 | 雁山区柘木镇 | 组织党员志愿者升级农家书屋 |
| | 雁山区雁山镇 | 举办学雷锋志愿服务月活动 |
| | 临桂区中庸镇泗邻村 | 开展送文化进乡村和新时代文明实践活动 |
| | 灵川县大圩镇 | 开展"我为群众办实事、解民困"专项实践活动 |
| | 全州县凤凰镇 | 坚持将"我为群众办实事"实践活动列入绩效考核 |
| | 永福县城区 | 举办文化科技卫生"三下乡"活动暨学雷锋志愿服务月集中示范活动 |
| | 灌阳县城区 | 县残联组织残疾人文化进家庭"五个一"活动 |
| | 龙胜各族自治县 | 启动文化科技卫生法律"四下乡"暨学雷锋志愿服务月活动 |
| | 资源县资源镇官洞村 | 协调大学生暑期社会实践团队驻村开展政策宣讲、入户慰问调研等活动 |

续表

| 项目主题 | 县(市、区)、乡镇、村屯 | 项目措施 |
|---|---|---|
| 文化实践活动 | 恭城瑶族自治县 | 文化馆、图书馆、博物馆开展公益性暑期公共文化服务美术培训班;开展"我们的中国梦"——文化进万家活动 |
| | 恭城瑶族自治县西岭镇 | 开展"三下乡"志愿服务活动 |
| | 恭城瑶族自治县栗木镇 | 开展"建党百年,圆梦少年"志愿服务进乡村学校少年宫活动 |
| | 荔浦市茶城乡 | 开展文化科技卫生"三下乡"活动 |
| 历史文化主题活动 | 临桂区时代枫林广场 | "三元及第"陈继昌纪念馆开馆 |
| | 阳朔县阳朔镇高洲村 | 建设村史馆,传承、发展区域历史文化 |
| | 全州县大西江镇 | 定期开展德孝文化等主题宣讲活动 |
| | 全州县庙头镇李家村 | 举行"全国宾氏祭祀须公始祖活动" |
| | 兴安县漠川乡 | 知青历史文化博物馆开馆 |
| | 龙胜各族自治县瓢里镇六漫村 | 探索古时防御匪患形成的古堡文化、多民族文化,打造乡村旅游示范带 |
| | 荔浦市城区 | 政协文史馆开馆,书画院成立 |
| | 荔浦市杜莫镇张村 | 依托修葺蒙特戈纪念馆设施成立社区学校 |
| 红色文化主题活动 | 雁山区柘木镇禄坊村 | 开展"学百年党史,为群众办实事"活动 |
| | 阳朔县阳朔镇高洲村 | 深入挖掘牛尿塘临阳联队抗日遗址等红色文化资源,结合村委发展历史,打造红色教育示范基地 |
| | 灵川县城区 | "学党史、感党恩、跟党走"建党100周年主题集邮巡展活动 |
| | 全州县绍水镇洛口村 | 完成湘江战役大坪渡口驿站建设 |
| | 全州县才湾镇 | 建设长征精神文化传承园;开展白石村委寨圩抗日战争公墓修缮工作 |
| | 全州县大西江镇 | 定期开展红七军过炎井等主题宣讲活动 |
| | 永福县罗锦镇 | 举办"感党恩,跟党走,红色家风代代传"彩调展演 |
| | 龙胜各族自治县马堤乡东升村 | 拟修建"红军长征·东升飞行会议遗址公园" |
| | 资源县中峰镇岔岭村 | 邀请县文化馆开展学习宣传贯彻党的十九届六中全会精神宣讲活动 |
| | 资源县中峰镇大庄田村 | 利用红色教育基地、中革军委临时会议旧址提升红色旅游产业配套服务设施 |
| | 平乐县张家镇榕津村 | 开展"感党恩、跟党走"党史学习教育文艺宣讲进乡村、入企业、到学校活动 |
| | 恭城瑶族自治县城区 | 开展庆祝建党100周年党史学习教育宣传戏曲进校园活动 |

| 项目主题 | 县(市、区)、乡镇、村屯 | 项目措施 |
|---|---|---|
| 节庆文化主题活动 | 阳朔县兴坪镇 | 农历九月十九日传统民俗文化活动 |
| | 阳朔县白沙镇白面山村 | 依托重要节日活动组建朗诵队、舞蹈队、合唱队 |
| | 阳朔县福利镇屏山村 | "九九"重阳节文艺会演 |
| | 阳朔县高田镇下山村 | 组织彩调、壮族"三月三"、传统美食文化活动 |
| | 灵川县九屋镇江头村 | "爱莲文化"艺术节 |
| | 龙胜各族自治县龙胜镇山东村 | "六月初二祈福节",举行传统祈福仪式、文艺表演等庆祝活动 |
| | 龙胜各族自治县龙胜镇都坪村 | "二月二龙抬头"会期日,举行一系列传统祈福仪式、文艺表演等庆祝活动 |
| | 龙胜各族自治县泗水乡潘内村 | 举行"古耕节""红衣节""打旗公"等民俗节庆活动 |
| | 龙胜各族自治县乐江镇地灵村 | 农历五月十三日和六月二十四日举行"百家宴"纪念"关公"磨刀日和生日 |
| | 资源县车田苗族乡 | "六月六"传统文化节 |
| | 资源县瓜里乡文溪村 | 举办农民春节晚会、社火会演 |
| | 恭城瑶族自治县平安镇巨塘村 | 举办"牛王文化节" |
| | 恭城瑶族自治县西岭镇德良村 | 开展"二月二"乡村风貌提升宣传员文艺演出活动 |
| | 恭城瑶族自治县嘉会镇白羊村 | 举办"我邀明月颂中华"中秋晚会 |
| | 恭城瑶族自治县栗木镇五福村沙田屯 | 举办重阳节百家宴活动及慰问老人活动 |
| 文化产业创新 | 临桂区两江镇 | 打造"三模块""四产业""八产品"文化旅游产品体系 |
| | 阳朔县阳朔镇益田西街 | 阳朔文化西街入选首批国家级夜间文化和旅游消费集聚区 |
| | 阳朔县阳朔镇高洲村 | 将保留较为完好的古房、古墙进行修缮保护,通过连点成线打造红色旅游路线,途中建设红色旅游驿站 |
| | 阳朔县葡萄镇西岭村 | 围绕喀斯特地貌观光旅游打卡点做文章,推进旅游产业与文化产业、教育产业、非遗传承等融合 |
| | 全州县大坪村 | 依托古落客码头遗址打造红色旅游中转站 |

| 项目主题 | 县(市、区)、乡镇、村屯 | 项目措施 |
|---|---|---|
| 文化产业创新 | 兴安县石塘镇 | 打造集红色教育和乡村生态旅游观光于一体的精品路线 |
| | 永福县苏桥镇 | 推进"大美青龙湖"田园综合体项目建设 |
| | 龙胜各族自治县三门镇 | 打造鸡血玉文化旅游目的地 |
| | 龙胜各族自治县龙脊镇金江村 | 黄洛瑶寨充分发挥红瑶民族文化优势,推出了红瑶歌舞、长发梳妆、餐饮住宿、红瑶手工制品等旅游项目 |
| | 资源县车田苗族乡车田村 | 推进石山底景区规划设计开发 |
| | 平乐县城区 | 打造印山码头综合体 |
| | 平乐县大发瑶族乡四冲村 | 举行平乐县民营企业助力乡村振兴启动仪式暨平乐佳瑶民俗生态康养基地开工仪式 |
| | 恭城瑶族自治县 | 依托文化、生态、康养优势,打造康养旅游产业发展"恭城"模式 |
| | 恭城瑶族自治县莲花镇 | 莲花特色小镇月柿产业园项目开工 |
| | 恭城瑶族自治县三江乡三江村 | 按"公司(合作社)+农户"模式开发本地旅游资源 |
| | 荔浦市城区 | 实施田园综合体"旅游+"战略 |
| 文化品牌创建 | 阳朔县葡萄镇 | 将渔火文化、山水文化呈现在果品包装上 |
| | 灵川县城区 | 打造"漓江福地·古韵灵川"文旅品牌 |
| | 兴安县安和镇文塘村 | 举行乡村振兴产业推进会暨安和镇"都庞香芋·淮山"活动,打造特色农业品牌 |
| | 灌阳县城区 | 实施灌阳瑶乡康养文旅智慧产业园项目 |
| | 灌阳县野猪殿村 | 举办高山云雾茶开园仪式 |
| | 龙胜各族自治县龙脊镇金江村 | 金竹壮寨依靠特色壮族干栏式吊脚木楼群,创建壮族特色民宿品牌 |
| | 龙胜各族自治县泗水乡周家村 | 打造红瑶文化生态旅游新名片 |
| | 龙胜各族自治县江底乡城岭村 | 推出江底特色文化品牌山泉水 |
| | 龙胜各族自治县平等镇广南村 | 开设体验侗族文化的特色风情旅游项目 |
| | 资源县瓜里乡 | 打造"桂北最美田园小镇" |

资料来源:桂林市各县(市、区)乡村振兴重点村2021年度发展情况报告及相关政府网站。

## 1. 完善乡村公共文化服务供给机制

桂林市各县(市、区)注重繁荣发展乡村文化事业,不断优化乡村公共文化资源配置，加强各级各类公共文化设施建设，加大文明实践中心建设经费投入，推动各单位全覆盖建设了新时代文明实践所（站）2300余个、志愿服务队伍5000余支，组织实施村文化活动室设备购置项目，提升基层公共文化设施使用效益，打造新型城乡公共文化空间。2021年桂林市各县（市、区）乡村振兴发展报告显示，各县（市、区）大力推动文化资源向基层农村倾斜。各村镇公共文化服务保障水平不断提高，相关部门全面加强公共文化资产的经营管理、维护和监督，确保乡村文化振兴项目安全可控、公共资产保值增值。各村打造党风廉政教育示范基地，开设文旅教育基地和文化创意园，建设老年人文化活动场所，创建多元化文化传承新窗口。各乡村文化实践场所通过开展公益性公共文化服务培训，开设线上文化培训课程，组织志愿者进行专项实践，加深与学校等单位的合作，不断打造成为广大农民群众的"文化充电站"和"精神家园"。

2. 开展丰富多彩的文化惠民活动

桂林市各县（市、区）坚持走群众路线，开展丰富多彩的文化惠民活动，不断创新工作理念和工作方法，充分挖掘和整合乡村优秀文化资源，开展社会实践与调查，保障广大群众的基本文化权益。从2021年各县（市、区）开展的乡村文化活动看，活动开展立足于群众需求及现有条件，围绕重要节日、纪念日和农村集市，通过多种方式对群众进行有效带动，提升群众文化活动开展效率和质量，让群众在参与各种文化活动过程中增强获得感和幸福感。各村镇综合用好新时代文明实践文化科技卫生"三下乡""我为群众办实事""我们的中国梦——文化进万家"以及"感党恩、跟党走"党史学习教育宣讲演出等平台载体，组织开展线上线下文化文艺活动238场次，在全市基层开展文化科技卫生"三下乡"活动100余场次，受众近15万人次，组织全市各县（市、区）开展"我们的中国梦，文化进万家"线上线下活动193场次，惠及群众百万人次；调动群众积极性，成立志愿服务队、文艺队、顾问团、文化普及宣讲队等文艺队伍，其中拥有法制文艺宣传队237支，先后开展法制文艺演出1745场次；探索具有地方特色、富有成效的文明实践模式，深入开展送文化活动，将更多优秀的电影、戏曲、图书、期刊、科普活动、文艺演出等通过群众喜闻乐见的形式送到群众身边，将正能量传递给广大乡村，丰富群众精神文化生活。

3.推动乡村文化产业创新性发展

桂林市各县（市、区）促进乡村特色产业融合业态多元化发展，积极推进重大农文旅项目建设和招商引资工作，安排民族村寨保护建设项目20个，深入开展农文旅公共机构服务功能融合试点工作，在全区选取兴安县华江瑶族乡龙塘寨等10个民族村寨作为发展试点，将红色文化、民族文化、农耕文化等传统文化与农业、旅游业、康养产业等深度结合，推动乡村文化产业转型升级，提升产品附加值，提高农户收入，促进就业，提升供给税源。从全市代表性乡村文化产业可以看出，各村镇积极建设带动作用强、服务功能完善、基础设施健全、经营管理规范、卫生和环境达标的乡村文化产业示范基地；打造高标准、高质量的田园综合体，形成涵盖特色产业、生态环保、乡村风貌、人居环境、乡村治理、乡风文明的田园综合体建设标准；推动乡村文化产业品种、品牌、品质提升，将山歌、建筑、美食、服饰等民族文化融入乡村文化产业建设之中，不断提升各县（市、区）乡村文化的影响力。

## （四）文明传习丰富乡村文化振兴内涵

桂林市各县（市、区）注重培育弘扬文明新风尚，打造提升乡村文明程度的综合载体平台；注重党建引领，推进家风村风行风建设，改变农村陈规陋习，广泛开展移风易俗行动；鼓励引导乡村文明行动，深化文明村镇创建。各县（市、区）乡村通过文明传习创建活动将现代意识、科学精神、文明理念逐步根植于群众头脑中，转化为群众自觉行动，项目取得显著成效（见表4）。

**表4 2021年桂林市文明传习创建项目汇总**

| 项目类别 | 县（市、区）、乡镇、村屯 | 项目措施 |
|---|---|---|
| 道德文明传习 | 雁山区草坪回族乡碧岩阁村 | 绘制产业兴旺、生态宜居、清正廉洁等内容的"文化墙" |
| | 临桂区宛田瑶族乡中江村 | 举办乡村文化振兴活动暨敬老月——高龄老人慰问活动 |

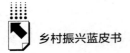

续表

| 项目类别 | 县(市、区)、乡镇、村屯 | 项目措施 |
|---|---|---|
| 道德文明传习 | 阳朔县白沙镇遇龙村 | 围绕遇龙曹邺廉洁文化主题,在遇龙桥边建成曹邺诗碑廊,改造曹邺清廉荷塘,打造曹邺文化长廊以及唐、宋、元、明、清咏莲时光走廊 |
| | 阳朔县阳朔镇高洲村 | 设立"宣传站""民意窗""连心桥""监督岗""大课堂"等联络功能站点,经常性开展讲党课、送书籍、慰问党员等系列活动 |
| | 灵川县定江镇 | 绘制"文化墙"展示志愿活动、党史教育等内容 |
| | 全州县两河镇 | 构建"两河基层党建"线上平台,夯实镇村新时代文明实践所等线下阵地 |
| | 全州县永岁镇 | 探索绩效+基层治理模式,创新实施道德积分制度 |
| | 兴安县华江瑶族乡杨雀村 | 老年协会举办重阳节文艺演出活动,给老人派送慰问品和慰问金 |
| | 灌阳县城区 | 中国文艺理论评论家蒋述卓回家乡灌阳举办文学讲座 |
| | 龙胜各族自治县双洞村 | 成立星辰艺术团,组建"少年先锋朗诵队" |
| | 资源县瓜里乡金江村 | 开展党员亮身份、做表率、比奉献活动 |
| | 资源县两水苗族乡塘洞村 | 组织党员干部深入学习有关党风廉政建设和反腐败工作的党内规章制度 |
| | 资源县中峰镇中峰村 | 召开党风廉政教育大会,在元旦、春节等法定节假日重要节点通过线上线下方式开展正面教育和案例警示教育 |
| | 资源县河口瑶族乡葱坪村 | 组织党员干部深入学习有关党风廉政建设和反腐败工作的党内规章制度 |
| | 平乐县峰山村、大面山村、上河村 | 设置景观宣传牌、文化墙、文化长廊 |
| | 恭城瑶族自治县城区 | 开展"我们的节日·中秋"主题活动,邀请百岁老人自治区道德模范吴锡棋进行宣讲 |
| | 恭城瑶族自治县桥头村 | 推出组甲制和道德村长轮值制度,甲长义务为有需要的邻里服务,道德村长维护村容村貌、调节村民纠纷 |
| | 恭城瑶族自治县嘉会镇泗安村 | 推行乡村振兴文明实践积分卡制度 |

续表

| 项目类别 | 县(市、区)、乡镇、村屯 | 项目措施 |
|---|---|---|
| 道德文明传习 | 荔浦市青山镇三联村 | 依托"荔水青山"田园综合体项目,通过"巨幅墙体画"展示社会主义核心价值观、移风易俗、公民思想道德建设、家风家训等主题内容 |
| | 荔浦市荔城镇黄寨村 | 通过"一村一屏""云广播"等平台广泛宣传乡村振兴政策 |
| 优秀民俗传习 | 临桂区临桂镇大白鹤村 | 依托理事会修订完善村规民约,依靠村民自治、民间舆论的力量促进移风易俗 |
| | 阳朔县高田镇思和村 | 阳朔诸葛亮文化研究会开展辛丑年秋祭活动 |
| | 灵川县灵田镇 | 将"一月四会"制度、"家风家训"等融入村容村貌 |
| | 全州县咸水镇 | 从思想认识、百姓素质、队伍建设三个方面持续加强辖区乡风文明建设 |
| | 兴安县白石乡三友村 | 党员干部带头签订移风易俗承诺书 |
| | 永福县曾村 | 将美丽乡村建设、移风易俗、家风家训等写入村规民约 |
| | 灌阳县城区 | 开展"推进移风易俗,弘扬时代新风"志愿服务活动 |
| | 龙胜各族自治县马堤乡芙蓉村 | 举办"大端午"苗歌节 |
| | 资源县瓜里乡白竹村 | 制定符合本村实际的婚事新办模式、丧事简办模式、红白理事会章程等 |
| | 资源县瓜里乡金江村 | 成立以村委会为主导的移风易俗监察组;制订金江村村规民约 |
| | 资源县梅溪镇大坨村 | 取缔"天价彩礼""大操大办"等陈规陋习 |
| | 资源县资源镇浦田村 | 成立"党建+"村民理事会就文明乡风、移风易俗、普法教育等开展宣传倡导活动27次 |
| | 资源县河口瑶族乡葱坪村 | 严格落实中央八项规定及其细则精神,从严查处违规吃喝、酒驾、违规操办婚丧嫁娶等"四风"问题 |
| | 恭城瑶族自治县城区 | 举办公明文化节,展示传承民俗文化 |
| | 荔浦市城区 | 将当地红色资源与乡土民情相结合,讲述红色故事;开展"红色铸魂·耕读传家"——家学家风进校园专题活动 |

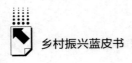

| 项目类别 | 县（市、区）、乡镇、村屯 | 项目措施 |
|---|---|---|
| 文明创建活动 | 阳朔县高田镇喜龙村 | 举行统一战线助力乡村振兴"最美庭院"改造比赛 |
| | 全州县绍水镇高田村 | 成功申报高田村为广西传统村落 |
| | 兴安县溶江镇 | 开展"好婆婆、好媳妇""好家风、好家训"等良好家风系列评比活动 |
| | 兴安县界首镇宝峰村 | 引导村民参与"三好""星级文明户"评选活动 |
| | 资源县 | 成功创建自治区民族团结进步示范县 |
| | 资源县车田苗族乡脚古冲村 | 积极参加资源县"十星级文明户"、资源县"最美清廉家庭"评选 |
| | 资源县瓜里乡白竹村、金江村；梅溪镇大坨村、坪水底村、咸水口村 | 开展"最美村民""好婆婆""好媳妇""最美庭院"等评比 |
| | 资源县资源镇同禾村 | 开展家庭文明建设活动，开展"同禾好人""美丽庭院"评选表彰活动 |
| | 荔浦市荔城镇黄寨村 | 开展十星级文明户、致富能手、好媳妇、好家婆等评比和敬老助学活动 |

资料来源：桂林市各县（市、区）乡村振兴重点村 2021 年度发展情况报告及相关政府网站。

### 1. 深入开展道德文明传习

桂林市各县（市、区）以道德主题广场、文明实践中心和志愿服务中心等平台为载体，注重发挥农村党员、基层干部、道德模范的示范带头作用，总结推广基层企业、农村、学校、社区街道等道德文明传习经验，建设社会主义核心价值观传习示范点。深化基层道德传习模式创建。2021 年各县（市、区）乡村道德文明传习项目显示，各村通过建设"文化墙""文化长廊"等形成当地文化风景线，让村民在日常生活中感受道德文化熏陶，通过开展老人慰问活动，营造养老敬老社会氛围，弘扬孝老爱亲传统美德；通过举办"学雷锋志愿服务月"等志愿活动，组织开展残疾人文化进家庭活动，树立善行义举榜样；通过创新创建"道德积分制度""道德轮值制度"，拓宽道德文明传习渠道。

## 2. 深化乡风文明建设

桂林市各县（市、区）推动农村移风易俗，取缔陈规陋习，传承优秀民俗文化，深化家风、村风、行风建设，用优秀乡土文化培育乡风文明。2021年，在基层组织与群众充分协商前提下，各乡村发挥红白理事会、村民议事会、道德评议会等群众自治组织道德约束和风尚引领作用，引导群众建章立制，将移风易俗、文明乡风纳入村规民约，建立健全自治组织及运行机制，占领农村宣传主阵地，着力提升农民素质，引导群众大力弘扬时代新风，带头抵制封建迷信等腐朽文化侵蚀。各县（市、区）乡村党员干部带头培育和树立良好乡风，自觉抵制不良风气，带头移风易俗，反对铺张浪费，发挥引领示范作用，潜移默化影响农民群众的价值取向和道德观念，提高社会文明程度，推动形成良好社会风尚。

## 3. 推进文明创建活动

桂林市持续深化开展乡村文明行动，积极开展国家"百县千乡万村"乡村示范创建和自治区乡村振兴典型示范创建活动，打造全国有机农业示范县、自治区民族团结进步示范县、自治区治理示范村等特色示范典型。各县（市、区）乡村统计显示，2021年新增12个村镇入选全国文明村镇；评选出市级"十星级文明户"100户，"好婆婆""好媳妇""好邻居"493人，采取村民推荐、党群评选等方式扎实推进文明家庭创建，大力弘扬优良传统美德；对照农村基层党建示范县乡创建标准，深入开展创建基层党组织"星级化"工作；加强文明村镇创建工作动态化管理，抓好乡村振兴先进人物选树、典型案例和成功经验总结提炼工作；完善信息报送制度，积极向上级报送相关信息；开展先进典型选树宣传，组织文化交流活动；结合乡村振兴实践基地，创建城乡融合典范，打造一批乡村文化振兴样板。

## （五）网络文化赋能乡村文化振兴

乡村网络文化振兴是乡村文化振兴的应有之义，有利于改善乡村精神风貌，丰富村民精神文化生活，传播乡村优良民风民俗，填平城乡在文化资源领域的"数字鸿沟"。桂林市通过加强农村网络文化阵地建设、进行乡村文

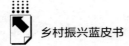

化资源数字化保护和展示，以及网络文化创作等措施建设乡村网络文化，通过打造全平台、多媒体、多样态的乡村公共文化网络载体集群，提升乡村居民互联网应用技术水平，推动乡村文化资源保护传承和发展。

1. 直播宣传赋能乡土文化传承

桂林市乡村通过网络直播展现乡村民俗文化和传统技艺，吸引广大网友浏览观看，带动乡村文化传播与乡村文旅产业发展。瑶族特色村寨猴背村通过直播镜头，让广大网友线上"沉浸式"体验瑶乡风情。龙脊镇小寨村是古老的"金坑"红瑶四寨之一，当地各民族群众在直播镜头前展示龙脊梯田传统的"十二道"农耕文化和国家级"非遗"文化——红瑶服饰制作技艺。在高田镇朗梓村，各位主播以不同风格的直播向网友展示朗梓村特色传统文化以及特色农副产品。灵川县通过新媒体宣传，带领广大网友走进千年古村——东漓古村，镜头展示了古村的非遗拓印、传统竹编、陶艺制作、特色美食、传统建筑等桂北风情，吸引广大网友纷纷点赞、留言。

2. "一村一屏"推动数字乡村建设

桂林市积极推进智慧乡村"一村一屏"综合信息传播平台建设，建立县、乡、村三级公共服务管理平台，以通村入户的广播电视光纤网络为基础，实现电视、手机、电脑三屏互动，为当地政府和农村用户提供了全新的信息产品服务。荔浦市青山镇大明村完成了县、乡、村、户四级文化网络建设，网络宽带通达至村委会，全村农户443户家家有电视看，有356户使用智能手机上网和社交。荔浦市荔浦镇黄寨村积极发挥文化聚人心、强信心的作用，提振乡村精气神，通过"一村一屏""云广播"等平台广泛宣传乡村振兴政策，激发广大农民投身乡村振兴的积极性和主动性。灌阳县积极推进智慧乡村"一村一屏"建设，实现全县智慧乡村"一村一屏"全覆盖。

3. 电影下乡重塑传统文化认知

桂林市组织电影放映队送数字电影下乡活动，将宣传红色经典文化的优秀影片送到村民身边，让村民们在娱乐中感受文化魅力，助力乡村网络文化建设（见表5）。2021年，全州镇竹溪田村积极传播红色文化、传承红色精神，组织党员干部集体观看红色电影《湘江1934·向死而生》，了解湘江战役历史。阳朔县高田镇凤楼村积极推动送电影下乡等活动落地，分别在穿岩、棋丘树、凤楼和竹苑寨开展电影下乡活动 4 次。此外，高洲村、矮山村、下山村等已实现送电影下乡活动常态化。

表 5　2021 年桂林市部分县乡村网络文化建设项目汇总

| 县(市、区) | 乡镇、村屯 | 项目措施 | 项目成效 |
|---|---|---|---|
| 雁山区 | 三立村 | 推动乡村网络文化服务基础设施建设 | 基础公共服务不断完善，全面普及广播电视及通信 |
| 灵川县 | 老街村 | 注重文旅融合，打造网红村 | 带动旅游业发展，将农耕文化、节假风俗等资源转化为旅游资源 |
| 全州县 | 竹溪田村 | 传播红色文化，利用"互联网+"优势，用好用活"学习强国"等平台 | 观看红色电影《湘江 1934・向死而生》，了解湘江战役历史，组织观看红色展览 |
| 灌阳县 | 灌阳镇 | 在新媒体上推广乡风文明建设经验做法，推进智慧乡村"一村一屏"综合信息传播平台建设 | 助推新时代农村精神文明建设，实现智慧乡村"一村一屏"全覆盖 |
| 荔浦市 | 大明村、永吉村、黄寨村 | 完成县、乡、村、户四级文化网络建设，通过新时代文明实践站"一村一屏"对村民先进典型事迹进行广泛宣传，创作文艺作品 | 大明村全村家家有电视看，356户有智能手机能上网；《桂林日报》和桂林电视台报道永吉村桂花产业和金秋砂糖橘产业的发展情况；黄寨村创作推出反映新时代优秀文艺作品 |

资料来源：桂林市各县（市、区）乡村振兴重点村 2021 年度发展情况报告。

## （六）人才培养助力乡村文化振兴

乡村文化振兴离不开乡村文化人才。如何有效、高效地挖掘和培育乡村文化人才以助力乡村文化振兴是当前乡村文化建设亟待解决的重要问题之一。桂林市致力于从多角度、多层次为培育乡村文化人才增添新活力和新动能，持续助力桂林乡村文化振兴迈上新台阶（见表 6）。

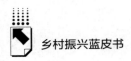

#### 表6 2021年桂林市人才培养助力乡村文化振兴成效汇总

| 县(市、区) | 项目措施 | 项目成效 |
|---|---|---|
| 叠彩区 | 鼓励举荐、培育人才,促进尊重知识、尊重人才社会风气的形成 | 缤纷田园综合体集生态旅游、花卉产销等于一体,成为亮点品牌 |
| 象山区 | 落实人才奖励经费,及时兑现高层次人才奖励;举办"智汇象山"人才连心活动,推动人才活动载体有效整合;深入实施"象聚人才"计划,全面推进新时代人才强区战略 | GDP同比增长7.0%,第三产业增加值同比增长7.6%,农村居民人均可支配收入同比增长9.5% |
| 雁山区 | 与雁山区各高校紧密联系,发挥年轻化、学习能力强的优势培养人才 | 人才培养工作稳步推进,为乡村文化振兴培育"生力军" |
| 临桂区 | 全力以赴建设人才强队,深化社会精神文明建设 | 成功举办各种文艺活动,群舞《再唱山歌给党听》获第11届广西音乐舞蹈比赛第三名 |
| 阳朔县 | 充分发挥人才作用,不断强化和提升品牌意识,着力打造精品品牌 | 在第18届中国—东盟博览会共签约4个项目,签约总额达51亿元 |
| 灵川县 | 出台一系列人才引进和培养政策措施,通过落实人才津贴、发放就业创业补助、代偿助学贷款等措施,加大对人才的吸引力度,鼓励广大高校毕业生回家乡发展 | 旅游人才队伍建设良好,旅游综合素质和服务能力持续提升 |
| 全州县 | 召集各路专业人才成立旅游切块组,努力打造旅游技术人才"小高地",让丰富的人才资源优势成为旅游发展软实力 | 2017~2021年全县新增旅游中级技术人员600余人;建立完善"六类人才"智库,吸纳人才33865名,其中高层次人才843名 |
| 兴安县 | 实施"雁阵齐飞"工程,培养乡村文化振兴"领头雁",选优育强乡村文化振兴队伍 | 举办广西红色文旅协会管理培训班,共培训讲解员400名;成功开发"湘江忠魂"剧院,培育一批红色文化产品 |
| 永福县 | 加大本土人才培养力度,实施"福燕还巢"工程,以乡情为纽带,不断完善人才引进政策 | 为文化产业发展注入新活力 |
| 灌阳县 | 启动"人才振兴"培育计划,积极争取县人社局、各高校等资源支持,争取职业技能等培训项目入村举办,为乡村文化振兴注入源源不断的动力 | 打造能力强、威望高、具有凝聚力的人才队伍,发展高山云雾茶品牌,产业品牌建设初见成效 |
| 龙胜各族自治县 | 鼓励实施人才培育项目,开设"坝坝学技""田间课堂"等教学项目 | 山歌、建筑、美食、服饰等民族文化瑰宝均已嵌入旅游开发的第一线 |
| 平乐县 | 严格实施人才补贴、农民补贴政策 | 农业现代化水平稳步提升,培育立腾香芋种植和芋圆深加工产业化联合体 |

| 县（市、区） | 项目措施 | 项目成效 |
|---|---|---|
| 恭城瑶族自治县 | 以特色产业为基础,加大力度吸引人才返乡,引领特色产业品牌发展,进一步优化种植结构 | "筑巢引凤"等工程引育人才 600 余名,申报非遗代表性传承人 14 人;打造"一碗茶""恭城油茶""恭城月柿"品牌基地,成功举办明星产品北京推介会,打造优质品牌 |

资料来源：桂林市人民政府及各县（市、区）政府门户网站。

### 1. 健全乡村文化人才振兴体制机制

桂林市深化乡村人才培养、引进、管理、使用、流动、激励等制度改革,围绕全面推进乡村文化振兴,全方位培养各类人才。通过健全人才政策支撑机制,以《深化人才发展体制机制改革实施意见》为总纲,研究制定适合桂林人才培养环境的"1+N"政策体系,形成人才引、育、留、用政策闭环。一系列积极的政策措施,充分整合了桂林的人力资源,为引、留、用好高水平人才提供了强有力的体制保证,为桂林健全乡村人才振兴体制奠定坚实基础。桂林创新人才培育机制,针对不同技术性岗位,有侧重地在原有人才基础上培育人才或利用外部力量引进优秀人才,积极推进实施"校企文化+产教融合"模式,持续以教育部立项项目为载体,促进桂林各高校与企业合作共赢,深化产教融合,为桂林乡村文化振兴提供人才支撑。

### 2. 完善乡村文化建设人才体系

桂林市大力实施乡村文化人才战略,促进乡村文化人才集聚创新,完善乡村文化建设人才体系。永福县文化人才体系建设成效显著,成功举办 2021 年选调生到村任职培训班、2021 年乡村振兴人才专题培训班。2021 年永福县落实人才奖励资金,激发人才内生动力。雁山区积极发挥新时代文明实践中心（所、站）等各类阵地作用,吸纳企事业单位退休人员、乡村文化能人和返乡大中专毕业生共 162 名担任文化宣传员,开展各类实践活动 200 余场次。

### 3. 营造良好乡村文化人才环境

桂林市坚持营造良好的乡村文化人才环境,推行"以人为本,以人为先"的人才理念，形成全市上下尊重人才、爱护人才的良好氛围，致力于让文化人才"望山望水而来"，为桂林乡村文化振兴注入新活力。通过持续推进实施"漓江学者""拔尖人才"等一系列人才项目，并设立2亿元的人才科技创业投资引导基金，以支持高层次产业企业的引进培养、奖励扶持工作。人才生活服务方面，设立便于乡村文化人才办理各种业务的"一站式"平台，并在此基础上，进一步拓展大数据集成、人才创业、智力转化、认证咨询等特色服务，通过"线上+线下"方式实现一站式办结，全面落实人才津贴、创新补贴、购房补贴等人才奖励政策；为企业提供人才奖励、创新创业等27项服务，累计接待业务5000余人次。

## 二 桂林乡村文化振兴的主要特色

### （一）以文明活动带动乡村文化振兴

#### 1.乡风文明评选活动带动

桂林市广大农村积极开展乡村民风评选活动，选树典型的先进文明家庭，创建星级文明户，在乡村全面开展"好婆婆""好媳妇""好邻居"等先进典型选树宣传，评选村级"十星级文明户""好婆婆""好媳妇""好邻居"等。各村结合当地实际，在乡村文化振兴过程中使村庄保留"形"、保留"魂"、吸引人。其中，灵川县潮田乡结合"学党史，办实事"专题活动，以修改村规、组建红白理事会、丧葬改革等为重点，为消除陋习、正文明风气奠定坚实基础。广大农村通过农家书屋、文化广场、文化墙、文明示范房等载体，丰富村民的精神文化生活，实现村庄传统风貌与美丽的延续。

#### 2.文明村镇创建活动带动

桂林市以培育和深入践行社会主义核心价值观为主线，以"四抓"为载体，加强农村精神文明建设，深入贯彻习近平总书记视察广西"4·27"重要讲话精神和对广西工作系列重要指示要求，邀请专家学者或者由党员干部组建志愿宣讲队深入村屯、田间地头开展政策、理论或技能宣讲；依托文明实践活动载体，丰富"乡村学校少年宫"服务项目，为青少年开展传统工艺、思政道德教育等文明实践活动，通过系列志愿服务活动在乡村汇聚社会暖流、传递文明精神。临桂区"学习强国"平台学习活跃度在全市排名前列，各乡村通过"老兵讲堂""瑶味党课"等方式开展宣讲，受益群众14.7万人次。灵川县灵川镇民治村、永福县永福镇渔洞村、龙胜各族自治县马堤乡张家村、雁山区草坪回族乡草坪村、平乐县张家镇榕津村在全国精神文明建设表彰大会上，被授予"全国文明村镇"称号。

### 3. 新时代文明实践活动带动

桂林市注重新时代文明实践活动引领带动乡村文化振兴。根据乡村基本实际，贴近群众需求，整合农村讲师、少年宫、文化站、一院两馆、健身馆、体育场馆等乡村文化振兴资源，建立理论宣讲、教育服务、文化服务、科技服务、科普服务、健体服务等载体平台，统筹整合、协同运行，实现新时代乡村文明实践活动遍地蓬勃发展。通过扎实推进乡村新时代文明实践中心试点建设各项工作，成立新时代文明实践中心（所、站），实现县、乡、村全覆盖，重点开展新时代文明实践文化文艺志愿服务活动，组织乡村文化文艺小分队下乡演出1260场次，开展"戏曲进乡村"活动，丰富乡村文化生活，不断满足乡村群众日益增长的新时代精神文化需求；探索新时代乡村文明实践自治文化，形成弘扬孝道、尊老爱幼、扶残助残、和谐敦睦的乡村新风，涌现"三心三治一守"、村屯"组甲制"等一批新时代乡村文明实践模式。

## （二）以乡土文化传承带动乡村文化振兴

### 1. 打造乡村精品文化

桂林市扎根乡村本土戏剧文化、抗战文化、民俗文化、农耕文化，着眼于当代审美、时代风貌、民族精神、现代思想，集中力量打造乡村精品文化；通过在乡村建设古庙、文化场馆等方式，激发非物质文化遗产中的传统文化历久弥新的活态基因；组建历史研究小组持续推进"寻找桂林乡村文化的力量，挖掘桂林乡村文化的价值"；以组织节庆活动为契机，举办各类综合文体娱乐、农技体验和农产品食品争霸等赛事活动，"一台戏"唱出"百味香"丰富农耕文化，塑造桂林精品乡村形象，讲好乡村故事，搭建展

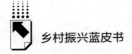

示桂林美丽乡村新舞台。

**2. 挖掘乡村本土文化资源**

在乡村文化资源创新方面，桂林市对乡村进行充分调研，深挖传统村落空间积淀的丰厚民俗文化资源、家族村落资源、庙会信仰资源、行业工匠资源、节日文化资源、传说故事资源、民间艺术资源，发挥乡村文化优势；摸清乡村现有资源与隐藏资源，广泛听取民意，运用互联网思维，延伸"挖"的思路，做好"拓"的文章，成为乡村社会自我更新、自我发展的内生动力；打造乡村非物质文化遗产体验馆，通过"八桂戏韵"等沉浸式戏剧体验，活态展示桂剧、彩调、广西文场的艺术形态和历史传承，还原戏曲文化最本真的状态；举办"多彩印记 礼遇非遗"相关主题展，活态展示瑶族服饰、侗族草龙草狮等少数民族非遗项目，加深各民族文化的交流融合。

**3. 借助乡土民族文化铸牢中华民族共同体意识**

桂林市以铸牢中华民族共同体意识为主线，以创建民族团结进步示范村为抓手，以"共同团结奋斗、共同繁荣发展"为基石，完善"三治"融合治理体系，培育文明乡风，凝聚人心、汇聚力量，让乡村文明新风润泽乡里、民族团结之花处处绽放，不断绘就民族团结进步同心圆。如在茶洞镇党委的引领和党员的示范带动下，各族群众共同促进乡村文化发展，着力将慈洞村打造成为桂林民族团结进步示范单位，进而推动乡村振兴在茶洞镇的生动实践；各乡村将中华民族共同体意识贯穿民族团结进步、乡风文明培育全过程，利用壮族"三月三"等节庆，到壮族聚居村开展各项民族特色活动，增进各民族同胞之间的感情；加强中华优秀传统文化教育，培养乡村学生的民族精神，做好乡村少数民族地区戏曲普及教育工作，将戏曲教学与乡村中学的现行教学模式结合，根据戏曲进校园观众的不同，制定周密的戏曲进校园计划；促进演出剧目民族融合，加入除桂剧、彩调、文场等桂林乡村传统剧种外的民族歌舞表演等内容，充分发挥民族艺术在传承文化、涵养道德方面的独特作用，让民族团结进步理念、中华民族共同体意识深入乡村，取得良好的民族文化绽放效益。

### （三）以多元文化融入惠民建设带动乡村文化振兴

桂林市注重将数字文化、节庆文化、红色文化等特色文化融入文化惠民公共服务、文化活动和产业品牌，总结形成适合当地文化发展的特有路径，促进乡村传统文化延续，打造本土特色乡村，焕发乡村新生机。

#### 1. 促进数字文化融入公共服务

桂林市探索"数字文化+公共服务"模式，唱响特色公共文化服务品牌，以改革和创新为契机实现文化振兴。一方面，根据当地群众的实际文化需求，充分发挥项目资金功能，实现乡村文化振兴转型资金下沉，建设新型科普教育基地、大数据智慧中心等创新性公共服务场所。另一方面，在进行整合并下沉资源的同时，积极促进桂林市各地公共文化协调发展。各县（市、区）发展"互联网+"乡村公共文化服务，实施文化信息资源共享等公共数字文化工程，针对不同群体提供差异化服务，使乡村公共文化服务更加"接地气"，让基层群众从旁观者变为参与者，让"送"文化变成"创"文化。

#### 2. 开展节庆文化主题惠民活动

桂林市深挖传统文化和地理环境、风土人情等特色乡村资源，围绕重要节日、纪念日明确目标与主题，组织文化团队广泛开展文化惠民活动和志愿服务活动，创新旅游节庆活动内容，激发文旅消费潜力，实现文化与产业共融共促，探索具有地方特色、富有成效的"节庆文化+主题活动"文明实践模式。各村镇创建党史教育、民俗文化、优秀传统文化、桂花乡土文化、革命文化等主题，融入节庆活动和乡村节庆旅游，打造富有农村特色的节庆文化，延续节庆文化对文旅产业发展的助推器、新引擎作用。各县（市、区）探索乡村文化传播发展的节庆主题新途径，打造乡村夜经济"七夜"模式，拉动乡村文化旅游发展，促进节庆品牌输出，推出桂林旅游文创产品，实现产业可持续发展，提升群众文化鉴赏水平，丰富群众文化生活，推动传统民俗节日助力培育乡村文明风尚。

#### 3. 推动红色历史文旅品牌创建

桂林市凝聚红色文化精神，传承红色基因，探索红色文化资源与乡村文

化发展多元化结合路径，实现红色旅游、红色培训、红色研学等融合业态全域发展。2021年，各村镇探索创建"红军长征文化遗产廊道"和"界首渡江遗址公园"典型项目，推出"血战湘江·突破包围"等红色研学线路，发展湘江岸线和湘桂古道沿线，打造桂林红色旅游新地标；高标准规划建设南一村、毛竹山村等红色村屯，依托特色小镇打造特色本土品牌，充分挖掘乡村红色文化资源，促进特色乡村红色文化新业态的形成。

### （四）以文明传习带动乡村文化振兴

桂林市调动各方力量，整合各类资源，凸显优秀传统文化特色，在党组织的带领下将廉洁文化、历史文化、优秀民俗文化等乡村文化融入物质文明和精神文明建设。各县（市、区）乡村依托文化墙、文化活动等载体进行道德文明传习，探索适合当地的文明传习模式，广泛开展文明创建活动，力争在文明传习过程中达到"凝聚群众、引导群众，以文化人、成风化俗"的目的。

**1. 推进乡村廉洁文化宣传教育**

桂林市各县（市、区）全力营造政治清明、政府清廉、干部清正、社会清朗的环境，找准廉洁文化与乡村振兴的结合点和着力点，加快推进廉洁文化进村社，充分发挥宣传教育阵地"倡廉、学廉、助廉、养廉"的作用，挖掘革命先烈清廉事迹、村史村规民约中的清廉元素，打造廉政主题公园、党史文化墙、廉政文化长廊等廉洁文化示范点，探索廉政教育与乡村旅游、乡风文明有机融合发展的新路子，厚植廉洁村居文化土壤，让清廉之风吹进千家万户。各村镇发挥廉洁文化教化人、感染人、陶冶人的作用，通过图文并茂的教育宣传形式让党员干部和广大群众接受接地气、入人心的廉洁文化教育；创排主题教育节目《党史中的阳朔》、渔鼓《临江红》等作品，让游客在乐赏农村美景的同时，细品廉洁文化大餐；组建特色廉洁文化宣讲队，以小品、舞台剧等群众喜闻乐见的形式宣传演绎廉洁文化；大力举办"湘江红文化体育节""万人红歌联唱"等活动，形成"以清为美、以廉为荣"的良好乡村振兴文化氛围。

**2. 探索历史文化传习载体创新**

桂林市从各县（市、区）历史着手开展文明传习，识别历史遗存自然人文资源，唤醒乡村传统文化、红色革命文化等历史记忆，在尊重历史事实和本地村落民情民意基础上，创新载体形式保护历史文化，传承红色精神、革命精神，保存珍贵记忆留住乡愁，构建古今文明交相辉映新格局，为乡村深化、有序、持久发展奠定坚实文化基础。各村镇以本地区文物保护历史建筑为载体发展文化旅游，通过"临阳英雄路"等红色旅游线路营造跨越时空的历史场景感，加深群众文化体验；推进开展古城、文物保护站及村史馆文明传习活动，为非遗文化传承提供空间载体，建设方便群众怀念过往的精神家园；通过木偶剧、舞台剧、彩调小品大赛等形式展现历史事迹与思想，宣传历史文化，让历史文化保护理念更加深入人心。

### 3.党建引领民俗文化传承创新

桂林市各县（市、区）推动民俗文化资源与乡风文明建设相融合，充分发挥党组织领导核心作用、党员在精神文明活动及乡风文明建设中的标杆作用，促进民俗文化创造性转化、创新性发展。一方面，以党建带创建，积极组织开展群众性社会主义核心价值观创建等活动，广泛宣传文明规范，引导基层群众转变落后思想观念，打击不良社会风气，促使文明公约深入人心。另一方面，发挥群众在民俗文化转型发展过程中的主体作用，广泛开展移风易俗活动、先进典型选树活动及弘扬时代新风活动，唤醒传统民俗文化中的精神凝聚力，深化群众思想道德教育，塑造属于乡村群众的文化记忆。

## （五）以网络文化带动乡村文化振兴

乡村网络文化建设是数字乡村建设的重要行动之一，加快农村网络文化阵地建设有助于进一步推动乡村振兴战略的实施。桂林市加快构建传播乡村文化的新模式，通过网络直播、"一村一屏"、电影下乡等路径发展桂林乡村网络文化，助推乡村文化上线上云，为乡村文化传播传承赋予持久生命力。

### 1.打造乡村文化新业态

桂林市借助网络直播平台，实现文化与技术融合，展现文化底蕴与鲜活双重取向。以乡土艺术为依托，通过歌舞、戏曲、锣鼓等文艺节目形式，展现乡土风情，展示农民文艺才能，演绎农村乡音乡愁，助力乡村文化振兴；

以乡村非遗文化、红色文化、农耕文化等传统文化为基石，借助乡村网络红人名气，通过直播镜头传播乡村文化，传授传统非遗技艺。随着数字化应用的日趋完善，互联网及科技企业不断向乡村下沉，给农村农民带来新的机遇，推动乡村文化新业态新模式创新。越来越多的农民将手机作为新"农具"，将网络传播当作新"农活"，通过微观表达、全景展现乡村生活风貌和民俗文化传承等宏大叙事。

2. "一村一屏"完善农村信息服务

"一村一屏"平台因地制宜，打造内容个性化服务，助力数字乡村建设。通过"一村一屏"平台，村民不仅可以学习相关农业知识、欣赏文化资源，而且能够利用平台拍摄制作并上传本村风俗风貌、家乡美食、特色农产品等视频，实现线上展销、实时在线直播，拓宽农产品销售渠道。"一村一屏"平台还能实现党建宣传、播报应急通知、部署工作、发布社区公开信息等功能，在政府、社区、村委会与村民之间搭建互联互通的信息桥梁。"一村一屏"平台迎合人民群众对美好生活的向往，点亮人民群众对数字生活的憧憬，真正做到以数字技术赋能宜居宜业美丽乡村。

3. 电影下乡丰富群众文化生活

"送电影下乡"公益活动有利于充实村民业余生活，促进和谐新农村建设，加强村民对优质网络文化的了解。将各种优秀的故事片、科教片等文化大餐送到群众身边，有助于丰富群众娱乐活动，满足群众精神文化生活需求，让广大群众从中受到教育、学到知识、提高能力；有益于改善农村社会风气，推动乡村振兴战略实施，实现乡风文明，促进农村精神文明建设；有助于进一步弘扬昂扬向上的红色文化，唱响时代主旋律，实现文化乐民、文化惠民、文化育民的目的。

## （六）以文化人才带动乡村文化振兴

桂林市积极探索乡村文化人才培养模式，实施"校企合作促进产教融合""乡贤文化带动人才建设""产业文化激发人才活力"等人才培养模式，致力于创新人才培养模式、优化人才培养环境，让专业文化人才"望山望水而来"。

1. 校企合作共同培养乡村文化人才

桂林市高度重视产学研用深度融合，大力推进以校企合作促进产教融合、服务区域经济社会发展为基本路径的转型发展，按照"以共建为基础，以共育为支撑，以共管为保障，以共赢为目标"的原则，推动地方政府与高校建设多个校企合作的现代产业学院，共同培养服务乡村文化振兴的乡村文化人才。桂林根据市内各高校专业特色，对接企业，积极开展项目申报。未来，桂林将持续以相关现代产业学院为载体，深化产教融合，推进师资队伍建设，增强专业建设，推动应用型课程体系建设，提升应用型乡村文化人才培养质量，为桂林乡村文化振兴源源不断输出高水平的乡村文化人才。

2. 以爱乡返乡知名人士助推乡村人才培养

桂林市充分发挥组织桥梁和人才机制作用，激活用活爱乡返乡知名人士在助推乡村文化振兴中的独特作用。通过强化党建引领，积极搭建平台，激发服务动力，探索"党建+乡贤文化"模式，通过打造乡贤馆、"新乡贤议事厅"等平台，积极组织爱乡返乡知名人士开展各类文化公益活动。如临桂推行村级事务"导师制"，由每个村党支部选聘3~6名德高望重的新乡贤人才作为"治村导师"，通过传授技术、分享经验、解决难题，达到参政议政、建言献策的目的，为桂林乡村文化振兴提供良好的智力支持。

# 三　桂林乡村文化振兴存在的主要问题

## （一）保护与传承的长效机制仍需完善

1. 文化遗产保护法治滞后于实践致使损毁仍存在

随着城市化进程的推进，传统村庄文化遗产遭到破坏，主要是由于现有村庄对重点保护对象模糊不清、村民对文化遗迹的保护缺乏了解，文化保护难以达到预期。传统乡村是一个文化集合体，包括传统村落的选址和布局、住宅建筑、历史文化、传统风俗、民间信仰等方面。然而，当前在传统村落保护中占据重要地位的是建筑、古井、牌坊、寺庙等物质文化遗产，对非物质文化遗产保护的重视程度仍需加强。文化遗产保护面临的另一个问题是村民对文化遗产的认知程度不深及保护意识相对不足，部分乡村对文化遗产保护的宣传未到达乡村深处、村民文化水平受限等因素造成乡村在开发和保护文物时出现破坏文物等现象。此外，由于村落遗迹信息不清，部分石刻碑刻的历史文物价值未能得到确定，因此被随意放置在路边、河边遭受侵蚀损坏。

**2. 乡村基础设施建设投融资渠道及体系有待健全**

乡村公共财政投入的引导作用有限，金融社会资本投资未形成成熟机制，导致乡村文化振兴在实践中因存在一定程度资金短缺问题而乏力。部分文化项目融资渠道单一，尚未形成有效的多元化文化金融服务体系，金融机构和企业信息交流不及时，双方缺乏有效的沟通渠道，造成供需双方信息不对称。部分企业融资获得方式较为单一，对不熟悉的融资方式缺乏了解从而对部分金融机构缺乏安全感和信心，在一定程度上导致文化金融产品创新不足。

### （二）完善公共文化惠民建设体系任务艰巨

#### 1. 公共文化供给短板问题突出

桂林市部分地区仍存在文化建设投入不足、文化建设主体培养不足的问题，场地设施配套有待更新、设施利用率有待提升、活动开展积极性不高、活动内容与当地民俗不匹配等问题较多。截至 2021 年，在各乡镇中，桂林大河乡、白沙镇、普益乡、全州镇、咸水镇、东山瑶族乡、杜莫镇和龙怀乡等乡镇在多个村镇建设有图书馆，而大多数乡镇仅有一个图书馆甚至个别乡镇没有相关场所。部分文化活动场所在提供文化服务过程中由非需求主体代表需求主体，在供需结构方面存在一定脱节，产生资源浪费等现象，文化建设收效不大。目前，新一代农民工或知识分子长期脱离农村，留守乡村的更多是老人、妇女和儿童。乡村文化振兴缺乏对基层地域差异、文化差异，以及具体内部人口结构、年龄结构、文化结构的系统分析，仅采用相对统一和标准的模式；暴露出基层文化设施专职管理人员紧缺，基层文化队伍、文艺骨干力量较小，文艺爱好者艺术素养和业务水平有待提高，惠民文化服务体系效能难以提升等问题。

### 2. 产业融合发展创新意识不足

桂林市乡村文化产业的产品类型与市场需求仍需进一步接轨，产品品牌包含的文化内涵缺乏特色创新。部分县（市、区）乡村文化街区对当地风土人情和文化内涵挖掘不足，存在过度商业化等问题，未体现出独特的文化吸引力和号召力。许多特色村寨在文化和旅游融合层面创新性不足，自身特色凸显不足。部分村镇产业未能促进文化资源与现代消费需求的有效对接，导致城乡文化服务消费水平不均衡，较少与时俱进借助数字化网络平台发展产业，未充分将地域特色与乡村文化元素融入文化产业创新发展。

### 3. 乡村文化建设带动作用不强

桂林市部分县（市、区）政府或产业主体对乡村文化惠民项目了解不深，文化惠民活动管理的评估机制有待完善，群众在乡村文化发展中主体地位不突出，参与文化惠民建设的主观意愿不强。桂林市乡村文化产业总体处于起步阶段，未形成规模化、统一化、市场化的经营模式，龙头企业较少。全市农业重点龙头企业仅 209 家，未能激发产业集群的市场活力。企业缺少品牌意识，忽视商标注册与知识产权保护，文化产品缺少创意和特色品牌，难以满足日益多元化的文化消费需求。

## （三）乡村文明传习领域存在不少挑战

### 1. 基层群众接受文明传习积极性不高

新时代文明传习的主人公为基层群众，但基层群众教育水平偏低，村民关注文明乡村建设意识不足，对新事物、新思想的接受意愿不强，对文明传习中心、文明传习所等传习工作主阵地关注度不高。少数群众错误认为廉洁文化、红色文化等文明传习建设与自身无关，参与传习活动的主人翁意识淡薄、责任感不强、行动自愿性不高，不理解文明传习对农村、农业、农民自身发展的意义。少数群众对道德文明传习存在认识偏差，热衷参与物质文明建设，参与精神文明建设活动的热情和能动性有待提升。

### 2. 乡村群众精神文化需求尚未得到更好满足

桂林市部分县（市、区）文明传习工作还处于起步阶段，文明传习中

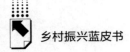

心、传习所等传习阵地开展的活动还比较粗放，尚未充分发挥宣传思想政策理论、开展培训教育等功能。部分文明传习项目在实施过程中脱离乡村建设和农民实际需要等问题，干部与群众联动效率较低，群众发言和参与建设机会少，形式大于内容的现象时有发生。部分乡村通过文明传习阵地传习农业、旅游等产业相关技术经验，但对优良家风、村风、行风等精神文明建设重视不够。

### 3.乡村文明传习形式有待丰富

村级红色文化展陈馆、非遗展示馆仍需继续建设完善。乡村文明传习活动宣传教育与文艺传播仍需进一步结合，网上传习所、网上大讲堂等活动机制仍需建立健全。

## （四）乡村网络文化建设进程较为缓慢

### 1.乡村网络文化服务内容和形式有待进一步开拓

桂林市乡村网络新媒体未能充分挖掘和利用富有乡土风情和乡土韵味的优秀乡土文化资源以及充满时代气息的民间文化艺术形式，导致乡村网络文化的优质内容供给不足，未能给群众带来丰富的文化体验和持久的文化影响。

### 2.乡村传统文化资源数字化改造缓慢

随着我国城市化进程的推进，乡村传统文化资源陷入生存困境，部分面临存续危机。例如，传统村落和乡村传统特色民居遭到不同程度破坏，乡村原有传统节日民俗活动日渐式微，失去原有文化功能，具有桂林地域特色的非物质文化遗产易面临失传和被遗忘的尴尬局面。桂林乡村文化资源的数字化改造进展缓慢，数据化存储和优化管理等作用未充分显现。

## （五）专业文化人才匮乏导致文化发展后劲不足

### 1.农村精神文明建设人才匮乏

基层精神文明建设需要文化方面的专业人才，但目前城乡差距导致人才外流。由于城镇化发展的虹吸效应，中青年劳动力普遍外出工作，并受价值观念影响较少回乡村发展。人才的离场导致基层群众中土生土长的专业文化人才较为稀缺。精神文明建设组织工作成效下降，基层后备力量不足，进而导致农村精神文明建设缺乏创新活力，使得精神文明建设活动更多是通过市场化的方式向基层演艺队伍购买服务，忽略基层群众精神文化需求。

2. 乡村文化产业缺少乡村文化人才指导

农村经济条件有限，薪资待遇和政策环境等无法有效吸引和留住人才，这些因素导致乡村文化产业发展配套的人才支撑服务体系尚未成型。虽然桂林积极探索"乡贤文化+党建引领"模式，为乡村文化产业提供指导；但目前该模式起到的作用仍然有限，无法确保乡村文化产业能得到及时的专业指导。缺少文化产业专业人才的指导，导致部分乡村文化产业发展水平相对较低，甚至陷入发展困境的状态。同时，农民参与文化产业建设的主观意愿仍不足，对物质生活的追求远高于对精神文化的追求。

# 四　加快推进桂林乡村文化振兴的政策建议

## （一）以加强文化遗产保护建设为目标挖掘优秀乡村文化

### 1. 增强传承保护责任意识

第一，认真贯彻学习习近平总书记关于历史文化遗产保护的重要论述和指示批示精神，切实增强全社会保护文化遗产的责任意识、法律意识和行动意识，进一步促进各民族交往交流交融，弘扬中华民族优秀传统文化。第二，各部门将文化遗产保护和促进民族团结进步、铸牢中华民族共同体意识紧密结合，更好满足群众日益增长的精神文化需求。第三，将文化遗产保护纳入经济和社会发展计划以及城乡规划，推进文化遗产保护的法治化、制度化和规范化。

### 2. 深度挖掘当地红色文化资源

第一，推动非物质文化遗产与旅游深度融合，统筹推进红色资源保护利用和红色旅游高质量发展。第二，大力传承和弘扬红色文化精神内涵，将红色文化与优秀传统民俗相结合，培育新时代乡风文明，充分展示新时代农民精神风貌。第三，深化拓展红色文化资源的价值功能，构建红色文化协同育人教育共同体、研学共同体，打造红色文化教育研学实践活动品牌。

### 3. 构建文化遗产保护体系

第一，出台扶持政策，以社会主义核心价值观为引领，鼓励少数民族非遗项目创新传统工艺、传统流程，支持民族手工艺企业和传承人进行技术更新，提高民族传统文化产品的市场竞争力和发展效益。第二，加大民族乡村振兴工作法治力度，在特色村镇、传统村落、文化生态保护区等成立综合执法大队，严格落实意识形态工作责任制和安全生产责任制。第三，启动乡村基层监测"网格"巡检，强化监督管理，成立以文保员为管理主体的"文化保护先锋"等网络通信群，对文化遗产进行分类并实行定期巡查保护。

## （二）在现有文化惠民基础上充实公共文化服务内容

### 1. 完善乡村公共文化服务政策体系

第一，完善相关配套政策，加强公共文化服务法制化建设。推动县级文化馆、图书馆总分馆制建设，畅通优质文化资源下沉基层的渠道；重视公共文化服务政策的系统化、科学化和法制化，准确把握基层群众文化需求，优化政策执行动态过程。第二，提升公共文化服务政策透明度，合理利用各种平台扩大宣传覆盖范围，创新宣传方式，确保群众了解更多相关政策信息。第三，注重政策执行主体素质提升。加强各执行机构间协调合作，加强组织、人才交流，共同推进公共文化服务政策体系建设。

### 2. 拓展乡村特色文化产业发展路径

第一，增强服务创意。突破单向产品创意思维，主要体现在农事生产的体验、农业科教的互动参与等方面，将文化、教育元素融入生产过程，为消费者提供创意性产品服务；将文化元素融入实体设计，结合创新产业打造乡村特色文化品牌，打造各乡村亮丽名片。第二，提升消费者体验价值。创新农业旅游产品和农村生产生活方式，提升消费者文化体验。第三，高新科技催生乡村新产业新业态。创建"云+文化"等数字化场景，促进文化产业新业态发展。

### 3.提升乡村文化主题活动开展效果

第一，细化文化活动方案，创新文化活动设计。围绕"建党百年""我们的中国梦"等主题广泛开展文化惠民活动，在活动设计中深挖地方文化特色，聚焦小而美的理念、注重群众感兴趣的方向进行设计，从而传播大主题。第二，增加互动环节，设定奖励机制，提升群众参与度和体验感。增加舞台节目中互动环节，创新拓展互动空间，充分发挥文化惠民活动"聚人气"的作用。第三，扩展文化惠民活动场景，充分利用线上直播、短视频等方式丰富活动场景，创设文化惠民演艺，惠及更多群众。

## （三）在激发农民积极性的同时实现乡村文明传习常态化

### 1.推进文明传习督察考核工作

第一，强化组织领导，按照传习中心、传习所、传习站点三级架构制定传习阵地工作方案，明确传习内容、师资队伍及工作要求。第二，各镇村结合实际情况设立管理规定，强化制度落实。提前做好全年及当季传习计划，通过公告栏、互联网等平台提前公示传习主题、时间地点和主讲人员等内容；完善每场活动台账资料整理归档工作，及时报送传习活动简报和活动情况。第三，各级传习阵地强化责任考核，将所属区域文化传习落实情况纳入各镇基层工作评议考核。

### 2.完善文明传习活动激励机制

第一，定期量化评比固定活动和自选活动开展情况，及时总结和表彰传习活动的先进典型和事迹，探索物质奖励和精神奖励双激励机制。第二，建立道德激励约束机制，以农户家庭为单位进行评比，调动和增强群众自强发展的内生动力。第三，激发文明传习干部担当积极性，增强传习干部实现乡村文化振兴的信心和动力。

### 3.探索健全群众需求反馈机制

第一，倾听群众诉求，在开展文明传习工作的同时广泛搜集群众对活动的意见建议，形成问题清单。第二，积极召开工作反馈问题整改部署会，传达工作情况反馈会议精神，通报调研督导反馈问题，安排部署反馈问题整

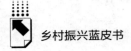
改，搭建群众需求与文明传习供给沟通桥梁。第三，以群众为落脚点，积极发挥社会团体作用，利用好县、乡、村三级志愿者队伍，提升群众参与度，将文明传习暖心服务做到群众心坎里。

### （四）加快数字化乡村建设并完善网络文化服务体系

#### 1. 加强乡村文化资源数字化保护展示

第一，结合桂林乡村文化特色，将红色文化、农耕文化、生态文化、非遗文化等融入独具特色的数字化实施方案，有效保护当地乡村传统文化资源，展示乡土文化的独特魅力。第二，加大桂林乡村文化遗产保护力度，重点保护好传统古村落、古镇古街、祠堂民宅等物质文化遗产，以及民风民俗、传统技艺、乡村戏曲等非物质文化遗产，实现乡村文化遗产数字化转化和创新性发展。第三，加强线上线下相结合，利用网络充分发展当地乡村文化资源，促进"互联网+"产业发展，积极探索开发新产品新业态，为发展乡村文化产业创造良好条件。

#### 2. 实施乡村公共文化设施数字化改造

第一，加快乡村信息基础设施建设，加强对乡村网络设施服务水平的提升优化，加快农村宽带通信网、移动互联网、数字电视网等综合网络的建设及覆盖。第二，发挥公共文化云基层智能服务端作用，推动乡村公共数字文化站建设，支持推进农村地区广播电视基础设施建设和升级改造，提升乡村公共文化服务能力。第三，培养乡村网络文化服务人员，提高当地文化从业人员服务意识，吸引热爱乡村文化事业、具有专业特长、甘于奉献的优秀人才投身乡村文化建设，打造一批专门服务于农村居民的文化管理队伍。

#### 3. 健全乡村网络文化供给和监管制度

第一，增加优质内容供给，完善县级融媒体中心功能，支持网络文化优质内容创作，鼓励各地依托当地乡土风情、文化特色打造符合农村居民文化习惯的优质网络文化内容。第二，积极开展网络普法教育。借助微信群组等形象生动、喜闻乐见的方式，加强农村居民对网络立法的了解掌握，推动依法文明上网成为农村居民的基本共识。第三，鼓励广大农村居民积极参与网络文化作品创作和供给，借助微博、微信、短视频平台等进行跨媒介、立体化传播，并为农村民众参与数字文化生产提供必要的培训、技术支持和政策扶持。

### （五）以强化人才支撑为方向推进乡村文化人才培育工程

#### 1. 壮大专业乡村文化管理队伍

第一，聚焦培养乡村现有的文化人才。依托当地文史馆、历史建筑、红色革命遗址等公共文化资源，按照"因地制宜，因材施教"的原则，邀请国内外知名学者、专家以及知名人士，聚焦本地区现有的文化人才、文化骨干以及文艺演出团队等，进行专业辅导和技能培训，以提升本地人才的综合素质和专业技能。第二，从实际出发，面向不同年龄、不同文化程度的农民，开展个性化指导与知识教育。根据农户实际需求及其提出的培训要求，在农民的空余时间请专家进行集体讲课或在线授课。第三，全面健全乡村用人机制。利用"三支一扶"计划、"大学生志愿服务西部计划"以及"选聘高校毕业生到村（社区）任职计划（一村一名大学生工程）"等政策，引进高素质文化人才；实行公开招聘，选拔优秀人才，落实好编制和待遇后入村工作，着力培养一支高文化、高水平、接地气的乡村文化人才队伍。

#### 2. 共建城乡人才共育共享机制

第一，科学建立人才信息库。根据乡村实际情况，积极动员各类人才投身乡村文化振兴事业。第二，制定吸引、引导在外返乡人员的政策。组建现代文化、社会文化和乡村文化新乡贤队伍，在乡村文化建设的基础上，将现代文化、社会文化和乡村文化有机结合。第三，加强与当地高校的交流和合作，为农村文化建设创造良好的学术环境。充分利用当地高校的人才、技术、智力资源，深入挖掘和研究农村文化资源，形成以研究促发展、以发展促研究的良性循环，化解农村文化传承主体缺位的矛盾。

#### 3. 营造益于人才发展良好氛围

第一，挖掘和保护乡村传统文化艺术和文化艺人。通过当地政策和资金支持等手段，为发展传统工艺奠定坚实基础，并对传统工艺进行有效保护；运用新媒体技术等，让不在乡村的人也能够了解传统技艺的魅力，并激发其

学习传统手工艺的兴趣。第二，完善乡村地区的教育体系。加大对乡村教育的资金扶持力度，将更多优质教育资源投向乡村，培养乡村文化发展需要的人才；鼓励大学生返乡创业并参与乡村文化建设，增强乡村文化建设需要的专业技术力量。第三，实现乡村教育的多元化。鼓励民营企业和个人在农村建立教育培训机构，促使农村教育更加多样化；拓宽农村儿童接受教育的渠道，加强农村适龄儿童和青少年课外技能培训，不断健全乡村教育体系。


## 参考文献

路新华：《新时期乡村文化振兴的困境与路径选择》，《农业经济》2022年第8期。

罗嗣亮：《乡村文化振兴要处理好五对关系——基于习近平相关重要论述的分析》，《党的文献》2021年第6期。

姜广多：《乡村振兴战略中乡村文化建设对策》，《农业经济》2022年第7期。

吴伟：《牢记领袖嘱托　强化工程牵引　推动山西宣传思想文化工作高质量发展》，《党建》2022年第3期。

秦化真：《内蒙古自治区兴安盟：加强守正创新　开创全盟宣传思想文化工作新局面》，《党建》2021年第10期。

李亚楠、平锋：《乡村振兴战略背景下非物质文化遗产的传承创新研究——以天琴艺术为例》，《广西民族研究》2021年第5期。

于良楠、李炎：《乡村振兴战略背景下云南民族文化传承创新研究与思考》，《民族艺术研究》2021年第5期。

谭志满：《乡村振兴背景下非遗传承人与新乡贤的互构机制——以"撒叶儿嗬"传承现状为中心的考察》，《中央民族大学学报》（哲学社会科学版）2021年第4期。

王瑞光：《乡村文化振兴与非物质文化遗产的价值呈现》，《济南大学学报》（社会科学版）2021年第2期。

唐承财等：《基于多主体的传统村落文化遗产保护传承感知及提升模式》，《干旱区资源与环境》2021年第2期。

山西省社会科学院课题组、高春平：《山西省黄河文化保护传承与文旅融合路径研究》，《经济问题》2020年第7期。

段平艳、杨灵敏：《乡村振兴视野下传统民居建筑文化遗产保护》，《建筑结构》2022年第7期。

舒坤尧：《以中华优秀传统文化促进乡村文化振兴》，《人民论坛》2022年第3期。

李玉雄、李静：《壮族乡村文化振兴的现实境遇与路径选择——基于广西河池市宜州区石别镇的田野调查与思考》，《广西民族研究》2019 年第 4 期。

苏静、戴秀丽：《乡村振兴战略下乡村优秀传统文化的价值再认识》，《社会主义核心价值观研究》2021 年第 5 期。

杨裔、范周：《文旅融合推动乡村文化振兴的作用机理和实施路径》，《出版广角》2021 年第 19 期。

刘轶、华文：《乡村振兴视域下乡村文化旅游产业开发》，《环境工程》2022 年第 3 期。

邱崎澄：《文旅融合理念的价值维度与乡村文化振兴实践》，《社会科学家》2021 年第 9 期。

景婧、韩鹏杰：《乡村文化振兴与地方民俗发展——基于"三边民俗文化园"的考察分析》，《西北农林科技大学学报》（社会科学版）2022 年第 3 期。

周立：《在地化和回嵌乡土：村史馆助力乡村文化振兴》，《人民论坛》2022 年第 1 期。

傅瑶、韩芳：《乡村振兴战略下农村精神文明建设路径探究》，《农业经济》2022 年第 4 期。

王玉玲、施琪：《破解乡村特色文化产业的发展困境》，《人民论坛》2022 年第 4 期。

侯琳：《呈现、连接、整合：民族地区乡村文化振兴的短视频创新路径——以"巧妇 9 妹"为例》，《广西民族研究》2021 年第 4 期。

顾大治、徐益娟、洪百舸：《新媒体融合下乡村公共文化空间的传承与重构》，《现代城市研究》2021 年第 12 期。

吴少进：《新时代文明实践中心建设：历史传承、现实境况和未来取向》，《党政研究》2022 年第 5 期。

宋惠芳：《新时代文明实践中心建设的创新路径研究》，《马克思主义研究》2021 年第 8 期。

陈晓霞：《乡村振兴战略下的乡村文化建设》，《理论学刊》2021 年第 1 期。

丁和根、陈袁博：《数字新媒介助推乡村文化振兴：传播渠道拓展与效能提升》，《中国编辑》2021 年第 11 期。

范以锦、郑昌茂：《数字乡村文化振兴的路径探析和逻辑建构》，《中国编辑》2021 年第 11 期。

匡文波、王天娇：《乡村文化振兴下新媒体数字传播策略》，《中国编辑》2021 年第 12 期。

秦艳华、杜洁：《媒介素养：乡村文化振兴的重要推动力》，《中国编辑》2021 年第 11 期。

沈费伟、叶温馨：《数字乡村建设：实现高质量乡村振兴的策略选择》，《南京农业大学学报》（社会科学版）2021 年第 5 期。

夏小华、雷志佳：《乡村文化振兴：现实困境与实践超越》，《中州学刊》2021年第2期。

钱再见、汪家焰：《"人才下乡"：新乡贤助力乡村振兴的人才流入机制研究——基于江苏省L市G区的调研分析》，《中国行政管理》2019年第2期。

赵秀玲：《乡村振兴下的人才发展战略构想》，《江汉论坛》2018年第4期。

杨旸：《乡村人才是乡村振兴的重要力量》，《人民论坛》2021年第16期。

李宁：《乡村振兴背景下推进人才强农战略路径研究》，《农业经济》2018年第10期。

罗俊波：《推动乡村振兴需补齐"人才短板"》，《人民论坛》2018年第30期。

秦会朵、范建华：《文化产业助力乡村全面振兴的内在逻辑与实践路径》，《理论月刊》2022年第6期。

王颖吉、时伟：《类型、美学与模式：乡村短视频内容生产及其创新发展》，《中国编辑》2021年第11期。

聂继凯：《三力驱动：复合型乡村文化振兴路径研究——基于鲁中L村的案例分析》，《西南民族大学学报》（人文社会科学版）2020年第12期。

朱飞虎、钱帆帆、张晓锋：《乡村文化振兴视域下三农短视频的媒介图景、核心价值与提升路径》，《当代电视》2022年第9期。

傅瑶：《乡村振兴战略下乡村文化空间建设路径研究》，《农业经济》2021年第4期。

刘洋、罗小洪：《乡村文化建设的媒介传播与振兴策略》，《理论月刊》2021年第3期。

王莉宁、康健侨：《中国方言文化保护的现状与思考》，《语言战略研究》2022年第4期。

汪宏：《乡村文化建设"造形""铸魂"的思想政治教育逻辑》，《理论与改革》2022年第3期。

汪黎、宁华宗：《生计与文化互构：民族传统文化再生的实践逻辑——基于恩施傩戏传承人生命史的讨论》，《广西民族研究》2022年第1期。

韩波：《乡村振兴背景下文化发展的现实困境与化解——评〈"互联网+"背景下乡村文化遗产保护与传承〉》，《热带作物学报》2021年第12期。

李丽娟：《乡村旅游中"乡土性"的传承与保护》，《社会科学家》2021年第5期。

张灿强、龙文军：《农耕文化遗产的保护困境与传承路径》，《中国农史》2020年第4期。

齐骥：《社会结构变动中乡村振兴的文化动力和思想范式研究》，《东岳论丛》2019年第8期。

巩前文、李铁铮、秦国伟：《加强林业文化遗产保护传承助推乡村振兴战略》，《行政管理改革》2018年第11期。

姚慧：《遗产化进程中权力关系的建构——非物质文化遗产保护的中国实践》，《人民音乐》2018年第9期。

刘正阳：《乡村文化的传承与保护》，《人民论坛》2018年第21期。

# B.5
# 桂林乡村生态振兴调查与研究报告

马姜明　莫燕华*

**摘　要：** 生态振兴是乡村振兴的重要支撑，良好生态环境是农村的最大优势和宝贵财富。桂林市高度重视乡村生态建设，在人居环境改善、农业环境污染系统治理、农业生态资源高效持续利用和生态系统健康发展等方面取得了显著成效。基于景观资源禀赋，桂林市注重乡村生态旅游发展，落实生态补偿制度，因地制宜发展生态产业，形成以生态旅游模式、生态补偿模式和林下经济模式为典型代表的桂林乡村生态振兴发展模式。同时，认识到当前桂林乡村生态振兴还存在生态理念淡薄、生态规划欠缺和生态产业发展不畅等问题。为此，本报告从增强生态意识、注重生态规划和推进生态产业发展等方面提出了加快桂林乡村生态振兴的对策，以塑造美丽乡村之"形"，充盈乡村发展之"实"，铸牢乡村文明之"魂"。

**关键词：** 乡村生态振兴　人居环境改善　农业环境污染治理　乡村生态旅游　生态补偿

　　乡村生态振兴是乡村振兴的重要组成部分，是实施乡村振兴战略的关键

---

\* 马姜明，博士，广西师范大学生命科学学院副院长，教授，博士生导师，广西师范大学可持续发展创新研究院院长，广西漓江流域景观资源保育与可持续利用重点实验室主任，广西师范大学西部乡村振兴研究院乡村生态可持续发展研究中心主任，广西师范大学珠江—西江经济带发展研究院研究员，研究方向为可持续生态学；莫燕华，硕士，广西师范大学生命科学学院教师，研究方向为可持续生态学。

环节，是实现乡村人与自然和谐共生的必然选择。[①] 2021 年以来，桂林市在乡村生态振兴方面取得了显著成效，初步构建了生态旅游、生态补偿和林下经济等乡村生态振兴发展模式。但是，在乡村生态振兴中还存在生态理念淡薄、生态规划欠缺、生态产业发展不畅等问题。针对桂林乡村生态振兴的现状，本报告提出了相应的发展对策。

## 一 桂林乡村生态振兴取得的主要成效

桂林市坚持以农业为基础，依托山水风光、田园特色和传统村落景观优势，通过推进"三清三拆"[②]、立面改造和生态修复工程等，对乡村依傍道路、河流进行风貌改造，使人与山野、水流、村庄和睦共存，营造"显山露水、山环水绕"的自然风貌。兼顾农业生产、乡村旅游、公共服务等需求，因地制宜推进乡村环境整治，实现人居环境稳步改善、农业环境污染系统治理、农业生态资源高效利用和生态系统健康发展。

### （一）人居环境稳步改善

2021 年以来，桂林市把乡村风貌提升作为加快乡村生态振兴的有力抓手，组织实施美丽宜居乡村建设，促进乡村治理与农村精神文明建设有机结合，全面完成城区周边及重要景区景点沿线村庄风貌提升工作，建立"市级统筹，上下联动，齐抓共管"的工作模式，制定时间表、路线图和总目标。桂林市通过深入开展"三清三拆"，开展"碧水守护、蓝天保卫、净土攻坚、大地增绿、城乡洁净"5 项专项整治活动，深入推进"三微""四化""五网""六改"[③] 环境整治，着力提升乡村风貌，完善农村基础设施，

---

① 张宗芳、梁英：《乡村生态振兴的制约因素及路径研究》，《淮海工学院学报》（人文社会科学版）2019 年第 12 期。
② "三清三拆"：清理村庄垃圾、清理乱堆乱放、清理池塘沟渠；拆除乱搭乱建、拆除广告招牌、拆除废弃建筑。
③ "三微"：微花园、微菜园、微果园。"四化"：亮化、绿化、美化、文化。"五网"：电网、路网、宽带网、电视网、排水网。"六改"：改房、改水、改厕、改厨、改圈、改沟渠。

巩固提升示范乡镇建设成果，建设田园综合体，创建现代特色农业示范区（园、点）"五大工程"，改善农村人居条件。塑造美丽乡村之"形"，全面优化桂林广大乡村生产空间、生活空间、生态空间与人居环境，培育高品质乡村人居环境，实现点上有"精品"、线上有"风景"、面上有"形象"，推动乡村生态振兴高质量发展。截至2021年初，桂林市累计创建国家级生态乡镇16个，自治区级生态县（市、区）12个，自治区级生态乡镇121个，自治区级生态乡镇数量居全区首位，自治区级生态县（市、区）命名率达到80%以上，成为广西率先具备申报自治区级生态市条件的两个设区市之一。[①]

2021年是全面实施乡村风貌提升和农村人居环境改善计划的首个年头，桂林市践行"以人为本"理念，加快农房风貌改造和村庄整治，有序推进农村厕所、污水、垃圾"三大革命"，综合性、系统性进行农村厕所革命、生活污水治理、生活垃圾治理、村容村貌整治。农村卫生厕所普及率达94.4%，自来水普及率达84.69%，生活垃圾处理率达100%，超出全国平均水平。[②] 桂林市在乡村人居环境系统治理中，坚守生态与发展两条底线，坚决贯彻落实打好蓝天、碧水、净土、固废治理、乡村环境"五大战役"的方针，深化河长制、林长制等制度改革，推动生态保护制度化、常态化。

1. 乡村风貌稳步提升

桂林市着力推动乡村基础设施的更新和完善，加快水利、信息、物流等基础设施建设，为实现农业农村现代化奠定基础。加快通村道路、入户道路建设，基本解决了乡村道路泥泞等影响乡村风貌的问题，加强农村公共照明，深化农村卫生整治，持续改进农村人居环境，突出地方特色和民族特色。利用闲置土地等可利用资源，组织绿化，恢复湿地，创建绿色生态村庄，[③] 清理

---

① 《桂林生态文明建设再谱新篇》，广西壮族自治区生态环境厅网站，2020年12月30日，http://sthjt.gxzf.gov.cn/zwxx/sxdt/t7494362.shtml。

② 《桂林大力实施"三大振兴"战略 加快实现不可逆高质量发展》，网易新闻网站，2022年6月9日，https://c.m.163.com/news/a/H9DN6PRS0550FW1B.html。

③ 《桂林文明乡风徐徐来》，《当代广西》2021年第24期。

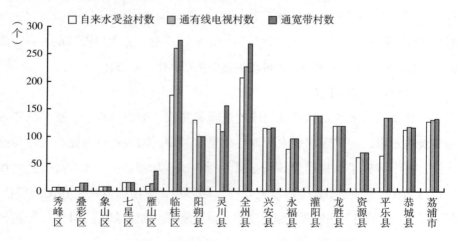

乡村公共空间、解决院落中存在的乱搭乱建、乱堆乱放问题，促进乡村完善绿化设施。

以自治区重点乡村振兴示范村为切入点，提升乡村整体风貌形象，打造"三季有花、四季常青"的生态宜居环境。如通过改造实现风貌提升的秀峰区桃花江沿岸"芦笛三村"已成为自治区、桂林市村庄建设的典范①；雁山区大埠乡大埠村用"微田园、微菜园、微果园"等生态治理方法，广泛开展房前屋后、道路沿线环境整治；阳朔县杨堤乡完成浪石村沿江及全家洲村乡村风貌提升，村容村貌改善较大，完成八杨公路两旁的绿化与亮化工程。

确保生产空间集约高效、生活空间宜居适度、生态空间山清水秀。桂林市乡村振兴重点村在各自然村开展"三清三拆"专项行动，完善乡村基础设施建设。2020 年，临桂区和全州县自来水受益村数量、通有线电视村数量和通宽带村数量相对于其他县（市、区）明显增多（见图1）。通过改造乡村立面、清理房前屋后杂物、拆除废弃断墙多处，在村道、房屋前后空闲地、绿地、菜地等处应用篱笆等材料围上栅栏、建设微菜园等，实现"三废变三微"。

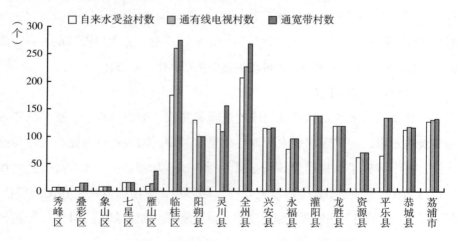

**图 1  2020 年桂林市各县（市、区）农村基础设施建设情况**

资料来源：2021 年《桂林经济社会统计年鉴》。

---

① 《奋力书写八桂乡村振兴新篇章——访全国人大代表、广西壮族自治区主席蓝天立》，《农民日报》2022 年 3 月 10 日。

2021年，阳朔县阳朔镇投资3600万元，用于20余个乡村风貌提升和农村人居环境改善项目，完成高洲、瀑布塘、杨梅坪、月亮洲等村立面改造，组织实施村屯绿化、道路硬化、净化饮水、改造电网、沿漓江休闲观光步道等工程，乡村风貌大变样。2019年底，大河背村实施景观修复工程，先进的污水处理设施、现代化的配网改造、天然的青石板步道让大河背村焕然一新，保持了遗产地完整性和自然生态原真性，使村民吃上了生态旅游饭，大河背村贫困户4户9人全部脱贫。渔村渔业队岸线生态修复案例成为自治区自然资源厅通报表扬并推荐的10个国土空间生态修复典型案例之一。

2021年，灵川县乡村振兴重点村按照"半年大推动，一年见成效，两年大变样，三年展新貌"的目标，重点实施道路沿线可视范围内村庄整治和房屋风貌提升；兴安县溶江镇粉洞村、塘市村和源江村通过"党员设岗定责结对子"的方式，将人居环境改善作为党员积分管理和季度评比的重要内容，全面推进环境整治"三清三拆"、全域整治、"厕所革命"等工作，实现乡村"颜值"大提升；平乐县平山村、湖塘村、茶林村等，兴安县崔家村、保林村、五甲村等，资源县黄宝村、脚古冲村、文溪村和中峰村等，恭城瑶族自治县泗安村和全州县绍水镇高田村等，提升乡村基础设施建设水平，通过对农村进行环境治理，进一步强化农村清扫和垃圾清运，提高农村环境质量，利用良好的自然环境落实河长制和林长制工作，统筹山水林田湖草沙一体化保护；荔浦市茶城乡文德村以"三清三拆"为切入点，对8个自然村屯进行风貌提升和渠道清淤、杂物清理等，自然村屯面貌焕然一新。

## 2. 厕所革命持续推进

2021年以来，桂林市各乡镇按照村民接受、经济适用、维护方便、不污染公共水域等基本原则，科学选定改厕方式，推动厕所革命，指导农村新建房屋配套建设无害化卫生厕所，加强改厕工作与农村生活污水治理工作的有效衔接。桂林市鼓励各乡镇根据各自的具体情况，对厕所粪便、畜禽养殖废弃物等进行综合处理和再循环使用，推动新农村房屋建设和无害化卫生厕所建设。如灌阳县乡村振兴重点村积极开展农村厕所革命，大力开展生活垃圾专项整治工作，建立健全农村生活垃圾收集、转运和处置制度，35个乡村振兴重点村覆盖率达100%；资源县白竹村、社水村和官洞村等乡村振兴重点村持续进行厕所革命，积极动员有条件的农户改建厕所，目前已消灭旱厕，塘洞村和葱坪村建造采用三格式化粪池排污方式的新型厕所，古冲村设置公益性岗位专人负责公共厕所卫生。

### 3. 生活污水有效治理

桂林市加大农村污水处理厂建设投入力度，构建城乡卫生体制创新新格局，统筹推动黑臭水体整治，以房前、河塘、沟渠为主要对象开展清淤疏浚，采取综合治理措施，恢复水生态，消除农村黑臭水体，将农村水环境治理工作纳入河长制、湖长制管理范畴，坚决杜绝引进污染企业和产业，农村人居环境持续改善。① 如灵川县乡村振兴重点村加强农村污水治理，2021年继续推进农业废弃物资源化利用和无害化处理，推进农村厕所革命，在潭下镇、九屋镇的乡村振兴重点村建设污水处理设施，新建（改造）农村卫生厕所1300座、公厕10座，加大厕所粪污治理力度，大力发展粪污、畜禽废弃物资源化利用，全县农村家庭无害化卫生厕所覆盖率达到96.73%，畜禽粪污资源化利用率达到92.42%。地表水是桂林市供水的主要来源，用水以农业灌溉用水为主，2020年，农田灌溉用水在用水总量中占比约83%（见图2）。

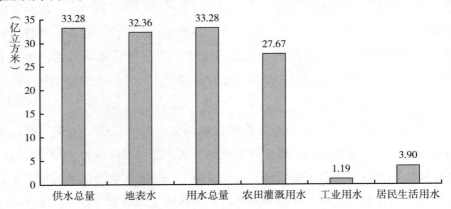

**图2　2020年桂林市供水用水情况**

资料来源：2021年《广西统计年鉴》。

---

① 李楚：《政府工作报告》，《桂林日报》2022年2月26日。

### 4. 生活垃圾常态清理

2021 年以来，桂林市落实农村生活垃圾处置长效机制，持续推进农村环境综合整治，排查整治非法垃圾堆放点，重点整治垃圾山、垃圾围村、垃圾围坝、工业污染"上山下乡"等问题。2020 年，恭城瑶族自治县、平乐县和灌阳县的垃圾处理站数量相对较多，均不少于 10 个（见图 3），大部分县（市、区）仍需重视垃圾处理站建设与使用，以提升垃圾处理效率和环境保护成效。桂林市利用创建全国文明城市契机，加大农村卫生治理力度，基本消除了脏、乱、差局面，部分多年的卫生死角得到有效清理，农村日常保洁和集中整治已形成常态，"村收集、区乡清运处理"的模式已建立。① 如灵川县下发《关于 2021 年深入开展灵川县村庄清洁行动春季战役的通知》《关于开展村庄清洁"百日行动"的通知》等文件，对村庄清洁行动春季战役、夏季战役、"百日行动"做出详细安排部署；平乐县二塘镇大展村遵循辖区自治原则，积极督促卫生保洁员做好沿路卫生维护，与各村沿路 150 余户农户达成门前卫生"三包"协议，湖塘村持续维护乡村环境干净整洁，增设保洁员公益性岗位 5 个，每周至少对乡村道路进行 2 次清扫，平山村干部群众齐动手清理农户房前屋后乱堆乱放的物品，动员群众将乱堆乱放的禽畜粪便拉到地里，禁止村民露天焚烧秸秆、树叶，建立举报有奖机制，通过生活垃圾清理营造乡村振兴的良好氛围。

## （二）农业环境污染系统治理

农村生产生活所用的化肥、农药、禽畜粪便与生活垃圾等各类污染物会产生对农村环境特有的污染，大量的污染物通过地面径流和降雨进入河流、湖泊、水库、海湾，进而威胁整个生态环境。2021 年《桂林经济社会统计年鉴》显示，2020 年桂林各县（市、区）均有施用化肥的情况，最高施用量超 10 万吨（见图 4）。

### 1. 有序推进大气环境整治

桂林市农村大气污染的主要源头是秸秆焚烧，每当秋季丰收时都会产生

---

① 《桂林奋力奏响新时代田园牧歌》，《桂林日报》2021 年 12 月 13 日。

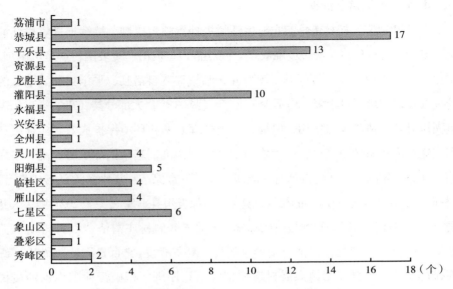

**图 3　2020 年桂林市各县（市、区）垃圾处理站数量**

资料来源：2021 年《桂林经济社会统计年鉴》。

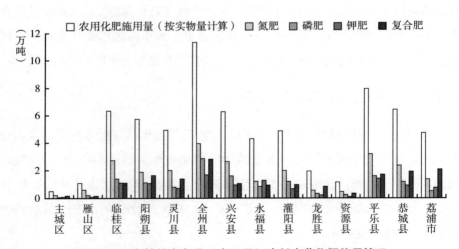

**图 4　2020 年桂林市各县（市、区）农村农药化肥使用情况**

注：主城区指秀峰区、叠彩区、象山区和七星区。

资料来源：2021 年《桂林经济社会统计年鉴》。

大量的秸秆堆积在农田中，而农民处理秸秆的方式往往是就地露天燃烧，产生有毒气体的同时蕴藏巨大的火灾隐患。为强化露天禁烧管控，桂林市采取以下措施。

（1）建立健全露天焚烧政府监管机制。桂林市明确各乡镇政府在露天焚烧方面的主体责任，并组织公安、乡镇政府等单位建立网格化监管体系，强化"定点、定时、定人、定责"管控，按照《关于做好露天焚烧违法行为取证执法等"后半篇文章"相关工作的通知》的要求，做好露天焚烧工作取证执法的"后半篇文章"，发现火点一查到底。定期对露天焚烧情况进行通报，对于火点较多、处理率较低的县（市、区），严格按照《桂林市露天禁烧暨秸秆综合利用工作责任追究办法》对相关责任人进行通报批评、约谈问责，不追责不放过。① 2021年，桂林市卫星遥感监测发现的禁烧区秸秆焚烧火点数量较上年下降10%，通过铁塔网络视频监控发现火灾点处理率超过85%。

（2）引导民间自发治理秸秆焚烧问题。桂林市实行有奖举报制度，对非法焚烧秸秆进行严厉打击，并在地方电视台和其他新闻媒体上进行曝光。科学制订秸秆焚烧计划，在不影响大气环境和生产、生活的前提下，进行有组织、有计划、有限度的焚烧。如阳朔县下山村深入开展联合执法行动，加大露天焚烧管控执法力度，突出"群治自治"，统筹开展秸秆、垃圾禁烧宣传教育，2021年张贴露天焚烧管理宣传横幅10多条，发放宣传通知单1500多份，有效处理露天焚烧行为70余起。

（3）大力推广秸秆综合利用。桂林市制定2021年秸秆综合利用计划，构建政策措施、工作措施、技术措施相互配套的支撑体系，并对秸秆利用主体、利用模式和发展结构进行调整。② 桂林市致力于培育专业合作社、农业企业、经纪人等秸秆收储机构，合理规划和建设秸秆收储站（点），健全收

① 《桂林市2021—2022年秋冬季大气污染防治攻坚行动方案》，桂林市生态环境局网站，2021年11月12日，http：//sthjj. guilin. gov. cn/xxgkml_ 29550/ztfl/hjglywxx/wrfz/202201/t20220107_ 2207117. html。

② 《产业振兴拉动桂林经济马车疾驰》，《桂林日报》2022年3月3日。

储站点网络体系，实现农作物秸秆就地就近利用。截至 2021 年，全市秸秆综合利用率达 86%，秸秆离田利用率超过 25%。

### 2. 全面开展水环境治理

2021 年，桂林市已完成水污染治理 280 多次，没收、销毁地笼 510 条 1.02 万米，清除违法养殖场 7 处 800 余平方米，清理水面漂浮垃圾 5050 平方米 22.5 吨，治理成果显著。[①] 除此之外，桂林市还做了以下努力。

（1）整治水体垃圾污染。2021 年，龙胜各族自治县金江村农村生活污水治理项目稳步推进，配备公益性岗位保洁员队伍，全面提升垃圾清运能力和处置效率，生活垃圾日产日清，农村生活垃圾治理完成率达 100%。在人口相对密集的黄洛组、八滩组、金竹组建成污水回收处理站 3 个，设置专人管理维护，以确保污水回收处理设备正常运行。

（2）农业用水整治。为从源头上治理农业用水，河流沿岸重要地段须设立禁养区，严禁畜禽粪便随地表径流直排，提倡合理用水，推广更先进的农业用水方式。荔浦市三联村以打造"安全、优质、高效"的绿色农业生产模式为目标，推广树冠盖膜"三避"技术，应用滴灌技术，建成连片柑橘微喷系统 420 亩，同时应用广西"施肥点点通"系统，实现高效节水灌溉施肥。

（3）兴修水利工程。桂林市大力推进农村饮水安全巩固提升工程、小型农田水利工程、大中型灌区节水设施改造工程。2021 年，平乐县完成同安河段整治工程，完成投资约 800 万元，平口水库除险加固工程投资 5022 万元，榕津河榕津村至上周塘河段整治工程投资 1500 万元，均 100% 完成 2021 年度中央下达投资任务。2021 年，桂林实施农村饮水安全工程维护养护项目 17 处，实施农村集中供水工程 399 处。

（4）做好水污染排查与监测工作。2021 年，桂林对 17 个在用集中式饮用水水源地、3 个规划水源地、2 个备用水源地的水质进行监测，委托有资质的第三方监测机构定期对桂林市的 5 个地表水断面、5 个水库、10 条漓江

---

① 《桂林地表水环境质量多年保持全国前十》，《桂林日报》2021 年 12 月 24 日。

支流的 25 个断面及 67 个规模化入河排污口进行监测。7 个水质自动监测站运转正常，定期向公众发布集中式饮用水水源地水质、重点流域水质及各县（市、区）环境空气质量状况。① 2021 年，桂林市首次将农业环境污染水质监测纳入监测范围，设立农村村庄生活源、养殖大县河流水质断面以及种植大县河流水质断面等农业环境污染控制断面 19 个。②

**3. 稳步实施土壤环境治理**

2021 年，桂林市印发《桂林市土壤污染重点监管单位名录（2021 年修订）》，督促各企业落实土壤污染治理主体责任，开展土壤污染隐患排查，进一步推进土壤污染防治项目实施。

（1）做好土壤污染排查。桂林各县（市、区）积极开展土壤污染排查，积极打好净土污染防治攻坚战，2021 年桂林市完成 116 个国家土壤环境监测网风险监控点的样品采集，全年分析金属项目样品 150 个，获取监测数据 1100 余条；分析有机项目样品 130 个，获取监测数据 3700 余条。排除了农田附近涉重工业企业的潜在隐患，积极推进废旧农膜、废旧电器的回收处置。③

（2）推进土壤综合整治。桂林市全力以赴抓好全域土地综合整治，提升耕地质量，实施改造水田、拆旧复垦、撂荒耕地复种等项目，积极推进退"林"复耕、退"园"复耕，发展高效优质的生态农业。临桂区六塘镇有宜耕土地后备资源（旱改水）约 3500 亩，划分为小岩陂山铁岭底片区、黄家庄寺背片区和岗上皇望片区 3 个片区，开工后将有 5000 亩荒地、旱地变成良田。

（3）杜绝塑料薄膜对土壤的污染。截至 2020 年，桂林各县（市、区）依然在广泛使用塑料薄膜及地膜，其中使用较多的有：阳朔县（超 700

---

① 《2021 年桂林市生态环境状况公报》，《桂林日报》2022 年 6 月 5 日。
② 《扩大农业面源污染调查范围　完善农村环境质量监测评价体系》，桂林市人民政府网站，2022 年 4 月 1 日，http：//sthjj. guilin. gov. cn/zw/gzdt/202204/t20220401_ 2248320. html。
③ 《桂林生态环境监测中心：桂林生态环境监测中心完成 2022 年桂林市土壤现场监测工作》，桂林市人民政府网站，2022 年 5 月 20 日，http：//sthjj. guilin. gov. cn/zw/gzdt/202205/t20220520_ 2274960. html。

吨)、全州县(超 400 吨)(见图 5)。同时,桂林各县(市、区)农村塑料薄膜覆盖面积较大,其中荔浦市覆盖面积最大(见图 6)。

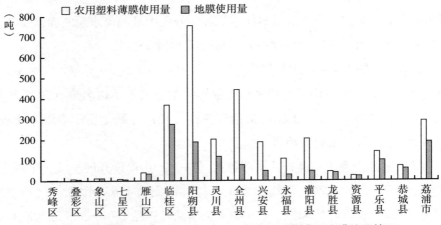

**图 5　2020 年桂林市各县(市、区)农村塑料薄膜及地膜使用情况**

资料来源:2021 年《桂林经济社会统计年鉴》。

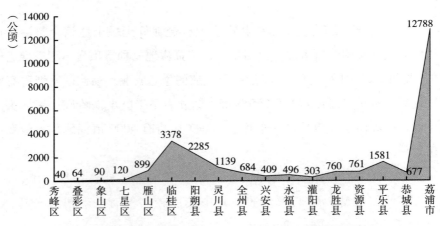

**图 6　2020 年桂林市各县(市、区)农村塑料薄膜覆盖面积**

资料来源:2021 年《桂林经济社会统计年鉴》。

### 4. 依法规范畜禽养殖污染源治理

2020 年,桂林市乡村共有存栏家禽 3824.13 万只、存栏生猪 245.80 万头（见图 7）。2020 年，桂林市共有出栏家禽 14264.07 万只、出栏生猪 311.19 万头（见图 8），出栏数远远大于存栏数，大量养殖畜禽在给农村带来经济收入的同时带来了污染。桂林市严格按照《畜禽规模养殖污染防治条例》开展防治工作，遵循"谁污染、谁治理"的基本原则，严控畜禽养殖，对村民进行养殖知识培训，政府帮助建设发酵池、污水处理设施等，解决村民的后顾之忧。

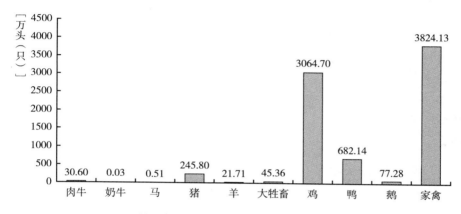

图 7　2020 年桂林市畜禽年末存栏数

资料来源：2021 年《桂林经济社会统计年鉴》。

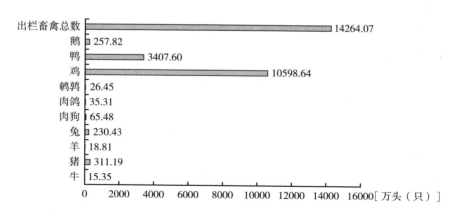

图 8　2020 年桂林市当年出栏畜禽数

资料来源：2021 年《桂林经济社会统计年鉴》。

**5. 积极倡导使用绿色能源**

桂林市坚持绿色低碳生态发展之路，积极培育以"低碳"和"风、光、储一体化"为特征的新能源、新材料等绿色产业。促进居民的生活习惯、消费方式向节约型、绿色低碳方向发展，积极开展绿色家庭、绿色乡村建设，发展新能源、新材料等绿色工业，加强太阳能发电、风力发电等环保节能技术应用，形成全民自觉节能减排的良好氛围。

## （三）农业生态资源高效持续利用

桂林市按照农村生产生活生态"三生"同步、一二三产业"三产"融合[①]、农业文化旅游"三位一体"要求[②]，持续推进现代特色农业示范区以及乡村建设提档升级，以田园综合体为抓手，集循环农业、创意农业、农事体验于一体，做大做强农业生态产业，实现生态资源高效持续利用[③]。

**1. 坚持发展生态循环农业**

桂林市持续推进农、林、牧、渔、加工、制造、餐饮、仓储、金融、旅游、康养等行业融合发展，巩固提升"南橙北李中雪梨"产业发展水平，发展壮大生猪、肉牛产业，打造桂北冷水鱼优势区，壮大特色经济林产业。冷水鱼、风鸡、翠鸭、蜂蜜等特色养殖进一步拓展，阳朔"九龙藤"蜂蜜产值突破1亿元。全州"稻田鱼"和恭城"三位一体"等乡村生态循环农业模式发展成效显著。全州县是全国商品粮生产基地县，是桂北粮食生产大县，在生态农业建设中，合理安排稻田生态资源，因地制宜开展"稻—田—鱼""猪—沼—稻—灯—鱼""稻—灯—鸭"等稻田生态农业模式。[④]在2020年桂林各县（市、区）农林牧渔业总产值中，全州县和平乐县的农

---

① 胡嘉慧、周笑梅：《乡村振兴战略背景下推进农村一二三产业融合发展研究》，《农业经济》2022年第8期。
② 罗金城：《"三生融合"理念下桂林市芙蓉苗族旅游特色小镇创建规划研究》，硕士学位论文，桂林理工大学，2018。
③ 朱思毅：《厚植绿色生态优势 实践乡村振兴青浦模式》，《上海农村经济》2022年第9期。
④ 王海娟、夏柱智：《资本下乡与以农民为主体的乡村振兴模式》，《思想战线》2022年第2期。

业产值居前列，永福县和平乐县的林业产值相对最高，临桂区和全州县的牧业产值仅次于农业产值，总体上农业和牧业是桂林农村经济发展中农民增收的主要渠道（见图9）。从2020年桂林市主要农产品人均占有量看，园林水果和蔬菜占据前列（见图10）。

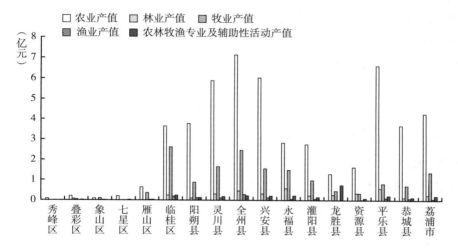

**图9　2020年桂林市各县（市、区）农林牧渔业总产值**

资料来源：2021年《桂林经济社会统计年鉴》。

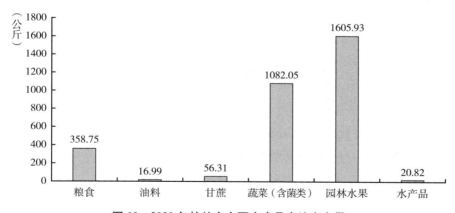

**图10　2020年桂林市主要农产品人均占有量**

资料来源：2021年《广西统计年鉴》。

桂林市根据绿色工业的特征及发展需求,利用当地的生态资源,采取"特色+绿色"发展模式,加速产业结构优化,使县域经济走出适合自己的绿色生态发展之路。[①] 作为实施乡村振兴战略的重要抓手,生态农业开发充分体现以农为主的产业结构优势,提高农业发展质量,培育新的农村发展动力,以农业综合生产能力为核心,发展农业的多元化职能。[②] 桂林市将重点布局提升阳朔、平乐、恭城、全州、龙胜等主产县,突出建设高标准茶园,创建一批生态标准化茶园,实施病虫害绿色防控,提高桂林茶叶生产质量和安全水平,大力发展茶叶产业标准化、规模化生产,打造特色品牌如桂林桂花茶、全州金槐茶、阳朔红茶绿茶、龙胜古树茶、兴安六洞茶,茶园总面积超4万亩。截至2020年,龙胜各族自治县、恭城瑶族自治县和资源县茶园面积均已超过450公顷(见图11);全州县茶叶产量达到2563吨,居桂林市各县(市、区)首位(见图12)。

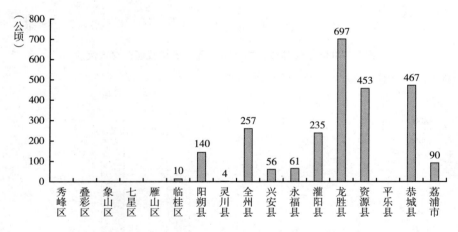

**图 11　2020 年桂林市各县(市、区)实有茶园面积**

资料来源:2021 年《桂林经济社会统计年鉴》。

---

① 俞同军、曹和兵:《打造区域公共品牌与农业田园综合体　促进农业园区融合发展》,《基层农技推广》2018 年第 10 期。

② 胡嘉慧、周笑梅:《乡村振兴战略背景下推进农村一二三产业融合发展研究》,《农业经济》2022 年第 8 期。

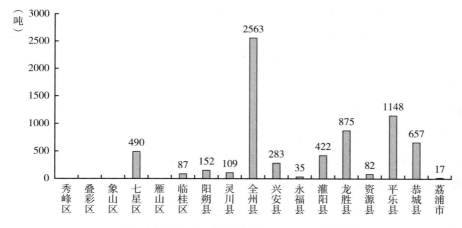

**图12  2020年桂林市各县（市、区）茶叶产量**

资料来源：2021年《桂林经济社会统计年鉴》。

荔浦市具有良好的农业结构和农业基础，有荔浦芋、马蹄、砂糖橘、夏橙、早熟莲藕等特色农产品品牌，近年来荔浦市以创建高效现代化农业园区、发展低碳农业为切入点，大力推广节能减排技术，提高特色产业发展水平。恭城"养殖—沼气—种植"三位一体可循环发展生态农业模式，在产生良好经济效益的同时为生态保护工作添砖加瓦，摸索出了畜禽养殖废弃物资源化处理与再利用的新路径。一直以来，恭城"养殖—沼气—种植"三位一体可循环发展生态农业模式备受赞誉，联合国教科文组织将其评为"发展中国家农村生态经济发展的典范"。恭城从"三位一体"升级打造"养殖+沼气+种植+加工+旅游"五位一体生态经济循环模式，促进农村经济社会协调发展，实现经济、社会、人口与环境的全面、协调、可持续发展。以沼气为纽带的资源能源模式，将种植业、畜牧业产生的废弃物通过沼气池连接起来，还可以利用沼气进行生物燃料发酵。同时，利用沼气发酵产生的剩余物为土地增加肥力，而且不会对环境造成任何污染。

2. 打造生态特色农产品品牌

桂林市实施粮食安全与重要农产品产能提升工程，培育壮大蔬菜、养殖、水果等优势产业集群，利用"互联网+""旅游+""生态+"等模式，扩大农业职能，促进旅游、教育、文化、康养产业的深入结合。桂林鼓励和支持企业、行业协会积极申请注册商标和地理标志。通过打造桂林特色鲜明的生态产品公用品牌和生态标识，大力推进特色优势生态产品发展，发挥好品牌示范作用，积极参与国家有机产品、绿色食品、低碳产品等认证。"阳朔金橘"入选 2022 年中国品牌价值评价区域品牌（地理标志）榜单。区域品牌（地理标志）桂林砂糖橘、桂林罗汉果，地理标志证明商标阳朔九龙藤蜂蜜、临桂马蹄获广西商标品牌奖励补助申报资格；全州禾花鱼、永福罗汉果、资源红提、恭城月柿生产区入选自治区级特色农产品优势区。

为做大做强生态特色种植、养殖及加工产业，桂林组织相关专家对生产农户进行种果管果培训，促进农业生态资源的可持续利用。如阳朔县高田镇古登村扩大古榜村无花果种植规模，提高产量和种植技术水平，节省种植用地和农药，使特色产品厚植生态底色，带动附近农民发展新产业，提高农民收入；金宝乡红莲村创新突破传统金橘种植模式，打造百亩脆蜜金橘种植示范基地，以更优质、更香甜优势打破金橘销售壁垒，提升亩产经济价值，新技术、新品种的推广使特色产业走上了高效化与生态化发展的快车道。

**3. 发展现代特色农业和休闲农业**

桂林市依托乡村优越的农业生态资源发展休闲农业，挖掘当地旅游资源、文化资源和农业资源，着重开发生态有机农业以及生态旅游，提高农作物产量，种植速生蔬菜，增强农田复植功能，增加农民收入；[1] 结合农林牧渔生产、农业经营活动、乡村文化、农民生活等，以乡土气息展现田园景观，增进民众对农业及农村生活的体验，[2] 发挥农业生态资源带动生态旅游的多重效益。广西壮族自治区农业农村厅发布《2021 年广西休闲农业与乡村旅游示范点名单》，其中桂林市七星区的莲花源生态田园、灵川县的东漓

---

① 孙新颖、杨慧华、吴筱荣：《桂林会仙湿地生态农业资源的保护与开发》，《四川建材》2019 年第 10 期。
② 胡海兰：《灵川县休闲农业资源开发利用研究》，硕士学位论文，广西大学，2018。

古村等9个项目入围，入围数居全区首位。① 近年来，灵川县顺应休闲农业发展趋势，发挥临近市区的地理优势，将优美的生态环境、深厚的人文历史底蕴和丰富的产业资源等有利条件有效结合，加快休闲农业开发建设步伐，坚持五大建设标准，即"运行组织化，装备设施化，生产标准化，要素集成化，特色产业化"，稳步推动特色农业区建设。灵川县以海洋乡银杏林景观为依托，以保护千年银杏资源为目的，积极打造海洋银杏现代特色林业（核心）示范区，海洋乡大力发展特色优势产业，创建高质量农产品品牌，带动传统农业迅速发展，大力发展现代特色农业（核心）示范区。恭城瑶族自治县将独特的农业资源和少数民族风情巧妙结合，具备发展休闲农业和乡村旅游产业的优良条件，将休闲农业和乡村旅游产业扩展至乡镇及周边景区，各乡镇有机结合当地的自然环境、田园风光和民俗文化等资源，从最开始的农民散户自主经营逐步过渡到农家乐、民俗乡村、现代农业示范园等业态，形成崭新的绿色发展机制。②

## （四）生态系统健康发展

2021年4月25日，习近平总书记莅临桂林市阳朔县漓江杨堤码头，听取漓江流域综合治理、生态保护等工作汇报。"江作青罗带，山如碧玉簪。"习近平总书记引用古人诗句感叹桂林山水甲天下，"全国能有这种美誉的不多。甲天下就是指生态好，天生丽质，绿水青山。你们在这里工作，最重要的是要呵护好这里的美丽山水，这是大自然赐予中华民族的一块宝地，一定要保护好，这是第一位的"③。习近平总书记指出，在桂林，毁掉一座山就永远少了这样一座山。全中国、全世界就这么个宝贝，千万不要破坏，要把保持山水生态的原真性和完整性作为一项重要工作。

---

① 《桂林市圆满完成2015—2020年广西休闲农业与乡村旅游示范点评定性复核工作》，广西壮族自治区农业农村厅网站，2022年6月6日，http://nynct.gxzf.gov.cn/xwdt/gxlb/gl/t11990201.shtml。

② 石美玲：《休闲农业和乡村旅游产业发展研究——以恭城为例》，硕士学位论文，广西大学，2020。

③ 《重温习近平总书记视察桂林重要指示精神》，《桂林日报》2022年4月13日，第1版。

## 1. 严守耕地红线

桂林市坚持实行最严厉的土地保护政策，坚决禁止一切形式的土地侵占，桂林市土地利用总体规模要保持稳定不减少，不改变受保护土地的用途。桂林出台《桂林市耕地保护田长制实施方案》①，按照自治区要求，打好稳粮食兴乡村攻坚战。各县（市、区）各部门以开展耕地保护系列专项行动为抓手，以铺开田长制各项工作为手段，以实现地有人种、田有人管、责有人担为目标，实现耕地保护网格化。桂林市严格落实《国务院办公厅关于坚决制止耕地"非农化"行为的通知》，严防严控侵占耕地的现象，明令禁止将耕地用于绿化造林、建设房屋道路等。深入推进田长制改革，加强对永久基本农田的保护，严格遏制耕地"非农化"与"非粮化"，进一步加大撂荒地治理力度。如灌阳县白竹村重视"三农"工作，严守"四条底线"，把脱贫攻坚与乡村振兴有机结合，严格守住耕地保护红线，切实落实好耕地保护和建设硬措施，聘请耕地保护巡查员，定期上报巡查情况，对永久性基本农田进行科学规划。

## 2. 合理布局农业生产

农业发展应充分考虑农业生产对生态环境的作用，充分发挥农业的生态功能、景观功能和间隔功能。桂林市发展油茶、竹类、甘蔗等特色经济作物的乡村合理分配作物种植范围，避免同类作物面积过大造成生态系统抗干扰能力下降。龙胜各族自治县芙蓉村以发展茶叶、高山蔬菜为思路，积极探索茶叶发展方向，目前以乌牛早、黄金叶、白茶三个品种为主，2021年新种茶叶300亩，2022年新种茶叶100多亩，现种植规模达到2500多亩，2021年全村茶叶实现产值180万元；"恭城模式"以林果业为龙头，以养殖业为重点，以沼气为桥梁，实现生态系统自我循环和自我调控，收获良好的生态效益、经济效益和社会效益。2021年，恭城瑶族自治县门楼村实现村级"3+1"特色产业（月柿、李子、鸡）覆盖率100%，其中李子、月柿种植户包括全村80%以上脱贫户。

---

① 《牢牢守住耕地保护红线，牢牢把住粮食安全主动权》，《桂林日报》2022年2月16日。

### 3.构建环境监管体系

桂林市各级人民政府对辖区的农村生态环境质量负责，强化政府、部门的管理职责，为企业、农户的污染防治工作提供全面、有效的保障。2021年，恭城瑶族自治县三江乡三江村进行了一次全面的集体资产普查，对所有的山林、土地、水面、房屋等固定资产，以及存货、资金、债务进行全面核查，并核查该村集体所有农地（林地、果园、水面）的承包合同，为落实农村生态环境管理工作打下基础。

桂林市积极构建适应农村特点的环境监管体系。以龙胜各族自治县乐江镇为例，乐江镇建立村级党组织生态环境保护监督机制，以 13 个行政村为网格单元，任命村级环境监督长、环境监督员，由村党组织书记担任监督长、联系片区村干部担任监督员，切实提升监管能力，打通生态环境保护和监管"最后一公里"，推动环境监督关口前移、触角向下延伸。乐江镇建立村级党组织加强对生态环境的排查和监督，形成河长制、林长制和田长制等联动机制，形成生态环境监管"一张网"，建立横向到边、部门协同、分工负责的全覆盖生态环境监督体制，确保各方面职责得到充分落实，形成导向清晰、监督有力、多元参与、良性互动的生态环境监督体系，坚决做到生态环境监督无死角、无遗漏、全覆盖。[①]

## 二 桂林乡村生态振兴的主要发展模式

桂林市依据得天独厚的景观和生态资源禀赋，在实施自然景观资源保育行动和生态环境治理的基础上发展旅游业，落实漓江流域生态补偿制度和措施，因地制宜推动生态产品价值转化与林下经济发展，坚持生态本底促进农文康旅融合，积极探索生态旅游模式、生态补偿模式和林下经济模式，形成一批可操作、可复制、可推广且独具桂林特色的乡村生态振兴模式，为类似地区的乡村生态建设提供发展范例。

---

① 吕忠梅：《习近平生态环境法治理论的实践内涵》，《中国政法大学学报》2021 年第 6 期。

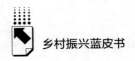

### （一）生态旅游模式

2021 年，以"巩固拓展脱贫攻坚成果同乡村振兴有效衔接"为主题的乡村振兴论坛·广西发布了"壮美广西·乡村振兴"年度特色案例，桂林市阳朔县鸡窝渡村及秀峰区鲁家村入选。同时，红岩村依托月柿产业，改善人居环境，发展旅游产业，实现了从以生态产业发展促进人居环境改善向以生态环境改善实现兴村富民的跨越，成为后发展欠发达地区改善农村人居环境、促进生态旅游发展的典范。

1. 立足资源禀赋，促进农旅融合

桂林风光优美，本着因地制宜、科学规划的原则，以地理位置较近、居住环境较好的自然村为重点，将农业资源与旅游业相融合，努力开发富有桂林风情的美丽乡村旅游资源，立足农业资源禀赋开展生态旅游，形成集观光、美食、购物、住宿、娱乐等于一体的多元化经营模式，立足农旅融合的发展方式打造新村"生态家园"。秀峰区鲁家村风光旖旎，是广西首批特色旅游名村之一，入选首批"广西养生养老小镇"，有"因水而旺的豆腐村"之名。鲁家村通过生态规划打造别具一格的乡村民宿、宽阔纵横的乡村道路、绿意盎然的农家小庭院，形成桂北当代乡村典型风景，本着"生态塑造农田景观化、科技推进农业现代化、精品带动项目高端化、艺术提升区域个性化"的建设理念，发展绿色农业，促进农村经济发展。

在厚植生态底色中，桂林市整合生态资源，2013 年以来，累计投入资金 160 多亿元，建设新型城镇化示范乡镇 85 个，建成田园综合体 22 个、美丽乡村 1000 多个、生态休闲旅游精品线路 8 条，探索"生态+农文旅康"乡村发展新模式。"桂林市休闲农业四季游精品线路"入选全国休闲农业十大精品线路，阳朔、恭城、灌阳、灵川、龙胜、荔浦 6 个县（市）先后入选"全国休闲农业与乡村旅游示范县"。桂林市大力推进信和信桂林国际智慧健康旅游产业园、阳朔兴坪休闲养生度假区建设，推进全州大碧头健康旅游示范园、全州天湖国际高山生态旅游度假区、龙胜温泉、恭城国家健康旅游示范县等康养基地建设，创建中医药健康旅游示范区、森林康养基地、生态旅游示范区、健康旅游示范企业等健康文旅品牌，探索建设医养结合旅游试点。全州县安和龙井生态旅游区、钟山百里水墨画廊生态旅游示范区两家单位被列入第一批广西生态旅游示范区名单，资源县脚古冲村以打造"小九寨沟"为着力点，建设有美景更有前景的农旅协同发展新型村庄，引领农民增收致富，逐步形成"农旅结合、以农促旅、以旅兴农"的发展模式。

恭城瑶族自治县从解决农村能源问题、加强生态保护入手，以沼气池建设为突破口，逐步创立"一池带四小""养殖—沼气—种植""规模化养殖+沼气全托管+规模化种植"等现代生态农业发展新模式，[①] 不断带动养殖业、种植业发展，促进农业向第三产业延伸。多年来，"恭城模式"为当地经济社会发展和生态保护工作带来了效益，同时为畜禽养殖废弃物资源化处理与利用探索出一条新路子，被联合国教科文组织誉为"发展中国家农村生态经济发展的典范"，为全国乃至世界提供了农村生态经济发展的模板。近年来，为巩固"三位一体"生态农业建设成果，经过创新发展，立足当地环境和资源优势，升级打造"养殖+沼气+种植+加工+旅游"五位一体生态经济循环模式，推动乡村经济与社会协调可持续发展。红岩村依托美丽自然风光和成片生态果园，在村内环境卫生和空间规划得到改善的基础上，从生态新村和月柿产业入手，发挥"品瑶乡月柿，赏柿园，喝恭城油茶，住生态家园"等特色，发展生态农业观光旅游，[②] 探索"发展特色农业—建设绿色家园—发展乡村旅游"农旅融合发展路径。

2. 根植生态文化，彰显以文塑旅

龙胜各族自治县的龙脊梯田始建于秦朝，距今至少有 2300 年的发展历程。2018 年 4 月，"中国南方稻作梯田系统"荣膺"全球重要农业文化遗产"称号，龙胜龙脊梯田赫然在列。

龙脊梯田具有特别的文化吸引力，几千年历史沉淀，形成龙胜独特的稻

---

① 何国庆：《恭城瑶族自治县"三位一体"生态农业新模式探讨》，《广西畜牧兽医》2022 年第 1 期；车海刚等：《广西红岩村：绿水青山柿柿红》，《中国发展观察》2019 年第 17 期。

② 车海刚等：《广西红岩村：绿水青山柿柿红》，《中国发展观察》2019 年第 17 期。

作文化、服饰文化、建筑文化与饮食文化。龙胜各族自治县的"中国农民丰收节暨龙脊梯田全球重要农业文化遗产地稻耕文化旅游节"活动入选70个全国最具特色庆丰收活动。龙胜各族自治县颁布《龙胜各族自治县民族民间传统文化保护条例》，以立法的形式推动民族民间传统文化发掘整理保护。近年来，龙胜各族自治县凭借创新"民族+"模式，两次获得"全国民族团结进步模范集体"称号，3个单位获得"全国民族团结进步模范集体"称号。

良好的生态环境是龙脊梯田发展的基础，龙脊梯田依山傍水，自然森林为村庄与梯田提供了丰富的生活用水与灌溉用水，供养着龙胜的人民，最后汇入山下的金江河。水源保护至关重要，依山而建的梯田需要灌溉水源，村民生活产生的污水可以加入自然界的水循环体系，从而形成一个自净系统，实现社会经济和农业生产的可持续发展。在加强水源地生态保护方面，龙胜着重于保持整个生态系统的功能，加强自然保护区、森林公园和资源重点开发区的生态保护。

### 3. 利用森林景观，发展森林旅游

良好的森林生态环境是森林生态旅游最主要的旅游产品。桂林市科学利用森林景观资源，将林区的自然景观和人文历史景观等生态旅游资源与林下经济示范基地相结合，开发与打造一批原始森林探险游、林区避暑休闲生态游、森林养生游、"森林人家"体验游和乡村休闲旅游等特色森林旅游线路。桂林市建有50多个森林旅游景区[1]，其中龙胜温泉国家森林公园入选森林体验和森林养生国家重点建设基地，猫儿山旅游景区入围"全国林业科普教育基地"。

依托丰富的森林资源开展特色森林生态旅游，建成山水森林度假游品牌。桂林适合开展森林生态旅游的地方有八角寨国家森林公园、猫儿山国家自然保护区和花坪国家自然保护区。发展森林旅游使桂林的林业经营模式从

---

[1] 《地形地貌》，桂林市人民政府网站，2020年5月11日，https：//www.guilin.gov.cn/glyx/glgk/zr dl/202005/t20200511_ 1775363.shtml？ivk_ sa＝1024320u。

单一营林生产型转向开放性多种服务型，使林业从单一"木材利用"转为多功能"生态利用"。

为打造特色旅游品牌，桂林市推出了"四园工程"，4家园区各有特色，八角寨国家森林公园主打观光漂流，龙胜温泉国家森林公园富有民族风情，阳朔国家森林公园以森林生态旅游为特色，桂林国家森林公园主推养生度假旅游服务。桂林各县（市、区）也依托当地森林资源，积极开发"森林之家"旅游点。除利用优美的森林景观发展森林旅游外，桂林市还结合林下养殖和林下种植推出了集观光、休闲等多种旅游方式于一体的森林生态旅游模式。游客可以在游山玩水之际感受桂林的山水风情，也可以体会生态农业的乐趣，在桂林的度假村中品尝天然养殖的鸡、兔与林下种植的平菇等食材做成的佳肴，给林农带来更加多元的收入，丰富旅游类型。

大力发展森林康养，促进森林康养产业绿色发展。森林康养业是实现"健康中国战略""乡村振兴战略"，科学合理利用森林资源的一项重大行动。[①] 2019年以来，猫儿山所在区域兴安县华江乡推进开发健康养老小镇项目，目前已引进一山半岛温泉度假酒店、上海九塑温泉康养度假小镇等旅游康养项目。兴安县大力推进农旅、文旅、康养旅游一体化发展，将华江现有的文旅、康养项目和未开工项目综合规划，建设老山界·猫儿山康养风景区，投入60亿元，全面推动猫儿山国家5A级景区建设。

## （二）生态补偿模式

在完善生态环境保护和补偿制度方面，桂林市主动请示有关部门，争取水、空气、土壤污染防治等专项补助资金，建立多元化投融资体制，拓宽生态保护补偿资金来源渠道，引导社会资金投入有一定收益的生态保护与生态产品开发项目。桂林市正在逐步健全漓江生态保护机制，不断完善漓江流域生态保护补偿模式，加快推动建立生态产品受益地区与保护生态

---

① 《广西将构建"三区三集群"森林康养产业新格局》，《桂林日报》2022年7月11日。

地区、流域下游与上游横向生态保护补偿机制，开展生态环境损害赔偿。探索公益林分类补偿与分级管理制度，逐步提高生态公益林的补偿标准。支持把湘江、资江、灌江三大流域的生态保护纳入长江流域横向生态保护与补偿体系，推进跨区域的生态环境保护与补偿机制构建。从2020年开始，自治区财政每年投入3000万元，用于漓江流域上下游生态保护补偿奖励。

**1.提高森林生态补偿标准**

由国家、自治区、市级财政拨付资金和直接依靠林业生态建设获取经济效益的部门（如水库、水电、旅游局、森林公园、水运等）出资，对桂林市因保护林业生态遭受经济损失的林农给予补偿，从而提高森林生态补偿标准，形成漓江下游反哺上游、受益地区反哺贡献地区的良性循环关系。自治区财政厅高度重视森林生态效益补偿工作，近年来，逐步加大投入力度支持森林生态效益补偿，且考虑到自然保护区内石山和土山两种类型林地经济产出差异较大的情况，自治区财政进一步加大对自然保护区内落界土山和石山的权属集体和个人公益林的差异化禁伐补助力度。2021年，将自然保护区内落界土山和石山的权属集体和个人公益林补偿标准分别提高到36元/（亩·年）和22元/（亩·年）。

**2.统筹漓江流域生态保护**

《广西壮族自治区漓江流域生态环境保护条例》出台以来，广西区、市、县三级财政进一步优化支出结构，逐年加大漓江流域生态环境保护投入力度。为进一步加强漓江流域生态保护和修复，桂林市及相关县（市、区）认真落实地方政府主体责任，集中投入55.27亿元支持漓江流域生态环境保护。截至2022年6月，自治区继续加大资金支持力度，统筹安排4.56亿元支持桂林漓江生态保护和修复，其中统筹生态环境保护、自然资源事业发展等专项资金3.8亿元，支持桂林实施漓江流域山水林田湖草沙一体化保护和修复工程；通过区内流域横向生态奖补资金，安排漓江流域横向生态补偿试点自治区奖补资金0.3亿元；统筹第一批中央水污染防治资金0.3亿元，支持平乐县两个饮用水水源保护区规范化建设项目；统筹自治区专项资金

0.16 亿元，支持桂林市南溪河（象山区段）水质提升和生态修复工程。①

桂林市喀斯特景观资源的生态补偿覆盖人数很多，进行大面积"生态移民"是不可行的，由于资金的有限性与喀斯特景观资源范畴的广阔性之间的矛盾，直接进行补贴的方式难以起到实际效果。因此，桂林市在喀斯特景观资源生态补偿制度实践中，注意与漓江风景名胜区保护及相关法律、法规、政策的衔接。在《桂林漓江风景名胜区总体规划》中，部分喀斯特景观资源被划分为特级保护区、一级保护区、二级保护区、三级保护区以及控制协调区。细化生态补偿制度，并注意其与自然资源的协调关系，可以为解决桂林市喀斯特景观资源保护与人民生产生活需求之间的矛盾提供答案，助力桂林市喀斯特景观资源可持续开发利用。

桂林市积极探索保护与发展并进的新模式，大力推进"治乱、治水、治山、治本"，探索喀斯特石漠化地区景观资源可持续利用的适用技术路线和系统方案，落实喀斯特地区生态补偿制度，从生态修复、林改保护、景观提升等方面持续发力，实施桂林喀斯特世界自然遗产地（风景区）生态景观修复、漓江城市段岸线及洲岛生态修复、漓江流域破损山体生态修复及护林改造等生态修复工程，全面修复生态景观资源。2021年，修复漓江风景名胜区及可视范围内山体（矿点）21座（处），修复面积136万平方米，将漓江源头、沿岸森林全面纳入生态公益林管理，开展漓江核心景区沿江可视范围景观林提升，桂林喀斯特生态修复项目三期、伏龙洲生态修复工程等入选2021年广西国土空间生态修复10个典型案例。② 建设漓江东岸百里生态示范带、漓江西岸桂阳公路旅游休闲带（文化旅游大道），建成85公里慢行绿道，漓江沿岸乡镇村屯全面改造提升。实施百里漓江"绿化、彩化、花化、果化"等工程，漓江流域森林覆盖率已达到80.46%。2021年，桂林

---

① 《广西壮族自治区财政厅关于自治区十三届人大五次会议第2022492号代表建议的答复》，广西壮族自治区财政厅网站，2022年6月23日，http://czt.gxzf.gov.cn/zt/jyta/rdjydf/t12646052.shtml。
② 《绿水青山　金山银山》，《桂林日报》2021年7月1日。

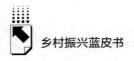

市农村居民人均可支配收入为1.89万元,① 漓江沿岸景观修复带动沿岸乡村居民受益。

**3. 推进生态产品价值转化**

2021年,《广西壮族自治区生态产品价值实现试点工作方案》由自治区自然资源厅和生态环境厅共同发布,明确将桂林市列入生态产品价值实现试点地区之一。按照桂林市委、市政府漓江风景名胜区"统一管理、统一经营和统筹各方利益"的改革部署,实施"整合优质旅游资源、打造旅游旗舰品牌"战略,建立健全准入退出监管机制,不断加大漓江旅游资源整合力度,提升漓江生态旅游品质及品牌价值。② 生态产品价值实现是绿色转型和乡村振兴的衔接点。③ 桂林乡村生态产品以农产品为主,桂林处于亚热带季风气候区,雨热较多,水果产业发展良好,部分地区依托高山生态环境资源优势着力打造高山蔬菜品牌,如灵川县和资源县。

(1)构建多元化投融资发展机制和绿色金融服务平台。桂林构建生态系统生产总值(GEP)核算标准和评估体系,在龙胜各族自治县、恭城瑶族自治县等生态功能重点地区探索GDP和GEP"双核算、双运行"绿色经济考评体系,实现GDP与GEP良性互动互促,建立基于GEP核算的生态产品市场交易机制,加快实现生态价值向经济价值转变。④ 利用生态景观资源经济形态升级与模式创新、生态价值多元转化保障生态环境建设可持续发展。桂林市积极争取成为全国生态产品价值实现机制试点城市,为获得更多的资源、资金保障与国家级政策支持,桂林不断发力,将生态环境优势转化为生态经济优势,探索出一条环境保护与经济发展双赢的高质量发展之路。同时,推动绿色金融

① 《牢记领袖嘱托 筑牢生态安全屏障 守护好桂林绿水青山》,清廉桂林网站,2022年4月15日,http://lingui.qlgl.gov.cn/show-3-45738-1-11.html。
② 《桂林漓江风景名胜区管理委员会关于印发落实2018年市政府主要目标任务实施方案的通知》,广西桂林漓江风景名胜区管理委员会网站,2018年6月1日,http://lgw.guilin.gov.cn/tzgg/201806/t20180611_815050.htm。
③ 宋蕾:《生态产品价值实现的共生系统与协同治理》,《理论视野》2022年第7期。
④ 邵超峰:《桂林景观资源可持续利用面临的挑战和对策》,《可持续发展经济导刊》2020年第7期。

产品服务创新,推出碳排放权质押贷款、"漓江生态保护贷"、"光伏贷"等信贷产品,[①] 撬动金融资源向绿色低碳产业倾斜,出台《2021年金融支持桂林市实体经济发展意见》《人民银行桂林市中心支行关于金融支持工业振兴信贷指导意见》等,引导金融机构支持绿色低碳发展。

(2)探寻实现生态产品多样性的途径。探索建立生态产品价值年度目标考核制度,推动生态产品价值核算结果在绩效考核评价和离任审计等方面的应用,推进国家可持续发展议程创新示范区、国家低碳城市建设,以低碳绿色节约生活方式建立生态产品价值实现机制。[②] 桂林市探索多元化生态产品价值实现路径具体如下。

第一,开展生态产业化经营。桂林市依托森林、水、山、湿地、空气等优质自然资源与自然禀赋,开展生态产业化经营,发展良种苗木繁育、经济林、竹藤花卉、林下种植养殖、水产养殖等特色产业,鼓励依托优美自然风光、农业资源和历史文化遗产,发展休闲康养、文化旅游等模式,推动生态优势转化为产业优势。如阳朔县做大"金山银山",大力发展生态友好型产业,鼓励农户经营农家乐,组织"爱心集市"、"扶贫助农、主播带货"产地直播等活动,向市民推广脱贫村的金橘、沃柑、土鸡、土鸭、芝麻油、漓江小鱼干等几十种特色原生态农产品并形成订单采购模式;阳朔镇高洲村依托田园、山水等原生态绿色资源,在保护好生态环境的前提下,通过租赁的方式开发经营自然资源,村集体获得租金收入,使发展资源获得保值增值。

第二,提升旅游和农业生态价值。桂林市统筹山水林田湖草沙系统治理,重点开展水体、土地、林草、湿地、矿山、自然保护地等治理修复,严守生态保护红线,营造桂林山清水秀的自然生态,稳步提升全市生态价值。依托稻田优势生态资源,桂林市因地制宜实践"稻—田—鱼""猪—沼—稻—灯—鱼""稻—灯—鸭"等稻田生态农业模式,取得了"稻谷增产鱼增收,农业增效助脱贫"的良好成效。

① 《桂林　绿色贷款余额达276.81亿元》,《广西日报》2022年5月16日。
② 《桂林:打造旅游城市工业绿色转型标杆》,《桂林日报》2022年5月10日。

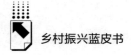

  桂林市积极推进绿色低碳产业高质量发展行动与工程，建设一批高效生态农业生产基地与示范工程，建成一大批标准基地、标准园艺园和现代农业核心示范园，推广测土配方施肥、秸秆还田、节水农业等先进适用技术超过 1400 万亩，推广"猪—沼—果（菜、林）—鱼""果园养鸡""稻田养鸭（鱼）""粮经轮作""立体循环生产"等生态循环农业模式，建成示范点 2350 个，并探索出"生产—生活—生态"相融的"新三位一体"乡村发展模式。绿色低碳产业和生态循环农业促进农村经济社会协调发展，控制废料排放和环境污染，乡村人居环境得到改善，且农业示范区吸引游客前往体验生态农业与驻足观光，带动乡村旅游业可持续发展。桂林市积极推进地标特色农产品加工深度开发与产业化工程，提升生态食品附加值，推动生态农业规模化、集约化、品牌化发展。桂林市共获认定各级现代特色农业示范区（园、点）1747 个，新增自治区、市、县、乡、村级现代农业示范区（点）778 个，特色产业实现县（市、区）、乡镇全覆盖。

  第三，开展生态资源指标及产权交易。围绕桂林市自然资源及可开发利用的资源性资产，成立桂林市生态资源开发管理公司，先易后难、分批分期将自然资源收储进"生态公司"，积极与央企投资联合体探索引入先导资金，及时启动、分步实施"生态修复、价值提升"等急需启动的项目。通过政府管控或设定限额，开展森林覆盖率、排污权、水权等资源权益指标交易。围绕开展生态产业化经营、推进生态产品供给能力提升、促进生态产品价值增值、积极开展生态资源指标及产权交易、鼓励探索其他类型生态产品价值实现路径等，探索多元化生态产品价值实现路径，促进 GEP 和 GDP 双增长。为深入贯彻落实《国务院办公厅关于引导农村产权流转交易市场健康发展的意见》和《广西壮族自治区人民政府办公厅关于印发广西农村产权流转交易市场建设方案的通知》文件精神，临桂区人民政府制定《桂林市临桂区农村产权流转交易市场建设方案》，推进农村产权制度改革，培育和发展全区农村产权流转交易市场，增强农村经济发展活力。

### （三）林下经济模式

林下经济是指以林地资源和森林生态环境为依托发展起来的林下种植业、养殖业、采集业和森林旅游业等多种产业，是顺应我国生态文明建设要求与经济发展需求的新型开发模式。林下经济分为林菌、林药、林养等模式。依托丰富的资源，大力发展林下经济，促进绿色产业发展，是贯彻"绿水青山就是金山银山"理念的生动体现，是促进资源优势转换、促进农村产业结构调整、增加农民收入、促进乡村振兴的重要举措。资源县实行林下经济发展新举措，在全市范围内相对覆盖面最广、带动人口最多且可持续性最强，为"十四五"脱贫攻坚成果的巩固和拓展以及乡村振兴战略全面实施奠定良好基础。桂林市重视资源县林下经济的经验，组织各县（市、区）发展林下经济产业，全面促进桂林市林下经济高质量、高效益发展。

1. 扶持发展林下种植，使"青山"化"金山"

林下种植是因地制宜利用山林环境资源，在林下种植经济作物来增加林农收入的有效方式。林药间作、林粮间作、林花间作、林菜间作、林草间作和林菌间作是常见的林下种植模式。基于桂林市自身的气候和土壤条件，林草间作和林菌间作是两种较适宜的种植模式。2022 年上半年，桂林市制定出台《桂林市林下经济发展计划（2022—2025 年）》，将林下中药材种植列入桂林市林下经济 5 年重点发展方向之一。

恭城瑶族自治县以丰富的中草药资源为优势，"五虎、九牛、十八钻、七十二风"是具有代表性的 104 种老班药，也是瑶族经典用药。近年来，恭城坚持以发展林下中草药种植为抓手，积极推进林下经济健康发展，把森林资源的生态优势转化为产业经济优势，拓展生态产业发展路径，走出一条具有恭城特色的林下经济发展之路。截至 2022 年 8 月，恭城中药材种植面积达 2.8 万余亩。恭城按照"一乡一业、一村一品"的林下经济发展格局，在发展初期已形成以林下种菌、林下种药、林下养鸡和林下养蜂为主导的林下经济产业布局，这种近期得利、远期得林的双赢模式让恭城更加坚定走绿色产业发展道路。

### 2. 重点发展林下养殖，生态与经济双赢

林下养殖就是将山林中的野草、虫子和微生物等作为放养禽畜的食物资源，禽畜产生的粪便又促进林木的生长，是饲养家禽或家畜的一种生态循环利用林下经济模式。鸡、鹅、兔等都是可以林下养殖的禽畜种类，在桂林地区，养殖土鸡的经济效益相对较高。桂林市立足丰富的山林资源，大力发展林下经济，通过林下养殖实现生态保护和经济效益双丰收。

雁山区桂林新勤业农牧有限公司及其无公害肉鸡养殖基地是桂林市发展林业养殖的典型代表，其采取"公司+基地+农户"模式，把养殖散户组合成一个团体，带动广大农民通过林下养鸡发展林下经济，带动1200户农民参与林下养殖，年出栏肉鸡1500万羽以上，年产值3亿多元，平均每年为农户增收4万~5万元；龙胜各族自治县泗水乡龙甸村林下养殖龙胜凤鸡的养殖户达15户，年出栏量达16万羽，产品销往贵州、湖南、广东等地。

### 3. 精准发展林下采集加工，为农民增收

《广西壮族自治区林下经济发展"十四五"规划》提出，桂林市要推进林下经济与旅游、教育、文化、健康养老等产业深度融合，带动林下种植、林下养殖、竹藤编织等其他林下经济产业发展。目前，桂林市林下采集加工产业具有极大的潜力，有待进一步开发利用。桂林竹类品种资源丰富，丛生和散生竹种达260多种，其中毛竹林面积达180万亩，合理开发林下采集加工产业可以为竹林产业带来新的产品，为农民增产增收。

永福县龙溪村麻竹产业扶贫示范基地内新鲜采收的麻竹笋通过村合作社进行粗加工，每亩年毛利润达4000元。据统计，仅麻竹笋一种产品即可为龙溪村实现年人均增收3500多元。2022年，永福竹编入选桂林市第七批市级非物质文化遗产代表性项目目录，竹藤编织产业也为桂林市旅游业的发展添砖加瓦。恭城天源食品有限公司专门收购竹笋进行加工，采用"公司+基地+农户"模式，带动季节性处理竹笋原料岗位就业人员近100人，农户每人增收3000元以上。

# 三　桂林乡村生态振兴存在的主要问题

近年来，桂林市乡村生态振兴取得了显著成绩，但各县（市、区）乡村生态振兴工作还存在不少亟待解决的困难和问题，如农民生态意识淡薄、资源浪费、村庄衰减、乡村空心化、乡村生态基础设施落后、产业发展引发环境污染和乡镇生态环境治理功能弱化等。总体上，桂林市全社会共同参与建设国家可持续发展议程创新示范区的主动性不高，自上而下共建世界级旅游城市的氛围尚未形成，丰富的景观资源禀赋尚未在各地区转化为社会经济发展优势。

## （一）生态意识淡薄

### 1. 生态环保和管理意识缺乏

村民对生态环境的建设和治理参与度不高，未能理解并践行"绿水青山就是金山银山"理念，部分乡村基层干部对生态乡村和生态振兴建设活动的理解尚停留在表层，须进一步拓展认知深度，一些职能部门参与度不高，没有真正形成齐抓共管的局面。以营利为目的的旅游企业开发商大多缺乏绿色发展、生态环保意识，可持续发展理念的缺失造成旅游产品和建设活动的盲目拓展，未能打造绿色生态产品。部分参加旅游的人员和旅游从业人员并没有真正形成生态环保意识，未能以行动践行生态环保理念。

### 2. 对乡村生态振兴理解不到位

乡村生态振兴需要乡村全民参与、人人维护，部分村民认为乡村振兴只是政府部门和干部做的事情，不需要群众考虑或参与，"干部干，群众看"的现象在部分乡村屡见不鲜，甚至部分村民没有做到"自扫门前雪"，对乡村生态产业发展和人居环境整治的顺利开展造成不利影响。由于村民和干部对乡村生态振兴的理解不够，开展的生态乡村活动停留在表面，部分基层群众甚至干部简单地将村屯绿化视为种树，将饮水净化视为通水，将道路硬化视为修路，乡村发展部门在一定程度上做的是对乡村生态振兴缺少充分了解的工作。村民对乡村生态振兴的理解不到位，在建设活动中忽视了对

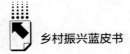

乡村原生态自然环境的保护，在农业生产中过度使用化肥和农药，使农田土壤板结酸化，乡村生态农业发展面临重大困难。村民和干部对乡村生态振兴理解的局限制约了生态乡村建设的全面持续开展。

### 3. 生态环保行动有待加强

农业生产中采取的肥料表施和撒施方式，造成部分农田的肥料通过降雨循环或径流进入水体的生态系统，使乡村农田肥料利用率普遍偏低。农业投入品包装袋未充分回收处理而是随意丢弃，不仅造成水体污染，而且残留在田间地头或土壤中，对乡村的生态系统危害较大。[1] 受传统生活方式、文化水平的影响，村民掌握的生态环保知识非常有限，对生活垃圾、化肥农药的危害认识不足，乡村存在较多的空气污染源，主要有庄稼秸秆燃烧、鞭炮燃放以及汽车尾气排放。桂林乡村农业主要采取家庭承包传统小面积种植模式，单户散种，由于秸秆分布散、体积大、收集及运输成本高，大部分秸秆未能处理或利用而是留在农田里，秸秆的综合利用程度尚处于较低水平。据调查，漓江流域人均垃圾排放量为 1.41kg/d，日垃圾排放量为 374 吨，燃柴灰分作为农肥进入农田造成污染。[2]

### （二）生态规划欠缺

#### 1. 基础设施建设不全

虽然桂林市古村落历史文化悠久，但多数村庄面貌破旧。部分乡村道路不畅通，基础设施建设不完善，偏离市区的山野乡村道路狭窄陡峭，即使是较有名气的乡村景点，道路硬化普及率也不高，无法通行大巴车，吸引不了游客，农家乐难以发展。农村水利基础设施落后，导致大片水田一到干旱季节就缺水，目前部分乡村水利基础设施年久失修，无法实现正常灌溉，农业发展受到很大影响。另外，粮食种植区的公路还不完善，有很多乡村不通机耕路。

---

① 蒋宝琼：《桂林市农业面源污染现状及治理对策》，《现代农业科技》2012 年第 2 期。
② 黄巍：《生态乡村建设面临的困境及出路——以广西桂林市为例》，《经济师》2015 年第 8 期。

## 2. 规划缺少生态保护与特色

结合环境改善、历史文化传承和民族特色升华的乡村生态规划较为欠缺，部分乡村的街道和建筑风貌规划缺少整体性考虑，在乡村改造中没有充分挖掘乡村文化元素，未能做到景观有机更新，而是盲目照搬城市规划，造成"千村一面"的现象，乡村难以具备鲜明突出的特色。部分乡村干部在美丽乡村规划设计中，往往重视形式而忽视实际需求，如盲目修筑混凝土道路和构筑物造成生态资源破坏和乡村特色丧失，甚至会陷入恶性循环。在乡村旅游发展过程中，乡村在经济效益面前容易出现盲目扩张和过度商业化的现象，一些村庄片面强调乡村社区的集中建设，以城市规划的方式对乡村进行规划，背离了乡村生产生活方式和乡村旅游的初衷，失去了乡村原本的淳朴和生态特色，削减了原本朴实的乡村氛围，造成对外吸引力大打折扣。同时，部分乡村规划对山水林田湖草沙等自然资源的保护重视不足，违背生态规律的旅游开发方式，使生态环境问题更加突出，在一定程度上加剧了喀斯特地区石漠化。城市设计的空间复制思想并不适用于乡村发展，容易产生伪城市面貌，加速乡土风貌的丧失，既不利于乡村特色风貌的保护，又造成资源的浪费。

## 3. 乡村空间布局分散与内部"空心化"

由于农业生产技术和交通工具的限制，耕作半径限制成为民居选址必须考虑的因素。为了生产便利性，乡村住房选址会靠近耕地，致使桂林传统农村居民点呈现随着耕地分布的状态。乡村建设需要集中布置各种基础设施，但宅基地布局分散问题比较大，且在村庄建设边界外存在很多零星宅基地，不利于土地集约利用、基础设施配置。部分村落空间布局零散，组团关联度弱，交通结构不完整，导致空间整合度低、可达性不高。同时，乡村大量中青年人口迁移到城镇，以谋求更高的收入以及更多就业与发展机会，致使村庄"空心化"、宅基地闲置等。受改善居住条件的内因驱动，以及原有居民点房屋建造年代较早基础设施不完善等外因影响，村民产生了新建住房的需求。由于村庄长期缺乏生态规划的引导，村集体对村庄宅基地管理不严格，村庄新建住房不断向外拓展，产生乡村宅基地"空心化"现象。

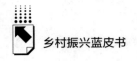
### （三）生态产业发展不畅

#### 1. 生态科技水平低

部分乡村干部对生态科技在乡村振兴中发挥的作用认识不足。桂林生态科技产业对乡村生态资源可持续利用的支撑能力不强，科技投入较低，创新链和产业链融合度较低，导致桂林乡村生态旅游、生态农业、健康养生等产业发展水平不够高，产业带动能力不够强，部分产业规划比较分散，规模效应不够明显。《桂林市可持续发展规划（2017—2030年）》提出桂林市研究与试验发展经费支出占地区生产总值比重 2.2% 的目标，但当前该比重仅为 0.87%，桂林应该持续加大对乡村生态振兴的科技支持力度。

#### 2. 生态产业储备人才不足

农业是发展乡村生态产业的重要支撑，也是生态产品的重要供给来源，但如今桂林乡村生态产业振兴人才缺失问题非常严重。桂林在家务农人员的年龄普遍超过 50 岁，此年龄段的人掌握的知识老化，没有较强的市场开拓能力，学历相对较低[1]，导致传统产业技术传承断档、现代农业科技落后、农产品滞销和农家乐旅游推广落后。目前，乡村农业经营主体中能够开拓市场、引导生产的人才缺口非常大，同时乡村急需专业技能人才、高层次农业创新人才。

#### 3. 生态产业结构不牢固

目前，虽然桂林生态农业产业种类繁多，但发展体系不牢固，产业结构仍要调整，特色生态农业产业发展指导和调控需要持续加强。例如，桂林砂糖橘受病虫害、天气和市场等各种因素影响，出现"产量高收入低"现象，已连续 3 年滞销。[2]

---

① 桂林市委党校第 34 期县处班第 2 调研组等：《桂林乡村产业振兴的现状、问题及发展建议》，《中共桂林市委党校学报》2021 年第 4 期。

② 桂林市委党校第 34 期县处班第 2 调研组等：《桂林乡村产业振兴的现状、问题及发展建议》，《中共桂林市委党校学报》2021 年第 4 期。

# 四 加快桂林乡村生态振兴的对策

## （一）增强生态意识

### 1. 树立生态理念

以"两山"理念为指导，将"两山"理念融入乡村振兴全过程，突出"绿水青山"的优先地位，同时完善向"金山银山"转化的成果转化机制。在改善生态环境的同时，桂林市应加强农村文化建设，使农村居民树立环境保护意识以及生态理念，促进农村经济产业再发展。在实现农村产业增值的过程中，需要政府、企业、农民充分合作，将生态理念融入工业投入、加工、销售和消费全过程，依靠当地生态资源，探索产业增长点。基于"两山"理念的乡村振兴，将在政策完善、产业融合、科技创新、人才培养等体系支撑下实现，让村民通过文化、品牌、低成本生态资源理解价值升值。

### 2. 弘扬生态文化

增强农民建设乡村生态文化的意识，使广大农民自觉参与乡村生态文化建设。[①] 相关乡村规划与发展部门应给予农民充分自主创造的机会，将乡村传统生态文化与习近平生态文明思想相结合，用农民群众喜欢的形式表达出来，形成尊重自然、保护自然的生态价值观。以原有的生态环境以及当地农村特色景观为基础进行生态文化建设，不仅可以为生态文化发展增添色彩，而且可以促进当地经济发展。发挥基层组织优势，加强宣传引导，使用恰当的宣传方式，推动互联网与乡村生态文化相结合，打造"互联网+乡村生态文化"模式，为乡村生态文化建设贡献现代力量。

### 3. 推进人与自然和谐共生

坚持"两山"理念，尊重自然、顺应自然、保护自然，树立人与自然

---

① 朱伟红：《新时代农村生态文明建设研究》，硕士学位论文，江西师范大学，2020。

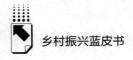

和谐共生理念，推进乡村绿色发展，打造生态宜居环境。村干部及带头发展人员应引导村民深刻认识中国式现代化是人与自然和谐共生的现代化科学内涵，让人们"望得见山、看得见水、记得住乡愁"。以低能、低碳的生态思想为指引，做好生态保护工作，为子孙后代留下青山、绿水和蓝天。

## （二）注重生态规划

### 1.加快环境综合整治

建立和完善资本运作和管理机制，采取措施改善农村住房资本投入。根据当地特色以及农民需求，改善农民的建筑要素，将建筑与现代化生活方式相结合，改造居住空间。拆除空置房屋重新选址规划，拆除风貌失调的建筑，顺应乡村原有建筑肌理，引入桂林特色建筑元素，统一规划乡村整体风貌。加快建设或更新农村人居环境基础设施，如垃圾和雨污处理设施，推动旱厕改革、道路硬化、绿化带建设等。进一步加大乡村人居环境改善的资金投入力度，因地制宜进行差异化财政投入，鼓励市场参与乡村人居环境基础设施建设。

### 2.严守国土空间规划

按照生态良好的要求，以国土空间规划确定的国家重点生态功能区、生态保护红线、国家级自然保护地等为重点调整空间结构。在保证生活空间的前提下，扩大绿色生态空间，保持农业生产空间。限制开发区域都是生态比较脆弱或生态功能重要的地区，对维护全局生态系统安全具有不可替代的作用，不宜实行大规模、高强度的工业化、城镇化开发。按照桂林市现有的国土空间规划，阳朔县、灌阳县、龙胜各族自治县、资源县、恭城瑶族自治县为国家级限制开发区域；临桂区、灵川县、全州县、兴安县、永福县、平乐县、荔浦市为自治区级限制开发区域。桂林应根据相应地区的自然属性确定适宜的开发内容，按照相应比例配置森林、草地、湖泊、湿地等生态用地。

### 3.改善乡村生态布局

（1）还原乡村自然山水格局。桂林乡村的自然景观有独特的空间结构，想恢复原真性，就要做到严守"三条红线"，加强山、水、林、田等生态空间管控。加强生态修复，遵循"守山、护林、保林、整田"的思路，统筹山水林田湖草沙生态系统治理，达到农田景观艺术化、人居环境舒适化、人与自然和谐化的乡村大地景观生态格局。

（2）优化乡村生态网络规划。基于乡村生态网络、人文网络、产业网络、交通网络之间的联系，把桂林乡村景观元素应用于生态绿网优化布局特色塑造，突出桂林乡村景观特征，完善点、线、面相结合的绿色网络格局。

（3）营造乡土地域景观。乡村生态景观的营造应突出乡土性、个性以及民族特色，不仅要推动乡村产业特色化，而且要塑造特色化的乡村景观。在配置乡村景观植物时，应形成"一村一景"生态景观网络格局。桂林乡村在景观配置上应注重充分运用本地特色植物，根据不同空间、不同季节，综合考虑植物、材料、色彩、形状等元素，营造桂林典型的乡村景观，表现自然野趣。①

### （三）推进生态产业发展

#### 1. 提高生态科技水平

（1）树立生态科技创新观念。强化实施生态科技人才发展战略，探索适合桂林经济社会发展、资源环境相互协调的科技可持续发展模式。相关规划与发展战略文件应运用科技手段解决目前阶段环境问题，主动学习发达地区生态科技创新的最新动态，借鉴最新的生态技术，加强与发达地区的生态科技创新合作，以高新生态技术推动乡村发展。

（2）强化生态科技推广应用。促进生物技术发展和生产力提高，加大对优良品种的推广力度，提高农作物产量，扩大产品供给，延伸产品供应链。严格按照生态学原理，规划生态发展工程。运用生态高效技术，发展生态产业。调整产业结构，减少污染物的产生，从根源消除污染。在治理模式方面，把以政府为主导的污染治理，转变为政府、企业、公众共同参与的多

---

① 王晓丽、宋书巧：《刍议阳朔乡村旅游资源开发》，《广西师范学院学报》（自然科学版）2005年第4期。

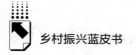

元化体系，更加强调使用市场促进机制。

**2. 推进生态产业化**

一是依托桂林的森林、水、山、湿地、空气等优质自然资源与自然禀赋，开展生态产业化经营，发展经济林、竹藤花卉、林下种植养殖等特色产业；二是以严格保护为前提，发展生态旅游、绿色低碳抗氧、沉浸式消费，打造世界级旅游城市；三是鼓励依托优美自然风光及古村落、古建筑等历史文化遗产，发展休闲康养、文化旅游等模式；四是发展数字经济、医美与洁净医药、新能源、生态农业、生态工业等产业，引入主导产业、辅助产业，通过核心企业带领、辅助企业支持形成企业集群，打造完整产业链，不断推动生态优势转化为产业优势。

**3. 促进产业生态化**

以生态理念为引领，树立产业绿色可持续发展理念；以制度为核心，构建产业生态化发展制度体系；以科技为支撑，形成产业生态化绿色供给体系。在生态环境承载范围内，增强生态服务功能，在生态资源产业化的过程中兼顾生态效应。[①] 桂林柑橘产业不仅是解决"三农"难题，实现农业增效、农民增收、农村繁荣的重要产业，也是促进乡村生态文明建设的重要途径。柑橘产业应融合生态种养、加工和销售服务等产业，优化整体产业链设计。加大对柑橘深加工企业的扶持力度，开展柑橘深加工产品研发。对柑橘观光农业进行提升改造，打造集生态观光、休闲体验、徒步健身、养生度假等功能于一体，要素集中、产业集聚、技术集成、经营集约的休闲农业旅游项目，推动柑橘产业转型升级，让产业生态化成为村民可持续增收致富的重要来源。

---

① 王帅等：《乡村振兴背景下山地村庄产业生态化转型研究——以商洛市黄山村为例》，2021中国城市规划年会，成都，2021年9月25日。

# B.6

# 桂林乡村组织振兴调查与研究报告

肖富群　徐其龙*

**摘　要：** 组织振兴是乡村振兴的主要内容和根本保障。2021年，桂林全面贯彻落实习近平总书记视察广西对桂林乡村振兴的重要指示精神，在完善乡村振兴领导衔接体制、推进基层党组织规范化建设、数字赋能和三治融合提升乡村治理能力、培育新型农业经营主体、引导社会组织参与乡村振兴等方面取得突出成效，确保衔接平稳有序，扎实推进乡村组织振兴，形成"党建+N"、基层"微治理"、"融合集群"发展集体经济等组织振兴模式。但桂林乡村组织振兴存在工作协同机制不完善、基层党组织服务能力不足、自治趋于行政化、农村集体经济内生动力不足等现实问题。为巩固拓展脱贫攻坚成果与乡村振兴有效衔接，桂林须进一步建立健全机制，坚持党对乡村振兴的核心领导，优化农村基层党员队伍结构，进一步深入基层和群众，动员和培育社会组织深度参与乡村振兴，创新发展壮大新型农村集体经济，走出乡村组织振兴的桂林特色之路。

**关键词：** 组织振兴　党建+　社会组织

---

* 肖富群，博士，广西师范大学政治与公共管理学院院长，教授，博士生导师，广西社会学会副会长，广西师范大学珠江—西江经济带发展研究院研究员，广西师范大学西部乡村振兴研究院乡村社会治理研究中心主任，研究方向为社会研究方法、人口发展与民生保障；徐其龙，博士，广西师范大学政治与公共管理学院讲师，研究方向为乡村治理、农村社会工作。

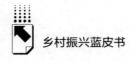

组织振兴是乡村振兴的主要内容和根本保障。如何提高乡村内外各类组织建设水平，将乡村的人力、财力和物力资源整合动员起来，建立健全保障产业兴旺、治理有效、乡风文明、生态宜居的组织载体和组织体系，是当前在全面推进乡村振兴背景下党和政府必须面临的重大命题。2021年，桂林市学习贯彻习近平总书记关于"三农"工作的重要论述，落实习近平总书记视察广西"4·27"重要讲话精神和对桂林乡村振兴的重要指示精神，按照党中央、国务院和自治区党委、政府的部署要求，坚持以人民为中心的发展思想，坚持党的领导，全力推进组织建设，为乡村振兴提供根本保障。

# 一 桂林乡村组织振兴取得的主要成效

## （一）完善乡村振兴领导体制，确保衔接过渡平稳有序

### 1.坚持党的领导，完善乡村振兴的领导机制

新修订的《中国共产党农村基层组织工作条例》对党的农村基层组织工作做出全面规范，明确党在农村的基层组织，对指导思想、组织设置、职责任务、领导班子和干部队伍建设等做出具体规定，为农村基层组织建设提供了重要制度保障。2019年，党中央颁布实施《中国共产党农村工作条例》，从组织领导、主要任务、队伍建设、保障措施、考核监督等方面做出规定，要求提高新时代党全面领导农村工作的能力和水平。2021年6月开始实施的《中华人民共和国乡村振兴促进法》在"组织建设"一章提出，"建立健全党委领导、政府负责、民主协商、社会协同、公众参与、法治保障、科技支撑的现代乡村社会治理体制和自治、法治、德治相结合的乡村社会治理体系"。坚持党的领导是组织工作和组织建设的基本要求。

2021年，桂林市按照党中央、国务院和自治区党委、政府的部署要求，确保衔接过渡平稳有序。一是做好领导体制衔接。将原中共桂林市委员会扶贫开发领导小组的职能并入市委农村工作（乡村振兴）领导小组；在领导小组下组建实施乡村振兴战略指挥部，统一指挥全市巩固拓展脱贫攻坚成果

和全面推进乡村振兴工作；指挥部下设办公室和 14 个专责小组。二是做好工作体系衔接。重组成立乡村振兴部门，市级和 13 个县（市、区）扶贫办整建制改组为乡村振兴局，之前没有扶贫开发任务的秀峰区、象山区、叠彩区、七星区 4 个城区在农业农村局加挂乡村振兴局牌子。三是做好政策举措衔接。延续、优化、调整脱贫攻坚期间各项支持政策，制定出台《桂林市实现巩固拓展脱贫攻坚成果同乡村振兴有效衔接"十四五"规划》，发布和完善 10 多项配套政策，逐步建立过渡期"1+N"体系（"1"即《桂林市实现巩固拓展脱贫攻坚成果同乡村振兴有效衔接实施方案》，"N"即《桂林市加强防止返贫动态监测和帮扶工作方案》等 32 个文件），财政投入保持总体稳定并略有增长。各县（市、区）相继制定具体的工作方案，保持主要帮扶政策的延续性和稳定性。

2. 强化组织保障，落实乡村振兴五级书记责任体制

2021 年中央一号文件《中共中央　国务院关于全面推进乡村振兴加快农业农村现代化的意见》从"强化五级书记抓乡村振兴的工作机制、加强党委农村工作领导小组和工作机构建设、加强党的农村基层组织建设和乡村治理、加强新时代农村精神文明建设、健全乡村振兴考核落实机制"五个方面强调衔接期间的组织保障要求。

2021 年 5 月，广西壮族自治区党委、广西壮族自治区人民政府印发《中共广西壮族自治区委员会　广西壮族自治区人民政府关于实现巩固拓展脱贫攻坚成果同乡村振兴有效衔接的实施意见》，在基本原则中首先强调"坚持党的全面领导"，充分发挥各级党委总揽全局、协调各方的领导作用，自治区、市、县、乡、村五级书记抓巩固拓展脱贫攻坚成果和乡村振兴。明确落实自治区负总责、市县乡抓落实的工作机制，构建责任清晰、各负其责、执行有力的乡村振兴领导体制，推进领导体制有序过渡、调整优化，借鉴"十三五"时期扶贫开发领导小组、专责小组的领导体制和工作模式，建立自治区、市、县三级党委农村工作（乡村振兴）领导小组，构建统一高效的、实现巩固拓展脱贫攻坚成果同乡村振兴有效衔接的决策议事协调机制，推进工作体系、工作队伍、规划实施、考核激励有序过渡、调整优化。

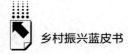
　　桂林市夯实四级书记主官主责、领导干部党政同责、行业部门协同履责、驻村干部履职尽责的"四级领导"帮扶责任，明确部门干部、乡镇干部、村委干部、驻村干部"四支队伍"帮扶职责。由乡村振兴部门牵头，定期协调教育、医疗、住建、卫健、医保、民政等有关部门，开展风险信息预警和线索日常排查，继续落实每个脱贫村和易地扶贫安置社区选派 1 名第一书记、2 名工作队员，确保帮扶力量不弱化，做好帮扶机制衔接。

　　**3. 健全督查考核，巩固拓展有效衔接**

　　桂林市结合广西壮族自治区党委农村工作（乡村振兴）领导小组印发的《粤桂东西部协作规划（2021—2025 年）》文件精神，制定出台《桂林市实现巩固拓展脱贫攻坚成果同乡村振兴有效衔接"十四五"规划》《桂林市粤桂东西部协作工作实施方案（2022—2025 年）》，明确过渡期目标任务，把巩固拓展脱贫攻坚成果与推进乡村振兴工作进行无缝对接、有效衔接。[①] 参照脱贫攻坚期间的做法，出台《桂林市 2022 年巩固拓展脱贫攻坚成果同乡村振兴有效衔接督查工作方案》《桂林市 2022 年县（市、区）、乡镇党委和政府及市直、中（区）直驻桂林各定点帮扶单位巩固脱贫成果后评估（绩效考核）工作方案》，建立健全督查考核机制。

## （二）推进基层党组织规范化建设，提高基层党组织领导力

　　农村基层党组织既是党的组织体系的"神经末梢"，也是村庄治理网络中村级组织体系的领导核心，它是否振兴直接影响农村党的建设和乡村全面振兴的成效与质量好坏。[②] 农村基层党组织的建设是组织振兴的重点内容，是坚持和加强党对农村工作全面领导，巩固党执政基础和全面贯彻落实推进乡村振兴的内在要求。2021 年，桂林市着力抓好脱贫地区村"两委"班子

---

　　① 《中共中央　国务院关于实现巩固拓展脱贫攻坚成果同乡村振兴有效衔接的意见》，《人民日报》2021 年 3 月 23 日。

　　② 殷焕举：《新时代村级党组织振兴的实践路径研究》，《中州学刊》2021 年第 3 期。

建设，推进村屯党组织标准化规范化建设，不断提高基层党组织战斗力，使组织建设水平进一步实现跃升。

1. 高质量完成村级换届工作，100%实现基层党组织"一肩挑"

2018 年施行的《中国共产党农村基层组织工作条例》提出，"村党组织书记应当通过法定程序担任村民委员会主任和村级集体经济组织、合作经济组织负责人"，健全基层治理党的领导体制，加强党组织对各类组织和各项工作的统一领导。2021 年，桂林市精心组织，高质量完成村（社区）"两委"换届工作。换届后，全市 1790 个村（社区）100%实现村党组织书记和村委会主任"一肩挑"，村（社区）党组织书记平均年龄为44.3 岁，比上届下降 3 岁，51.4%的村（社区）干部具有高中（中专）及以上学历，① 村（社区）"两委"班子结构全面优化，为桂林市全面实施乡村振兴战略提供了坚强的组织保障。桂林市为了提升"两委"的乡村振兴工作能力，开展乡村振兴专题培训，共开办市级培训班 5 期次，培训737 人次，示范带动各县（市、区）开展培训 842 期次，实现 14691 名村干部全员轮训。

2. 扎实推进基层党建示范县乡创建，党组织生活进一步规范化

从 2017 年开始，桂林市扎实开展农村基层党建"整乡推进、整县提升"示范县乡创建行动，2021 年申报全区示范县 1 个、达标县 9 个、示范乡镇 3 个、达标乡镇 67 个、星级村 221 个，常态化整顿提升后进村党组织90 个，占比 46%，建设了村党组织服务群众的阵地，拓宽了联系群众的渠道，强化了其政治属性与功能。目前，全市 100%的村级组织活动场所面积达 300 平方米以上，全市 825 个村级党组织获得自治区"三星级"以上认定，数量居全区前列，15940 个自然村屯实现党组织（含党小组）、党员和党群议事机制 100%全覆盖。桂林市还坚持向乡村振兴重点村选派驻村第一书记和工作队，共选派脱贫村第一书记 34 名、工作队员 68 名，完善工作队员选派和后盾单位捆绑考评机制，推动后盾单位工作前移、力量下沉，整合

---

① 《我市农村基层党组织建设实现跃升》，《桂林日报》2021 年 8 月 2 日。

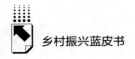

人才部门资源，推动科技、资金进乡村，青年、乡贤回农村，加大对返乡创业能人等各类人才的回引力度，为乡村振兴培育"永久牌"人才，为乡村振兴高质量发展赋能。

2021年，桂林各县（市、区）不断强化党建引领，抓好"两委"班子组织生活建设，推进村屯党组织标准化规范化建设，不断提高基层党组织战斗力。恭城瑶族自治县各乡镇立足实际，分类实施党建品牌亮点示范工程、战斗堡垒评星晋级工程、"领头雁"素质提升工程、基层基础提档升级工程、智慧党建提速扩能工程"五大工程"，依托中共恭城牛尾寨特支旧址、龙虎关等文化旅游资源，将打造党性教育基地与乡村振兴相结合，创建红旅融合党建示范带。突出"红色精神+乡村振兴"，依托新型城镇化建设契机，扎实推进基层党建标准化、基础建设规范化、产业发展富民化"三位一体"建设。"美丽瑶乡党旗红"党建品牌被评为"桂林市十佳党建品牌"。灌阳县委组织部党支部进一步规范健全组织生活，以"三化三制一整合"充分发挥党支部的战斗堡垒作用和党员的先锋模范作用，进一步压实支委成员工作责任，调动党员参与组织生活的积极性，达到组织生活经常化、规范化、示范化目标要求，每个季度至少召开一次党员大会和上一堂党课，每个月开展一次主题党日活动和召开一次支委会；实行专题党课轮值课长制、实行主题党日活动组长统筹制、实行组织生活支委负责制，将党史学习教育、"三会一课"、主题党日、组织生活会和民主评议党员等整合起来统筹安排，提高组织生活质量，深化党支部组织力，增强党支部政治功能。

3. 完善村干部激励机制，激励基层队伍担当作为

为激励基层队伍的担当作为，保持队伍的稳定性，桂林市推行村干部"基本报酬+绩效报酬+集体经济发展创收奖励"的薪酬制度，全市所有村党组织书记的年基本报酬均按照不低于所在县（市、区）上一年度农村人均可支配收入的2.5倍确定，正常离任村干部补贴标准提高到任期每满一年50元/月，激发农村干部队伍活力，增强其稳定性。畅通村干部晋升渠道，加大从村干部定向考录乡镇公务员和县乡事业单位的力度，2021年选

拔了 12 名优秀村党组织书记进入乡镇领导班子，激励广大基层干部担当作为。[①] 灌阳县制定村级班子绩效考评办法，将用于村级协管人员的工资报酬统筹整合作为村级干部年终绩效考核奖金，并参照公务员年度绩效奖励模式，按不同梯度奖励系数进行奖励，推动实现村级班子"五个好"目标，列出以抓党建、抓乡村振兴、抓社会治理、抓生态环保、抓耕地和农房管控为重点的工作清单，[②] 县与乡（镇）、乡（镇）与村签订《"五抓"工作目标任务认领书》，理顺责任落实体系，形成乡村振兴的强大合力。

## （三）创新提升乡村治理能力，扎实推进乡村组织振兴

### 1. 数字赋能，推动乡村治理智能化与精准化

数字乡村是实现乡村振兴的重要途径，运用数字技术的治理手段，可以重构乡村治理形式和内容，[③] 推动乡村治理的高效化、便捷化、精准化和智能化。2021 年，桂林市加强"数字政府"建设，推动数字信息技术与基层治理和服务广泛深度融合，以数字化建设驱动基层治理转型，提高社会治理效能和治理水平。2020 年 10 月，恭城瑶族自治县入选国家数字乡村试点地区，坚持把数字乡村建设作为乡村振兴战略的重要抓手，整合部门力量，上下联动，探索运用"数字"赋能乡村经济社会发展，助推恭城全域乡村振兴。2021 年，恭城瑶族自治县成立数字乡村试点工作领导小组，县委书记、县长为组长，分管县领导为副组长，各部委办局主要负责人为成员，形成资源整合、部门协同、上下联动的统筹推进工作格局，推行"政府+企业+社会组织"融资合作方式，实施农业生产数字化工程，依托信息进村入户工程和益农社建设，进行数据采集、存储、整合与应用一体化建设，[④] 建成 1 个县级运营中心、351 个益农社，全县 117 个行政村实现全覆盖，形成"政

---

① 《我市农村基层党组织建设实现跃升》，《桂林日报》2021 年 8 月 2 日。
② 《抓实党建责任落实"最后一公里"》，《当代广西》2022 年第 12 期。
③ 丁波：《数字赋能还是数字负担：数字乡村治理的实践逻辑及治理反思》，《电子政务》2022 年第 8 期。
④ 王永翔：《弥补城乡数字鸿沟差距 赋能民族地区乡村振兴——以恭城瑶族自治县为例》，《互联网周刊》2022 年第 19 期。

府+运营商+服务商"三位一体推进机制,数字农业产业服务链进一步延伸;依托雪亮工程、水上天眼、综治视联网等项目建设,推进县、乡、村三级综治管理中心规范化建设,打造便民利民的服务平台;建立"互联网+网格化"基础数据库,开展"忠孝心、敬畏心、互助心""自治、德治、法治""守规矩"的"三心三治一守"乡村治理活动,形成"县、乡、村、屯(组)、甲"五级合力,构筑全天候、全方位、全覆盖、无死角的治安防控体系。恭城瑶族自治县依托信息化平台建设,积极推进"互联网+政务服务",建立"村村享"综合信息服务云平台,充分利用信息化手段解决群众办事的难点,探索县乡村通办代办发展模式,提高办事效率,降低群众办事成本。通过数字建设,推动完善政务公开、农技推广等服务,不断健全基层服务体系,实现社会治理创新,获评"广西平安县",连续5年成为"全国信访工作'三无'县"。

2. 三治融合,建立健全乡村治理体系

桂林市加强基层党组织对各类社会组织的领导,促进村民参与,完善村规民约、民主协商等治理方式,健全和完善自治、法治、德治相结合的乡村治理体系,实现有效的乡村治理。

以自治为基,激发乡村治理活力。恭城瑶族自治县实施"组甲制",组织动员村民从事力所能及的工作,参与公共事务讨论、集体经济组织运营、基础设施和公共服务设施管护。多地加强村屯"一约四会"(村规民约、红白理事会、道德评议会、村民议事会、禁毒禁赌会)建设,细化村规民约约束性措施,定规矩、立良俗、破陋习、扶正气,让"一约四会"能管事、会管事、管好事,进一步提高村民参与意识和自治能力。建立健全县、乡、村矛盾纠纷排查网络,推广"以奖代拨"工作机制和"法官+寨老"调处模式,全力化解乡村矛盾纠纷,确保社会和谐稳定。平乐县大力推进乡村自治建设,134个行政村均制定村规民约,将乡贤能人发展成为村民小组、议事会(业委会)等组织骨干,完成率达100%;完成村务监督委员会换届选举工作,村务监督委员会全部挂牌,完成率达100%。兴安县在各村组建了志愿服务队和乡村文艺队,依托村级公共服务中心建设,充分调动乡村文艺爱好者的积极性，广泛开展各种文艺活动。

以德治为先，重塑乡村治理之魂。桂林市通过在集镇、村屯制作围墙公益广告、宣传栏、横幅标语，发放宣传资料（品），组织文艺演出等，占领农村宣传主阵地，大力宣传社会主义核心价值观，积极引导群众建章立制，倡导文明新风，将移风易俗、文明乡风纳入村规民约。在各村常态化开展扶贫济困、邻里互助、环境保护、清洁家园等形式多样的志愿服务活动；积极发掘群众身边的好人好事，在村屯广泛开展文明家庭、星级文明户、五好家庭、好公婆、好媳妇、好邻居等先进事迹选树学习宣传活动，大力弘扬优良传统美德；注重发挥"家风家训"在乡村治理中的重要作用，大力弘扬"重孝""尚贤"等中华传统美德，推动形成爱国爱家、相亲相爱、向上向善、共建共享的社会主义文明新风尚。

以法治为本，培育乡村治理思维。桂林市立足"文化搭台，法治唱戏"模式，将法治文化融入本地文化，逐步形成全方位、广覆盖的传播体系，使法治文化深入人心，成效明显。组织专家挖掘深厚的历史文化资源、民族文化资源等，融入时代精神和法治元素，有针对性地创作和编排近300个民族法治文艺戏曲、小品等法治节目，积极打造具有桂林本地特色的壮族"三月三"等法治文化品牌，加强乡村法治宣传教育，增强群众法治观念。实施农村"法律明白人"培育工程，定期面向农村基层干部开展法治培训，积极组织农民学法、知法、守法、用法。形成"自然村—行政村—司法所—各职能单位—普法办"五级普法工作网络格局，把党和政府的有关政策、涉及民生保障、生产生活的相关法律法规送到群众手中。充分发挥村法律顾问参与社会治理、维护社会稳定、化解矛盾纠纷等方面的积极作用，形成"包所包干型""坐班值守型""流动服务型"等多种服务模式，推行"一村一法官"、"一村多网格"、"一村常走访"和"一乡一调解委员会"机制，强化法治引领，推进乡村依法治理，提升社会公共安全感和满意度。

（四）探索创新产业组织形式，提高农民组织化程度

桂林市以田园综合体建设为抓手，发挥有关扶持政策的合力，集中发

展循环农业、创意农业农事，完善村庄基础设施、产业发展、新居、美丽乡村等建设，加强有关农业政策和资金的协调，紧密结合农村生产、生活和生态等方面的支持政策。全市累计建成国家特色农产品优势区 4 个，区、市级田园综合体 43 个，区、市、县、乡、村级现代特色农业示范区（园、点）1746 个，数量均居全区第一位。全市 510 个脱贫村均有田园综合体、产业示范区（园、点）、新型农业经营主体带动。推动农业与乡村旅游、康养等产业融合发展，开发农业多种功能，让农户获得更多产业增值收益。全市有直接或间接从事旅游产业农村人口 23 万人。坚持农民特别是脱贫农民充分参与和受益的基本原则，充分发挥农民合作社等新型农业经营机构的作用，提高农民组织化和社会化程度，让农民参与田园综合体建设并从中受益。切实保护好农民就业创业、产业发展、乡村文化遗产、农村生态环境等方面的权益。以政府投资和政策支持为指导，充分发挥市场机制的作用，充分展现农民生活、农村风情和农业特色，激发田园综合体的内生发展动力和创新活力。

1. 积极培育新型农业经营主体，健全农户利益联结机制

桂林市突出抓好家庭农场和农民专业合作社两类经营主体，持续加强产业园建设，推动农村一二三产业融合发展，积极推动产业示范基地建设。采取政策引导、财政支持、示范推进等措施，积极培育和引进新型农业经营主体。全市共有农民专业合作社 7425 家，创建国家级示范社 38 家、自治区级示范社 308 家、市级示范社 194 家。全市有农业重点龙头企业 209 家、家庭农场 2516 家。510 个脱贫村均实现有新型农业经营主体带动或产业示范基地（园），全市建成新型农业经营主体或产业示范基地（园）1064 个，带动脱贫户 2.02 万户。灵川县桂泰种养（食用菌）专业合作社，采取"合作社+基地+农户"合作模式，与农户产生利益联结，帮助脱贫户实现致富增收。合作社为库区周边提供 200 多个就业岗位，其中脱贫人口 20 多人，人均月收入为 2000~3000 元。全市龙头企业、农民专业合作社和家庭农场等新型农业经营主体示范带动行政村 922 个，带动农户 28.85 万户。

**2. 深入推行"一村一项目"，推动村级集体经济多元化发展**

桂林市各地创新推行"一村一项目"，指导村集体组建服务实体承接项目，推动村级集体经济多渠道、多类型、多元化发展，为集体经济创收。用好用活上级财政扶持资金，推动项目扶持建设，打造村级集体经济产业园。深入实施"连锁复制"、田园综合体党建赋能、示范评选"三大工程"，持续推进能人领办农村集体经济组织，成功打造一批集体经济示范项目、示范组织、产业示范园、实训基地，逐步构建党建引领、人才支撑、产业带动的乡村振兴发展新格局。以"龙头企业+村级集体经济"的入股分红模式，不断促进村级集体经济稳定增收。荔城壮大村民合作农业综合开发有限公司以"七彩党建"为引领，以"扶贫济困、传递爱心"为宗旨，秉承"爱心扶贫、扶贫扶志"的理念，以减贫增收为核心，坚持政府引导、社会参与、互利共赢的原则，采取积分兑换实物管理模式，兼顾集体经济、消费扶贫、电商扶贫以及中国社会扶贫网的推广使用，在壮大村级集体经济的同时，鼓励引导贫困户主动脱贫致富。一是创收入，2021年超市营业额达1200多万元，为全镇20个村（社区）增加集体经济收入5万多元。二是创积分，建立"巩固脱贫攻坚工作成效积分制"，共为200户脱贫户兑换9万多积分，积极树立全市脱贫典范。三是创收购，与全镇脱贫户签订农产品代销合同，解决销售难题，带动200户脱贫户销售农产品50多万元。灵川县推动村级集体经济多渠道、多类型、多元化发展，2021年按照"一村一策"的要求，全县所有行政村均制定了发展壮大村级集体经济规划和方案。2021年，全县147个行政村（含社区）村级集体经济收入均达5万元以上，其中，稳定在5万元以上的139个，占比为94.56%；10万元以上的38个，占比为25.85%；20万元以上的6个，占比为4.08%。龙胜各族自治县健全完善利益联结机制，创新社员变股东、社员变劳务者、社员变多栖农民、社员变供货商、社员变投资人"五变"村级集体经济发展模式，通过梯田流转有租金、梯田入股有股金、梯田务工挣现金、梯田维护有奖金、梯田旅游得薪金"一田生五金"模式带动群众增收致富，改变当地群众"种田吃饭"的传统农耕模式，有效壮大了村级集体经济。

## （五）强化社会组织帮扶活动，巩固拓展脱贫攻坚成果提档升级

《乡村振兴战略规划（2018—2022年）》指出，要大力培育服务性、公益性、互助性农村社会组织，积极发展农村社会工作和志愿服务。《中华人民共和国乡村振兴促进法》指出，国家健全乡村便民服务体系，提升乡村公共服务数字化智能化水平，支持完善村级综合服务设施和综合信息平台，培育服务机构和服务类社会组织，完善服务运行机制，促进公共服务与自我服务有效衔接，增强生产生活服务功能。《广西社会组织巩固拓展脱贫攻坚成果同乡村振兴有效衔接实施方案》指出，要进一步调动社会组织参与乡村振兴的积极性、主动性，按照产业兴旺、生态宜居、乡风文明、治理有效、生活富裕的总要求，精准施策、精准发力、精准见效，切实发挥社会组织在助力乡村产业兴旺、建设生态宜居乡村、推动基层社区治理等方面的独特作用，为乡村振兴贡献社会组织应有力量。

### 1. 动员引导社会组织参与乡村振兴

2021年，桂林积极动员引导公益慈善类社会组织、社区社会组织聚焦"三留守"人员等特殊群体巡访关爱、产业发展帮扶、培育文明乡风等。深化社会组织改革，推动社会组织健康发展，社会组织体系逐步完善，全市共有社会组织3319个（社团1751个、民办非企业1568个），发挥社会组织参与基层治理、乡村振兴方面的服务优势，引导社会组织在乡村振兴中捐赠物资30万元。桂林市乡村振兴局联合桂林相关社会组织开展"雨露计划+"就业活动，促进脱贫人口就业，与各部门协同配合，形成合力，对脱贫人口进行各项帮扶，确保"雨露计划+"顺利开展。"周末爱心妈妈"志愿服务队在资源县资源镇开展乡村振兴慰问活动，向金山村捐赠了资金2万元，与资源镇社会组织一起交流讨论，更好地在推进乡村振兴工作中发挥社会组织的力量；开展社会组织"消费帮扶助振兴"专项行动。桂林市民政部门与各类社会组织一起积极参与消费帮扶，采取"以购代捐""以买代帮"等方式采购帮扶村的农产品，为农村电商经营提供各种专业服务，组织帮扶村农产品参加农贸会、展销会等，促进农产品销售。引导社会组织参与乡村振兴，制定《全市性社会组织深入基层定点联系工作方案》，开展"社会组织公益行"活动，召开社会组织助力乡村振兴工作推进会，征集 20 余家社会组织助力乡村振兴意向表。在易地扶贫搬迁安置工作中，全市 43 个安置点均成立了党组织和居民（村民）委员会［或就近纳入居民（村民）委员会管理］，设立工会组织 41 个、共青团组织 38 个、妇联组织 41 个。在产业发展过程中，恭城通过柿子产业发展工作领导小组、恭城柿子产业协会积极推进月柿标准化生产，抓好绿色食品标准化生产基地建设，推动月柿产业发展组织化。

2. "五社联动、三站融合"，提升乡镇服务能力

自 2020 年开始，桂林市大力推进全市乡镇（街道）社会工作服务站试点工作，在兴安县和龙胜各族自治县建立 10 个乡镇（街道）社会工作服务站，投入资金 210 余万元，发挥社会工作专业人才在基层服务中的专业优势，助力乡村振兴。2021 年，桂林继续加强乡镇（街道）社会工作服务站建设，扩大试点工作覆盖乡村范围，推行"五社联动、三站融合"乡镇（街道）社工站建设发展模式，提升乡镇（街道）服务能力，助力组织振兴。所谓"五社"，是指社区（乡村）、社会组织、社会工作者、社区志愿者、社会慈善资源。"五社联动"是坚持党建引领，发挥居民（村民）委员会组织作用，以社区（乡村）为平台、社会组织为载体支撑、社会工作者为人才支撑、社区志愿者为辅助力量、社会慈善资源为补充的现代基层治理行动框架（见图 1），以构建"共建共治共享"的社会治理共同体。[①]"三站"是指乡镇（街道）社会工作服务站、社区志愿服务站、社区慈善捐赠接收站，以乡镇（街道）社会工作服务站为龙头，带动社区（乡村）志愿服务、社区慈善（基层慈善、社区基金、社区基金会）的常态化开展，提高乡镇（街道）基层服务和治理能力。

---

① 伍麟、曾胜：《社会心理服务体系建设的治理逻辑与实践路径》，《学习论坛》2022 年第 3 期。

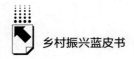

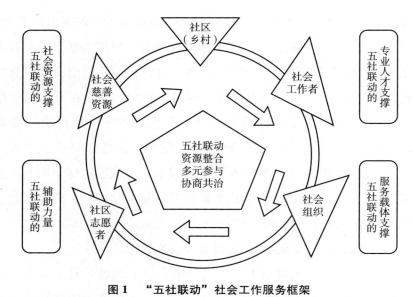

**图1 "五社联动"社会工作服务框架**

# 二 桂林乡村组织振兴的主要模式

## （一）"党建+N"模式，引领乡村振兴

组织振兴是乡村振兴的政治保障。基层党组织建设如何保障产业、生态、文化和人才振兴并协同发力，关系到乡村振兴的战略方向、价值意义与实施效果。《中共中央 国务院关于实施乡村振兴战略的意见》的基本原则强调，"坚持党管农村工作"，建立健全"三农"工作党的领导体制机制，以确保党在乡村振兴中能够总揽全局。《中国共产党农村工作条例》突出农村工作必须遵循"坚持党对农村工作的全面领导"，以确保农村改革沿着正确方向前进。以提升基层党组织组织力为重点，筑牢团结群众、动员群众、引领群众的战斗堡垒，明确地方各级党委和主要负责人、农村基层党组织书记是乡村振兴工作的第一责任人。脱贫攻坚战的伟大胜利再一次证明了坚持党的领导和加强基层党的建设的正确性和重要性。2021年，习近平总书记

在《在全国脱贫攻坚总结表彰大会上的讲话》中指出，"基层党组织充分发挥战斗堡垒作用，在抓党建促脱贫中得到锻造，凝聚力、战斗力不断增强""坚持党的全面领导，为脱贫攻坚提供坚强政治和组织保证"。相比于脱贫攻坚，乡村振兴是综合性、全面性、系统性的新阶段战略方针和定位，实现乡村振兴战略，必须有坚强的党组织凝聚广大力量、创新工作机制和方式，共建共创农业农村现代化。在顶层设计和制度体系下，需要将党建的领导机制和制度优势转化为推进乡村振兴的行动力。2021年，桂林贯彻落实党中央政策，坚持党的领导，加强农村基层党组织建设，除了落实和建立党在乡村振兴中的领导体制（五级书记抓乡村振兴、第一书记制度和驻村工作队、责任监督体系）外，不断探索，勇于创新，创新设置党组织与不同领域的连接方式和活动方式，强化农村基层党组织在各领域的领导核心地位，形成了"党建+乡村治理""党建+产业"等"党建+N"引领乡村振兴的桂林模式和经验，把农村基层党组织建设成为乡村振兴坚强的战斗堡垒，发挥基层党组织群众动员、整合资源作用，推动乡村振兴。

1. "党建+乡村治理"模式，治理成效显著

2021年，桂林积极探索新时代乡村治理创新的有效路径，深入推动党建与乡村治理深度融合，推动基层社会治理重心向乡村下移，完善社会治理手段，找准乡村治理方向，创新发展"党建+乡村治理"示范点建设，已建成国家级乡村治理示范镇（村）9个，治理成效日益明显。强化党建引领，抓好脱贫地区村"两委"班子建设，推进村屯党组织标准化规范化建设，不断提高基层党组织战斗力。兴安县以党建引领基层治理和乡村振兴，开展示范县乡创建，提高服务基层群众能力。按照"屯屯达标、村村建强、整乡推进、整县提升"总要求，建立常态化排查整顿软弱涣散村党组织工作机制，深化开展农村党组织"星级评定"和党员积分管理，建强基层党组织。持续开展新"三同"、"双报到、双服务"活动，密切与基层群众的联系，增强党员服务群众的能力。建强党员教育阵地、丰富远程教育平台内容、开展专题党课等，充分用好线上教育平台，不断发挥党员教育中心作用，助力党员教育培训，进一步增强乡村振兴干部队伍的政治本领，推动基

层党建和基层公共服务紧密结合。阳朔县以"全域党建引领全域旅游发展"为理念，在名胜风景区、游客集散中心、黄金旅游通道等处，对附近乡村、社区、景区等各领域的党组织活动场地进行升级改造，同时结合周围现存的旅游、历史、民俗活动、人群等文化因素，打造不同风格、规模、运行模式的"红色旅游驿站"，为游客提供基本的公共服务，当前已建成红色旅游驿站42个。红色旅游驿站内设有服务咨询台、便民服务站、陈列室等，充分动员当地人力资源和社会资源，在建设过程中，大力健全完善村党组织领导下的村民自治、民主协商、群团带动、社会参与机制，在服务群众中做到有效治理。临桂区坚持将党的建设工作作为社会治理的重点和核心，成立村委网格化服务管理中心，由村"两委"班子、党员大会、村民代表大会等选聘专职网格员，开展"四在网格"（先锋旗帜在网格、服务群众在网格、志愿队伍在网格、矛盾化解在网格）活动，打造乡村治理新模式，创建和谐城中村。

2. "党建+产业"模式，推动资源整合

产业发展是乡村振兴的重中之重。如何将乡村内部的闲置资源和外部的资金、项目链接并整合起来，形成乡村产业发展动力和广大的社会效应，是乡村振兴可持续发展的关键。在乡村振兴过程中，以产业发展为抓手，桂林市形成"党建+产业"模式，推动资源整合。一方面，"党建+产业"以村党支部或企业党支部为主体，围绕乡村自身资源禀赋开展有社会效应的产业开发。农村基层党组织作为资源整合者，将村内的闲置资源、村民的家庭化产业等通过动员集聚起来，以入股、土地流转等多种方式参与产业发展。另一方面，在基层党组织的带领下，凭借自身的社会资本、政治资源、政策优势等引入外来资本和企业，因地制宜构建"党支部+合作社/企业+村民"的利益联结模式，既为乡村产业连接了大市场，也实现了村庄的再组织化。

临桂区中庸镇种植豆角历史悠久，但以家庭种植和散户种植居多，难以实施规模化和品牌化，中庸镇党委围绕"调结构、优产业、谋发展、促增收"，建立产业发展示范基地。华境村党总支积极发挥"领头雁"作用，引进广州义宁人餐饮管理有限公司、广西桂林爽乐福食品有限公司等多家公司开展深度合作，与桂林福达农产品冷链物流园洽谈农产品产销合作，搭建公司与村民之间的桥梁，发展订单农业，建立产业基地，提供农资和技术指导、保底价统一收购等，"党旗红"引领"产业绿"。灵川潭下镇老街村以传统农业种养殖为主，柑橘种植面积达 2000 亩，养殖家禽 10 万羽，但是存在滞销问题。在镇党委、政府的帮扶下，推广"党支部+合作社+基地+农户"发展模式，因势利导，依托已建立的水果交易市场及集镇圩场，先后注册成立果蔬合作社、山薯协会、养殖合作社、柑橘合作社和老街村村民合作社，合作社通过提供苗、技术、药品、销售等一条龙服务，推动种植、养殖规模不断扩大，打通了产业链，连接了大市场。荔浦市为巩固产业发展成效，拓宽产业发展路径，积极创新产业项目建设模式，创造"村党组织自建自营自管"产业配套项目建设模式，在不断完善产业基础设施的同时，激发群众投身乡村振兴的热情，增强产业"造血"功能，提高脱贫人口收入水平。为加强与脱贫户利益联结，因地制宜探索"特色产业+基地+电商""品牌产业+合作社+脱贫户""资源开发+企业""高科技项目+资产盘活"等多种发展模式，打造荔城镇乡村振兴"七彩超市"、文德村灵芝鸡养殖、马岭镇景区旅游银合酒店品牌等一批高质量高效益的村级集体经济实体。龙胜各族自治县将党的组织优势转化为推动乡村产业振兴的强大动能，坚持"围绕发展抓党建、抓好党建促发展"，充分发挥基层党组织战斗堡垒作用和党员先锋模范作用。通过"党建+产业"模式，把加强基层党组织建设与推动乡村产业振兴工作有机结合，让党组织和党员走在前、干在前、出实效。2021 年，龙胜各族自治县农产品购销农民专业合作社党支部吸纳带动 68 户农户参与种植罗汉果，户均增收 2 万~10 万元不等；龙脊镇黄洛瑶寨党支部为群众与旅游公司"牵线搭桥"，吸纳群众开展歌舞表演，年户均分红 0.8 万元。阳朔县优化"党支部+党员+群众"发展模式，组织"扶持党员创业、带动群众就业"行动，建立党员"双带示范基地" 12 个，建成区、市、县级特色农业示范园区 37 个，打造村级现代特色农业示范点 125 个，充分发挥田园综合体农旅效应，特色产业体系推动富民增收。

"党建+N"模式，引领乡村振兴。以"党建+"为抓手助推乡村振兴，能够增强乡村党组织的服务力、凝聚力、号召力和发展力，促进乡村治理深度融合，产业发展整合资源。龙胜各族自治县金江村以"党支部+旅游"模式发展乡村旅游，提升村容村貌，发展百香果和罗汉果特色产业。恭城瑶族自治县创建"美丽瑶乡党旗红"党建品牌，对乡村党建阵地、村屯绿化、集体经济等进行升级助力。兴安县溶江镇五架车村党支部创建乡村振兴先锋联盟工作站（见图2），由党员先锋、巾帼模范、青年代表和致富能人等构成，进行惠农政策宣传、村情民意收集、邻里矛盾纠纷化解和关心关爱老弱病残等。党建引领乡村振兴，将党组织的优势资源转为乡村振兴的动力资源，形成乡村振兴动力体系，[①] 以党建为出发点，以"党建+服务""党建+文化""党建+生态""党建+人才"等模式全面推动和保障乡村振兴。

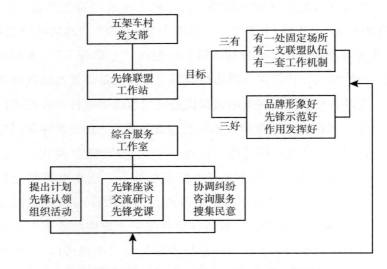

图2　兴安县溶江镇五架车村党支部乡村振兴先锋联盟工作站框架

① 张铮、何琪：《从脱贫到振兴：党建引领乡村治贫长效机制探析》，《中国行政管理》2021年第11期。

## （二）基层"微治理"模式，创新村民自治形式

村民自治是我国宪法赋予广大农民的政治权利。改革开放后，村民自治有效解决了人民公社解体后村庄公共事务和秩序问题。但是随着农村社会的转型、空心化、自治单位的变化等，曾经发挥重要作用的村民自治显现出"行政化、悬浮、自治'空转'"等越来越多的问题,[①] 难以实现治理有效。基于此，桂林市多个县（市、区）和村庄积极创新和尝试以自然村或小微单元为单位，缩小自治单位，细化治理内容，自发或引导成立新组织，以"微平台""微事务""微行动"等为主要内容，从小处着手，从微处发力，拓宽村民参与渠道，激发村民参与自治的意愿，提升村民自治能力和参与积极性，创新"微治理"模式，有效发挥了村民自治的功能。

### 1. 推行"组甲制"，激活村民自治

为解决村民自治中基层力量薄弱、村民参与度低、决策有失科学性、治理忽略时效性等问题，恭城瑶族自治县桥头村依托"组甲制"和"三心三治一守"乡村治理模式重新激活村民自治，并入选"全国第二批乡村治理示范村"。桥头村位于恭城瑶族自治县高铁站所在地，是高铁经济产业园建设的焦点地带，具有城郊村的典型特征，该村因为征地拆迁、矛盾纠纷、规划工程项目等各种问题面临治理难题。桥头村创造性地在自然村一级设立组织，按照居住相近、易于集中的原则，以 10~15 户组成一个甲，每 2~3 个甲组成一个小组，每位甲长管好自己的"一亩三分地"，补充了村民小组长的不足，延伸了村民自治的触角，缩小了村民自治的单元，充分发挥村民自我管理、教育与服务的作用，调动村民参与家乡建设、村容村貌更新的积极性，形成了民事民议、民办、民管的村民自治格局，成为政策宣传、矛盾纠纷调解、弱势人群帮扶、村庄公共事务发展

---

① 谢秋燕：《基层社会"微治理"的生成逻辑与实施路径研究——以社会治理精细化为视角》，《理论导刊》2020 年第 10 期。

的一支新生力量。首先，优先推荐党员、入党积极分子、村民骨干等群体担任组甲长，发挥组甲长在动员村民参与公共事务、邻里关系和谐、互帮互助中的榜样示范作用；其次，借助村中的熟人关系和人情基础，组甲长以宗亲关系等权威公平公正地化解群众矛盾，调解家庭纠纷，做好疫情防控，营造和谐友好的村庄风气。如在疫情防控工作中，各村屯的组甲长组成志愿队，高效率准确做好宣传防控知识、重点人员及时排查、信息上传下达、参与村庄公益事业等工作，很好地解决了农村基层干部"管不好、不好管"的棘手问题。组甲长成为农村基层干部和村民之间沟通的桥梁，构建了乡村治理的新格局新局面。桥头村"组甲制"的创新有效解决了村民自治悬浮的问题，以自然村屯为单位，符合村民的共同情感需求，也是依靠村屯内部村民在长期生产生活中形成的有一定约束力的非制度性准则习惯，降低村民自治的重心、提升村民自治中农民的主体性地位，使村民自治得以有效运转。

### 2.以微信群建立"微网格"，发展新时代"枫桥经验"

网格化是社会治理精细化的主要做法，但是普遍的网格化做法倾向于自上而下的管理和稳定，如何通过网格化提高基层社区服务水平，及时化解村民纠纷，自下而上收集村民的需求是难点所在。基于此，2021年桂林逐步建立"大调解"工作格局，以乡镇、村委会为主导，构建人民调解、行政调解、司法调解三种模式有机结合的调解机制，尽可能从源头上解决问题，及时分析研判，预防和减少矛盾纠纷与社会不稳定因素。阳朔县创新和完善基层社会治理机制，发展新时代"枫桥经验"，以政治、自治、法治、德治、智治"五治"融合，推行"事项联合处理、矛盾纠纷联排联化，把事项处理、矛盾纠纷排查化解在基层"的"微网格"基层治理模式，实现"矛盾不上交、平安不出事、服务不缺位"，提升农村社会治理能力。各村网格员建立微信群，以入户讲解、制作宣传栏等方式，引导群众加入微信群，各社区、村屯住户100%加入微信群，实现全覆盖。组建"微网格"，全县114个村级网格的建立，是发现和处理事项、矛盾纠纷排查化解的前提条件。网格员在日常工作中运用微信群进行网上走访，及时发现和处理群众在微信群里反映的矛盾纠纷、安全隐患、不文明行为等问题。对于反映的职责范围内一般事项，能解决的要立即解决；对于反映的职责范围外事项，根据事项管理权限进行流转；对于反映的复杂事项或矛盾纠纷，在无法及时处理化解时，可建立微信处理群做进一步处理。微信处理群是处理群众反映的事项或矛盾纠纷的有效方式，相比传统的面对面处理方式，微信处理群的整个处置过程都在网上进行，更加高效便捷，且处理脉络清晰，过程均有迹可寻。明确首建人（首先接待当事人）在无法面对面处理或当面调处不成功后，立即建立微信处理群，在建立微信处理群后要立即向村委会报备。当首建人建立微信处理群后，将事项或矛盾纠纷双方拉入群并进行处理，调处不成功时，再将事项或矛盾纠纷分管责任人递增（村—镇—县）拉入群。

全州县才湾镇邓吉村积极创新网格化服务管理，在村级网格的基础上，划分以村民小组为单位的微网格 17 个，并成立以村委会主任担任网格长、分片干部为微网格员、各村民小组组长为微网格信息员的村级网格化服务管理中心（见图3），明确微网格员"8+N"责任机制，在村级各项治理工作中发挥重要作用，助力乡村振兴。重点发挥"微网格"精确治理作用，依托村屯两级网格微信群，构建人员基础信息和信息报送"两张网"，实现对网格内企业、劳动力分布情况，特殊人群，治安隐患等信息的有效管理；设置红色调解室、公共法律服务平台，组建红色巡逻队，微网格员作为"信息员""调解员""治安员"在企业周边开展治安巡逻和隐患排查，随时收集并处理涉企各类诉求和矛盾纠纷，为企业提供精细化、个性化服务，切实打通网格化服务的"最后一公里"。

除了以上"组甲制"与"微网格"的创新，2021年桂林市大力开展"一组两会"、社区（乡村）协商议事等创新村民自治模式，修订和征集优秀村规民约，完善红白理事会、村民议事会、道德评议会、禁毒禁赌会等自治制度，组建"微自治"组织、设立"微团队"、创立"微讲堂"、开展"微服务"，将村民自治落实到细微之处，进一步提高村民参与意识和自治能力，村民自治水平明显提升。

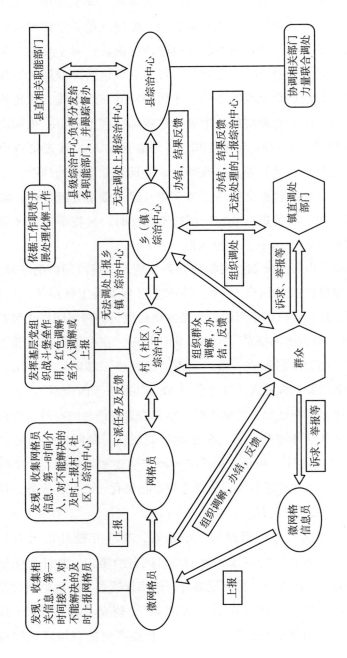

图 3　桂林市才湾镇邓吉村网格服务工作流程

### （三）创新"融合集群"模式，发展新型农村集体经济

**1. 创立各级"集体经济发展服务中心"，引领规范集体经济发展**

2018 年以来，桂林市先后制定《关于发展壮大村级集体经济的若干政策措施》《桂林市关于加强村级集体经济高质量发展的实施意见》等文件，深入发展壮大村级集体经济，在全市范围内设立 17 个县级发展服务中心和 809 个村级发展服务站。2021 年，桂林有 8 个农村集体经济组织入选自治区级示范性农村集体经济组织，所有行政村集体经济年收入均达 5 万元以上，集体经济总收入超 2.35 亿元。首先，县级发展服务中心作为村级集体经济发展的督导与指挥部，引领各村结合自身资源禀赋和优势，因地制宜发展资源开发、资产活化与经营、产业配套建设、农业服务、电商发展与联合经营等不同模式，探索出了融合集群、服务、红色、组团等新型发展路径。兴安县湘漓镇双河村是脱贫村，该村集体经济发展服务站坚持因地施策、多元发展，用活资金、盘活资源，通过建设柑橘配套加工标准厂房、发展"荷花+禾花鱼+田螺"生态农业、建成光伏发电站等方式，实现村级集体经济年收入 21.5 万元。其次，县级发展服务中心为村级集体经济选派第一书记、驻村工作队与科技特派员，提供人才支持。此外，县级发展服务中心持续推进能人领办农村集体经济组织。培育和发现能人领办创办专业合作社、家庭农场，发展特色产业，引导实现村级集体经济组织负责人、村党组织书记、村委会主任"一肩挑"。最后，为了解决随着集体经济发展，集体资产如何规范等问题，在县级发展服务中心的指导下，制定资产管理规定，杜绝糊涂账，规范资金使用，建立财务公开、民主理财、审计监督"三位一体"监督管理体系。荔浦市茶城乡文德村在县级发展服务中心的指导下，编制村级集体经济发展五年规划，通过流转 200 亩林地、发展林下灵芝种植、乌鸡养殖与清水鱼生态养殖等多种方式实现村级集体经济年收入 53.5 万元。制定《文德村股份经济合作社资金管理规定》，进一步细化项目立项、规范合同、财务管理、发展模式、协同监督、党建引领、农业保险 7 项具体措施，推动村级集体经济健康发展。

**2. "村村联建、村社融合"，助推村级集体经济抱团发展**

各行政村在村级集体经济组织的带领下，发展"一村一项目"，以能人领办、村企合作等形式实现村级集体经济初步发展，普遍建立了"村集体+公司+农户""村集体+专业合作社+农户"等农业产业化经营模式，但也面临自我造血能力不强、资金资源不足、发展模式单一并且同质化、入股分工比例低、风险抵御能力差等问题。为应对上述问题，突破村级发展瓶颈，2021年桂林大力发展融合集群、服务创收、红色业态、飞地组团等经济模式，引导村村联建、村社融合，着力培育区域集体经济发展新路径、新动能、新体系、新模式，全面推动村级集体经济发展迈上新台阶。全州县探索推行"组织共融、抱团共建、风险共担"模式，着力破解发展基础弱、资源资金散、经营管理难等难题，推动党组织、企业、社员等桩桩互联、抱团发展，形成"篱笆桩"村级集体经济全州模式。按照"地域相邻、产业相连"的原则，打破行政区划的单一格局，采取"村村联建"模式，整合各村资源、资金、项目、专业技术人才，以及生产、销售、加工平台，实行统筹管理。通过强村带弱村、大村带小村、富村带穷村，辐射带动村级集体经济均衡发展，村集体和村民共同致富，让一个个"边缘村"成为村级集体经济发展的联动村。平乐县平乐镇充分发挥党组织引领和集体经济组织辐射带动作用，聚焦长滩村地理优势和辐射优势，整合长滩、六合、桃林3个村集体资金和乡村振兴项目资金共550万元，开发建设长滩农产品物流园，项目建成后预计可实现年收入80万元，各村集体经济增收26.6万元。兴安县溟川乡根据"产业相近、地域相邻、抱团发展"原则，整合13个村经济联合社集体资金，成立桂林湘桂古道生物科技有限公司，公司按照出资比例分红，由庄子村党支部书记任法人，利用白果生产白果辣椒、白果酒，打造白果宴等进行线上线下销售，谋求发展新路。恭城瑶族自治县选准产业，整合集体土地等资源，形成村级发展共同体，以抱团发展、资源整合、入股分红等形式带动村级集体经济发展壮大。

# 三 桂林乡村组织振兴存在的主要问题

## （一）乡村组织振兴工作协同机制有待进一步提升

### 1. 五级书记协同发力机制有待完善

2021年，《中共中央　国务院关于做好2022年全面推进乡村振兴重点工作的意见》强调，要坚持和加强党对"三农"工作的全面领导，要强化五级书记抓乡村振兴的工作机制。在协同发力促进乡村振兴方面，桂林市成立乡村振兴指挥部，由乡村振兴部门牵头，定期协调教育、医疗、住建、卫健、医保、民政等相关部门，开展风险信息预警和线索日常排查，继续落实每个脱贫村和易地扶贫安置社区选派1名第一书记、2名工作队员，确保帮扶力量不弱化。目前，原来的扶贫机构以及扶贫专责小组调整，乡村振兴局法定工作职责界定不够明晰，工作任务量增加了，但人员编制没有变化；"1+13"工作机制建设滞后，各个机构组织职能开始调整，虽然巩固拓展脱贫攻坚成果和乡村振兴有效衔接战略指挥领导小组和各专责领导小组机构陆续成立，但乡村振兴工作总体规划、政策衔接、工作协调等还不够顺畅，部门协同作战合力有待进一步加强。

### 2. 工作机构调整后组织定位不够清晰

在打赢脱贫攻坚战后，各个机构的名称职责开始发生变化。市乡村振兴部门将原市扶贫开发领导小组的职能并入；市级、县级乡村振兴局由原扶贫办整建制改组或者由农业农村局加挂形成。但农业农村和乡村振兴部门的职能职责还在磨合，工作运转还有待加强，这使实施组织振兴的过程不太顺畅。在过渡时期工作中，部门之间存在推诿扯皮现象，工作出现空档；部分干部存在不同程度的懈怠和形式主义问题，还存在等待观望心态，对过渡期的工作如何抓研究不够，做工作不深不细，对实施乡村振兴信心不足，对乡村振兴怎么干、干什么不太明确，思路不够清晰，存在本领恐慌，迫切需要学习提高。受换届选举影响，一些单位部门、乡镇干部出现歇歇脚的思想，

导致项目建设、资金支出、小额贷款等方面工作滞后。

**3. 基层干部对乡村振兴内涵理解有待提高**

现阶段，我国"三农"工作的重心已转向巩固拓展脱贫攻坚成果同乡村振兴有效衔接，国家先后出台了一系列政策文件。但是，部分干部没能及时适应从脱贫攻坚向乡村振兴的转变，从精准到人到户向促进区域经济社会全面发展的转变，从以政策支持为主向政府、市场、社会协同发力的转变，从各方面帮扶为主向脱贫地区、脱贫人口自力更生为主的转变，从攻坚战向持久战的转变。当前，桂林市巩固脱贫攻坚成果任务还比较艰巨，返贫致贫风险隐患和压力较大，截至 2021 年 5 月 10 日，全市脱贫人口中还有 3798 户 12875 人存在返贫风险，边缘人口中也有 1415 户 4878 人存在致贫风险。部分基层干部对乡村振兴的内涵理解不到位。通过访谈村干部了解到，一方面，由于年纪较大的基层干部文化程度普遍较低，难以对国家颁布的政策方针有透彻理解，对乡村振兴的内涵理解不到位；另一方面，在党组织开展"三会一课"时，基本是读一遍党和国家颁布的新政策，并没有认真解读这些政策，没有把难以理解的点解释清楚，只是流于形式。这会让基层干部更加难以理解政策内涵，只能"凭感觉"去执行政策。在资金使用方面，虽然中央、自治区已出台衔接资金管理办法，明确了衔接资金使用的总体方向，但没有对一些实施细则出台具体指导意见，办法中明确衔接资金可以用于培育和壮大欠发达地区特色优势产业并逐年提高资金比例，支持农业品种培优、品质提升、品牌打造，推动产销对接和消费帮扶，解决农产品"卖难"问题，但没有出台具体的支持细则、奖励补助标准、建设要求、验收标准，导致基层干部难以把握尺度。

## （二）农村基层党组织组织力有待进一步提高

**1. 农村基层党员老龄化，后备力量缺乏**

根据国家统计局住户调查数据，2020 年全国有农民工 28560 万人，大量青壮年劳动力外出务工，学生完成学业后返乡者也很少。阳朔县福利镇乡村振兴重点村屏山村有党员 53 名、流动党员 16 名，其中，35 岁以下党员 13 名、占 24.5%，60 岁及以上党员 23 名、占 43.4%；初中及以下学历党员 11 名、占 20.8%，大专及以上学历党员 0 名。瓜里乡文溪村有党员 66 人，设党总支 1 个、党支部 2 个，60 岁及以上党员 42 名、占 63.6%，60 岁以下党员 24 名、占 36.4%，大专以上学历党员 3 名。资源县两水乡社水村现有党员 78 名（其中预备党员 4 名），下设 3 个党支部（顶心包党支部、院子党支部、其古山党支部）和 6 个党小组。社水村党总支党员年龄普遍较大，文化水平不高，其中年龄在 35 岁以下的 10 名、36~50 岁的 13 名、51~60 岁的 15 名、61 岁及以上的 40 名；学历为大专及以上的 13 名、高中（中专）的 28 名、初中及以下的 37 名。随着城市化的速度加快、范围扩大，从农村进入城市学习、工作、生活的人口数量不断增多，部分村庄常住的年轻人越来越少，留在村庄的人年龄普遍在 40 岁以上，老年人居多，农村基层党组织党员呈现老龄化趋势。虽然年龄大的党员熟悉村务工作，善于处理村民之间的关系，但是随着社会的发展，基层党组织的年龄结构、文化结构等不协调会在很大程度上影响乡村事业的发展，甚至阻碍乡村振兴工作的推进。

2. 农村基层党组织服务能力不足

随着乡村振兴全面推进，农村基层党组织迎来新要求与新挑战，部分地区的干部治理理念还未从管制转换为服务，在处理工作时呈现被动执行上级任务、忽视群众诉求等现象；部分地区的基层党组织成员比较年轻，治理经验相对不足，治理能力还未得到村民的认可，他们对不同教育背景的农民不能采取个性化教育和引导方式，缺乏针对性，导致动员力度和广度仍然不够系统化、全面化，造成基层党组织服务能力下降，无法服务好每一位有需要的村民，不利于党群关系的良好发展；部分党员干部自身文化水平、数字化水平等较为欠缺，没有充分挖掘农村各方力量进行组织振兴，没有从根本上调动广大农民对乡村组织振兴的积极性、主动性、创造性。

3. 农村基层党组织掌握资源不足

《中国共产党农村基层组织工作条例》明确指出，"村党组织书记应当

通过法定程序担任村民委员会主任和村级集体经济组织、合作经济组织负责人"。农村家庭联产承包责任制改革以后，桂林市绝大多数农村已把集体所有土地、山地和资产分配到户，导致基层党组织所掌握的资源不足。具体表现为政治资源、经济资源和文化资源不足。政治资源是指基层党组织为群众和党员提供的发展机会、渠道与空间，相比于之前基层党组织在参军、入伍、入学等方面的作用，基层党组织已经逐渐失去了原来的优势和决定性作用。经济资源是指基层党组织带领群众发展产业和致富能力，随着人、财、物等村庄资源不断流向城市，基层党组织产业发展能力和后劲面临很大的挑战。随之而来的是，党组织在群众精神生活丰富、文化娱乐活动举办等文化资源方面作用的弱化，难以满足群众对美好生活的需要。

## （三）乡村治理体系有待进一步完善

党的十九大报告提出，"打造共建共治共享的社会治理格局"，加强社区治理体系建设，推动社会治理重心向基层下移，健全自治、法治、德治相结合的乡村治理体系。但是乡村社会治理仍然存在弱项，乡村治理暴露出自治组织行政化倾向严重、德治形式化、法律服务体系需要进一步健全等问题。

### 1. 村民自治组织趋于行政化

村民自治是村民自己创造的一种乡村管理模式，一方面承接乡镇政府的行政事务，是村民与政府沟通的重要纽带；另一方面组织和带领村民解决村庄的公共事务与问题，村民自治与村民的关系影响村委会功能的发挥和组织的定位。但是近年来，村民自治组织行政化倾向日益加重，自治属性被削弱。随着脱贫攻坚的胜利，村委会工作场所和工作时间日益规范化，村民自治组织工作人员的待遇发放也由政府承担，村级财政由乡镇管理，一些地方要求村委会干部按照公务员上下班制度到村委会坐班，并选派第一书记、驻村队员等常驻脱贫村与乡村振兴重点村。在一系列村委会制度化建设过程中，村委会越来越行政化，灵活性和自治属性在诸多外力的影响下日益弱化，村民参与乡村建设意愿不足、热情不高、能力不强。乡镇层面对村委会的工作由以前的结果监督转变为现在的过程监督,村委会公共服务职能逐渐弱化,行政性工作内容逐渐增多。长期发展下去,自治组织很可能变为乡镇政府的派出机构,脱离自治的职能。

2. 德治建设趋于表面化和形式化

德治是指通过道德建设来引导、教育乡村居民向善的治理方式。通过社会主义核心价值观的引导和乡村思想文明建设的深入推进,人们认识道德生活规律、约束自身行为、督促自律,自觉遵守村规民约、重拾优良传统、塑造淳朴民风,以调节乡村社会矛盾、教化乡村群众、调节乡村社会关系,是相对于官治的一种"软约束",也是乡村治理法治手段的有益补充和重要辅助。桂林市各乡村普遍推进"一约四会"建设,在村中开展文明家庭、好公婆、好媳妇等评选活动。但是"一约四会"在政府的要求下虚设,并没有实际运行和发挥作用,各种村庄精神文明评选活动趋于形式化,村民参与感弱,没有对评选出的典型家庭进行充分宣传。之所以如此,一是改革开放以后农村的经济条件发生了变化,人们的物质条件获得了极大的改善,人们的生活方式、价值观、思想也相应发生变化,各种外来的价值观冲击人们的思想。乡村传统道德文化的影响力正在慢慢下降,优秀的传统道德观念影响力淡化,村民间的交往趋近利益化,没有形成符合新时代要求的价值观和道德标准,这影响了德治作用的发挥。二是乡村人才精英流失严重,大量优秀青壮年向城市流动,导致德治的主体力量弱化。三是德治建设没有与村庄整体规划和发展结合,只是按照规定进行单一的德治建设,建设是否有成效、德治内容是否符合当地需求都没有考虑到位,收效甚微。

3. 法治建设服务体系须进一步完善

虽然桂林市乡村法治建设服务体系构建取得了一定的进展,但是需要进一步推进与完善。随着农村经济、社会、文化的发展,农民流动性增强,农民市民化进程不断加快,农村出现宅基地退出机制、"三权分置"改革、户口迁移等一些新情况和新问题,现存的部分法律缺乏针对性和可操作性,不能与新情况相适应,呈现滞后的特点;农村的法律基础、法律资源、法律服

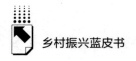

务设施等相对薄弱，"三官一律"进乡村未形成常规化的服务机制，基层法律服务人员不足，影响群众对法律知识的获得；基层干部缺乏对法律的深刻理解与掌握，法治方面的能力还有待提升；农民对法律接触少，遇到相关问题时更多采用村庄长期存在的不成文规定解决，缺乏用法律解决问题的知识储备、途径与意识。

### （四）农村经济组织未充分应用与农户的利益联结机制

#### 1. 新型农业经营主体组织带动作用不明显

当前，桂林市大力推进田园综合体建设，以田园综合体为依托，发展和培育家庭农场、专业合作社等新型农业经营主体，以带动普通农户的产业发展和利益共享，实现共同富裕。但是家庭农场、合作社、种养大户等主体缺乏协同发展、共建共享，农业产业发展缺乏规模效应、联动效应。各村普遍成立专业合作社，但是合作社并没有发挥统一生产、管理、销售等方面的合作功能，而是成为一些村庄精英、种养大户或者外来企业的个人"公司"，合作社人员选举、日常管理并没有按照规范进行，假借农民合作经济组织名义套取政策支持，偏离农民合作经济组织服务社员的目标，带动普通村民作用不足，结果往往是无法生产或提供具有市场竞争力的产品和服务。

#### 2. 农村集体经济组织内生动力不足

农村集体经济组织在促进农村经济发展和社会发展方面发挥重要作用。桂林市集体经济的发展普遍采用村企合作、入股企业、出租等方式，但在合作过程中过多依靠外来资金、人力和技术，集体经济内生动力不足。阳朔县金宝乡乡村振兴重点村红莲村有红莲村村民集体经济股份合作社、红莲村种得美水果专业合作社、金科果木种植合作社3个新型农业经营主体。上述合作社投资40万元村集体发展资金到阳朔县遇龙河景区旅游发展有限公司，投资50万元村集体发展资金到阳朔县漓江景区旅游发展有限公司，但受到新冠疫情影响，村级集体经济组织收入仅能达到政府规定的5万元最低标准。村级集体经济组织可以利用的资源有限，在实施分田到户、分山到户后，大部分村子的土地、山林都分配到户，村集体没有保留集体资产、资源或者只保留了少部分，村级集体经济组织发展所需资金、资源严重短缺，难以发展壮大。村级集体经济组织应对风险能力较差，桂林是全国最大的柑橘生产地市，柑橘产业是桂林市巩固脱贫攻坚成果、加快乡村振兴的支柱产业，目前全市柑橘种植面积 266 万亩、产量 623 万吨，但由于黄龙病暴发风险不断加大，对脱贫攻坚成果巩固和乡村振兴发展造成一定影响。集体经济发展项目多数属于第一产业，缺少相应的保障措施，抵抗市场风险能力较弱，收益不稳定。村委会对发展集体经济主观能动性不够，存在"等靠要"思想，对发展集体经济缺少对策，有畏难情绪。

### （五）社会组织参与乡村振兴机制不健全

#### 1. 农民自发性社会组织内生动力不足

农村社会组织作为民间组织，能代表不同领域的农民，对一些决策发表意见以及建议，从而推动决策合理化，为成员争取权益。社会组织在这方面扮演重要角色，不仅满足农民多样化的需求，弥补农村公共服务供给的不足，也为农村"两委"减压。农村社会组织还能够起到教育的作用，组织可以通过开会、开展活动的方式将知识、理念传递给农民，让他们掌握新知识，改变原有错误理念，增进互助精神。桂林各县（市、区）建立乡村治理长效机制，完善村规民约、红白理事会、村民议事会、道德评议会、禁毒禁赌会等自治制度，但是这些组织大多数是在政府的要求下建立的，并没有实际运行，只是"挂"在墙上的村庄组织。改革开放以来，虽然农村社会组织得到发展，但总体来看，经济发展处在首要位置，农村社会组织发展缓慢、滞后，社会组织种类、规模发展不足。很多人对农村组织功能、结构不了解，还有一些人对社会组织的认识存在偏差，导致农村社会组织内生动力不足，难以完善社会组织或成立新的社会组织。

#### 2. 各级社会组织缺乏深度参与机制

打赢脱贫攻坚战以来，人们的生活水平有了显著提高，社会救助水平也

在提高，社会救助在预防贫困方面发挥重要作用。当前，"两不愁三保障"（不愁吃、不愁穿，义务教育、基本医疗、住房安全有保障）的突出问题已得到解决，绝对贫困得到消除。但是，由于受到路径依赖与帮扶惯性影响，社会组织参与乡村振兴往往只是针对贫困群体实施救助项目，多为临时性一次性物质活动，对乡村振兴产业发展、治理能力提升、乡风文明建设等发展性项目关注较少。当前是巩固拓展脱贫攻坚成果与乡村振兴有效衔接时期，一方面，要保持社会救助政策的连续性和稳定性，全面推进乡村振兴，不断创新农村社会救助体系；另一方面，要把社会救助体系转变为社会治理与社会发展项目，有机嵌入乡村振兴战略，建立健全社会组织深度参与乡村振兴机制，切实巩固拓展脱贫攻坚成果。

## 四　加快推进桂林乡村组织振兴的对策建议

### （一）完善机制，坚持党对乡村振兴的核心领导

#### 1. 理顺乡村振兴战略工作体制与机制

桂林在推进乡村振兴战略时，要注重开展政策宣讲，培养党员干部的责任意识，提高基层党组织的向心力和凝聚力，同时通过主题实践活动，在实践中深化党员干部的责任意识和大局意识；要统筹做好机构队伍衔接工作，明确权责意识；要完善桂林市乡村振兴工作保障机制，理顺农业农村部门、乡村振兴部门之间的工作关系，明确各自应承担的责任和履行的职能，在推进乡村振兴工作中明确问责机制，形成基层党组织的强大战斗力，推动工作高效落实；要强化县乡两级党委（乡村振兴）领导小组统筹协调作用，构建上下联通的高效工作机制，行业部门根据上级部署开展工作，将乡村振兴工作与工作职责相结合，开展相应的行动和制定相应的工作方案；要健全党组织干部工作监督管理体系，发挥党内监督和人民群众监督双重作用，完善党组织干部办事规章制度，提高组织干部规范化意识。在推进乡村振兴工作中，基层党组织要完善党内监督机制，提高党员干部的自觉性和主观性，保

障工作有效落实。建议设立人民群众意见箱，便于人民群众提出对政策及组织行动的意见和看法，有利于提高基层党组织队伍在人民群众心中的领导力和权威性。

2. 加强乡村振兴战略和政策理论学习

桂林要切实加强基层党组织成员的政治教育，按时开展"三会一课"等党性教育活动，日常工作中注重实践党的精神主张，做到言行一致、以身作则，不断提升成员的党性修养；要继续创新学习模式，在线上利用学习强国、八桂先锋等新媒体传播学习资讯，为流动党员随时随地充电；在线下依托"三会一课"、组织生活会等平台，创新采用"板凳课堂""先锋课堂"等学习方式，组织党员干部集体讨论、交换意见，加强党组织成员的思想意识，有效提高基层干部履职能力。一方面，基层党组织要动员党组织成员学习乡村振兴战略，理解政策方针的指向和内涵，牢固树立正确的政治立场、政治观点，强化成员的政治执行力，确保乡村振兴战略沿着正确的方向前进；另一方面，要加强对村民的思想政治教育工作，提高村民对党的政策理论认知，更积极地向党组织靠拢，全力支持党组织的日常工作，加快乡村振兴的步伐。[1]

3. **制定和完善衔接时期乡村振兴考核机制**

乡村振兴战略发展到一定阶段，桂林为深入贯彻落实《中华人民共和国乡村振兴促进法》，应建立健全对村干部的多元化考核机制。村级基层党组织职能开始转变，相应的考核制度也要改变。桂林创新建立市委巡察、纪检监察、审计审查、社会监督等相结合的多元化考核机制，对乡镇党委政府、定点扶贫单位开展年度绩效考评，并且适当增加乡村振兴工作考核指标，如巩固拓展脱贫攻坚成果、产业兴旺、生态宜居、乡风文明、治理有效、生活富裕、[2] 深化农村改革等具体指标。要充分发挥考核指挥棒作用，发挥五级书记协同治理作用，完善五级书记任务清单

---

① 宁鑫、傅慧芳：《乡村治理现代化进程中农村基层党组织整体功能建设研究》，《石家庄铁道大学学报》（社会科学版）2020 年第 3 期。

② 《中共中央 国务院关于实施乡村振兴战略的意见》，《人民日报》2018 年 2 月 5 日。

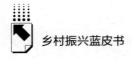

和责任清单，激发村党支部书记的工作热情和活力，提高村党支部书记的履职能力。

### （二）榜样示范，加强农村党组织组织力建设

#### 1. 提升基层党组织革新力，优化农村基层党员队伍结构

注入新鲜"血液"，解决队伍"老龄化"问题。农村基层党组织要有意识发展高素质人才。一支没有向上发展、故步自封的"老"队伍很难起到"领头羊"的作用，难以推动农村基层党组织发展。党员队伍"老龄化"问题是长期以来形成的，并且不能在短时间内得到解决。基层党组织可以从退役军人、乡镇榜样人物、青年大学生中发展党员预备队，将有长远留在桂林市计划的青年人才作为重点培养对象，促进基层党组织人才队伍更新换代。加大对优秀人才的宣传鼓励力度，发挥优秀人才的榜样作用。在基层党组织中营造"尊重人才、发展人才"的氛围，带动基层党组织新生力量积极进取，做好乡村振兴工作。

加强对村干部的日常教育管理，培育过硬乡村干部队伍。桂林要加快推进实施村干部学历深造举措，深化"导师帮带制"实践，建立从优秀村党组织书记中选拔行政领导干部的长效机制，给予基层优秀村干部上升空间。完善乡镇领导班子和干部队伍建设，使领导队伍保持积极向上的奋进状态。同时，各级政府在日常工作中，要围绕乡村振兴常态化开展乡村基层党组织工作，继续推进乡村党组织书记轮训计划，全方位增强基层党组织"领头雁"的核心素养。

#### 2. 提升组织凝聚力，进一步推进组织生活规范化

农村基层党组织组织力，对内包括凝聚力和向心力。组织凝聚力是发展基层党组织的重要根基。只有组织内部团结，组织队伍"拧成一股绳"，才能建设基层党组织。组织凝聚力要求组织人员向党中央靠拢，思想高度上与党中央保持一致，行为作风上听从党中央指挥、服从党中央的纪律。党组织在开展活动时，要传播积极向组织靠拢、向党中央靠拢的思想，充分发挥团队协作作用，将党组织成员凝聚起来，强化学习，使党员知识更新换代，保持良好的精神面貌。同时，村级党员管理，制度必须先行。通过发挥制度的

约束优势，让组织管理有张有弛，才能在弹性范围内规范组织成员的言行，让他们在制度的"笼子"里发挥自身本领。

积极培育党组织的主观能动性和主动服务意识。党组织要把乡村振兴的文件要求贯彻落实到日常活动中，在潜移默化中传递乡村振兴的理念和内涵，强化组织队伍思想建设。基层党组织在开展活动时，要严格落实基层党组织人力、物力、财力"三重保障"作用机制，夯实基层党建工作的基础。人民群众是组织建设的基础，党组织活动要从农村群众的根本利益出发，牢记为人民服务的宗旨，才能吸引群众真心参与组织活动，提高组织活动的影响力和感召力。通过发挥组织队伍的带头作用和先锋模范作用，动员鼓舞群众参与乡村振兴工作，汇集各方力量，推进桂林市乡村振兴工作迈上一个新台阶。

提高党组织干部服务能力。国家政策不断调整，乡村振兴战略也不断提出新要求。党组织干部要保持终身学习的思想观念，提升自身科学文化素养和工作能力。基层党组织干部是人民群众和党组织沟通的桥梁，是政策直接执行者和政策执行效果的直接影响因素。同时，市政府可以结合桂林现有强大的高校资源，邀请高校相关专家传授相关理论知识、开展专题讲座，在实践中多渠道收集周边县（市、区）产业发展的典型案例，鼓励和组织党组织成员到周边县（市、区）参观访学，用知识武装头脑、开阔眼界、打开思路。

## （三）深入基层，创新和提升乡村治理现代化水平

### 1. "政治"引领，推进完善基层村民自治机制

重塑村民主体地位。乡村治理的主体归根结底是村民自身。[1] 基层党组织要充分了解村民的需求，将乡村振兴战略目标与村民需求目标相结合，让村民感觉到自身是重要的、被重视的，从而鼓励和激发村民自治意愿。

---

[1] 胡宝珍、欧渊华、刘静：《新时代"五治融合"乡村治理体系之建构——基于福建乡村治理实践的考察》，《东南学术》2022 年第 2 期。

健全村级自治组织民主建设。落实村民自治有赖于村级组织、村民代表一同商议、一起讨论、一起管理、一起开展行动。要完善基层村级事务决策机制，通过日常观察和有针对性的访谈，充分了解民意民情，建立村级议事和旁听制度，做到村民的事情由村民做主，村民充分掌握参与和落实的权利，有效参与民主决策。严格落实村民选举程序，村级组织要依法依规完成村民民主选举，确保被选举人充分代表村民利益，真正做到为村民服务。基层党组织要完善村务监督机制，加强农村社区公开民主管理创建工作，围绕"巩固提高、延伸拓展"的思路，进一步推进和深化村（社区）建设工作，推进农村社区民主建设和长效机制建设。

2. "法治"保障，建立健全农村公共法律服务体系

加大法制教育宣传力度，普及基本法律知识，强化村民法治思维。[①] 法安天下，德润人心。桂林市政府积极推进"八五"普法工作，加大普法依法治理工作力度。完善"三官一律"制度，活用法治资源。基层党组织可以调研收集村民法律困难，精准服务村民法律需求，请法律专家有针对性地开展专题法律知识讲座，从村民自身需求出发，激发村民学法热情。

3. "德治"建设，建立乡村道德激励约束制度

发挥村规民约的制度作用。[②] 在现当代，推进乡村振兴战略要活用村规民约的影响力和约束力，力求在村民生活中发挥符合当今时代要求的积极作用，推动乡村经济发展、文明教化、生态环境改善。在修改和完善村规民约时，要坚信社会主义核心价值观，深化中国特色社会主义教育，发挥重大传统节日和节日庆典的教育功能，充实村规民约的精神内涵，引导村民向实现中华民族伟大复兴中国梦的精神内核靠拢。突出乡村榜样的引领作用。基层党组织要注重培养乡贤精英的榜样作用，鼓励其参与日常乡村管理事务，发挥带头作用，利用自身行动影响村民、感化村民。多多宣传报道乡贤事迹，增强乡贤的成就感和参与感，深化乡贤对本村的归属感，并且给予一定的物质奖励。

---

① 单琳琳：《"五治"融合推进农村基层治理创新》，《宏观经济管理》2021年第6期。
② 《德清：构建"三治融合、五位一体"基层社会治理新模式》，《政策瞭望》2019年第9期。

### （四）聚集特色，发展壮大新型集体经济组织

**1. 深化农村集体产权制度改革，盘活农村资源**

基层党组织要深化农村集体产权制度改革，链接好现有资源，通过产权确权，对农村闲置资源进行摸底排查，登记造册。同时，利用流转的方式将闲置资源转化为有效资产，将这一过程中产生的收益归为农村集体成员所有。基层党组织要学习国家促进农村集体经济发展的政策方针，加大对农村集体经济的扶持力度，做到充分发展、有效衔接、落地生根，充分发挥政策的扶持作用，增强农村集体经济发展活力；着重围绕人才、时长、资金、制度等建立风险防控体系，开展市场调研，做好风险管控，寻找和培养优秀专业人才，凝聚专业力量，完善市场网络；市政府应围绕发展农村集体经济，出台一系列优惠政策，对集体经济项目在征地和赋税减免等方面进行适当的政策倾斜，提供优惠或补助。同时，政府要发挥好中间人和桥梁作用，大力引入合适的企业与农村合作，促进村企合作机制进一步完善。

**2. 发展壮大新型农村集体经济，走出桂林特色道路**

桂林要利用大力推动乡村振兴的机遇，结合桂林各县（市、区）优势本土资源，打造特色产业。同时，要依托各地特色产业优势带动扶贫产业与特色乡村振兴产业融合，深入挖掘当地经济发展潜力，提供更多就业机会，促进各地乡村在乡村振兴道路上不掉队。[①] 要增强县级政府发展和壮大村级集体经济的力量，从各部门抽调优秀人才，组建专门的办公室，履行好农村集体经济发展的职能，协调解决合作社和农户之间的利益分配问题，充分发挥二者优势，完善绩效考核办法，增强集体经济发展活力，形成全县上下齐抓共管的良好局面。桂林市政府应深入贯彻落实高质量发展和村级集体经济发展若干政策措施等文件，加大对农村集体经济的政策保障力度，推进农村集体经济优质有序发展，稳扎稳打推进项目建设，优化农村集体经济建设人

---

① 贺卫华：《乡村振兴背景下新型农村集体经济发展路径研究——基于中部某县农村集体经济发展的调研》，《学习论坛》2020 年第 6 期。

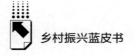

才队伍，增强集体经济自主发展能力；同时，鼓励开辟新的发展路径，带领农村集体经济走出桂林特色道路，打造主导产业，形成特色产业园区，形成规模效应和聚集效应，打造综合实力强劲的农村集体经济产业和项目集群，构建资源共享、互促互进的农村集体经济发展新格局。

### （五）深度参与，培育、动员与支持社会组织

社会组织是推进乡村振兴战略的重要一环，其提供的服务可以丰富村民的日常生活，增强村民对乡村的认同感，激发乡村活力和创新力。基层党组织要高度重视社会组织的作用和价值，深入挖掘乡贤精英与社会组织的相互促进作用，提升社会组织的能力水平。

#### 1.增强社会组织参与乡村振兴内在动力

乡贤精英具有高素质、高能力，能够比普通人更敏感地感知社会变化和乡村振兴的战略走向，同时在乡村中具有更大的影响力。乡贤精英参与社会组织的活动，可以更好地宣传社会组织，增强社会组织在村庄中的影响力和感召力。在此基础上，村民更加愿意了解乡村社会组织，更积极参与社会组织开展的活动，提高对社会组织的认同感。桂林市各社会组织要积极参与乡村振兴"十百千"工程，发挥自身优势，建立长期专业结对帮扶机制，扩大服务对象范围，链接各项资源，深度参与乡村振兴特色产业发展，巩固乡村振兴成果，夯实社会组织的群众基础，确保服务对象来源稳定充足，更好地开展服务。

#### 2.创新举措培育促进社会组织，发挥组织振兴协同力量

社会组织要不断提升自身服务水平，尤其是购买政府服务项目的管理水平。要坚持开展对外宣传活动，如免费的文艺会演、拍摄公益短片、爱心教室等，向村民展现社会组织乐于助人、富有爱心的一面，吸引村民前来参加服务活动，调动村民参与乡村振兴的积极性和主动性。顺应当前桂林市乡镇社会工作站的建立热潮，创新举措培育促进社会工作发展，建设好"五社三站"融合模式，不仅将乡镇社会工作站建设成民政服务平台，更重要的是将其发展为乡镇综合服务平台。同时，社会组织的财政资源大部分来源于

政府拨款和政府购买服务，但是政府给予的财政支持有限，更多的还是需要社会组织自己合理规划财政支出，拓宽资金来源渠道，获取更多的财政资源。① 通过政府购买服务开展项目服务，打造高水平项目，对外展现社会组织的能力和水平，吸引其他主体的资金支持。在党组织的统一领导下，建设完善党委领导、社会协同、公众参与的乡村振兴多元主体协同机制。

---

① 徐顽强、于周旭、徐新盛：《社会组织参与乡村文化振兴：价值、困境及对策》，《行政管理改革》2019 年第 1 期。

# 专题报告

## Special Reports

## B.7
# 乡村振兴背景下阳朔民宿发展调查研究[*]

陆 军 贺祖斌[**]

**摘　要：** 民宿是乡村"三产"融合发展的重要载体，是整合资源、延伸产业链、提升产业附加值以巩固脱贫攻坚成果的重要路径，更是助推乡村全面振兴的重要力量。乡村振兴为民宿发展带来了新的机遇，民宿也成为推动乡村振兴的重要抓手之一。民宿在巩固拓展脱贫攻坚成果与乡村振兴有效衔接方面所具有的独特功能与价值受到业界的追捧。在乡村振兴背景下，大量社会资本进入阳朔投资民宿，民宿成为巩固阳朔脱贫攻坚成果的新渠道、新路径和新模式。阳朔民宿发展实践表明：民宿充分唤醒乡村沉睡资源，

　　* 本报告为国家社会科学基金项目"西南山区巩固脱贫成果与乡村振兴深度衔接问题研究"（21XMZ075）阶段性成果。

** 陆军，教授，广西师范大学历史文化与旅游学院景区开发与规划教研室主任，硕士生导师，广西师范大学西部乡村振兴研究院研究员，研究方向为乡村旅游与乡村振兴；贺祖斌，博士，广西师范大学党委副书记、校长，教授，博士生导师，广西社科联副主席，自治区政协委员，广西师范大学西部乡村振兴研究院院长，研究方向为高等教育生态与管理、区域经济与高等教育、乡村振兴等。

推动社会资本下乡，加速乡村经济发展，促进乡村产业高质量发展。为此，本报告分析了乡村振兴背景下阳朔民宿发展的主要成效，总结提炼民宿发展助推乡村振兴的基本经验，为我国巩固拓展脱贫攻坚成果与乡村振兴有效衔接提供经验、路径借鉴。在此基础上，进一步剖析民宿发展所面临的主要问题，并提出相应的对策建议，以便为阳朔民宿可持续发展提供决策参考，进而推动阳朔乡村振兴高质量可持续发展。

**关键词：** 乡村振兴 阳朔民宿 可持续发展

早期民宿大多是以"农家乐"或者"家庭旅馆"的形式存在，由于其能够帮助主客双方更好地沟通互动且极具当地特色而受到越来越多游客的关注，尤其是乡村民宿，在提供给游客原汁原味的住宿环境和多样互动服务的基础上，还能够帮助居民利用闲置房屋，增加额外收入，使乡村旅游的形式更多样化，既巩固了脱贫攻坚成果，也助推了乡村振兴战略的实施。①

国外民宿发展较早。1960 年前后，英国乡村人口稀疏的农家为增加收入创办了民宿，采用 Bed & Breakfast 形式的家庭招待式旅店，是已知最早的民宿。最早的民宿研究始于 1982 年，以美国民宿研究为主，早在 1986 年 Fisher Robert 就发现了波特兰地区的农户借鉴欧洲民宿经验的现象，他们出于利润和增进友谊的原因开设了民宿，食物和住宿都很优惠，十分吸引游客。② Rodney B. Warnick 探索了马萨诸塞州境内住宿和早餐场所特有的各种行业特征，并根据区域位置、费率结构和季节性商业模式等变量确定行业内

① 明跃强：《全域旅游视角下的阳朔民宿空间分布特征及影响因素研究》，硕士学位论文，桂林理工大学，2021。
② Fisher Robert, "Bed and Breakfasts Enticing for Guests and Hosts," *The Business Journal*, 1986 (5).

是否存在任何特定关系或差异。① Robert E. Emerick 介绍了早期美国民宿业的概况，重点介绍地理数据、设施特征、运营因素和房间大小以及游客逗留时间，指出这些因素对乡村重建具有重要价值。② Gillam Barbara 讨论了民宿业和旅馆业的区别，并分析了民宿业的优势和劣势，得出民宿更适合乡村发展的结论。③ Gary Vallen 和 Wallace Rande 介绍了亚利桑那州的 Bed & Breakfasts 行业，以及该行业的生存能力优势如何鼓励政府在全州推广 Bed & Breakfasts 业务，以更好服务社区居民，助推乡村产业发展。④

近年来，我国发展民宿的政策相继出台，政府给予民宿产业大力支持。乡村民宿是乡村旅游的重要组成部分，近年来许多学者关注乡村民宿和乡村关系并进行研究。麦婉华研究发现民宿唤醒了农村沉睡的资源，让农民增收有了"新源泉"，走出了乡村振兴"新路径"。⑤ 吴开松和张弛的实证分析也表明，发展民宿有助于乡村经济的增长，提高乡村居民生活水平和质量，对巩固拓展脱贫攻坚成果与乡村振兴具有正向促进作用。⑥

前期研究表明，我国民宿肇始于 20 世纪 80 年代的桂林阳朔，当时大量的国外背包客进入阳朔，产生了一批像"月亮妈妈"一样的农民导游，她们为背包客做向导，并利用自家闲置房屋为背包客提供住宿、餐饮、乡村民俗表演、看大戏、农耕体验等额外的付费服务，具备了民宿的最基本特征：主客共享和主人参与。因此被公认为我国最早的民宿。⑦ 阳朔民宿经营者分布在乡间，几乎遍及阳朔所有乡镇，阳朔民宿发展直接促进了乡村住宿、农

① Rodney B. Warnick, "The Bed and Breakfast and Small in Industry of the Commonwealth of Massachusetts: An Exploratory Survey," *Journal of Travel Research*, 1991 (3).

② Robert E. Emerick, "Profiling American Bed and Breakfast Accommodations," *Journal of Travel Research*, 1994 (4).

③ Gillam Barbara, "Bed-and-Breakfasts Versus Hotels," *Glamour*, 1995 (6).

④ Gary Vallen, Wallace Rande, "Bed and Breakfasts in Arizona," *The Cornell Hotel and Restaurant Administration Quarterly*, 1997 (4).

⑤ 麦婉华：《民宿经济走出乡村振兴"新路径"》，《小康》2021 年第 8 期。

⑥ 吴开松、张弛：《共享经济背景下民宿发展对民族地区乡村振兴的影响研究》，《广西大学学报》（哲学社会科学版）2021 年第 2 期。

⑦ 李桥兴：《全域旅游和乡村振兴战略视域下广西阳朔县民宿业的创新发展路径》，《社会科学家》2019 年第 9 期。

民导游、乡村餐饮等经济发展。由于民宿对服务技术要求不高，普遍适合农民经营，直接促进了乡村脱贫产业发展，并且由于客源相对稳定，投资不大，有效巩固了脱贫成果。① 民宿间接带动乡村产业发展的效应也是相当明显的：民宿推动乡村旅游、休闲农业、文化产业等发展，吸引在乡、返乡、入乡人才服务乡村，建立适应现代乡村经济社会发展的乡村基层组织和乡村经济发展组织，促进乡村生态产品价值实现、提升乡村生态质量，唤醒乡村沉睡的优秀传统文化，全面助推乡村振兴。② 阳朔民宿巩固拓展脱贫攻坚成果与助推乡村全面振兴的成功实践表明：民宿充分激活了乡村沉睡资源，推动了社会资本下乡，加速了乡村经济发展，促进了乡村脱贫产业高质量发展，积累了较好的经验，为我国巩固拓展脱贫攻坚成果与乡村振兴有效衔接提供了经验和路径借鉴。

阳朔县是桂林打造世界旅游城市的先导区，也是国际著名乡村旅游休闲目的地。县域包括阳朔镇、白沙镇、福利镇、高田镇、兴坪镇、葡萄镇6个镇以及杨堤乡、金宝乡以及普益乡3个乡，总面积为1428.38平方公里。贵广高速铁路在兴坪古镇设有阳朔高铁站，包茂高速、G321、S202、S305在县域范围内交叉互通，桂林至阳朔一级景观大道、桂林至梧州高速等均直达遇龙河、阳朔县城，交通便捷。阳朔依托自身优势，大力发展民宿产业，通过民宿与新农村建设、现代农业开发、乡村产业经济等相融合，探索出一条特色的解决"三农"问题的新路子，巩固拓展脱贫攻坚成果，推动乡村振兴。

2017年党的十九大报告提出乡村振兴战略以来，国家各个层面凝心聚力、共同发力，推动乡村建设。2018年，《中共中央　国务院关于实施乡村

① 王光伟、肖桂敏：《阳朔县民宿空间分布特点及其影响因素研究》，《科技和产业》2021年第2期。

② 乔宇：《乡村振兴背景下乡村旅游民宿发展模式——以海南省为例》，《社会科学家》2019年第11期；过聚荣等：《2020年中国民宿发展形势分析与展望》，载《中国民宿发展报告（2020~2021）》，社会科学文献出版社，2021；刘阿丽、演莉：《乡村振兴背景下广西阳朔民宿业创新发展研究》，《农村经济与科技》2022年第9期；陈飞宇、吕爽、黄子芝：《乡村振兴背景下阳朔县民宿产业转型升级研究》，《中外企业家》2019年第26期。

振兴战略的意见》《乡村振兴战略规划（2018—2022年）》等文件均提出，实施休闲农业和乡村旅游精品工程，建设一批设施完备、功能多样的休闲观光园区、森林人家、康养基地、乡村民宿、特色小镇，全面构建农村一二三产业融合发展体系。民宿成为国家文件明确支持发展的新业态，是乡村振兴的重要内容。党的十九大报告也首次指出，"三农"问题始终是关系国计民生的根本问题，全党要把解决好"三农"问题作为重中之重的工作。随后，党中央和国务院相继出台多项有关乡村振兴的规划文件和发展战略，并明确了乡村振兴发展总要求是实现"产业兴旺、生态宜居、乡风文明、治理有效、生活富裕"，重点实施"产业振兴、人才振兴、文化振兴、生态振兴、组织振兴"。民宿作为乡村旅游、乡村经济和休闲经济的重要组成部分，发展民宿将吸引更多的人员和资源投入乡村建设，改善乡村环境，盘活乡村经济，让农村在新时代焕发新的精神面貌，成为实现乡村振兴的重要载体。

为更好地总结阳朔县民宿发展的经验，展示阳朔乡村振兴新成就，为推动我国乡村振兴提供样本和经验借鉴，笔者于2021年12月~2022年8月数次深入阳朔进行实地调查，开展深度访谈和问卷调查，足迹覆盖6镇3乡，并在此基础上提炼形成本报告。

# 一　阳朔民宿发展主要成效分析

## （一）乡村旅游繁荣，带动民宿高速发展

尽管受新冠疫情影响，但依托民宿旅游新业态发展，阳朔旅游业实现了较好复苏。2020年，全县接待旅游总人数1370万人次，旅游总消费达181亿元。2021年，全县旅游接待总人数1652万人次，旅游总消费达224.81亿元。① 旅游经济复苏进一步加快了阳朔乡村振兴，推动共同富裕逐步实现。

---

① 《2022年政府工作报告》，阳朔县人民政府网站，2022年2月8日，http：//www.yangshuo.gov.cn/zfxxgkzl/gzbg/202203/t20220317_2238517.htm。

在阳朔旅游业一路高歌猛进发展中，民宿亦得到不断加速发展，阳朔县文化广电体育和旅游局统计数据（2022 年 2 月）显示，截至 2021 年 12 月，阳朔县有酒店和民宿 1300 余家，床位 6 万余张，其中民宿 1022 家，床位约 18000 张；旅游从业人员 8 万余人，其中民宿从业人员 4500 余人，民宿带动村民实现种养、保洁等领域就业 6000 余人。民宿产业已成为阳朔乡村振兴极具魅力、潜力巨大的重要渠道和重要抓手。

全县民宿从原来仅有西街的十几家，发展到 2021 年底的 1022 家，民宿接待设施已覆盖全县 9 个乡镇。从原来的日均接待游客 100 人次左右，发展到 2021 年日均接待游客超过 1 万人次，从基本满足住宿要求的"少、小、简"民宿，发展到满足不同层次消费需求的"新、奇、特"多层次民宿，实现了民宿乡村化、品牌化、国际化。民宿直接从业人数从原来的几十人发展到 2021 年的 4500 余人，间接带动创业就业 6 万余人。"阳朔民宿模式"已成为行业发展的标杆，带动阳朔旅游经济、社会经济发展和乡村振兴。目前，阳朔最具代表性的特色民宿酒店有墨兰山舍、竹窗溪语、易亩田、月墅、后院、格格树、秘密花园、良宿、在水一方、漓画、墨愫、水稻田、花田海等 100 余家，其中墨兰山舍入选 2021 年"国家甲级旅游民宿"。

民宿的发展逐步规范，阳朔县人民政府除了出台相关民宿管理办法和认证标准，还于 2017 年成立阳朔民宿协会，并于 2021 年 4 月 25 日正式更名为阳朔民宿与精品酒店协会，进一步促进阳朔民宿业规范、有序、健康和可持续发展。2021 年，阳朔民宿界开展"小红书"文旅行业赋能分享会，一批民宿参加了 2021 年度桂林市消费者喜爱的"十佳最美客栈"、国家级民宿等级评定，以及民宿人才培训等活动。

### （二）民宿茁壮成长，加速阳朔乡村旅游脱贫产业发展

阳朔原有贫困村 23 个，建档立卡贫困户 4705 户 15416 人。[①] 凭借阳朔

---

① 《桂林市脱贫攻坚成就之阳朔——念活"三字经"打赢攻坚战》，《广西日报》2020 年 12 月 21 日。

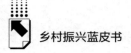

乡村旅游目的地知名度和每年接待千万人次游客大市场，阳朔县积极动员社会力量参与脱贫攻坚，推行乡村民宿旅游发展模式，让民宿经营者与贫困户结对子，采取贫困户种养产出、帮扶队员采集、精品民宿认购、爱心超市配送一条龙服务模式，不仅让贫困群众就业创收，而且推动民宿产业蓬勃发展。

特别是 2004 年以来，阳朔民宿业进入茁壮成长阶段，无论是规模、特色还是品牌影响力，均得到极大提高，有力地巩固脱贫攻坚成果。阳朔民宿进入茁壮成长阶段得益于"印象·刘三姐"实景演出。2005 年，"印象·刘三姐"正式面向全球开演并成为引领全球夜间经济的创新性旅游产品，不仅彻底改变了阳朔旅游中转站的命运，更将阳朔彻底打造成为世界级旅游目的地。2005 年以来，阳朔年均过夜游客数超过 100 万人次，巨大的商机带动阳朔住宿业的大投资、大发展。在这之后，外来资本纷纷看好阳朔的旅游前景，民营企业和个人也纷纷携资涌入。阳朔通过乡村振兴大力开发乡村旅游资源并促使其声名远播。在此背景下，各种资本开办不同档次的旅游宾馆、客栈，或者与当地村民合资在风景旅游区以修缮破旧空置民房的方式开办家庭旅馆、民宿。阳朔县杨堤、兴坪、遇龙河、十里画廊景区等地的民宿遍地开花并迅速发展，民宿产业进入黄金成长阶段。通过在携程 App、Airbnb 民宿预订 App 等多个酒店预订 App 检索发现，开业时间在 2015 年以前的阳朔民宿有 437 家（不完全统计）。在政府引导下，绝大部分民宿均与当地社区居民、贫困户签订了就业和产业扶持协议，通过民宿直接和间接加速脱贫攻坚。

这一阶段，民宿发展的显著特点是现代意义上的民宿开始形成，这得益于国外投资者的带动和引领。2007 年荷兰人阿卡的荷兰饭店、2009 年卡斯特夫妇的格格树饭店、罗兰的月舞、南非人伊恩的秘密花园等民宿在阳朔生根发芽并引领阳朔民宿发展，在国外投资者的带动下，国内资本也进军阳朔民宿业，出现如云庐、水云间、水相映、漓畔闲居、听月楼、岩邦·梦幻艺术设计师、旧雨新知、幸福的小院等民宿品牌。这一阶段，民宿经营特点是利用旧民居融入现代美学、艺术理念进行改造，最大限度地保留乡村原有文化元素和空间格局，重视民宿经营者本人参与，重视文化体验和生活空间营造，突出个性化和家庭化，大量吸纳当地社区居民和贫困户在民宿的民俗表演、乡村导游、保洁、园丁等岗位就业。这不仅增加了贫困户的工资性收入，而且为民宿增加了文化内涵和主客共享的和谐人文环境，让阳朔的民宿更加有人文魅力。此外，还直接和间接带动遇龙河流域、兴坪古镇、葡萄镇、白沙镇、福利镇乡村旅游脱贫。截至 2015 年 12 月底，阳朔通过乡村产业和民宿业实施脱贫攻坚，已实现 22 个贫困村摘帽，4428 户 14751 人脱贫，民宿成为推动阳朔实现脱贫攻坚的重要力量。[①]

## （三）民宿的发展壮大有效巩固脱贫攻坚成果

2016 年至今是阳朔民宿发展壮大阶段。以 2015 年阳朔获得广西特色旅游名县为标志，阳朔县相继建成广西特色旅游名县、国家级旅游度假区、国家级全域旅游示范区，各类旅游要素比较完善，业态更加丰富，吸引大量国内外游客过夜，年均过夜游客数突破 2000 万人次，住宿业商机无限。民宿也迎来了发展壮大机遇，2016 年在杭州市桐庐县举行的"首届中国国际民宿发展论坛"上，阳朔县入选十大"中国乡村民宿发展示范县"，进一步表明民宿已经成为新时代阳朔旅游业发展的新方向，对阳朔旅游业和乡村振兴起到积极的推动与促进作用。2018~2022 年，阳朔民宿呈现成倍增长态势，新冠疫情也阻挡不了资本投资阳朔民宿的热情，仅 2021 年和 2022 年阳朔新开业的高端民宿就多达 17 家。2016 年以来，阳朔县共引进旅游资源开发重大项目 34 个，总投资金额达到 218 亿元。新加坡悦榕集团、深圳海航、阿丽拉、阿玛瑞等知名企业也纷纷注资阳朔建设特色休闲度假主题酒店，并开发如悦榕度假山庄、山畔度假酒店等高端五星级酒店，以及陈家花园·漓画、后院旅舍、霁云上院、芒果·美墅、在水一方、竹窗溪语等主题民宿，阳朔民宿呈现高、中、低立体化多层次共同发展格局，民宿遍布阳朔县 9 个乡镇。随着大量资金的投入，阳朔旅游资源得到有效的开发，旅游业与其他产业从单一发展向集群化发展转变。阳朔民宿业作为旅游业的重要组成部分

---

① 《桂林市脱贫攻坚成就之阳朔——念活"三字经"打赢攻坚战》，《广西日报》2020 年 12 月 21 日。

得到了较好的发展，形成云庐酒店、阿丽拉·糖舍、101百族部落、悦榕庄、香樟华萍等高端品牌民宿集群，以及荷兰饭店、画山云舍、竹窗溪语、栖迟山居、秘密花园等一批极具地方特色的精品民宿集群。

在政府各种民宿发展政策与资金扶持推动下，阳朔民宿开始步入品牌化发展时期。阳朔县抓住民宿经济蓬勃壮大发展的机会，加大古村落水电、道路、垃圾污水处理等配套设施建设力度，不断优化营商环境，积极招商引资发展民宿，动员贫困户尽快盘活手中的资源要素，让老旧房屋焕发新风采，让贫困户的口袋鼓起来。定期开展民宿专场招聘会，通过民宿员工"超龄退出、定期补录、脱贫户优先"的动态管理模式，招聘售票、结算、调度、司机、后勤等岗位，让贫困户在参与民宿发展中解放思想、转变观念，接受现代服务理念。截至2020年11月20日，阳朔县建档立卡贫困户4705户15416人全部脱贫，23个贫困村全部出列。[①]

这一阶段的主要特点是民宿走上规范化经营道路，政府开始加大力度进行综合治理和引导发展，民宿实现专业化、品牌化、特色化、高质量发展，成为乡村振兴的重要抓手。依托卓越的乡村旅游吸引力和民宿新业态，阳朔旅游实现较好复苏。参照2019年接待旅游总人数超2000万人次，旅游总消费达289亿元。2020年，阳朔县旅游经济实现复苏，接待旅游总人数达1370万人次，旅游总消费为181亿元，分别恢复至2019年的68.50%和62.63%。2021年，阳朔旅游进一步实现较好复苏，全县旅游接待总人数达1652万人次，旅游总消费达224.81亿元，[②]分别恢复至2019年的82.60%和77.79%。阳朔旅游经济较好复苏进一步巩固脱贫攻坚成果与推动乡村振兴，助推共同富裕逐步实现。

在阳朔旅游实现较好复苏过程中，民宿得到加速发展。阳朔县文化广电体育和旅游局统计数据（2022年2月）显示，截至2021年12月，阳朔县有

---

① 《广西阳朔：巩固拓展脱贫攻坚成果》，中国网，2022年7月22日，http：//stzg.china.com.cn/m/2022-07/22/content_ 42043872.htm。

② 《2022年政府工作报告》，阳朔县人民政府网站，2022年2月8日，http：//www.yangshuo.gov.cn/zfxxgkzl/gzbg/202203/t20220317_ 2238517.htm。

酒店和民宿 1300 余家，床位 6 万余张，其中民宿 1022 家，床位约 18000 张；旅游从业人员 8 万余人，其中民宿从业人员 4500 余人。通过举办"脱贫产品进民宿直通车"活动，把贫困群众发展生产增收脱贫与民宿企业"菜篮子""米袋子""果盘子"购销相结合，推动脱贫产品走出深山远村，走向精品民宿和旅游消费大市场。民宿带动村民种养、保洁等领域就业 6000 余人，间接带动创业就业 6 万余人。截至 2021 年 12 月，通过民宿"帮、扶、带"，民宿发展惠及脱贫户 2150 户，带动致富能手 126 名返乡创业，培育致富带头人 115 名，间接拉动 23 个脱贫村集体经济收益均达 6 万元；直接实现脱贫户和监测户规模就业务工 6079 人，公益性岗位就业 450 人，灵活性岗位就业务工 899 人，不断增加农民务工收入。民宿已成为阳朔巩固拓展脱贫攻坚成果与推动乡村振兴极具魅力、潜力巨大的重要渠道和重要抓手。

## （四）民宿经营者运营成效显著

民宿经营者是指投资民宿的创客以及民宿经营管理者，如职业经理、管家或实际决策者、合伙人。本报告对民宿经营者展开访谈和问卷调查，调查的时间为 2021 年 12 月 18~19 日（周末）、2022 年 1 月 1~4 日（节假日）和 2022 年 2 月 4~5 日（春节）。发放民宿经营者抽样调查问卷 102 份，回收有效问卷 99 份，有效率为 97.06%。抽样调查方式主要是入户抽样，入户抽样前通过网络检索，对高中低三个层次的民宿进行分类，住宿价格在 200元以下的列入低端民宿，价格在 200~1000 元的，列入中端民宿，价格在1000 元以上的为高端民宿。抽样调查地点为杨堤镇杨堤街、兴坪古镇大河背村和浪石村、阳朔镇旧县和鸡窝渡及阳朔西街、阳朔镇东岭村和骥马村、高田镇龙潭村、白沙镇凉水井村、普益镇留公村等，其中鸡窝渡和旧县、兴坪古镇是重点，发放调查问卷数量占 2/3 以上。

1. 民宿从业人员年富力强，以专职为主，从业经验比较丰富

阳朔民宿调查数据表明，阳朔民宿从业人员中男性、女性数量基本持平。大部分民宿是夫妻店，男女民宿经营者占比分别为 51.92% 和 48.08%（见图 1）。

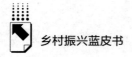
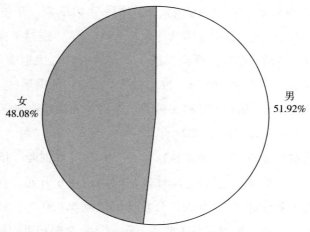

**图 1　民宿经营者性别结构**

阳朔民宿经营者普遍年富力强，45 岁以下的占 82.70%，其中 26~35 岁的占 34.62%，36~45 岁的占 48.08%。46~55 岁的只占 11.54%，56 岁及以上的占 5.77%（见图 2）。年轻人容易吸收新思想、新理念，学习能力强，是阳朔民宿发展的希望所在。

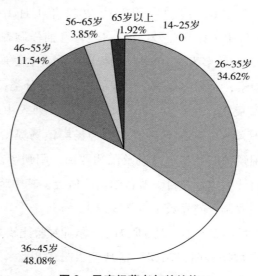

**图 2　民宿经营者年龄结构**

而且，阳朔民宿经营者以专职为主，占 71.15%，兼职做民宿的很少，只有 3.85%，还有 25.00% 的民宿是委托经营或第三方经营（见图 3）。

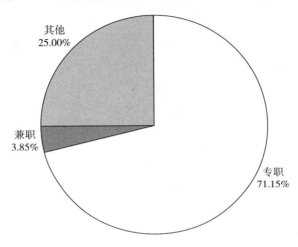

**图 3　民宿经营者专兼职情况**

民宿经营者多数具有 3 年以上的从业经验，具有 3~5 年经验的占 65.38%。新入行民宿业的经营者占 7.69%，从业 1~2 年的占 15.38%，从业 6~10 年的占 9.62%，从业 11 年及以上的占 1.92%（见图 4）。从民宿经营者从业时长可以看出，阳朔民宿易主比较频繁，尽管有一半以上是自营，但更换经营者的现象比较普遍。

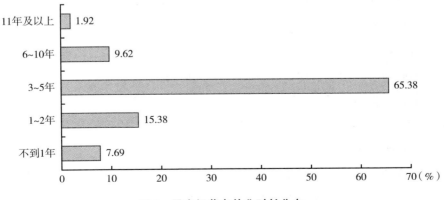

**图 4　民宿经营者从业时长分布**

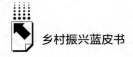

### 2. 民宿资产经营管理加强

阳朔民宿业再次"创业",自持物业和资本下乡齐头并进,抗风险能力较强。阳朔民宿业经过 30 余年的发展,从最初的农家旅馆、农家客栈、旅舍发展到现在的民宿,经历了"三次洗牌"。第一次在 20 世纪 90 年代,随着阳朔背包客增加和旅游向乡村延伸,阳朔乡村出现了一批农民导游,他们利用自家闲置房屋开发农家客栈,涌现了一批乡村民宿。第二次是 2004 年前后,随着"印象·刘三姐"实景演艺上市,大量国内外游客在阳朔过夜,促进阳朔住宿业大发展,原有的农家客栈、农家旅馆等开始向民宿转型。由于外资进入阳朔住宿业,特别是民宿业,实现了第一次通过外资推动阳朔民宿业转型,一批中高端民宿进入市场。在第一次和第二次"洗牌"中,超过 80% 的民宿为经营者自持物业。2019 年,阳朔民宿迎来新一轮的"洗牌",一批实力较弱的民宿经营者带着遗憾黯然离场。一批城市创客进军阳朔民宿业,通过收购、合并和合资等多元市场行为,成为新民宿经营者,尤其是一些民宿大品牌和连锁品牌,更是在市场疲软时期大举收购阳朔民宿。调查数据表明,民宿物业中 59.62% 为自有/自建,根据广西及桂林市、阳朔县的经济复苏提振政策,自有/自建物业民宿经营者是精准帮扶对象,即旅游业重振的重要帮扶对象,因此,在政府的帮扶下,绝大部分自持物业民宿经营者得以在新冠疫情期间继续生存。

调查数据显示,阳朔民宿经营者中有 40.38% 为外来经营者,2020 年以来,阳朔民宿经营者中的外来经营者激增,外来经营者通过租赁房屋(44.23%)和投资新建房屋(11.54%)等方式开拓市场。外来经营者凭借自带流量和客户群,加上品牌加持,抵御疫情风险和市场风险能力更强。

与此同时,阳朔民宿集群发展趋势凸显,单个民宿在市场与资源的双重压力下,面临多重风险。因此,在阳朔民宿与精品酒店协会的努力下,已有68% 的民宿经营者愿意加入民宿与精品酒店协会或其他民宿品牌联盟。

### 3. 新媒体和 OTA 营销使民宿转"危"为"机"

民宿经营者充分利用新媒体、自媒体和在线旅行社(OTA)民宿预订平台进行自救,国家和地方政府也出台了诸多帮扶旅游业提振政策,比如举办全域旅游大集市、旅游博览会、壮族"三月三"民俗活动等，帮助民宿行业渡过难关。调查数据显示，民宿经营者多半利用不同的线上 OTA 平台和线下旅行社、旅游活动等进行多渠道营销，并建立自媒体宣传营销渠道，其中 84.62% 的民宿经营者使用携程、飞猪、美团等 OTA 平台，67.31% 使用抖音、快手等短视频平台，48.10% 使用微信、微博等社交软件，15.38% 还通过阳朔本地官方媒体宣传（见图5）。与此同时，有 19.23% 的民宿经营者选择通过旅行社宣传，23.10% 选择通过朋友、亲戚宣传，还有 3.85% 选择通过亲子活动等其他方式进行营销宣传。由此可见，自媒体营销手段和OTA 营销平台在民宿营销中受到普遍欢迎。

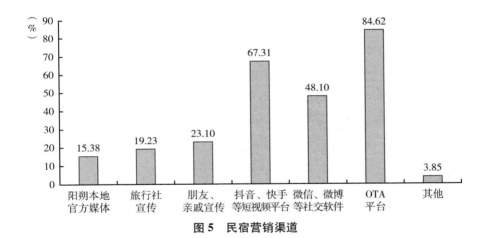

图5 民宿营销渠道

与民宿经营者同频共振的是，各大民宿 OTA 平台和自媒体平台也积极采取各种互联网营销手段，为脆弱的民宿业带来了新的生机。[①] 调查数据显示，阳朔民宿线上获取客源渠道中美团占 61.54%、携程占 82.69%、微信公众号占 15.38%。另外，通过线下营销，旅行社贡献了 11.54% 的客源，朋友推荐贡献了 48.10% 的客源，电话预订贡献了 7.69%，其他诸如民宿经营者的微信、抖音号等贡献了 3.85%（见图6）。

---

① 过聚荣等：《2020 年中国民宿发展形势分析与展望》，载《中国民宿发展报告（2020~2021）》，社会科学文献出版社，2021。

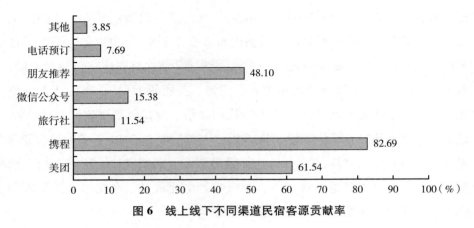

**图6 线上线下不同渠道民宿客源贡献率**

4. 民宿经营管理与服务满意度高

民宿规模虽小，但经营服务内容能够根据民宿消费者的不同需求做灵活调整，而且有些服务项目甚至成为民宿的主要收入来源，比如75.00%的民宿会提供导游服务，55.77%的民宿会提供特色餐饮服务。根据民宿消费者的需要，34.62%的民宿会举办地方民俗活动，30.77%的民宿安排采摘、钓鱼、烧烤等娱乐活动，44.23%的民宿提供主题客房服务，48.10%的民宿提供租车（船）服务（见图7），这些都成为不少民宿的主要项目。调查数据显示，民宿也会提供免费服务项目，比如100%的民宿会提供免费Wi-Fi，53.85%的民宿提供叫醒服务，42.31%的民宿提供接机（站）服务。针对民宿消费者多数会停留2个晚上以上，而且多数民宿消费者不愿意自己洗衣服的情况，94.21%的民宿提供洗衣服务。不少民宿消费者是自驾游客，面对自驾游客，90.38%的民宿提供免费停车场。还有高达82.69%的民宿提供行李寄存服务，42.31%的民宿提供看管宠物等服务。另外，还有3.85%的民宿会根据民宿消费者的生活习惯、生活禁忌、宗教信仰等，提供个性化服务。

5. 阳朔民宿经营者对民宿工作整体比较满意，在实现自我价值、主客共享共融、情感交流、自信与自尊等方面满意度高

阳朔民宿经营者满意度测评（见表1）显示，民宿经营者普遍认为经营

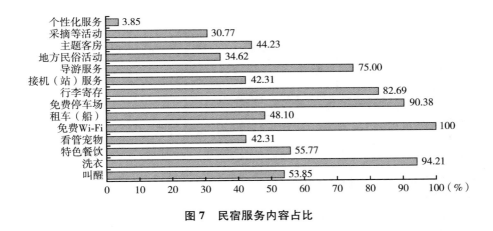

图 7　民宿服务内容占比

民宿是一项体面的工作，对民宿工作条件、职业认同、社交活动、自我价值、主客共享共融、情感交流、社会声誉、个人成长、增强自信与自尊等各方面表现出了较高的满意度，其中满意度排名前 5 的是：获得顾客好评与推荐（社会声誉，满意度为 92.31%）、获得朋友与家人尊重（自我价值，满意度为 90.39%）、与顾客保持良好的关系（社交活动，满意度为 90.38%）、民宿工作环境与文化氛围（职业认同，满意度为 86.54%）、个人自信与自尊（情感交流，满意度为 80.77%）。

表 1　民宿经营者满意度测评一览

单位：%

| 题项 | 很不满意 | 不满意 | 一般 | 比较满意 | 很满意 |
| --- | --- | --- | --- | --- | --- |
| 1. 您对民宿目前的经营收入感到满意 | 3.85 | 23.08 | 48.08 | 23.08 | 1.92 |
| 2. 您对经营民宿可以增加个人收入的机会感到满意 | | 5.77 | 44.23 | 34.62 | 15.38 |
| 3. 您对民宿现在的生活环境和工作条件感到满意 | | 11.54 | 42.31 | 36.54 | 9.62 |
| 4. 经营民宿提高了您个人与家庭的生活质量 | 3.85 | 7.69 | 40.38 | 38.46 | 9.62 |
| 5. 经营民宿让您个人的职业发展有安全感 | 3.85 | 9.62 | 50.00 | 26.92 | 9.62 |

续表

| 题项 | 很不满意 | 不满意 | 一般 | 比较满意 | 很满意 |
|---|---|---|---|---|---|
| 6. 经营民宿让您个人及家庭生活有保障和安全感 | 1.77 | 5.77 | 36.54 | 44.98 | 11.54 |
| 7. 从事民宿经营让您没有生活和生存的担忧 | 1.92 | 9.62 | 51.92 | 23.08 | 13.46 |
| 8. 您认为目前的民宿经营工作比较稳定 | | 13.46 | 44.23 | 34.62 | 7.69 |
| 9. 您对经营民宿过程中结交更多的朋友感到满意 | 1.92 | | 30.95 | 47.90 | 19.23 |
| 10. 您对民宿经营者与客人交往过程中相互提供的关心与帮助感到满意 | | | 23.08 | 50.00 | 26.92 |
| 11. 您在民宿经营过程中获得了客人的理解与信任 | | | 21.15 | 48.08 | 30.77 |
| 12. 您对民宿经营过程中与顾客保持良好的关系感到满意 | | | 9.62 | 50.00 | 40.38 |
| 13. 您的工作获得了家人和朋友的认可与支持 | 2.37 | 10.91 | 11.54 | 44.23 | 30.95 |
| 14. 您在民宿经营过程中获得了顾客的好评与推荐 | | | 7.69 | 55.77 | 36.54 |
| 15. 您喜欢民宿的工作环境和文化氛围 | | | 13.46 | 55.77 | 30.77 |
| 16. 经营民宿让您获得了朋友与家人的尊重 | | | 9.62 | 61.54 | 28.85 |
| 17. 经营民宿让您获得了一定的社会声望和地位 | | 7.69 | 40.38 | 40.38 | 11.54 |
| 18. 民宿经营增强了您个人的自信与自尊 | | 3.85 | 15.38 | 57.69 | 23.08 |
| 19. 您对民宿经营过程中得到客人的尊重感到满意 | | | 23.08 | 42.31 | 34.62 |
| 20. 经营民宿让您的兴趣爱好得到了满足 | | | 23.08 | 59.62 | 17.31 |
| 21. 经营民宿让您有成就感 | | 5.77 | 30.77 | 48.08 | 15.38 |
| 22. 经营民宿能让您实现自己的人生价值 | | 3.85 | 34.62 | 48.08 | 13.46 |

| 题项 | 很不满意 | 不满意 | 一般 | 比较满意 | 很满意 |
|------|---------|--------|------|---------|--------|
| 23. 您在民宿经营过程中积累了知识和经验，并有较大的成长 | | | 23.08 | 46.15 | 30.77 |
| 24. 经营民宿让您充分发挥了自己的能力与特长 | | | 26.92 | 46.15 | 26.92 |

6. 2021年阳朔民宿总体经营状况良好

抽样调查数据显示，2021 年阳朔民宿平均客房数为 20.625 间，年均入住率为 51.80%，客房均价为 211.75 元。最低客房数是 7 间，最高客房数是 135 间（阿丽拉·糖舍），年均入住率最低为 10.17%（一位退休的民宿经营者租赁自营民宿），入住率最高为 91.06%，价格最低为 100 元/晚，最高为 5300 元/晚，整体经营状态良好。

## 二 阳朔民宿发展助推乡村振兴的基本经验

民宿是新型乡村产业业态，民宿发展吸引更多资本、技术、人才要素向农业、农村流动，推动农村经济结构转型发展，培育农村经济新业态，活跃农村经济，促进美丽乡村建设，提升乡村社会文明程度，推动乡村产业振兴。

民宿是吸引人才和解决乡村劳动力过剩问题的重要产业，也是乡村劳动力实现再就业再创业的重要平台。民宿产业吸引外来人才到乡村发展，并吸引外出务工劳动力回乡发展，吸纳更多城市人才、技术管理人才和其他人才到乡村创业就业，乡村人才有了发展的机会，从而助推乡村人才振兴。

民宿自身就是一个文化综合体，是一个文化消费空间，民宿发展更多地依托乡村传统文化和地域知识文化，在民宿发展过程中，文化是民宿的灵魂和核心竞争力。以民宿为载体，唤醒沉睡的乡村文化和地方文化，盘活乡村文化资源，振兴乡村历史文化以及消失或即将消失的传统文化、民俗文化，

使乡村文化获得新生和传承弘扬，实现乡村文化振兴。

同时，民宿发展需要良好优美的生态环境和宜居、宜游的氛围。民宿发展促使乡村振兴更加重视生态环境和人文生态的建设，更好地保护自然生态和人文生态，促进宜居乡村、生态乡村、绿色乡村和洁净乡村建设，有效促进乡村生态振兴。

民宿也是一种具有持续增长性、综合带动性、城乡协同性和广泛包容性的产业，其产业组织方式、人才组织方式、管理组织方式等突破传统乡村"小农"组织方式，引入现代管理理念、现代乡村组织和产业组织，促进乡村组织振兴。

民宿是乡村振兴的综合体，是乡村"五大振兴"的集大成者，阳朔民宿发展实践表明，民宿是乡村振兴的重要载体和重要抓手。

### （一）民宿产业是乡村产业兴旺的突破点

民宿不只有居住功能，更是一个生产、生活、生态和生意空间，涉及吃住行、游购娱、商学养、闲情奇等旅游产业要素，是乡村产业兴旺的重要突破点。2017年党的十九大报告提出乡村振兴战略以来，国家各个层面凝心聚力、共同发力，推动乡村建设。2018年，《中共中央　国务院关于实施乡村振兴战略的意见》《乡村振兴战略规划（2018—2022年）》均明确提出实施休闲农业和乡村旅游精品工程，建设一批设施完备、功能多样的休闲观光园区、森林人家、康养基地、乡村民宿、特色小镇，全面构建农村一二三产业融合发展体系。在国家政策的引导下，民宿产业推动更多的资本、技术、人才等要素向农业、农村流转，推动农村经济结构转型发展，培育农村经济新业态，活跃农村经济，促进美丽乡村建设，提升乡村社会文明程度。

阳朔民宿已成为乡村产业兴旺的重要突破点。历村、朗梓村、龙潭村、旧县村、鸡窝渡等村庄积极发展民宿产业，在带动乡村养殖业、瓜果蔬菜种植业、休闲采摘农业发展的同时，吸引外出务工的村民返乡大力发展民宿产业。他们把大量闲置的房屋以及荒芜的土地开发成民宿、餐饮场所、农业园、文创体验场，以此为依托，大力发展农家乐、乡村观光、农耕体验、乡村游乐等业态，带动和促进阳朔乡村产业兴旺。此外，民宿吸引大量游客过夜，使农村各类节庆、渔鼓戏、牌灯、人生礼仪等传统民俗得到激活，开发成为文创产品和夜间文艺表演项目、民俗体验项目，重新激发传统民俗内在的文化价值和经济价值，促进文化旅游产业的兴旺。民宿发展还延伸了阳朔乡村旅游产业链，促进乡村产业多元化发展，催生乡村新经济和新业态，改变传统的小农经济模式，有力推动乡村产业兴旺。

### （二）发展民宿是推动乡村生态宜居的重要路径

乡村振兴总体要求中的生态宜居是对人居环境提出的具体要求，民宿发展要置于乡村人居环境中，良好的人居环境是民宿发展基础。民宿发展在保持良好乡村生态的同时，要有宜居宜游宜乐的乡村生活环境和生活方式，让游客领略优美的田园风光和山水自然，体验不一样的"慢"生活，这是民宿发展应该具备的基本生态空间要素。正是这一生态空间要素，让民宿发展成为推动乡村生态宜居和乡村生态建设的重要力量。

阳朔民宿发展中，将民宿发展与乡村人居环境建设、乡村生态建设与乡村生态治理结合，充分考虑民宿发展所需要的生态空间，确保生态环境符合民宿发展要求。在推进乡村人居环境和乡村生态建设过程中，阳朔县政府将政策、规划、设计、建设、运营、管理、治理等方面要求与民宿发展深度衔接，加大乡村人居环境建设力度，在民宿的前期建设过程中，优先将有限的资金投向具有民宿开发潜力的乡村，改善人居环境，配套建设旅游生活设施，加强公共服务设施和旅游基础设施建设，完善道路、网络、水、电、排污、厕所、体育健身、停车场等设施；改善周边环境，疏通河道，规划整合各类自然景观、人文遗迹等，实施村屯绿化美化，积极引导绿色农业发展，把乡村自然景观和人文环境巧妙地融入民宿，高效合理地利用乡村生态人居资源优势发展民宿，推动发展现代特色农业（核心）示范区以及农业生态园、养生园、观光园和精品园等，培育一批特色旅游乡村如兴坪村、百里新

村、十里画廊等，从而使阳朔乡村较好地融入民宿大市场。生态人居环境促进民宿发展的过程，反之也是民宿促进农业进步和农村生态宜居发展的过程，民宿生态空间发展要求乡村生态人居环境与之配套，乡村人居环境因此得到极大改善。

### （三）民宿是乡风文明建设的重要载体

没有人力资源的乡村很难有产业振兴，没有产业振兴很难有人才振兴，也很难吸引农民工返乡创业就业。阳朔是传统农业大县，随着城镇化进程推进，许多农民进城务工，乡村生活配套设施、医疗配套设施、教育配套设施没有城镇那么完善，农业生产成本高，导致大量青壮年劳力流失，留在村里的大多数是老人，不利于乡村振兴，特别是乡村产业振兴。发展民宿有利于促进乡村剩余劳动力实现再创业就业，提升村民整体素质。民宿作为现代特色服务业，其日常运营管理需要大量工作人员，能为村民提供大量就业机会。民宿产业如餐饮、休闲、娱乐也能创造一定数量的工作岗位，农民经过培训就可以胜任这些岗位。民宿接待的客人来自各行各业、天南地北、五湖四海，他们带来的知识和经验影响村民思想、观念、知识、生活方式、文化甚至是技能，外来投资民宿经营者也为当地居民带来管理、市场、生活方式等方面的经验。而且民宿发展推动对乡村传统礼仪、礼俗的挖掘、提升，拓宽村民的视野，有利于推动乡风文明建设。更重要的是，阳朔是国际乡村旅游休闲目的地，每年到访的世界各国游客众多，村民能够接触到国际文化，当地很多村民甚至是老人都能融入国际化大潮，比如许多老人能说一口流利的英语，与外国人交流、交易，这正是当年接触和服务国际背包客带来的正面影响，形成了阳朔"地球村"和阳朔民宿现象。阳朔民宿国际化和多元化发展，让村民认识到了自身文化价值，让村民有了更多在家就业创业的机会，在政府引导和村民自治的基础上，民宿成为推动乡风文明建设，形成和睦共处、相互尊重、诚实守信、敬业乐群良好新乡风、新文明的重要载体。

## （四）民宿是乡村有效治理的重要平台

民宿产业改变了乡村传统的治理结构，民宿经营者、民宿消费者、民宿拥有者、民宿投资者构成民宿所在乡村新的社会结构，势必需要重构乡村治理体系。原有的以社会治理为核心的村民自治乡村治理结构、传统的族群治理结构，因民宿发展而转变为社会治理与经济治理并重的组织结构，这为乡村提供了适应现代乡村治理需要的新机遇。如阳朔的鸡窝渡、历村、旧县、龙潭、兴坪古镇等村镇，民宿数量众多，分布密集，村内外来人口占有相当大的比例，各种关系错综复杂，为了保障各方的合法权利和利益，每一位"老"村民和新"村民"都拥有发言权和决策权。在政府的组织和指导下，各村成立了民宿协会，组建了新的村民自治委员会，制定了适应新时代乡村治理的村规民约，建立了旅游投诉机制、旅游调解委员会和旅游仲裁机制，通过一系列约束条款来保证民主，保障村民自治委员会的权利，让新"村民"参与民宿所在村庄的民主决策与民主治理，提升乡村治理效率，解决了合约之外的社会治理问题，有效推动新乡村治理体系构建。

## （五）发展民宿是实现乡村生活富裕的重要渠道

生活富裕是乡村振兴的根本，生活富裕体现为经济发展、农民增收和精神生活丰富。民宿的发展不仅增强农村经济的活力，为农民增收创造条件与机会，更重要的是民宿发展所带来的信息、文化、生活方式等丰富农民的精神世界。阳朔民宿产业在不影响农村正常社会结构和资源产权的前提下，利用农村闲置资源，发展乡村新经济，带来新发展动力，为村民创造创业就业岗位，增加村民的工资性收入；村民出租闲置土地和房屋，获得了财产性收入；通过政府、企业和村民共同打造的平台，出售农产品、水产品和手工产品，增加家庭经营收入。发展民宿也提升了村民的整体素质，推动乡村多元化发展，改善乡村环境，提高乡村治理能力，促进农村市场重新开发，吸引更多的有志青年回流创业，也吸引更多的游客参观和消费。比如兴坪镇的云庐酒店，白沙镇旧县村的秘密花园、墨兰山舍等民宿，集中租赁回收闲置农宅，再进行外旧内新的改造，使农村闲置资源迅速盘活，原本闲置破败的民居变成了高端民宿，农民不仅获得了就近就业创业机会，更获得了租金、薪酬以及财产性收入。民宿产业进一步拓展农业、农村的功能，如阳朔鸡窝渡的竹窗溪语以乡村禅修生活为主题，构建"高校师生+村民+专业人士"的核心运营管理团队，与当地村民合作开发康养农业、打造禅养生态环境、开发乡村禅修康养研学产品等，让老人、小孩和青年人充分融入民宿的开发与经营。这不仅保护了鸡窝渡村的乡村生态环境，唤醒了鸡窝渡村沉睡的乡村文化资源，也丰富了鸡窝渡村的文化生活，在乡村振兴中较好地发挥了民宿的"杠杆"作用，带动鸡窝渡村民宿产业兴起、村民增收，激发当地村民思维方式的转变，提高当地村民的旅游服务水平，改变陈旧的思想观念，培养一批乡村产业农民，富了农民的口袋和脑袋，使农民真正实现生活富裕。

### （六）乡村创客是阳朔民宿发展的新动能

投资阳朔民宿的经营管理者具有较高的文化素养，他们多数是怀着对阳朔山水的敬畏和欣赏，以及对阳朔独特地方性知识文化的向往而投资民宿的。"大众创业、万众创新"是阳朔民宿发展的最好写照。自 2003 年阳朔被世界旅游组织推介为最佳休闲度假旅游目的地以来，乡村旅游得到快速发展，尤其是推出"印象·刘三姐"演出后，大量游客在阳朔过夜，为阳朔乡村发展提供了巨大的市场机会。阳朔乡村具有喀斯特山水田园风光，有以蔬果种植为特色的现代休闲农业，有小桥流水人家碧玉峰丛的山水村寨，特别是实施生态乡村、清洁乡村、美丽乡村建设项目后，乡村风貌变得更加优美，乡村特色更加突出，道路、水电、网络等基础设施更加完善。这些综合资源成为吸引全球游客的核心资源，全球游客络绎不绝，"到阳朔，必到乡村"成为到阳朔旅游的新共识，阳朔乡村旅游充满无限商机。然而，阳朔乡村地少人多，可利用的土地非常有限，难以布局大型旅游项目。在多年的旅游发展中，阳朔探索出扶持发展微旅游、吸引全球创客到阳朔创业就业的旅游新模式，特别是大力扶持以民宿为新业态新力量的微型休闲度假旅游，吸引国内外大批乡村创客到阳朔投资民宿，成为阳朔乡村民宿发展的新动能和新力量。民宿经营者以个性化服务热情接待每一位游客，给游客留下美好的回忆。现有的阳朔民宿主要由个体户投资开发，除了本地居民利用自家闲置房屋开发民宿外，一些到阳朔旅游后被阳朔乡村美景所吸引的游客，采取众筹或自筹资金方式，租赁当地土地或民宅投资民宿。调查发现，阳朔绝大部分中低端民宿由游客、城市文艺青年、教师、建筑师、设计师、画家、艺术家等各类乡村创客投资自营，他们带着情怀经营民宿，以实现自我价值和体验生活为主要目标。而高端民宿经营者是相关企业、社会成功人士、高校科研机构高收入专业人才等。

阳朔乡村创客具有以下特点：带着情怀投资民宿，按照自我生活诉求设计、经营民宿，参与民宿经营管理全过程；多为创业或事业成功人士；自带流量，依托朋友圈、口碑、人际关系进行传播营销；绝大多数外来创客的文化素质和受教育程度较高；创客对生活有很高的感悟。乡村创客逐渐探索出了适合乡村经济社会发展的民宿发展经验，实施"大众创业、万众创新"，解决土地少、引资难问题，降低创业风险，丰富业态，为其他地区提供了可复制、可推广、可分享的民宿发展"阳朔方案"和"阳朔模式"。

## （七）兼容并包、开放融合、国际化发展是民宿高质量发展的重要方向

阳朔民宿投资模式有外资、内资、国企、创客、居民自投、众筹等，在经营管理上有外商、内商、企业、个体户等多元模式。外商独资经营管理的小型特色主题民宿多是早期前来旅游的外国游客被阳朔美丽的山水田园风光吸引，为了追求一种理想田园生活而长期租用当地破旧民房并修葺改造而成的，如格格树、秘密花园、荷兰饭店、乐舞山庄、水岸山居等；村民利用自住房改造的自营自销式内资民宿，以当地村民自主投资为主，如遇龙河景区沿岸特别是鸡窝渡、历村、兴坪古镇的大多数私人民宿；县外内资民宿主要是县域以外的投资者租用乡村集体土地新建的主题民宿酒店，如竹窗溪语等；国企或者民企投入巨资打造的多为主题民宿酒店，如碧莲江景大酒店、

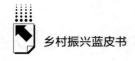

三千漓、悦榕庄、阿丽拉·糖舍等。

阳朔民宿兼容并包、开放融合，具有多元化、国际化的特点，具体如下。

（1）民宿文化和阳朔营商环境具有很强的包容性，不排外，当地居民与外来人员主客共建共享，和睦共处。

（2）民宿经营管理模式多元化，既有一晚 100~300 元的农家旅馆式民宿，也有一晚 300~800 元的中端民居民宿和微型酒店式民宿，更有每晚 5000 元以上的文化主题高端民宿。

（3）业态主题化。阳朔民宿业态丰富多彩，有体验异国风情的，也有体验阳朔本土文化的；有休闲度假的，也有亲子游学的。尤其是文化主题民宿受到消费者青睐，如兴坪古镇的摄影人之家、相公山的镜水楼台以摄影为主题，竹窗溪语则以"禅修"为主题。

（4）国际化特色鲜明。阳朔民宿产业在很大程度上是由入境游客带动和发展起来的。阳朔最早一批外国游客居住在西街，后来，由于西街国内游客过多，在西街留宿的国外游客开始向阳朔乡村转移，产生了阳朔乡村国外背包客，进而催生阳朔早期的农家旅馆（店）、农家客栈，让阳朔民宿具有国际化特色。


## 三　阳朔民宿发展存在的主要问题

### （一）民宿入境市场受到重创

长期以来，阳朔入境市场推动阳朔民宿的发展，中高端民宿消费主要为入境旅游消费，直接和间接带动阳朔乡村旅游发展，进而推动乡村振兴。近年来，阳朔民宿消费者倾向于近郊游和周边游，大部分来自广西、广东、湖南，仅有 3.58% 的游客为入境游客。远程消费市场中，以到阳朔 3 个小时高铁车程的城市客源为主。阳朔有贵广高铁阳朔兴坪站，通过高铁也能吸引远程消费者。调查数据显示，来自重庆的游客占阳朔民宿消费

者总数的 7.14%、贵州的游客占 10.71%，而来自广东的游客最多，占比
达 42.86%（见图 8），这些地区的游客可乘坐高铁在 3 个小时左右抵达阳
朔。然而，调查也发现，阳朔短途及周边游市场波动很大，阳朔民宿市场
受到重创，尤其是引以为傲的入境市场受到重创。

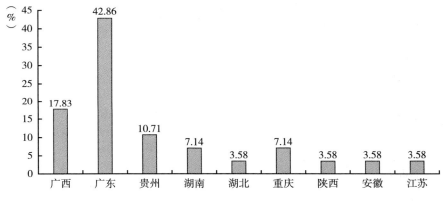

**图 8　阳朔民宿国内消费者地域分布**

### （二）民宿周边环境较差，消费者对营销、文化特色满意度较低

民宿消费者满意度反映了民宿的发展水平和发展质量，能够在很大程度
上反映民宿行业存在的问题。民宿消费者满意度测评（见表 2）显示，不满
意与非常不满意排名靠前的因素主要是：宣传营销（10.71%）、品牌个性
（10.71%）、周边环境（7.14%）、环境卫生（3.58%的受访者认为非常不满
意）和餐饮条件（3.58%）等。民宿消费者对环境卫生、宣传营销、品牌
个性、餐饮条件和周边环境满意度低，主要原因是阳朔大部分民宿是在原
有的农家客栈、旅舍、农家旅馆基础上提升改造而成的，大多数中低端民
宿经营者对周边环境卫生没有治理或管理权限。民宿消费者对低端民宿的
宣传营销、品牌个性、餐饮条件、周边环境等不满意，主要原因是多数低
端民宿没有开展宣传营销、没有品牌、服务较差、房屋装修较差、风格千
篇一律、文化内涵不足、厨房卫生较差、客房未能及时消毒、周边环境卫

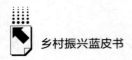

生较差、所在村寨环境卫生较差等。这些问题影响了消费者对阳朔民宿的整体印象和认知。

表2　阳朔民宿消费者满意度一览

单位：%

| 影响因素 | 非常不满意 | 不满意 | 一般 | 满意 | 非常满意 |
|---|---|---|---|---|---|
| 价格水平 | | | 14.29 | 78.57 | 7.14 |
| 房间设施 | | | 21.42 | 71.43 | 7.14 |
| 公共配套设施 | | | 14.29 | 82.14 | 3.58 |
| 安全隐私 | | | 35.71 | 60.71 | 3.58 |
| 餐饮条件 | | 3.58 | 57.14 | 35.71 | 3.58 |
| 环境卫生 | 3.58 | | 32.14 | 57.14 | 7.14 |
| 客房舒适度 | | 3.58 | 28.57 | 67.86 | |
| 周边环境 | | 7.14 | 28.57 | 60.71 | 3.58 |
| 周边景点 | | | 14.29 | 85.71 | |
| 交通便利性 | | | 28.57 | 64.29 | 7.14 |
| 乡村治安 | | | 28.57 | 64.29 | 7.14 |
| 服务水平 | | | 7.14 | 82.14 | 10.71 |
| 及时反馈 | | 3.58 | 17.86 | 67.86 | 10.71 |
| 合理关怀 | | | 32.14 | 60.71 | 7.14 |
| 服务态度 | | 3.58 | 7.14 | 82.14 | 7.14 |
| 宣传营销 | | 10.71 | 17.86 | 71.43 | |
| 品牌个性 | | 10.71 | 25.00 | 64.29 | |
| 民宿产品 | | 3.58 | 28.57 | 67.86 | |
| 特色活动 | | 3.58 | 35.71 | 60.71 | |
| 民俗文化 | | | 39.29 | 60.71 | |
| 建筑风格 | | 3.58 | 35.71 | 60.71 | |
| 主客互动性 | | | 17.86 | 78.57 | 3.58 |

此外，35.71%的受访者认为，阳朔民宿在文化特色、亲子活动、品牌个性、康养运动、休闲度假等方面还存在较多缺陷；25.00%的受访者认为民宿在特色方面还需要加强；21.42%的受访者觉得现有的民宿在经营规范、

交通便利性等方面还需要提高；17.86%的受访者要求民宿在管理方面提升水平；10.71%的受访者认为民宿设施完善性要进一步加强（见图9）。

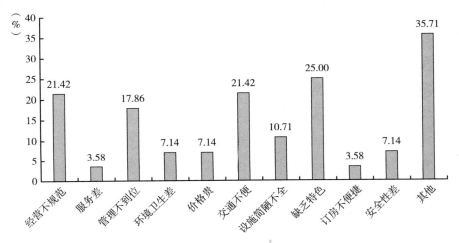

图9　民宿消费者认为阳朔民宿存在的问题分布

### （三）民宿从业人员文化水平偏低问题突出

民宿从业人员的文化水平在一定程度上影响民宿发展质量与抗风险能力，也影响民宿整体素质。问卷调查数据显示，阳朔民宿从业人员文化水平偏低问题突出。民宿经营者及雇员具有本科及以上学历的仅占总人数的15.38%，大专学历的占17.31%，中专及以下学历的占67.30%，其中高中或中专学历占46.15%，初中及以下学历占21.15%（见图10），这表明阳朔民宿从业人员整体文化素质不够高。

民宿从业人员文化水平偏低是困扰阳朔民宿发展的重要问题之一，这与阳朔一半以上低端民宿经营者是当地农民有关。在阳朔低端民宿从业人员中，当地村民以及经营者的家人、亲戚朋友三类人员占92.30%，其中大部分是经营者家人（46.15%），当地村民占26.92%；从劳动力市场招聘的人员仅为7.69%（见图11）。关于员工招聘问题，低端民宿经营者普遍反映很难招聘到有一定知识和专业技能的员工。只有19.23%的中高端民宿经营者表示,通过专业的公司或平台可以招聘到民宿管家和专业酒店管理人员。可见,民宿人才短缺是阳朔民宿高质量发展面临的挑战,也是民宿经营者最担忧的问题之一。培养高素质民宿人才已成为阳朔民宿实现高质量发展的重要抓手,民宿行业迫切需要民宿人才职业化。

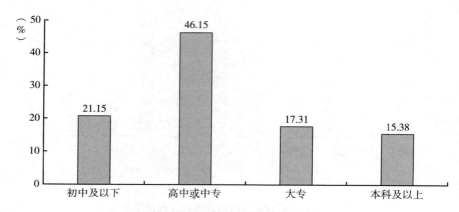

**图10 阳朔民宿经营者文化水平分布**

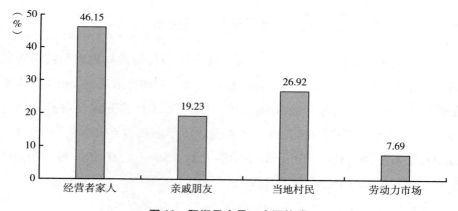

**图11 阳朔民宿员工来源构成**

## (四)民宿投资规模普遍不大、投资回收期较长

民宿投资规模在很大程度上可以反映民宿的质量。现实中,投资规模小,民宿的质量一般不高;投资规模较大,民宿的品质和业态一般能够得到

有效保障。调查数据显示，46.15%的民宿投资规模在 200 万元及以下，40.38%的民宿投资规模在 201 万~500 万元，投资规模在 501 万~1000 万元的民宿占 3.85%，投资规模在 1000 万元以上的民宿仅占 9.62%（见图 12）。可见，阳朔民宿投资规模总体偏小，也反映了阳朔民宿多为中低端民宿。投入阳朔民宿的资金 75.00%是个人筹集，银行借贷占 17.31%，利用民间贷款的更少，仅占 1.92%，通过众筹、众创、合伙等方式筹资的占 5.77%（见图 13）。

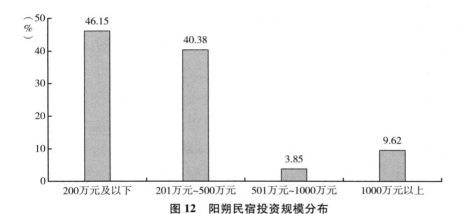

图 12　阳朔民宿投资规模分布

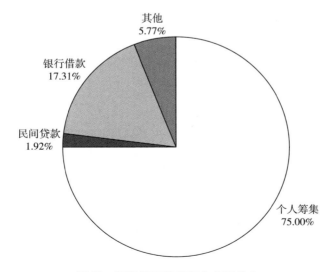

图 13　阳朔民宿投资资金来源分布

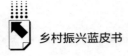

阳朔民宿投资以自有资金为主，从侧面说明阳朔民宿多数由创客投资经营，他们能够依托自有资金开发民宿，并能够参与民宿的运营管理，真正体现了民宿与其他住宿业态的区别：投资者既是经营者（主人）也是管理运营者，具有主人参与、主客共享的特色。

根据民宿实际经营情况，民宿业投资回收期普遍比较长，投资规模在200万元左右的回收期一般是5~8年，投资规模在500万元以上的回收期一般为10年左右。投资回收期过长，反映出民宿的收益有限，且投资回收期越长，投资风险越大。

### （五）民宿收入普遍不高

阳朔民宿收入普遍不高，原因在于：一是年均入住率普遍不高；二是多数民宿采取低价策略，利润空间被压缩；三是阳朔民宿以低端民宿为主，消费水平多为200元/晚。调查数据显示，阳朔民宿年均收入在20万元以下的占42.31%，21万~50万元的占28.85%，51万~100万占17.31%，151万~200万元的仅占3.85%，超过200万元的占7.70%（见图14）。年均收入在200万元以上的基本是中高端民宿。

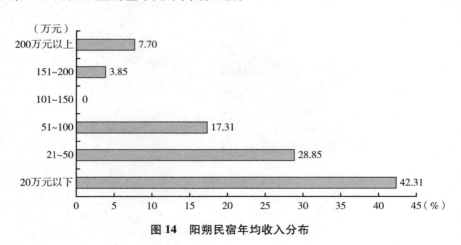

**图14 阳朔民宿年均收入分布**

### （六）民宿市场存在明显峰谷，淡旺季入住率差异大

阳朔旅游以山水田园观光、乡村休闲度假为主，受气候和季节影响，具有明显的旅游峰谷。每年 12 月至次年 3 月是阳朔多雨季节，且天气湿冷，外地游客难以适应。进入雨季，阳朔旅游进入波谷，游客量减少，民宿市场也进入淡季。调查数据显示，84.62%的民宿经营者认为阳朔民宿淡旺季差别明显（见图 15）。

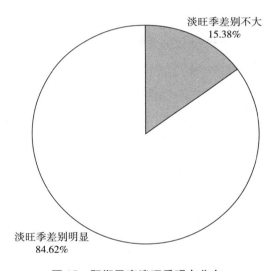

**图 15 阳朔民宿淡旺季观点分布**

### （七）民宿提供就业岗位较少

阳朔民宿规模一般都比较小，客房数基本在 10 间左右，大部分民宿提供的工作岗位在厨房和客房，一般每家民宿提供的岗位是 5 个左右。调查数据显示，在受调查的 52 家民宿中，能够提供 2~5 个就业岗位的民宿最多，为 26 家；提供 2 个及以下岗位的为 14 家；提供 6~10 个岗位的为 9 家；提供 11~20 个岗位的仅有 3 家（见图 16）。

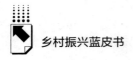

乡村振兴蓝皮书

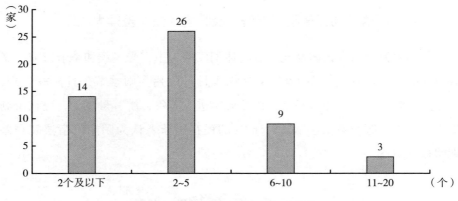

图16　阳朔各民宿就业岗位贡献情况

## （八）民宿经营者对市场危机表现出较大担忧

助推民宿经营管理成功的因素很多，排名前3的分别是服务、营销和主题客房，占比依次为34.62%、25.00%、21.15%。此外，餐饮（11.54%）和活动种类（7.69%）也是很重要的因素（见图17）。

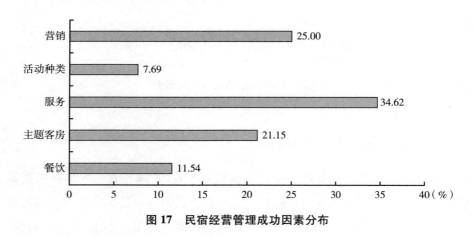

图17　民宿经营管理成功因素分布

民宿经营管理过程中存在的问题也比较多，其中民宿经营者最担心的是市场危机对民宿的影响，包括自然灾害、政策变动或证件报批手续等。

18.53%的民宿经营者担心自然灾害、政策变动影响市场，18.14%的民宿经营者认为消防许可证等相关证件审批手续复杂影响经营，15.26%的民宿经营者担心民宿没有特色或原有的特色适应不了市场变化（见图18）。

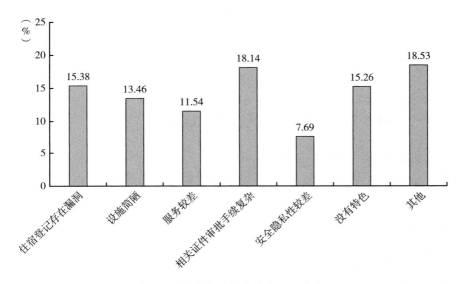

**图18　民宿经营者担忧的问题分布**

## （九）阳朔民宿文化异化、涵化较为明显

1973年阳朔对外开放旅游以来，国际化一直是阳朔旅游产业发展的主要方向之一，阳朔民宿的发展也不例外，其国际化程度比较高，国际化特色比较浓郁，在很多民宿中可以看到服务内容、文化符号等具有"国际范"。阳朔民宿的国际化固然重要，也十分必要，但由于规划设计和投资者经营理念的不同以及对阳朔本土文化认知偏差等，阳朔民宿在文化取舍方面出现了过度西化和涵化，甚至过度异化、过度商品化的问题。这些问题主要表现在民宿改造或建设过程中，具体是简单模仿，将罗马柱、希腊山墙、现代瓷砖、马赛克等随意拼凑到传统的民居建筑中，或者是将西式小洋楼的形式植入古村落，或者是大量使用欧式几何体，或者是标新立异随意将中西不同的

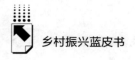

文化符号进行混搭，脱离阳朔乡村民居建筑文化内涵，导致阳朔一些民宿乡土气息逐渐变异或丧失。

与此同时，阳朔民宿发展中出现了本土文化与外来文化相互冲突的问题，部分本土弱势文化被外来强势文化同化、替代，体现在民宿设计表达上，则为本土化的形式语言符号过多地被外来文化的形式语言符号所代替，导致一些阳朔民宿在外在形式、空间布局、营造技术、生活空间等方面失去了本地传统民居韵味，缺乏浓厚的乡土文化特色。

### （十）民宿个性特色不鲜明，品牌数量有限

个性化是民宿发展的生命线，是民宿特色所在，民宿的发展应是非标准化的，但实地调查发现，阳朔最早的一批农家客栈、民居旅馆以及大多数由当地农民投资自建自营的民宿存在千篇一律、"千宿一面"的现象。这类民宿基本上是利用农民闲置房屋改造而成的，建筑风格大同小异，除了居住和餐饮服务外，没有更多的其他配套服务，缺乏个性特色。调查也发现，阳朔品牌民宿数量不多，除了在兴坪古镇、白沙镇、阳朔镇、高田镇有部分个性鲜明的民宿品牌，如墨兰山舍、竹窗溪语、云庐酒店、画山云舍、墨愫、栖悦水岸民宿、山影轻奢美宿、易亩田、安·在野、不知春归、旧雨新知之外，具有鲜明个性品牌的民宿较少。

### （十一）未能充分利用乡村振兴成果发展宜居宜游宜业宜乐新型民宿

阳朔现有的民宿集中分布于阳朔西街、遇龙河流域、十里画廊旅游带和兴坪古镇周边。桂阳公路一级景观大道沿线、桂林至阳朔高速公路沿线、漓江流域（阳朔段）、葡萄镇至阳朔县城百里新村建设带等区域既是阳朔乡村振兴成效较好的产业带或村镇，也是阳朔全域旅游发展较好的区域，但受到主体旅游形象遮蔽、乡村特色产业培育不足、乡村人力资源不足等多种因素影响，这些区域的民宿未能结合乡村振兴战略发展起来。事实上，通过实施乡村振兴战略，这些区域已经在休闲农业、特色农业、道路、供排水、电力

电信、人居环境、乡土景观等方面取得了很好的发展成效，也适合发展特色民宿。

# 四　阳朔民宿可持续发展对策建议

随着市场消费的不断变化以及环境变迁，阳朔民宿出现了片面追求高端化、民宿老化、民宿乡村文化异化、乡村居民边缘化、民宿产品过度商业化、经营管理缺失情感化等负面问题，在充分利用和结合乡村振兴战略发展特色民宿方面也相对薄弱。乡村振兴是助推乡村民宿发展的重要载体，民宿是推动乡村振兴的重要动能之一。推进乡村振兴与民宿互动发展，解决好民宿发展中存在的问题，对于实现阳朔民宿高质量发展具有重要价值与现实意义。

## （一）坚持强化主题，创客驱动

民宿发展要突出主题，民宿的最大特点是非标准化、个性化消费。只有细分客源市场，根据不同市场定位确定主题、突出主题特色，才能更好地满足消费者多元化消费需求，有的放矢地进行品牌营销。同时，主题也是打造品牌的关键，主题化越来越受到经营者和消费者青睐。未来，阳朔民宿发展需要坚持强化主题、塑造品牌，坚持走主题品牌发展道路。

阳朔民宿之所以得到蓬勃发展，得益于乡村创客驱动。民宿的最大特点是精致化、小型化，中小型民宿投资规模一般不大。因此，民宿成为乡村创客投资的热点领域。阳朔县政府通过出台创客投资激励政策，创造适合国际创客投资的营商环境，吸引国内外创客到阳朔投资民宿，让阳朔成为民宿创客的集聚地和交流平台，让创客成为阳朔民宿后发展阶段的主力军，成为推动阳朔民宿中高端发展和品牌化发展的驱动者、引领者和践行者，让民宿创客成为发展乡村旅游和乡村振兴新业态、新经济的示范引领者。

## （二）坚持政策引导，规范发展

一是建议政府编制民宿发展与乡村振兴规划，将民宿作为乡村产业振兴

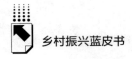

的新业态予以重点规划，通过规划规范和引导、引领民宿发展。同时，政府可聘请专家为村民进行专业培训，为村民和投资者提供民宿发展咨询服务，在乡村振兴资金、用地指标、品牌奖补方面向民宿倾斜，引导民宿业高质量发展。

二是完善原有的政策工具。结合新修订完善的《民宿管理办法》《民宿管理服务规范》《阳朔县民居旅馆（店）标准》《阳朔县家庭旅馆（店）管理暂行办法》《阳朔民居旅馆服务质量要求与等级划分》等行业管理规范，积极用好国家和自治区的民宿发展政策。2022年7月8日，文化和旅游部、公安部等10部委联合印发的《关于促进乡村民宿高质量发展的指导意见》以及2020年广西壮族自治区文化和旅游厅出台的《广西旅游民宿管理暂行办法》《广西民宿旅游发展规划（2020—2025年）》，还有《桂林市人民政府关于加快民宿经济发展的指导意见》等，是推动阳朔民宿发展的重要政策工具。阳朔要充分抓住国家和自治区、桂林市出台的规划、政策，加快原有民宿升级改造，优化营商环境，加大对特色民宿产业发展的支持力度。

三是继续举办国际民宿论坛和各类品牌评比活动。政府给予政策支持，充分提高阳朔民宿与精品酒店协会行业影响力，每年举办国际民宿论坛，扩大阳朔民宿影响力，为民宿发展提供智库支持；由学术机构、民间团体或相关企业开展民宿品牌评比活动，通过品牌评比活动推动民宿经营者提升民宿质量与规范民宿发展。

### （三）坚持注重个性，高端发展

民宿是一定要有个性的，个性是优质民宿发展的内核。民宿一定不是标准化的，如果民宿踏上标准化发展的道路，就不是民宿了。民宿的个性体现在环境、内容、业态、服务、体验等各个方面。在环境层面，要将民宿融入整个阳朔乡村振兴大格局，整个阳朔乡村振兴格局都是民宿可以利用和依托的生态空间、文化空间、生活空间。在民宿内容层面，要根据投资者和创客的实力，结合乡村旅游发展方向和消费者消费行为，推出私人定制民宿，满足不同消费群体消费需求。在业态层面，民宿个性化更多体现在美食、旅行、活动、风格等方面，在这些方面打造有主题、有故事、有爱、有文化、有活力的新业态，使业态贯穿民宿消费者游历体验全过程，使消费者体验独特的文化和情感。在服务和体验层面，通过民宿经营者（主人）全程参与，实现主客共享，分享主人的故事和乡村故事，提供有情感、有温度、有热度的服务项目和独特的旅游体验方式，为客人提供增值服务，从而让民宿成为非标准化的乡村旅游产品，让个性成为民宿核心竞争力。

个性化带来的消费必然是中高端的，只有实现个性化的体验与消费，民宿才能实现中高端化发展。可以预见，未来具有个性的中高端民宿将是阳朔民宿的主力军，比如竹窗溪语的发展，很好地说明了个性化是民宿实现高端发展的关键。

### （四）坚持情怀体验，高质发展

阳朔民宿发展历程表明，真正能够可持续高质量发展的民宿，必定有民宿经营者用情用心带着情怀投资经营等因素加持，民宿经营者要具有文化情怀、艺术水准、乡土情结，对民宿发展用情用意，而不是纯粹为了追求商业目的。调查发现，有不少特色鲜明和经营收益高的民宿是事业有成或"财富自由支配"后"归隐田园"的乡村创客开发的，他们在设计、装修、运营、管理等方面全过程、全身心地投入，确保民宿每个细节都融入经营管理者的故事与情感。未来，民宿发展要坚持情怀至上。民宿的投资经营与其他住宿业投资经营不同，民宿要突出"民"的主题，即民居、民俗、民食、民景等；突出"民"的乡土性、乡村性，民宿不仅是居住空间，也是一个生态空间、生命空间、生产空间、生活空间、生存空间、生长空间，最后才是生意空间。建议从保护传承乡村优秀传统文化的高度，心怀营造未来文化遗产的格局和使命投资经营民宿，在此基础上，重视在民宿空间内开发休闲、康养、观光、运动、美食、度假等多业态体验产品。

同时，坚持以自律为约束，规范行业发展。充分发挥阳朔民宿与精品酒店协会在阳朔民宿行业自律发展中的作用，只有具有良好的市场发展环境、规范有序的市场空间，才能保证具有情怀的民宿经营者有更多

的精力经营民宿，才能保护好他们的激情与热情，让民宿可持续高质量发展。

### （五）坚持市场导向，绿色发展

消费者的消费需求变化快，市场需求也随时都有变化，但市场变化的规律不会改变，消费者"新奇精特"等消费心理也不会发生太大变动。因此，民宿经营者要做好充分的市场调研，科学合理定位市场，以不变应万变。在外部投资环境和营商环境方面，需要政府利用"有形的手"加强宏观调控，做好做实做细市场监测数据统计，加强行业引导和培训，加强市场监管，对不符合要求的民宿坚决取缔，对扰乱市场的投机行为坚决打击，为投资经营者创造良好营商环境。同时，在实施乡村振兴战略时，要规划先行，科学编制乡村振兴规划，不断完善乡村的公共服务设施和生态环境、人居环境，统筹引导民宿产业与其他产业的融合发展，提升民宿产业的竞争力，整合多种资源发展民宿集群。

坚持以生态为首，秉承绿色发展理念。民宿作为一种以乡村为空间依托的生态环境空间和生活空间，在生态环境建设过程中要重视将当地的山水田园、乡村生态景观、乡土景观和传统的村落格局融入民宿，保留乡村生态本色和底色。山清、水秀、天蓝、地净是民宿发展的环境要素，发展民宿要坚持以生态保护为主，不能损害生态效益换取经济效益，只有有效处理生态效益与经济效益之间的关系，才能实现民宿产业的可持续发展。

### （六）坚持农民主体，共同富裕

随着大量社会资本投向阳朔民宿产业，阳朔本地农民通过出租土地或房子等方式获取收益并在城市购买商品房，如鸡窝渡等村庄，民宿成为乡村主体，经营者和外来务工者成为农村的新"主人"，本地农民成为边缘人、异乡人。没有当地村民参与的民宿是没有灵魂的民宿，农民在民宿发展过程中扮演资源拥有者、文化传播者、旅游参与者等多重角色，是民宿不可或缺的文化要素。发展民宿要以当地农民为主体，让农民参与农业生产、民俗开发、业态建设；让农民成为发展民宿的主要参与者和受益者，而不是旁观者，保障农民的权益，重视农民的意见和建议，充分调动农民的积极性，让农民主动参与民宿产业发展。<sup>①</sup> 制定合理的经营收入分配机制，增加农民工资性收入、资源分红收入、家庭经营收入、财产性收入等多种收入，保障农民的长期利益，实现共同富裕。

### （七）坚持以民为本，主客共享

阳朔民宿发展要紧紧围绕"民"字做文章，"民"体现在乡村、乡民、民间、民俗、乡土上，无论是对老宅院、老房子、老厂房进行改造，还是按照市场分类设计建设主题民宿，民宿都要重视以民为本，创建主客共享环境，重视将当地环境和文化融入民宿的整体设计和运营，突出阳朔乡村文化特色。

主客共享是民宿文化活化利用的核心，是民宿最具有吸引力的要素之一。在阳朔实施乡村振兴战略推进民宿发展实践中，要充分做到乡村振兴与民宿发展共建共享共融共赢，充分融入乡村文化要素；要从打造乡村旅游目的地的高度进行乡村振兴，通过实施人居环境工程，风貌提升改造工程，生态乡村工程，三清三拆、湖塘连水、三微园、美丽水乡、清洁乡村等专项文化空间再造工程，完善乡村基础设施、乡村景观与社区景观，美化绿化乡村，营造良好的旅游环境和人居环境，为民宿突出"民"字发展特色奠定基础。同时，加快农业现代化进程，通过发展蜜柑、砂糖橘、金橘、沙田柚、葡萄等现代休闲农业产业园，丰富乡村产业业态，不仅让农民过上美好生活，而且为民宿生活空间和生命空间提供良好的生态环境、人居环境和旅游环境，推动一二三产业融合发展，实现农民和游客的主客共享。

### （八）坚持乡村建设，发展民宿

乡村振兴战略是国家解决"三农"问题、实现中国式现代化的重大战略，

---

① 周晓睿、陈灵利、林颖：《桂林阳朔景区民宿顾客满意度的测评研究》，《中国市场》2018年第 14 期。

随着乡村振兴战略的深入实施，可以预见，未来的乡村建设力度将是空前的。

一是在推进乡村基础设施建设过程中，将乡村基础设施建设与乡村新兴产业、新经济业态的基础设施建设有效衔接，特别是在适合发展民宿的区域，乡村基础设施建设要与民宿基础设施建设同步，突出乡村基础设施建设的景观化、休闲化、娱乐化、便捷化要求，以服务民宿发展。

二是在推进乡村生态建设过程中，结合民宿追求的生态景观化、生态乡土化、生态康娱化等要求，打造美好生活生态空间，营造宜游宜居宜景宜乐宜商的良好生态空间，为打造特色主题民宿奠定基础。

三是在推进乡村文化建设过程中，最大限度保留具有乡村文化特色、乡村记忆的文化遗产遗存，充分挖掘和提炼乡村历史文化、优秀传统民俗文化资源，尤其是非遗文化资源，兼容并包地引入与乡村地域、人文相融的外来优秀文化，突出乡村休闲的文化空间，为民宿文化空间注入内涵与内容，提高民宿格调与品位。

四是在推进乡村组织建设过程中，不断强化民宿经营者、入乡创业者、返乡创业者和下乡创业者的"新农民"身份，通过身份解构与重构，引入现代管理组织体系，在充分尊重原有农村居民治理体系基础上，不断优化和完善乡村治理结构与体系，为民宿高质量发展提供组织保障。

# B.8
# 桂林乡村振兴典型案例分析

张海丰　谭智雄*

摘　要： 2021 年是"十四五"开局之年，桂林市全面贯彻落实党中央、国务院、自治区关于乡村振兴会议精神，坚持"五位一体"总体布局，统筹安排、狠抓落实、开拓创新，坚守脱贫攻坚胜利果实。针对2021 年国家巩固拓展脱贫攻坚成果同乡村振兴有效衔接考核评估反馈广西的六个方面 28 个具体问题，桂林市举一反三，推行"12345"工作法，强化责任落实，构建分工明确、分级负责、共同推进、合力整改的责任体系，坚决将整改工作落到实处，确保全面推进乡村振兴取得新成效。本报告选取的 5 个案例，涉及产业振兴、文化振兴、组织振兴、人才振兴、生态振兴五个方面，具有一定典型性，通过剖析 5 个乡村振兴典型案例的主要措施和取得的成效，总结其成功的经验，从而为桂林市实现乡村全面振兴提供启示。

关键词： 基层党组织　乡村振兴　特色产业

## 案例一：特色产业链筑基，推动乡村特色农产品价值链提升
——永福县龙江乡驿马村罗汉果产业发展启示

在统筹推进乡村振兴过程中，产业振兴居于"五大振兴"的首位。产

* 张海丰，博士，广西师范大学经济管理学院副院长、教授，硕士生导师，广西师范大学珠江—西江经济带发展研究院副院长，广西师范大学西部乡村振兴研究院乡村经济振兴研究中心主任，研究方向为制度经济学；谭智雄，广西师范大学校长办公室主任，副研究员，硕士生导师，广西师范大学西部乡村振兴研究院研究员，研究方向乡村建设与治理。

业振兴为乡村振兴提供物质基础和基本动力，是乡村实现全面振兴的发动机。构建绿色安全、特色凸显、产业链完整的乡村产业体系是乡村产业振兴的基石。罗汉果是当之无愧的永福县特色农产品，如何延长罗汉果产业链，提升其价值链，是罗汉果产业做大做强要解决的关键问题。永福县龙江乡驿马村罗汉果产业的发展经验具有典型意义，为其他地区特色农产品产业化发展提供了可借鉴的经验。

# 一 案例简介

桂林是世界最大的罗汉果生产和出口基地。其中，永福县龙江乡是桂林罗汉果的原产地和主产区（见图1），素有"中国罗汉果之乡"的美誉。永福作为罗汉果传统生产种植基地和全国最大的罗汉果生产基地，拥有400多年的罗汉果人工栽培历史。1995年，农业部授予永福县"中国罗汉果之乡"称号。2005年，永福罗汉果获国家地理标志产品登记。2017年，永福罗汉果获首批中国特色农产品优势区认定。2018年，永福县在第一批广西特色小镇名单中被认定为罗汉果小镇。2020年，永福罗汉果获年度生产创新奖。近年来，永福县紧扣"福寿、富硒、生态"产业特色，打造罗汉果全产业链。通过建设罗汉果小镇等方式，创建罗汉果特色农产品优势区，有效延伸了罗汉果产、供、销、精深加工全产业链，进一步做大做强罗汉果产业，带动贫困群众脱贫增收。

2016年，永福县以广西农业科学院为技术依托，计划筹建福寿神果罗汉果产业核心示范区。福寿神果罗汉果产业核心示范区总面积为47248亩，其中核心区3505亩、拓展区11502亩、辐射区32241亩。龙江乡作为核心示范区的主要地区，总种植面积约为4.72万亩。其中，驿马村核心示范区占0.35万亩，拓展区占1.15万亩，辐射区占3.22万亩。为进一步加强永福罗汉果特色产业化，2021年底，龙江乡依托农业龙头企业及农民专业合作社，创建农产品生产示范基地，并完成对福寿神果罗汉果产业核心示范区投资约44664.5万元，新增投资约36621.15万元（项目资金投入 11563.78 万元，经营主体投入 25057.37 万元），逐步形成罗汉果特色优势产业。

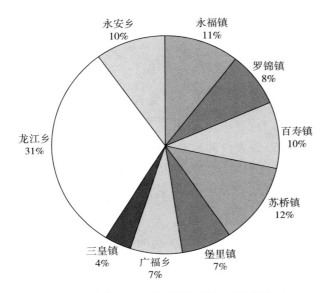

**图1 永福县各乡镇罗汉果种植面积占比**

资料来源：根据永福县农业局数据整理。

## 二 主要措施及成效

### （一）产业政策助推罗汉果品牌建设

近年来，在上级部门的支持下以及永福县各级政府的带领下，永福县罗汉果产业取得瞩目的发展成效。2000 年，全县开始推广罗汉果相关栽培技术，助推县内罗汉果产业发展。2005 年，全县罗汉果种植面积达到 2751.40 公顷，产果量 1 亿多个，占全国总产量的 70%，成为名副其实的"罗汉果之乡"。随后，根据《永福县农业农村经济中长期发展规划（2011~2020 年）》和《永福县国民经济和社会发展第十三个五年规划纲要》，罗汉果产业被列为永福县重点发展的农业产业之一，也是贫困农户脱贫致富的主导产业。为进一步发挥党建引领作用，增强乡村振兴的凝聚力，永福县带领党员队伍组建购销价格联盟。在罗汉果上市前期，召开本土收购企业法人代表座谈会，针对价格浮动，提出相应的对策，确保种植农户利益最大化，形成人民生活富裕、党群关系和谐的"党建引领·神果飘香"党建品牌。

以龙江乡驿马村为例，2018 年，龙江乡驿马村共有贫困户 68 户 227人，脱贫摘帽 37 户 123 人。2019 年，驿马村贫困发生率为 1.57%。2020年，龙江乡共有 3250 户农户种植罗汉果，总产量约 3 亿个，全乡罗汉果产业收入可达 2 亿元。2021 年，永福县罗汉果种植面积近 12 万亩，产果量约14 亿个（见图 2），农村居民家庭人均可支配收入达 18275.27 元（见图 3），罗汉果产业总产值达 80 亿元。其中，驿马村全村 582 户 2346 人，种植罗汉果面积为 3000 多亩，农户人均年收入增加 3000 多元，村级集体经济年收入达 10 万元。永福县罗汉果产业发展带动从事罗汉果种植农户人均年收入从5000 元增加至 10560 元，占全年农民人均纯收入的 57.8%。

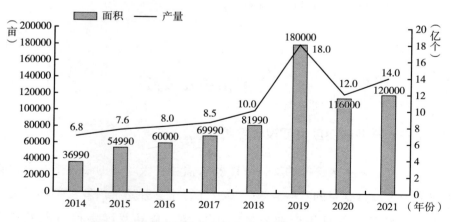

图 2　2014~2021 年永福县罗汉果种植面积及产量

资料来源：根据《永福县统计年鉴》等相关文献整理。

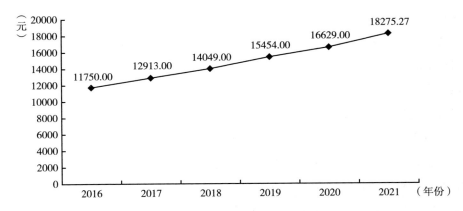

图3　2016～2021年永福县农村居民家庭人均可支配收入情况

资料来源：根据《桂林调查年鉴》、桂林市统计局数据整理而成。

## （二）夯实"公司+合作社+基地+农户"发展模式

2021年，为进一步推进一二三产业融合发展，永福县牢记"产业兴旺、生态宜居、乡风文明、治理有效、生活富裕"乡村振兴战略二十字方针。坚持将"福寿、富硒、生态"三大优势作为品牌依托，采取"扩容、提质、增效"三大措施，加快构建现代农业体系，以创建永福罗汉果中国特色农产品优势区为契机，按照"生产基地标准化、产品加工园区化、利益机制紧密化、品牌建设专业化"的标准，大力发展罗汉果特色优势产业，努力打造永福罗汉果全产业链。龙江乡通过永福罗汉果中国特色农产品优势区、全国农村一二三产业融合发展先导区、产业兴村强镇等项目建设（见表1），发展罗汉果标准种植示范带以及生产加工区、休闲农业旅游区和创新区，促进一二三产业融合发展，提高永福罗汉果品牌知名度。

2020年，永福县共有罗汉果加工企业108家、专业合作社65家，开发罗汉果等相关制品100多种，加工产值达20多亿元，形成了"种苗生产—农户种植—合作社（企业）收购—企业加工销售"的完整产业链。2021年，永福县罗汉果全产业链总产值达40亿元。全县从事罗汉果收购、加工、销售的专业合作社有400余家，已有20余家企业从事罗汉果科研和精深加工。

此外，永福县每年投入罗汉果产业资金 600 万元，以支持罗汉果生产加工、科技创新、产品开发和品牌宣传等活动。2022 年，通过招商引资，永福县引进 166 家罗汉果种植加工企业、合作社，涵盖桂林三棱、广西贰元、沙罗雅、实力等 8 家龙头企业，实现了罗汉果加工园区化。此外，通过建成中国罗汉果交易市场、中国罗汉果文化展览馆、永福县罗汉果大数据中心和罗汉果特色小镇风情街等，形成罗汉果特色农产品全产业链发展格局。

就驿马村来说，依托广西农业科学院提供的技术指导，该村建设了福寿神果罗汉果产业核心示范区。该示范区拥有农民合作社 63 家、家庭农场 2 家、罗汉果收购加工企业 11 家，包含省级龙头企业 3 家、国家级龙头企业 1 家。该村从事罗汉果种植、半成品及成品加工、生产及销售活动，并注册"奇山王"等商标。2016 年，驿马村成立永福县天天甜种种植专业合作社，实施"公司+合作社+基地+农户"模式，为会员提供罗汉果管护技术指导及组织鲜果对外销售。2019 年，永福龙源罗汉果有限公司入选龙江乡罗汉果扶贫车间，其核心示范区种植基地面积为 317 亩，包括温室大棚 40 余亩，与 200 多户果农签订合作种植绿色食品罗汉果合同，其中包括贫困户 52 户。驿马村罗汉果产业的发展有效带动了农户从事罗汉果生产、加工、储藏、运输和销售的积极性，进而带动该村的经济发展，真正做到特色产业全面发展和"一村一品"建设。

表 1  永福罗汉果品牌建设情况

| 年份 | 品牌建设成果 |
| --- | --- |
| 1983 | 获对外经济贸易部颁发的"荣誉产品证书" |
| 1993 | 获泰国曼谷国际博览会银奖 |
| 1995 | 中国罗汉果之乡 |
| | 全国最大的罗汉果出口生产基地 |
| | 列入《中华之最大典》 |
| | 中国特产之乡 |
| 2000 | 桂林市首批优质农产品 |
| 2001 | 北京中国国际农业博览会名牌产品 |
| 2004 | 国家原产地域产品 |

续表

| 年份 | 品牌建设成果 |
|------|--------------|
| 2005 | 国家地理标志产品 |
| | 广西无公害生产产地认定 |
| | 全国最大的无公害罗汉果生产基地 |
| 2006 | "中族牌"罗汉果获评中国名牌农产品 |
| 2007 | "中族牌"罗汉果获评广西名牌产品 |
| 2009 | 中国农产品区域公共品牌价值百强品牌 |
| 2011 | 龙江乡入选"全国一村一品示范村镇" |
| 2015 | 居广西最具影响力十大特产首位 |
| 2017 | "林中仙"罗汉果入选《2017年度全国名特优新农产品目录》 |
| 2018 | 永福县入选第一批广西特色小镇（罗汉果小镇） |
| 2019 | 入选中国农业品牌区域农产品品牌目录 |
| | 《地理标志产品：永福罗汉果》成为广西地方标准 |
| 2020 | 获年度生产创新奖 |

资料来源：根据1991~2005年《永福县志》、永福县农业农村局资料以及相关文献资料整理而成。

## （三）多方合力提升价值链

为进一步提升罗汉果产业价值链，激发罗汉果产业发展活力，永福县政府从三个方面入手加强对人才的培养和管理。一是加强人力资源开发。瞄准驻村工作队、包村工作组、驻村选调生等高学历优秀群体，助力乡村振兴。积极培养本土人才，培养储备干部。在本村年轻人中积极发展党员、干部，鼓励本村青年人才回乡创业、共谋未来。二是加强技能培训。永福县为各村配备了专业的农科员和科技特派员，同时派出技术骨干对合作经济组织负责人、种植大户、育苗户进行培训，培养一批有技术、会经营的基层人才。据统计，2021年永福县派出30多名技术人员和专家分别前往5个罗汉果种植强镇，共举办培训300多场次，培训人数达10000多人次。其中，驿马村共培训750多人次。三是搭建交易平台。引进淘宝、抖音等平台，建设直播间面积达1240.2平方米，先后举行罗汉果农产品直播专场200场次，销售罗汉果17万单，推动永福罗汉果产品线上销售。驿马村组织了5家农民合作社入驻阿里巴巴农村淘宝，同时对农户开展电商培训，组建网络销售队伍，完善网络销售平台等，实现电商销售额占总销售额的 75% 以上，进一步推动罗汉果品牌塑造。随着销售的火热，永福罗汉果收购价格整体呈上升态势，其中，2022 年罗汉果大果收购价格达 1.3~1.4 元/个（见表 2）。此外，在文化振兴和生态振兴方面，驿马村打造村级公共活动场所，营造"党建+产业"浓厚文化氛围。通过完善党群服务中心服务设施，优化周边生态环境，提升人居环境质量，进一步提高群众的生活满意度，为人才振兴提供保障。

表 2　2017~2022 年永福罗汉果收购价格情况

单位：元/个

| 年份 | 小果 | 中果 | 大果 |
| --- | --- | --- | --- |
| 2017 | 0.3 | 0.5 | 0.7 |
| 2018 | 0.15 | 0.26 | 0.46 |
| 2019 | 0.35 | 0.5 | 0.72 |
| 2020 | 0.45 | 0.8~0.9 | 1.15~1.3 |
| 2021 | 0.5 | 0.8 | 1.5 |
| 2022 | 0.7~0.8 | 1.1~1.2 | 1.3~1.4 |

资料来源：根据公开资料整理而成。

## 三　主要经验

按照特色农产品全产业链发展模式，从源头追溯富硒罗汉果的生产质量，建立富硒罗汉果质量生产基地。采用"公司+合作社+基地"经营方式，发展"农业+电商"营销模式，建设线上线下销售平台，提高农户的可支配收入水平，并通过"产业+旅游"聚集发展模式，链接乡村与罗汉果小镇建设，提高罗汉果一二三产业融合程度，打响永福罗汉果品牌，输出罗汉果文化，加大罗汉果产业辐射力度。此外，在政府的引导下，由罗汉果龙头企业牵头，做到人才下放一线，增强产业赋能，进一步带动永福县富硒罗汉果产业发展，为打造永福县现代特色优势农业产业提供保障和支撑。

## （一）以品牌建设提升价值链

近年来，随着经济发展水平的不断提高，品牌成为链接市场与消费者的重要媒介，已成为产品参与市场竞争的重要载体。尤其是特色农产品品牌，不仅能够带动地方经济增长，也是农民增收的助推器。因此，发展品牌农业成为农业产业发展的一大趋势。罗汉果作为永福县特色产业之一，多年来一直尝试由单一产业向多产业融合发展转变。从以往的种植结果看，单一农产品产值并不高。因此，若要发展品牌农业，就要突破纯农业的限制，建立政府、企业和农民互动机制，工业与农业联动机制以及城市与乡村对接机制，以永福罗汉果品牌农业为基础，融合一二三产业。在原料生产端，扩大良种罗汉果种植面积，按照"公司+合作社+基地"经营方式，统一购销农户的罗汉果。在罗汉果初加工端，摒弃传统的炭火烘焙方式，采用更为绿色、环保的电热烘干和低温脱水结晶方式，提高罗汉果和罗汉果相关制品的质量，保障罗汉果的食用口感和营养、药用价值。在罗汉果产业后端，围绕永福罗汉果小镇，传播罗汉果产业文化，聚焦"产业+旅游"发展模式，切实做到"农产品生产+精深加工+乡村旅游"一体化，在提升农业品牌形象及实现品牌资产增值的同时，促进县域经济和乡村发展。

## （二）注重一二三产业融合发展

随着"公司+合作社+基地"经营模式的逐步推行，永福罗汉果第一产业、第二产业得到迅速发展。在此基础上，永福县采取"农业+"模式拉动第三产业发展。首先，采用"农业+电商"模式，建设永福县罗汉果网络销售平台。采用线上与线下结合的方式，加大对永福罗汉果品牌的宣传力度，促进农户罗汉果产量提高。为提高农户线上销售参与率，永福县培训300多人，建设260多个电子商务服务点和县电子商务服务中心，形成县、乡、村多级电子商务服务体系。其次，发展"农业+旅游"模式。永福县紧抓桂林国际旅游胜地建设的重大机遇，全力推进罗汉果小镇国家3A级景区发展。

以罗汉果产业优势和特色为依托，筛选目标人群，完善周边基础设施建设，提高罗汉果特色小镇游客承载能力。

### （三）政府引导先进生产要素下乡

近年来，通过与科研院所合作，研发机构培育了多种罗汉果新品种和新栽培技术，大力发展农业基础设施建设，坚持科技引领，重点推广核心技术，扩大罗汉果种植范围。首先，强化人才培训，加强技术网络服务体系建设。通过给各村配备专业的农科员、科技特派员，派出技术骨干对合作经济组织负责人、种植大户、育苗户进行培训，培养了一批有技术、会经营的基层人才。2021年，永福县派出30多名技术人员和专家前往5个罗汉果种植强镇，共举办培训300多场次，参与人数达10000多人次。通过引导大批罗汉果专家、技术人才等下沉基层，保障了各村罗汉果种植面积的扩大和产量的提升，增强罗汉果产业发展势能。其次，发挥龙头企业带动作用。引导桂林莱茵、桂林吉福思、广西甙元等一批罗汉果企业迅速发展，带动大批农民脱贫致富。最后，加强金融和电商服务。按照"专业合作社+物流配送+销售终端"模式，鼓励和支持罗汉果直接进入市场，引导金融资本和社会资本参与建设。鼓励农户参加农业保险，积极推进银行贷款支持罗汉果产业发展，推动订单农业发展和品牌销售。要素下沉基层，不仅给农户科学种植带来保障，而且为罗汉果产业注入新的发展活力。永福县龙江乡罗汉果产业发展模式见图4。

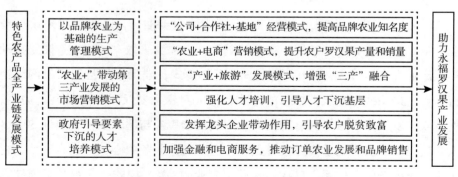

图4　永福县龙江乡罗汉果产业发展模式

## 四 案例启示

### （一）发掘特色产业潜力，提升本土品牌知名度

选取适合本村发展的经济作物，形成特色产业集群，发挥电商平台的宣传作用，提升特色地区特色产业品牌知名度。在发掘特色产业潜力方面，当地政府应实时评估当地经济、环境等因素，因地制宜充分挖掘地方资源特色优势，激活特色产业发展潜力，最大限度释放本地区原生态生产、生活优势，破除产品同质化风险，并协同产业协会，提高特色产品资源的价值。在品牌建设方面，遵循品牌标识统一、采购标准统一、包装规范统一、供货渠道和质量检测清晰透明等原则，严格把关，层层管控，形成科学合理的特色产业发展模式。在品牌宣传方面，区别于传统市场化品牌建设方式，由政府或产业协会充当媒介，采取特色品牌宣传策略，降低成本，提升品牌影响力。

### （二）延长产业链，提升价值链

在产业链构建方面，单一产业链应向多产业链方向转型，做到一二三产业融合发展。企业和企业、企业和合作社之间可以建立联盟，稳固特色产业发展趋势。构建联盟有助于增加企业和合作社横向与纵向的交流机会，通过知识外溢进一步促进产业创新，进而推动产业链不断优化升级。此外，扁平化的产业结构有助于合作社和下游供销商打破资源依赖下的"强者恒强"统治格局，丰富特色产业发展框架，灵活处理产业链前端、中端、后端可能遇到的问题。在产品价值链提升方面，完善价值链治理，有助于提升农户的参与度，使农民从传统的生产劳作方式中进一步解放，确保收入稳定。同时，提升农产品价值链有助于农业特色产业标准化、模块化、合约化，提高农业特色产业的生产效率。

### （三）政府发挥"产业助产士"作用，引导特色产业高质量发展

乡镇干部要发挥带头作用，建设好本地区特色产业，提升自身文化水平

和管理能力。政府要发挥"产业助产士"作用，引导大批特色产业技术人才下沉一线，注重对农户的知识培训，尤其是对发展特色产业乡村的村干部进行培训，以此反哺第一产业发展。另外，政府要充当好农户与企业或合作社之间沟通的桥梁，建立风险共担机制，避免产业供应链联盟转嫁风险和分配失灵的情况发生。如减少供应链中价值剩余损失以及避免农户和企业（合作社）间可能发生的违约等不稳定因素，履行监管督查责任，增进农户、企业和政府三方之间的互信，完善农户和合作社的生产分红机制。政府要出台相关补助政策，鼓励农户和企业加强特色产业创新，激发产业链活力，助力特色产业崛起。

## 案例二：优秀传统文化铸魂，牵引乡村文化产业发展

### ——灵川县九屋镇江头村特色文化产业发展启示

乡村振兴，文化先行。文化振兴是乡村振兴的灵魂，有利于促进乡村经济效益与社会效益互利共赢，推动村民物质生活与精神生活和谐共生，文化振兴是实现乡土现代文化与传统文化融通传承的重要途径。从脱贫攻坚到乡村振兴，广西各部门、各民族干部群众一起用 10 年的拼搏打赢了一场攻坚战。桂林市依托独特的山水文化、历史文化，探索出了文旅与康养、农业、教育融合的发展模式。山水田园、民族民俗、文化历史等是桂林市乡村特色资源，桂林市出台了一系列针对性政策文件，将资源优势变成发展优势，一村一品、一村一景，形成差异化发展格局，创新打造助力乡村文化振兴的"桂林样板"。

## 一　案例简介

江头村，别名江头洲，位于桂林市灵川县西北部的九屋镇东北面秦皇古道上，坐东向西，四面环山，村内地势平坦，村域面积 1.97 平方公里。江

头村现有 180 多户 800 多人，全村 90% 以上居民姓周。《灵川县志》和江头村族谱记载，灵川县建县之时已有江头村，该村拥有辉煌的历史、丰厚的文化遗产和优美的自然景观。

江头村距今已有 800 多年历史，是北宋理学家周敦颐的后裔之村。周氏为官者一直秉承"出淤泥而不染，濯清涟而不妖"的高尚品德，清白做人，廉洁为官。江头村入选"中国科举仕宦文化村""中国独具特色的江头洲爱莲文化名村"。同时，村中历史街巷、民居、门楼、祠堂基本保持传统建筑样式，180 余座 620 多间砖瓦结构民居反映了明清两代文化与传统工艺的特征。同时，该村至今仍然保存门第匾额和皇帝诰封的挂匾 200 多块。近年来，江头村凭借悠久的历史文化获得了多项荣誉称号（见表 3）。在多方的共同努力之下，江头村乡村扶贫及文化振兴成效显著。

### 表 3　江头村历年所获荣誉称号

| 年份 | 称号 |
| --- | --- |
| 2005 | "中国最具旅游价值古村落" |
| 2006 | "全国重点文物保护单位" |
| 2006 | "江头村爱莲文化"入选广西非物质文化遗产名录 |
| 2007 | "中国魅力景区" |
| 2012 | 入选"第一批中国传统村落" |
| 2012 | "姑娘节"入选广西非物质文化遗产名录 |
| 2014 | 第六批中国历史文化名（镇）村 |
| 2015 | 自治区级"绿色村屯" |
| 2016 | "自治区首批五星级党组织" |
| 2019 | "桂林市基层党建高标准示范点" |
| 2020 | "桂林市基层党建工作示范点 |
| 2021 | "灵川县先进基层党组织" |
| 2021 | 入选 2010~2017 年中国美丽休闲乡村监测合格名单 |
| 2021 | 桂林市 2021 年度"十大网红村落场馆打卡地" |
| 2021 | 自治区乡村振兴改革集成优秀试点村（社区） |

资料来源：根据中国传统村落数字博物馆网站及政府工作报告等资料整理而成。

## 二　主要措施及成效

### （一）完善文化基础设施建设，健全公共文化服务体系

2015年，中央电视台播出的百集大型纪录片《记住乡愁》第55集《江头村——清白可荣身》，使江头村名气大幅提升。2019年，江头村所在的灵川县九屋镇申报乡村振兴三年行动计划项目，成功获得120万元，新建九屋镇综合文化站，该项目于2019年12月完工并投入使用，主要有展厅、图书室、电子阅览室、排练室和多功能活动室。文化站旁还建设了九屋爱莲广场，为群众提供休闲娱乐场所，文化站和广场距离江头村仅300米，进一步完善了江头村公共文化基础设施。

同时，灵川县先后投入1200多万元，从多个方面保护江头村传统古建筑，积极修复历史环境要素，兼顾文物与非物质文化遗产保护，保护古建筑的多样性与真实性。江头村成立古民居保护管理委员会，采用"政府补偿、村民自筹"的方式进行新村建设。在文物部门的指导下，江头村利用古民居引入民宿等新业态，让文物"活"起来。近年来，村民积极主动配合完善村内基础设施，服从古民居保护管理委员会的工作安排，修建进村门楼、小广场、爱莲池、石板路、旅游厕所、文化活动中心、停车场等公共基础设施。开展微菜园、微果园、微节点、微花园"四微"建设，拆除与古村风貌不协调的现代建筑16座，在保持古村原貌方面取得较好成效。同时，江头古民居博物馆和村级公共文化服务中心等公共文化设施全部向村民免费开放，所提供的基本服务项目免费。现阶段，江头村不断完善各部门协调和资源共享机制，构建乡村公共文化服务精准供给机制，不断提升江头村公共文化服务水平。

### （二）争取国家政策支持，修缮传统文化物质载体

近年来，灵川县根据中国传统村落保护发展的要求，坚持"规划先行、统筹指导、整体保护、兼顾发展、活态传承、合理利用、政府引导、村民参

与"的原则，高度重视传统古村落的保护与开发工作，计划投入中央、自治区、市级补助资金和县财政专项资金共 8000 多万元，全方位、立体化开展传统村落保护发展。该县财政配套资金 480 万元对江头村和长岗岭村两个传统村落进行重点区域部分建筑外观改造以及环境整治，推动传统村落保护利用项目顺利实施。对濒危古建筑进行抢险修缮的同时，积极开展环境整治工作，2014 年 4 月，江头村入选国家文物局全国 50 个传统村落整体保护与利用示范项目。为切实做好传统村落保护工作，灵川县成立江头村和长岗岭村整体保护利用工作领导小组，对江头村的整体保护进行规划，并对 82 处民居进行维修方案设计，同时不断争取国家重点文物保护专项补助资金。目前，江头村已完成三期古建筑修缮工作，修缮古民居近 40 座，约 8500 平方米，投入维修资金约 6000 万元。在修缮古民居的同时，尽量避免古村落被天灾或人为破坏。现阶段，江头村正准备落实古村落消防、安防和防雷工程，积极清理杂草碎石，切实让古建筑"遗"而不乱。

为切实加强文物保护和管理工作，2021 年 4 月灵川县根据《中华人民共和国文物保护法》、《中华人民共和国文物保护法实施条例》、《广西壮族自治区文物保护条例》和《广西壮族自治区人民政府办公厅关于公布江头村和长岗岭村古建筑群等 4 处全国重点文物保护单位和桂林抗战名人旧居等 67 处自治区文物保护单位保护范围的通知》等法律法规及文件精神，将江头村建设控制地带予以外延，江头村明清建筑物（包括石拱桥、凉亭、牌坊、字厨塔、石板路、古巷道等）本体四周外延 2 米范围内以及保护范围外延 30 米内为建设控制地带。灵川县传统村落保存程度分类见表 4。

**表 4　灵川县传统村落保存程度分类**

| 保存程度 | 村落名称 | 简要说明 |
| --- | --- | --- |
| 保存完好 | 江头村 | 国家级文物保护单位 26 处，村落的原有格局、形态、建筑特色等保存相对完好 |
| 基本完好 | 熊村、长岗岭村、太平村、迪塘村 | 4 个传统村落有自己的特色，古建筑、古民居等存在一定程度损毁，但基本保存完好，有抢修和开发的前景 |

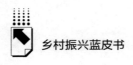
续表

| 保存程度 | 村落名称 | 简要说明 |
|---|---|---|
| 部分损毁 | 毛村、上溶流村、上桥村、桐木湾、路西村、老寨、新寨 | 毛村、上溶流村损毁情况比较严重;上桥村、桐木湾、路西村部分损毁,保存程度一般;老寨、新寨属于瑶族村寨,体现少数民族民俗风情 |

资料来源:根据政府工作报告及相关文献资料整理而成。

### (三)文化搭台,旅游唱戏

近年来,江头村所在的灵川县坚持以人民为中心的发展思想,做好文化传承、绿色发展,全力推进文旅、农旅融合发展,打造"漓江福地·古韵灵川"特色品牌。灵川以文化传承为支撑提升城市品位。历史文化是城市的灵魂,挖掘并传承历史文化、人文传统等精神内核,方能彰显城市品位和魅力,增强吸引力。江头村在村外连片种植莲花100多亩,包含112个品种,连片莲花已具有一定的规模,带活了经济,带富了村民。

江头村作为广西休闲农业与乡村旅游示范点,积极做好文物保护和文化传承工作。江头村古村保护带动旅游产业发展,不断坚持旅游产业发展反哺古村保护模式,举办形式多样的文化活动。"姑娘节"民俗活动将"荷+鱼+藕"立体农业与"观光+农业体验+餐饮住宿"发展模式深度融合,延长农业产业链,丰富游客休闲体验。把示范点建成集历史文化、民俗文化、田园风光于一体的休闲农业与乡村旅游示范点。2021年10月,该村成功举办首届江头"爱莲文化"艺术节,通过乡村文化艺术节拉动假期"周边游"。荷花是该村的致富密码之一,既带动了旅游业,又增加了村民收入。2021年,灵川县九屋镇旅游人数达62万人次,其中江头村旅游人数达23.5万人次,占全镇旅游人数的38%(见图5),旅游业带动村民年均收入增加约4300元。江头村还开发众多特色美食,包括莲子羹、特色荷花鱼、什锦素藕、藕带炒牛肉、莲子红烧肉、莲子鸡等。江头村的特色文化吸引了大批大学生、农民工等人返乡创业,发展后劲十足。

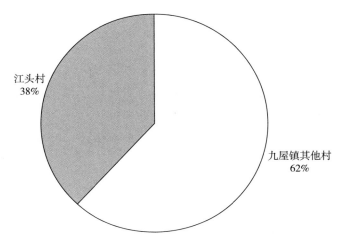

**图5　2021年九屋镇旅游人员分布**

资料来源：根据桂林市灵川县人民政府网站资料整理而成。

## 三　主要经验

　　乡村文化作为具有集体记忆和传承性的文化样态在乡村文化振兴中发挥重要作用，而创意产业推动乡村振兴的基本模式有政府主导、资金推动、资源转化、需求引发、创客带动等。近年来，乡村出现了创意农业、田园综合体、观光休闲农庄、生态农业等更加多元的产业，他们大多依托创业产业得以持续发展，不断地将知识资本和创意农业融入乡村生产经营。① 江头村一直在寻找保护和发展的平衡点，也在深入探索新的保护和传承方式。近年来，该村进一步结合乡村振兴战略，逐步完善乡村旅游业态，打造集美食、住宿、景观、人文于一体的产业链，形成以江头村特色传统文化引领的产业间融合发展模式，助力乡村文化振兴。

　　首先，乡村文化振兴是中华优秀传统文化与社会主义核心价值观的有机结合。近年来，江头村依托"红色旅游+廉政旅游+乡村产业振兴"

---

① 陈秋英：《创意产业推动乡村振兴的基本策略》，载《两岸创意经济研究报告（2018）》，社会科学文献出版社，2018。

模式的不断发展，打造九屋镇甘草村—江头村—新老寨红廉旅游路线。
江头村积极利用本村古镇古村落、廉政文化等资源，在做好文物、遗址
遗存保护修缮的基础上，充分挖掘其历史价值与文化内涵，打造红色教
育基地、廉政教育基地。这些教育基地、景区以厚重的文化内涵、深刻
的教育意义、沉浸式的体验方式吸引大批单位、学校及市民前往开展主
题党日、团建、研学、亲子游等活动，在参观体验中坚定文化自信，增
强家国情怀。

其次，乡村文化推动乡村特色产业发展。文化振兴必须以乡村产业振兴
为基础，发展乡村特色文化产业是乡村文化振兴与产业振兴的最佳路径选
择。① 江头村资源丰富，拥有耕地 3000 亩、林地 6000 亩，主要种植水稻、
柑橘、蔬菜等农作物，每年产出水稻 4 万公斤、柑橘 100 万公斤、蔬菜 20
万公斤。江头村股份合作社发展前景广阔，有 2452 人参与，合作社年均收
益 5 万元。2021 年，江头村所在的九屋镇全力推进种植结构调整，形成水
稻、柑橘、食用菌等特色主导产业。全镇种植蔬菜 2.86 万亩、特色水果
4.31 万亩（见图 6），其中柑橘 3.93 万亩、百香果 800 多亩。

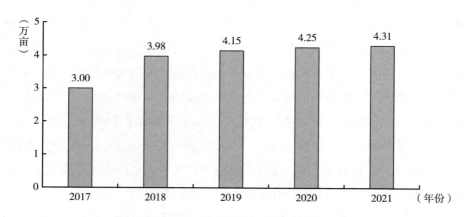

图 6　2017~2021 年九屋镇特色水果种植面积

资料来源：根据桂林市政府工作报告整理而成。

---

① 范建华、秦会朵：《关于乡村文化振兴的若干思考》，《思想战线》2019 年第 4 期。

江头村根据实践经验，加强"采摘业+旅游业"融合发展，推动休闲农业与乡村文化旅游融合发展，提高农民经济收入水平，争取让文物"活"起来的同时让农民富起来，将传统文化保护、传承和发展有机结合，充分展现传统文化的历史、经济等价值。此外，为了保护和传承独具地域特色和民俗风情的文化艺术，让传统文化发扬光大，灵川县委、县政府团结广大干部群众共同营造挖掘、保护和传承民间文化的氛围，达到"产业兴县、文化强县，文旅融合、农旅相融"的目标，使全域旅游和乡村文化得到更好的发展。

此外，在以江头村特色传统文化为引领的产业间融合发展模式（见图7）基础上，江头村乡村文化与旅游产业融合建设成效显著。但在具体实践中，江头村暴露出文旅融合创新与特色创建意识有待加强、文旅融合项目文化内涵挖掘不够、宣传效果和品牌效应有待提升等问题，面临如何实现高质量发展的困境。[①] 基于此，江头村在积极挖掘乡村文化内在价值的同时，重构乡村文化自信；在整合乡村文化资源的同时，打响乡村文化品牌，不断深化拓展传播媒介，建立多维联动机制。在互联网非常发达的新媒体时代，积极迎合民众的合理需求，有效利用微信、微博、抖音等平台，创建体验与传播双向良性互动的模式，对乡村特色文化品牌进行宣传推广。建立"莲韵九屋""航拍灵川"等抖音号和微信公众号进行活动宣传与信息发布，巧用传播载体，重视口碑传播，不断增强文化传播效果。2016 年以来，江头村结合旅游业发展，开展"神奇灵川 爱莲江头"姑娘节乡村文化旅游体验活动，吸引广大群众前去参观游览，使广大村民、游客了解、体验、传承内涵丰富的民俗文化艺术，把江头村姑娘节乡村文化旅游体验活动逐步打造成灵川县民俗文化旅游品牌项目。[②]

江头村古民居建筑群所承载的历史与文化，具有独特性和不可复制性。

---

① 卢子铭：《乡村振兴背景下广西民族地区乡村文化与旅游产业融合研究》，《企业科技与发展》2021 年第 1 期。

② 庄承平、林珍铭：《文旅融合视角下"百年清官村"乡村旅游发展对策分析》，《农村经济与科技》2020 年第 8 期。

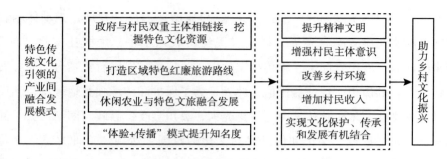

图7　江头村特色传统文化引领的产业间融合发展模式

江头村及姑娘节文化品牌得到众多媒体的推介和宣传，从2012年开始，桂林电视台每年对江头村及姑娘节进行推广宣传。例如，2016年6月19日的新闻报道《灵川举办"神奇灵川　爱莲江头"活动　乡村旅游全面升级》，2019年1月10日的新闻报道《灵川江头村：弘扬"爱莲文化"助推乡村特色旅游发展》。此外，广西网络广播电视台播放了专题影片《广西故事》第125集《江头仍遗爱莲风》；2020年，国家文物局微信公众号推介江头村；2022年，中新网广西发表题为《灵川县九屋镇鱼藕生香引客来融合发展"廉政文化+乡村旅游"》的文章。可见，江头村的文化传承与宣传工作得到自治区、桂林市和灵川县的大力支持。

## 四　案例启示

### （一）挖掘乡村特色文化，打造文化品牌

特色文化资源发展成乡村文化产业是乡村文化振兴的一条必然路径。文化创意产业日益成为区域经济发展新的增长点，但乡村文创产业的发展并不是对传统文化的简单复制，而是充分发挥人的主观能动性，结合技术优势对乡村传统文化资源的再利用与提升，打造具有区域特色的文化品牌。江头村的传统文化为爱莲文化，2006年6月，"江头村爱莲文化"入选广西市非物质文化遗产名录。爱莲文化中"重教育""奉礼仪""莲之出淤泥而不染"

等为人之本的道德信念被深入贯彻，最让人津津乐道的是江头村为官者的廉政之风。2008 年，江头村成为桂林第一个廉政文化教育基地，依托江头村的人文资源，以古鉴今，从历史文化入手，融合清官们的勤政廉洁、尊师重教、爱民惠民、高风亮节等崇高品质，对党员干部开展反腐倡廉教育，江头村廉政文化教育基地成为灵川县廉政教育的一块招牌。

## （二）基层组织与村民协同推进乡村文化振兴

乡村文化振兴要呈现开放性和包容性的特点，积极推动传统文化和现代文化融合发展，形成共荣共生的发展格局。挖掘和打造特色文化产业，牵涉各部门关系的协调、乡村基层组织作用的充分发挥。同时，村民的组织行动能力建设是内源性发展理念成功实现的最基本条件。[①] 政府与农民等多重主体的有效链接，有助于促进乡村文化与现代社会的耦合。政府的专项扶持政策与资金投入需要提高精准度，以便更好地为乡风文明和美丽乡村建设服务。乡村振兴要满足人民对美好生活的向往，在完善相关文化基础设施建设的同时，进一步提高村民的文化道德水平，将村民的文化效能感纳入文化振兴考核指标，让乡村文化振兴真正内化为乡风文明。近年来，灵川县委、县政府成立江头古民居博物馆，并成立古民居保护管理委员会，村民的主体意识不断增强，促进江头村文化基础设施建设，在保持古村原貌方面取得了不错的成绩。

## （三）提高文旅项目商业化效率

乡村文化产业缺乏推广渠道，这是乡村文化振兴过程中面临的一个典型难题，优质的乡村文化产业资源无法走出小圈子、走向大众视野，导致文旅项目商业化效率低下。在数字化快速发展的今天，文化知名度的提高离不开媒体的宣传。[②] 各部门要积极推动新兴媒体与主流媒体融合，在现有传播方

① 邬家峰：《生活化治理：乡村文化振兴的内源性路径转向与实践——基于"赣南新妇女"运动的考察》，《江海学刊》2022 年第 3 期。
② 杨程茜：《乡村文化产业发展的媒体角色与宣传路径探析》，《新闻研究导刊》2021 年第 6 期。

式的基础上不断拓宽传播渠道，精准投入资金加强"三微一端"建设，积极发挥"三微一端"的传播功能，提高乡村日常工作的媒体入驻率，[①] 让网络成为宣传文化工作的重要载体。同时，重视群众中优秀的思想文化，以基层文化阵地为起点，创新打造文化产业精品路径。[②] 将乡村文化振兴与社会主义核心价值观的内涵相结合，营造积极向上的乡村文化氛围，凝聚和调动社会各界的力量，盘活具有区域特色的乡村闲置资源，吸引市场流量，顺应发展大势，打造具有新时代特色的高质量文旅融合新模式。

## 案例三："党建+"焕发组织活力，推动乡村全面振兴

### ——全州县才湾镇南一村乡村组织振兴启示

## 一　案例简介

南一村是位于才湾镇南部的行政村，全村共有 1337 户 4387 人；下辖大地里、龙门口、毛竹山、王家山、以牙口、文家田、架子田、大车头、大坝头、老村子、王家、胡家、蒋家、碗塘、欧家、李谭家、脚山、大房、竹园屋、新田、团结塘、公堂边、七甲、大头井 24 个自然村 31 个村民小组；有耕地 4546 亩，种植葡萄、柑橘、优质稻等作物 4100 多亩；发展养殖产业，现存栏牛 30 余头、猪 1000 多头、家禽 3 万多羽。南一村以种植葡萄、柑橘、水稻为主，有大型的养猪场、大规模的养鸭场，还有龙虾基地 30 亩。南一村曾是红军长征湘江战役的主战场，建有红军长征湘江战役纪念馆。2020 年，红色湘江田园综合体项目核心区落户南一村，南一村入选自治区推动红色村组织振兴建设红色美丽村庄试点村。

南一村的发展离不开葡萄产业。葡萄产业是南一村因地制宜发展而成的

---

① 杨艺、谢慧：《融合传播语境下乡村文化振兴的路径研究——以江苏盐城市 A 镇为例》，《东南传播》2020 年第 7 期。

② 冉旭玲：《新时代乡村文化发展的困境及振兴路径》，《南方农机》2021 年第 12 期。

支柱产业，为乡村振兴提供了重要的物质基础。毛竹山村动员全村群众种植葡萄 320 余亩，并辐射带动周边农户种植葡萄约 3000 亩。2020 年，毛竹山村人均收入达 3 万元，成为远近闻名的富裕村。

2021 年 4 月 25 日，习近平总书记来到毛竹山村，考察调研乡村振兴、基层治理等情况，查看葡萄长势和村容村貌。此后，在广大党员干部及人民群众中掀起了学习毛竹山村乡村振兴建设经验的热潮。2022 年 4 月 24 日，以"牢记总书记嘱托，喜迎二十大召开"为主题的全州县实施乡村振兴战略成果展在毛竹山村启动。

## 二　主要情况及成效

### （一）党组织建设情况

乡村振兴，党建先行。党的基层组织是乡村治理的领导核心，是贯彻落实党的各项路线方针及决策部署的重要载体。全州县坚持把组织振兴作为乡村振兴的重要保障，推行补短式、进阶式、捆绑式"三式"工作法，促进基层党组织规范达标、功能转型、服务升级。制定下发《全州县开展党支部达标创优工作实施方案》《全州县深入开展党支部组织生活质量提升行动方案》等文件，精心做好党支部达标创优工作顶层设计。

南一村设党总支部 1 个、党支部 5 个、党小组 13 个，共有党员 107 名，村"两委"班子成员 7 名。其中，女性党员 22 名，20~50 岁年龄段党员 39 名，51~70 岁年龄段党员 50 名，71~90 岁年龄段党员 18 名（见图 8）。南一村充分发挥基层党组织的核心引领作用，创新"党总支（行政村）—网格（自然村、村民小组）党支部（党小组）—党员联系户"村党组织体系，加强以党组织为领导的村级各类组织建设，提升党建引领乡村治理的广泛性、针对性与精准度。2021 年 6 月，南一村党总支获评"广西壮族自治区先进基层党组织"称号。

南一村建有党群服务中心、南 e 微治宣传廊、党史学习角、党建书屋、

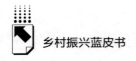

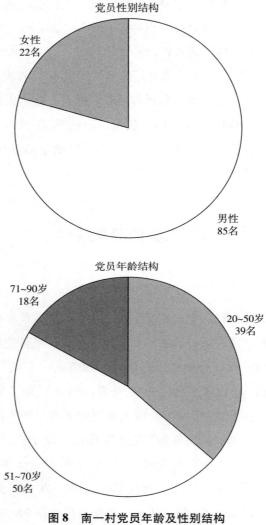

**图8　南一村党员年龄及性别结构**

资料来源：南一村党总支。

乡愁记忆馆等村级组织活动场所，打造融党建活动阵地、党史学习阵地、红色教育阵地、精神文化阵地为一体的基层党建阵地。南一村依托基层党建阵地，开展了一系列党群活动，建立了密切的党群联系，如"三会一课"、"土味党课"、讲红色故事、看红色电影、"党史上的今天"等。南一村适时推行无职党员设岗定责、党员户挂牌、承诺践诺等活动，把无职党员、老干部等"村贤"重新组织起来，帮助群众解决实际生产生活困难。2021年4~12月，依托全州县发起的"我为群众办实事"实践活动，南一村结合实际，开展"为群众办实事、为企业解难题、为基层减负担""万名党员干部访民情、解民忧""关爱老人、享受美好生活"等活动。2022年，南一村开展主题党日活动20余次。通过上述一系列组织活动，南一村基层党组织与村民建立了密切联系与信任关系，加强了基层党员干部的责任感、归属感与基层党组织的号召力、组织力。

基层党组织选贤用贤，不仅是其组织能力的根本保障，更是其群众号召力的来源。2010年，第一批葡萄种植户、毛竹山村葡萄种植协会会长、远近闻名的"土专家"王海荣正式加入中国共产党。2021年，王海荣被评为桂林市优秀共产党员。

### （二）村级集体经济组织建设情况

在党群理事会的引导下，南一村成立才湾镇葡萄种植协会毛竹山分会。南一村依托葡萄种植协会，充分发挥基层党组织战斗堡垒作用与基层党员模范带头作用，推行"党小组+理事会+协会+基地+农户"葡萄园种植模式，统一品种、技术、销售。这一模式将散布的农户化整为零，不仅实现了农户增收，而且带动了周边各村发展葡萄种植，形成了良好的产业集聚效应，提高了经济效率。

除此之外，才湾镇政府以及全州县政府相关机关单位派出党建指导员与技术员，指导南一村发展葡萄产业。2021年，南一村累计组织各类培训30余场次，参与人数达1800余人次。技术员手把手传授农技知识，面对面教授种植技术，并围绕改良葡萄品种、提升葡萄品质等提出了建设性、指导性意见。

### （三）村民自治组织建设情况

针对自然村容易出现的"乡镇党委政府管不到、村'两委'管不了、

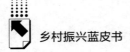

村组无人管"的问题，毛竹山村党支部召开村民大会，按照"遵纪守法、公道正派、热心公益、群众认可"的标准，选举产生党群理事会理事长1名（村党支部书记王新明）、副理事长2名、成员4名，每届任期5年，可连选连任。党群理事会在行政村党组织的引领下进行自我管理、自我教育、自我服务，实现了从"村官治理"向"民主自治"转变，打通了基层治理的"最后一公里"。具体而言，党群理事会以党员为核心，推行"12345"工作法，即一张联系卡，党领民办、群众自治"两种方式"，村规民约、民主议事、矛盾化解"三大制度"，土地流转、新村建设、产业发展、平安建设"四项工作"，广开门路征点子、理事会议定主题、村民大会集民智、集体决策定决议、统一实施抓落实"阳光五步"议事决事原则。党群理事会成员经常在党群活动中心就村里相关问题展开讨论，并统一落实通过的决议。

在村党组织的领导下，村民成立社会治安综合治理工作小组（以下简称"治理小组"），治理小组与党群理事会定期召开联席会议，聚合多方力量，对治安、消防、卫生等问题进行常态化集中排查整治。组织义务巡逻队，对重点区域、交通要道等实行"一日一巡"。毛竹山村成立乡村振兴服务小组、产业发展服务小组以及乡风文明服务小组，每个小组都有明确的服务职责。为了更好地服务群众，还设置了"百姓三事卡"，内有诉求人、联系方式、诉求事项、认领人等信息。近年来，南一村成立村级财务理财小组，制定10余项财务方面的制度。南一村的财务账目每季度公开一次，理财小组对账目进行核对、监督，保证经费支出合理、正当。

## （四）主要成效

乡村振兴中产业的培育、人才的培养、生态的改善和乡村文化的引导均离不开强有力的组织保障。组织有没有振兴，取决于乡村治理有没有效、产业发展兴不兴旺、乡村生态宜不宜居、乡村风貌是否文明、村民生活是否富裕。经过基层党组织与村民自治组织等的共同不懈努力，南一村乡村治理获得了显著成效，获得了一系列荣誉称号（见表5），并于2020年被自治区确定为推动红色村组织振兴建设红色美丽村庄试点村。南一村作为组织振兴的"探路人"，起到了良好的示范作用。

表5 南一村所获荣誉称号

| 时间 | 评定单位/颁发单位 | 荣誉称号 |
|---|---|---|
| 2017年11月 | 中央精神文明建设指导委员会 | 第五届全国文明村镇 |
| 2021年6月 | 中共广西壮族自治区人才服务中心委员会 | 广西壮族自治区先进基层党组织 |
| 2021年9月 | 农业农村部农村经济合作指导司 | 第二批全国乡村治理示范村 |
| 2021年10月 | 国家卫生健康委老龄健康司 | 2021年全国示范性老年友好型社区 |
| 2021年11月 | 农业农村部 | 2021年全国乡村特色产业亿元村 |
| 2021年11月 | 农业农村部 | 第十一批全国"一村一品"示范村镇（葡萄） |
| 2021年11月 | 农业农村部 | 2021年中国美丽休闲乡村 |
| 2022年6月 | 广西壮族自治区民族宗教事务委员会 | 第五批广西壮族自治区民族团结进步示范村 |

资料来源：根据农业农村部等网站公开资料整理而成。

### 1. 产业发展

乡村要振兴，组织是保障，产业是关键。2021年，南一村集体经济收入15.73万元，其中小龙虾养殖收益4.81万元、果园承包费4.92万元、葡萄协会会费6万元；依靠农业合作社解决就业岗位50个，开发乡村公益性岗位12个；投入资金1200万元，用于长征国家文化公园（广西全州段）、"红色沃土"国家农村产业融合发展示范园、国家现代农业产业园、"红色湘江"自治区级田园综合体等重大项目建设。

曾经的毛竹山村种植水稻等传统农作物，处在仅能维持温饱的生活水平。2002年9月，才湾镇天福联妇女葡萄协会会长李树美到南一村，结合当地气候土壤条件，提出想在毛竹山村发展葡萄产业。然而，葡萄产业的发展受制于两个现实条件：一是没有足够的启动资金，二是缺乏葡萄种植技术。为了解决这两个问题，政府联系了农村信用社，为种植葡萄的村民提供每亩5000元的低息贷款，还联系了技术员，为村民种植葡萄提供技术指导。

不久，王海荣、王世迁、王福生等村民成为首批成功引进高品质提子的创业带头人，第一年全村种了 50 多亩，亩产值 8000 多元。如今，全村共有 46 户 156 人参与葡萄种植，共种植葡萄 320 余亩，2020 年人均收入达 3 万元。以该村种植规模最大的青提为例，青提每亩产量 2500 斤左右，按 2021 年市场价格计算，每亩产值约 1.5 万元。2021 年，自治区商务厅等厅局和桂林市政府共同举办了毛竹山葡萄节云上推介会。此次推介会通过网络全方位展现毛竹山村依托葡萄产业促进商农文旅融合发展的成果，观看人数超 100 万人次。南一村党总支书记王军荣组织群众积极参加，并帮助村民"直播带货"，进一步提高了毛竹山村的知名度，为南一村的葡萄打开了销路。

南一村还大力发展其他生态绿色可持续产业，成立了南丰蜜橘种植基地 2 个、吊瓜种植基地 1 个、年出栏 1000 头以上养猪场 3 个、无公害蔬菜种植基地 1 个、全州县超级杂交稻亩产 1000 公斤攻关示范基地 1 个。建立村企结对、村村合作帮扶机制，通过"党组织+经济合作组织+农户+企业"的发展模式，转移农村劳动力就业 190 人，村民在农闲时节可实现"家门口"就业。

针对农村金融服务滞后、农民群众获取信息"不对称"等问题，作为"党建+金融服务"模式的试点村，毛竹山村依托党群服务中心和农村普惠金融服务站，打造桂林银行"红色驿站"暨"社会保险综合服务点"。在原本普惠金融服务站提供的信用贷款、智慧旅游、法律援助等 30 余项服务项目的基础上，新增社保服务项目。在桂林银行农村金融服务网点的助农终端上开设"社银一体化"服务功能，提供退休人员生存认证、养老账户和养老待遇支付信息查询等 15 项高频社保服务，同时提供社保卡查询、申领两项代办服务。通过以点带面打造金融服务点，南一村 4300 余名群众享受"简单金融业务不出村"的良好服务。①

### 2. 民生建设

2021 年，南一村按照"两不愁三保障"标准对 24 个自然村所有农户进

---

① 《广西全州："党建+金融"服务农民群众》，共产党员网，2021 年 7 月 22 日，https://tougao. 12371. cn/gaojian. php？tid＝4082564。

行全面排查，按照评议要求，共纳入监测 11 户，满足条件消除致返贫风险 9 户；投放脱贫人口小额信贷 31 户，金额 110 万元；依托"雨露计划"，发放贫困学生补助 19600 元。南一村投资 100 万元，完成 6 个村自来水改造工程，受益人口达 1800 人；投资 1000 万元，完成全部村屯通屯硬化道路、毛竹山村环村道路建设，完成 18 个自然村 937 栋建筑风貌提升及南一村委会办公楼修缮工作；投资 40 万元，实施亮化工程、党建工程、村容村貌提升、塌方修复等项目；翻新定国公祠堂，新建 170 平方米的村部、医务室，300 平方米的群众活动广场，实施毛竹山生态清洁型小流域水土保持综合治理工程，建设湘江战役四大渡口之一的胡家渡驿站。

3. "三治"建设

近年来，在全州县委政法委的带领下，以及相关组织主体的支撑下，南一村积极推进德治、自治、法治"三治"建设。

德治方面，2021 年 1 月，南一村组织一支由老党员、村委会干部、网格员、司法所干部组成的红色法治宣讲队，通过用好红色资源、创新教育形式、打造精品党课等方式，开展党史学习教育、禁毒宣传、防诈骗宣讲和法律法规宣讲。

自治方面，在全州县人民检察院驻村检察官的帮助下，南一村进一步完善村规民约、村务公开制度，使村民自治有章可循、村务活动有法可依，严格落实"四民主"（民主选举、民主决策、民主管理、民主监督）和"三公开"（党务公开、村务公开、财务公开）。

法治方面，2021 年以来，全州县公安局将村治调主任纳入辅警序列管理，实现"一村一辅警"全覆盖。驻村辅警在民警的指导下，开展治安纠纷、民间纠纷调解等工作。2020 年以来，全州县人民法院以南一村为示范点打造"无讼村屯"，实现潜在矛盾提前介入、已发纠纷诉前调解、诉中矛盾积极引导调解，以法官联络点、巡回审判点、法治教育宣传点为依托，织密多元解纷网，实现信息互联互通、基层联治联防，有效提升农村法治服务水平。

这一系列制度安排有效提高了村民群众的安全感、获得感、幸福感、参与感、集体荣誉感，以及对村干部的信任程度，提升了农村法治服务水

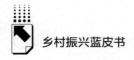
平，创造了无赌博等违法案件、无矛盾纠纷上交、无群众上访和刑事案件的良好成绩。

## 三 主要经验

南一村的改变，得益于党员干部与村民群众的团结一致，得益于多元组织主体的协调联动。多元组织主体是南一村乡村治理的关键参与者，其背后有基层党组织、党员的身影。实际上，基层党员在党群理事会与经济合作组织等组织主体中扮演了重要角色，起到了重要的领导及示范作用。基层党组织建设是南一村组织振兴乃至乡村振兴的总抓手，南一村基层党组织不仅是宣传党的指导思想与吸收优秀人才的战斗堡垒，而且是乡村治理的领导力量与核心，也是乡村产业发展的"领军人"。以基层党建为核心，南一村的多元组织主体融合成为一个紧密联系、你中有我、我中有你的有机体，形成了"党建+"组织振兴引领乡村全面振兴发展模式（见图9）。

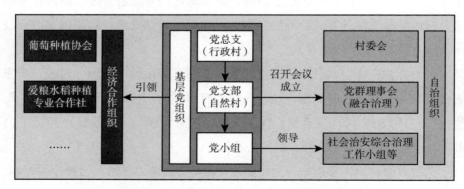

图9 南一村"党建+"组织振兴引领乡村全面振兴发展模式

## 四 案例启示

### （一）组织振兴：实现乡村可持续发展

乡村难以振兴的原因是复杂的，缺少人才、技术、资金等发展要素是乡村发展所面临的现实约束条件，也是制约乡村振兴的外因。诸如此类的外部约束条件可以通过外部政策环境的改变而放松。在缺乏内生性增长动力的背景下，政策环境及发展条件的改善能够实现一段时间的蓬勃发展，但是一旦外部资源输送停止，乡村发展就又陷入停滞。中国乡土社会是一个系统整体，原有的组织秩序受到现代化冲击，未能有效嵌入现代化的乡村治理体系，导致乡村缺乏有效的组织治理主体，这是乡村难以振兴的内因。作为一个系统整体的乡土社会，乡村难以振兴是一种结构性问题。组织作为一种制度化明显、结构性突出、各种要素相互联系的社会系统，对于实现乡村振兴至关重要。只有强有力的、适应现代化的组织，才能将外部输送的资源内化吸收，根据本土实际自主调配各类要素，培育乡村振兴的内在动力，形成可持续的乡村发展良性循环。[①]

## （二）基层党建：组织振兴的总抓手

只有基层党组织有领导力、有号召力、有组织力、有执行力，才能把广大农民群众联系起来，才能组建农村集体经济组织，才能建立乡村振兴的物质基础，才能实现乡村全面振兴。2015 年 6 月，习近平总书记在贵州调研时强调，要重点加强基层党组织建设，全面提高基层党组织凝聚力和战斗力。要高度关注基层政权组织、经济组织、自治组织、群团组织、社会组织发展变化的特点，加强指导和管理，使各类基层组织按需设置、按职履责、有人办事、有章理事，既种好自留地、管好责任田，又唱好群英会、打好合力牌。[②] 乡村组织振兴乃至乡村全面振兴，就是要在党组织的领导下，凝聚农村群众性自治组织、农村专业合作经济组织、社会组织等多元组织主体，构建有效的乡村治理体系。在此过程中，必须强化农村基层党组织的战斗堡垒和先锋模范作用，以基层党建为抓手，聚合广大农

---

[①] 郭元凯、谌玉梅编著《组织振兴：构建新时代乡村治理体系》，中原农民出版社、红旗出版社，2019。

[②] 《习近平：看清形势适应趋势发挥优势善于运用辩证思维谋划发展》，新华网，2015 年 6 月 18 日，http：//www.xinhuanet.com//politics/2015-06/18/c_ 1115663598. htm。

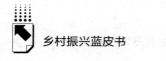

民群众以及多元组织主体，充分发挥多元组织主体积极性，共同助力乡村发展。

## 案例四：基层党组织+企业，协同推进乡村人才振兴

——雁山区雁山镇莫家村乡村人才振兴启示

乡村振兴是产业、人才、文化、生态、组织全方位的振兴，缺一不可。推进乡村振兴，人才振兴是关键，习近平总书记在中央人才工作会议上指出："国家发展靠人才，民族振兴靠人才。我们必须增强忧患意识，更加重视人才自主培养，加快建立人才资源竞争优势。"实施乡村振兴战略，必须打造一支强大的乡村振兴人才队伍，以一定质量、足够数量的多元化人才为支撑。

近年来，雁山区聚焦乡村振兴、脱贫攻坚大局，从选拔、教育、激励方面入手，鼓励引导本土实用人才向基层一线聚集，让"领跑者"真正发挥引领农村经济发展的带动作用，为推进乡村振兴、强化脱贫攻坚人才保障注入强劲的"人才流"。聚焦乡村振兴战略实施，充分发挥辖区高校院所集聚优势，鼓励引导人才向乡村一线汇集，为推进乡村振兴战略实施注入强劲的"人才流"。同时，出台《乡村振兴人才评价认定工作方案》，与广西师范大学、桂林市农业科学研究所、桂林吉福思罗汉果生物技术股份有限公司等辖区15所高校、院所、企业共同成立人才合作联盟，推行校地企乡村振兴人才共享机制，引进辖区高校院所博士3名、硕士2名到城区政府乡村振兴成员单位挂职锻炼，聘请高校和农科院高级职称专家11名担任雁山区乡村振兴战略技术顾问。

目前，全区已有124名技术"领头羊"选拔入库。围绕种植等优势产业，成立雁山区柑橘协会、蔬菜协会等，实行"基地+产业协会+农户"模式，吸引有技术的农户加入协会，采取邀请专家授课、定期技术交流等形式，将普通农民培养成实用技术人才，将普通农户发展成专业户，通过协会

带动，全区有职业资格和技术职称的农业技术人才达 100 余名，实用人才存量不断增长。雁山区政府坚持需求导向，整合区委党校、桂林市农业科学研究所、广西桂林农业学校等资源，在 5 个乡镇（街道）打造 9 个实践教学基地，创新"菜单式""应用式""小班制"教学方式，实现农村实用技术培训常态化。同时，注重师资队伍的选择引进，组建包括卫双荣、龚桂新等10 名专家的"农业技术智库"，吸引种植、养殖、乡村旅游等领域多位名师入库。截至 2020 年 9 月，开展各类培训 3 场次，培训职业农民 150 余人次，培养柑橘、无核黄皮果、脆柿特色产业紧缺人才 35 名。

# 一　案例简介

莫家村位于雁山区雁山镇西南面，与临桂区交界，距桂林市区 27 公里。雁山区中心环线从村中通过，交通便利。莫家村包括 8 个村民小组，共 343户 1489 人，村党支部有党员 43 名。近年来，莫家村始终坚持"党旗领航、乡村振兴"理念，以美丽乡村建设模式为基础，为村级集体经济增收带来强劲动力。坚持以生态产业为引领，强化村企共建、项目链接、人才兴村三大抓手，不断壮大村级集体经济。依托桂林鱼伯伯生态农业科技有限公司的池塘集装箱生态循环水高科技养殖技术，投资 50 万元合作开展集装箱养鱼项目，通过建立养殖集装箱与池塘一体化循环水系统，将循环水养殖、生物净水和物联网精准控制等技术集成于一体，获得节水节地、集约高效、生态环保的良好效益。目前，占地约 300 平方米的 40 个集装箱养殖试验场已经投入使用，年产鱼量预计达 40000 公斤以上，预计每年为莫家村集体增收 5万~6 万元。同时，与桂林福桂纸业有限公司开展项目合作，每年也能为村集体增收 6 万余元。

从 2019 年开始，莫家村和桂林鱼伯伯生态农业科技有限公司开展产业合作，2019 年莫家村集体经济收入达到 46.00 万元，2020 年莫家村集体经济收入达 51.24 万元。2021 年，莫家村集体经济收入再创新高，达到 53.94 万元（见图 10），村集体收入稳步增加。2021 年，莫家村特色产业示范基地入选桂林市第二批党员教育培训示范基地；2022 年，莫家村党支部获评"自治区五星级党组织"。

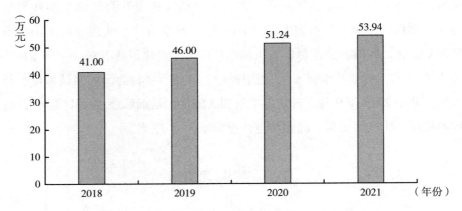

图 10　2018~2021 年莫家村村级集体经济收入情况

## 二　主要措施及成效

### （一）建立村级党校，助推人才振兴

莫家村在乡村振兴和脱贫攻坚的时代背景下，通过建立村级党校的方式带动人才振兴，同时积极和企业对接培育新型职业农民。莫家村党校于2020 年 12 月建成，是桂林市首个规范化村级党校、自治区试点党校，莫家村党校立足农村党员干部学习需求，积极发挥党员培训的示范引领作用，为新时代培训基层党组织优秀党员干部提供基础保障。同时，多渠道引才、育才，以红色"智囊团"培育为重点，增强村级集体经济发展后劲。积极完善乡土人才档案，将优秀的在外务工人员和回乡致富能人纳入人才储备库，依托莫家村党校开展现场教学和技能培训，为村级集体经济发展壮大提供人才支持。

同时，发展高学历返乡年轻人加入党员队伍，积极培养村级后备干部，为莫家村的发展注入新鲜血液。2010 年以来，莫家村共发展党员 17 名，其中"90后"6名、大学及以上学历9名。莫家村党支部现有党员43名，其中大专以上学历的党员14名（见图11）。

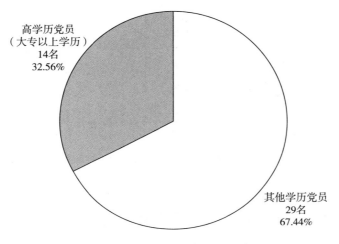

高学历党员
（大专以上学历）
14名
32.56%

其他学历党员
29名
67.44%

**图11 莫家村党支部党员学历情况**

## （二）积极对接企业，扩大村民收入来源

莫家村在村党支部的带领下，立足本村水源丰富、水质优良、交通便利的优势，与桂林鱼伯伯生态农业科技有限公司合作，成功开发鱼塘养殖业，促进村级集体经济发展。莫家村采取"村集体提供土地，企业租赁"的方式，通过土地流转共同开发，并提升集体土地使用效率。2009～2019年，莫家村共对外流转集体土地1100亩（见图12），用于与企业开展项目合作，极大地提升了村集体的经济效益。

莫家村以党建为引领，积极探索并不断丰富"公司+村集体+农户"村企共建模式，与桂林鱼伯伯生态农业科技有限公司达成协议，每年组织莫家村养殖户进行专项技术培训和技术指导，提供健康养殖技术咨询服务，提高村民的养殖技术水平。以鱼伯伯水产养殖场为中心，以点带面辐射带动村民发展水产养殖，目前莫家村水产养殖业已经形成一定规模的品牌效应，实现村级集体经济与村民收入双增长。

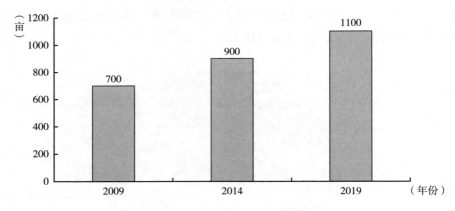

**图12　2009~2019 年莫家村土地流转面积**

### （三）扩大本地人才库，吸引外出务工人员回村创业

莫家村认清自身定位，依托自身的教育资源优势，积极与雁山区高校和企业合作。雁山镇政府积极推进人大代表联络站建设，建立农村人才培训基地，调动乡村人才积极性，不断优化乡村人才培育模式。统筹调动"土专家"、"田秀才"、"读书人"、"洋专家"以及"乡贤能人"，聚天下英才而用之。通过对本村外出务工返村创业人员的补助以及技术扶持，莫家村回村创业人数逐年增长（见图13）。村内企业与村民达成共识，通过帮扶带动的

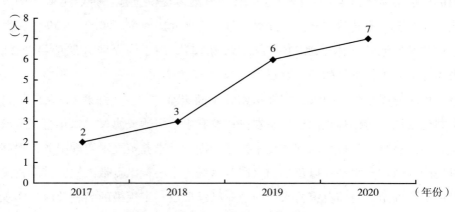

**图13　2017~2020 年莫家村回村创业人数**

方式提高村民的养殖技术，提高水产养殖质量，增加村民收入，促进莫家村产业发展。与此同时，积极与村级党校结合，鼓励农村党员不断外出学习，定期在村级党校开展养殖技术培训，由村委会牵头、党员牵线，确保本土人才在莫家村人才振兴计划中获得大展拳脚的机会。

## 三　主要经验

莫家村凭借优良的地理区位优势、村委会的探索和实践以及上级政府的支持，形成了符合自我定位的"党建引领、企业培养"乡村人才振兴模式（见图14）。

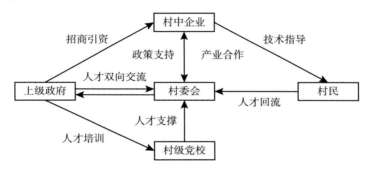

**图14　莫家村"党建引领、企业培养"乡村人才振兴模式**

### （一）上级政府对接，寻求自上而下人才扶持

根据新形势、新技术、新环境对乡村人才的新需求，莫家村积极响应雁山镇政府提出的镇村干部"双向流动"加速乡村振兴"血液循环"要求。这并不是简单的村干部和镇干部交流、培训、学习，而是"双向流动，一体管理"。对于村干部来说，在镇政府跟班学习是对本身能力的锻炼，政府希望村干部将"上挂"学习视为蓄势提能的机会，积极积累治理乡村基层的经验。

乡村人才振兴的关键在于厘清乡村人才发展的现状，把握乡村人才振兴的脉络，听取不同人才的核心利益需求。为此，雁山镇政府出台《选派村

"两委"干部到机关跟班学习的实施方案》，将学习岗位分为基层治理、党建综合、乡村振兴以及项目建设四大类，根据乡村人才不同的能力特点和培养需求，实行"一对一"帮带学习指导，推行"三岗"制，即人才特训试岗、指导带岗、动态管理轮岗。2020年10月，雁山镇政府实行个人自荐和民意评测相结合的方法，从106名村"两委"干部中选取4名交换到镇政府进行为期3个月的实岗锻炼，每位交换到镇政府的村干部需要通过交办事务、实岗历练以及绩效评估提高业务水平，交换到村的镇干部利用机关干部资源优势，每周深入了解乡村振兴衔接时期出现的新问题、新矛盾。针对村干部实行"帮带"政策，依托社会责任感唤起镇干部的自觉意识。

建立村级党校培养人才是莫家村人才振兴的另一个创新点。莫家村充分发挥乡村振兴各主体合力，于2020年12月建成莫家村党校，这是桂林市首个规范化村级党校、自治区试点党校。莫家村党校立足农村党员干部学习需求，积极发挥党员培训的示范引领作用，为莫家村培训基层党员干部、引领人才振兴提供基础保障，受此影响莫家村党员人数达43名（见图15）。

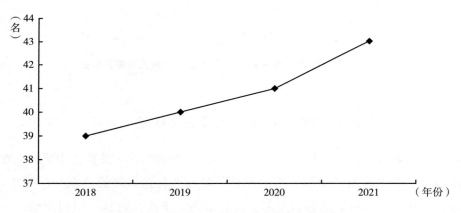

**图15　2018~2021年莫家村党支部党员数量变化**

在为农村党员开办党课的同时，莫家村党校还传授鸡鸭养殖、科学养鱼、果蔬种植等实操性强的内容。莫家村人才振兴试点创新开展"1+N"教育培训模式，即"课堂+基地"，完成职业培训课程后，为新型乡村振兴人才提供集体经济发展实践机会，巩固新技术运用能力。村级党校积极与上级党校和机构对接，发挥党员模范带头作用，带动村民发展特色农业，实现共同富裕。

### （二）建立本地人才储备库，吸引人才返乡创业

莫家村多渠道引才、育才，以红色"智囊团"培育为重点，增强村级集体经济发展后劲。积极完善乡土人才档案，将优秀的在外务工人员和回乡致富能人纳入人才储备库，通过远程教育、技术培训、现场授课、外出参观等形式，以现代科技、市场经济、农村实用新技术知识等新型农村技能为重点，加强对乡土人才的专业技能培训，为村级集体经济发展壮大提供支持。乡村人才振兴的核心在于通过整合人才，提升本土人才能力，实现习近平总书记所提出的"让愿意留在乡村、建设家乡的人留得安心，让愿意上山下乡、回报乡村的人更有信心，激励各类人才在农村广阔天地大施所能、大展才华、大显身手"①。莫家村贯彻落实《桂林市乡村振兴人才评价认定和管理办法（试行）》以及雁山镇政府出台的《乡村振兴人才评价认定工作方案》，以制度化供给明确乡村人才振兴目标任务和保障措施。乡村人才振兴的关键在于留住人才，在工业化和城镇化背景下，人才流失将导致农村空心化不断加剧，人才流失难以为乡村振兴提供高素质的劳动力要素，农村现在难以发展的主要问题在于人口的结构性过剩和短缺。乡村人口受教育程度偏低，技能型人才较少，高素质人才短缺，老龄化严重，不能简单地套用城市人才评价标准。

人才的获得一般通过本土培养、外部引进、上级下派等方式，国内现在有代表性的乡村人才振兴模式有"湖州模式"、"咸宁模式"和重庆的"永川模式"（实施民间乡土人才领跑带富计划等）。莫家村认清自身定位，依托自身的教育资源优势，与雁山区内高校和企业合作。雁山镇政府推进人大代表联络站建设，积极建立乡村人才培训基地，调动乡村人才的积极性，不

---

① 《习近平讲故事：实施乡村振兴战略是一篇大文章》，"人民网"百家号，2020 年 9 月 17 日，https：//baijiahao. baidu. com/s？id＝1678058714261775051&wfr＝spider&for＝pc。

断优化乡村人才培育模式。2018 年，莫家村派遣种植户参加雁山镇举办的农业学校专家及农服中心人员新型果树种植技术现场培训，此后每年都会组织专业培训班，邀请各大企业和高校专业人才为农民培训专业种植技术；同时，加强与上级相关部门的沟通协调，采取集中培训、专家指导、远程教育等方式，集中全力打造综合性农村人才培训体系。坚持"请进来，走出去"相结合，有针对性地开展农村人才专业培训、创业培训、科技培训，把培训班办到田间地头，着力打造"农村党员群众身边的课堂"。

相比于外部引进和上级下派，本土乡村人才培养更具有现实意义和可行性，本土乡村人才更为熟悉本地环境、更加熟悉本地产业。更重要的是，与前两种方式相比，外部引进和上级下派的人才与本地的耦合关联性不强，而本土乡村人才更加关注社会荣誉感和责任感，进而以点带面推动乡村脱贫致富，巩固乡村振兴成果。

### （三）以企业为培育平台，助推乡村技术人才成长

莫家村在不断培育职业农民、服务农民的同时，积极与相关公司开展产业合作。近年来，莫家村与桂林鱼伯伯生态农业科技有限公司合作，在水产养殖方面取得了卓越的成效，形成"莫家村集体出让土地，企业援助技术"的新型合作模式，合作开发池塘集装箱生态循环水高科技养殖技术。在村内企业的引领下，每年回乡创业的人数不断上升，每年企业都会为村中养殖户提供技术指导和培训，同时提供健康养殖技术咨询服务。现在莫家村生态养殖业已初具规模，在村委会的带领下形成了以企业养殖业为中心、高校协作培育人才的模式，为乡村人才振兴提供了坚实的物质和智力基础。

## 四 案例启示

通过对莫家村人才振兴案例的研究发现，乡村人才振兴是一个整体的框架。例如，"湖州模式"、"永川模式"和"咸宁模式"都是整体框架模式（见图 16），这几种模式在乡村人才振兴的人才需求、治理机制、治理核心

等方面有相似之处。这表明在实行乡村人才振兴政策时，要将乡村人才需求作为人才振兴的导向，将人才振兴的主体作为政策核心对象，从正式和非正式制度两个方面考虑人才振兴模式，从而优化人才振兴模式，对乡村人才振兴所涉及的不同主体、不同需求、不同层级进行综合考虑和有机结合。

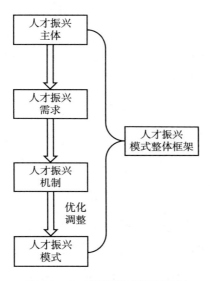

**图16  人才振兴模式整体框架**

资料来源：根据相关文献资料整理而成。

## （一）党建引领人才振兴，形成多层次人才培养体系

莫家村以村级党校为基石，满足本村职业农民和本土人才的核心需求，即提高经济水平，首要之义就是满足本土人才的基本生活需求，以共同富裕为目标，努力提升村民的生活水平和人均收入。村委会通过调研了解乡村人才的发展现状，满足不同层次人才核心需求，从而为不同层次人才提供不同层次的公共服务，确保满足不同人才不同层次的需求。莫家村以自身最大优势村级党校为衔接点，通过发挥党员先锋模范带头作用引领乡村振兴。莫家村以社会荣誉感为人才需求关注点，通过评选表彰唤醒乡土人才的自觉意识，尤其是党员的先锋模范带头意识，进而推动他们带领更多的人创业致富。

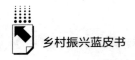

## （二）加强人才振兴不同主体间衔接，打造独特人才资源优势

整合不同的主体资源和优势共同参与人才振兴，有利于发挥各主体的优势，补齐人才振兴短板。譬如，莫家村建立村级党校实行"1+N"人才培养模式，整合上级党委、党员、村民三方主体力量。上级党委负责引导智力要素自上而下传递，党员作为纽带，本地村民作为人才振兴的最后一环，更顺畅地接受职业教育。相较于传统的人才振兴模式，"1+N"人才培养模式降低主体部门间合作的交易成本和碎片化程度，同时避免上级部门的交叉管理，最大限度提升人才振兴政策的传达效率。

## （三）构建新型人才振兴机制，多方位多角度推动人才振兴

在推动乡村人才振兴过程中，政府需要从多方位多角度构建新型人才振兴模式，例如莫家村将出台人才补助标准、构建社会保障体系、制定资格认定制度等作为乡村人才振兴工作的核心。此外，莫家村从信任、情感承诺、社会责任感、人生目标等方面综合考虑乡村人才的内心诉求，这些也是建构乡村人才振兴模式需要考虑的重要因素。建立健全乡村人才振兴运行机制，既要强调正式制度的权威性，保障正式制度的运行效率，又要根据经济社会发展改革和创新正式制度，以此促进正式制度和社会的协同发展。同时，要以情感召唤、荣誉感等支撑乡村人才振兴模式的健康运行，确保乡村人才振兴制度落细落实。乡村人才振兴只有做到这两个方面的相互补充、相互协调，才能为城乡村镇之间的人才流动提供良好的通道，提升人才振兴政策的执行效率。

# 案例五：践行"两山"理念，收获生态红利
## ——恭城瑶族自治县莲花镇红岩村生态振兴启示

# 一 案例简介

习近平总书记指出，"生态环境问题归根到底是发展方式和生活方式问

题"①。这就要求农村转变农业发展观，用适当的方式和方法处理乡村经济社会发展与生态环境保护的关系，贯彻好"两山"理念，做好乡村环境整治和生态保护工作，走可持续发展之路。因此，乡村振兴的重点应当放在构建乡村振兴的环境基础上，一方面，在农村形成环境友好型生产方式和产业结构，推动农业投入减少浪费、农业废弃物资源化运用和农业资源保护；另一方面，形成环境友好型生活方式和人居空间，贯彻落实农村人居环境治理三年行动计划。

近40年来，恭城瑶族自治县坚持生态立县发展思路，在不断的实践中探索出了"恭城模式"，不断印证党关于乡村生态振兴的主张和"两山"理念的正确性，乃至新发展理念的高瞻远瞩。恭城瑶族自治县大部分地区为石灰岩山地，土地条件差，1976年森林覆盖率不到40%。同时，当地乱砍滥伐问题愈演愈烈，许多青山变成秃山，水土流失严重，自然灾害频发，生态危机使农民面临粮食安全和燃料供应的双重困境，陷入"为了生存破坏生态，破坏生态更难生存"的恶性循环。1983年开始，恭城瑶族自治县从推广沼气入手，解决农村燃料问题，并减少对森林的砍伐。由此开始，恭城调整农业产业结构，大力发展"养殖—沼气—种植"三位一体生态农业，走上了"生态立县"发展之路。在此基础上，恭城瑶族自治县完善管理体制机制，推动生态农业模式规模化转型，从更广阔的视角发展旅游、康养、生态工业、生态农业等产业，大力整治农村人居环境，取得了良好的效果。2020年，恭城瑶族自治县入选数字乡村示范点。目前，恭城瑶族自治县是广西唯一的国家可持续发展实验区，并正在桂林市的支持下创建桂林国家可持续发展议程创新示范区、先导区，争取率先实现可持续创新发展，为世界同类地区提供现实样板和典型经验。

## 二 主要措施及成效

红岩村位于恭城瑶族自治县莲花镇南面，距桂林市108公里，占地约

---

① 《习近平谈治国理政》（第三卷），外文出版社，2020，第361页。

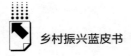

1100 亩，现有农户 127 户，总人口 439 人。现在的红岩村是一个集山水风光游览、田园农耕体验、住宿、餐饮、休闲和会议商务观光等于一体的生态特色旅游新村，但在改革开放以前，红岩村是一个各方面都非常落后的贫困村，"天晴到处臭，雨天下脚难"是当时的真实写照。20 世纪 90 年代开始，红岩村转变传统观念，响应县委大力种植林果、发展生态农业的号召，在坚持生态农业发展之路的基础上，大胆尝试月柿规模化种植，并开发出脆柿、柿饼等系列产品，提升产品附加值，让柿子树成为当地人的"致富树"。红岩村在全县率先实现月柿种植规模化、标准化、科技化和产业化转型，人均月柿种植面积达到 2 亩，年人均产果量达到 5 吨，全村种植月柿 600 多亩，年产量达 2800 多吨，并带动周边村屯种植月柿超 1 万亩。近年来，红岩村依托自然环境优势，大力发展乡村旅游，实现产业致富与旅游致富并举。红岩村依托良好的生态环境和月柿产业，成立旅游合作社、旅游公司和旅游协会，建设瑶寨风雨桥、滚水坝、灯光篮球场、旅游登山小道和停车场等公共设施，还对村民自家房屋进行舒适化改造，陆续建成独具特色的花园式小别墅 85 栋，配套客房 300 多间，开办农家乐餐馆 50 多家。自 2003 年起，恭城瑶族自治县政府每年在红岩村举办"恭城月柿节"，打响恭城月柿品牌。随着旅游服务设施的逐步完善，红岩村于 2018 年成功创建国家 4A 级旅游景区，当年接待游客 99 万人次，旅游总收入超过亿元，旅游收入占村民年收入的比重超过 50%。如今，红岩村已经从卖柿子发展到做旅游，大部分村民从事旅游业，年人均收入超过 2 万元。红岩村先后入选"全国农业旅游示范点""全国十大魅力乡村""全国生态文化村""中国特色景观旅游名镇名村""国家森林乡村"等。2020 年 8 月 26 日，红岩村入选第二批全国乡村旅游重点村。昔日贫穷落后的瑶族村寨实现了荒山变果园、果园变景区、农家变旅馆、农民变老板，成为人人羡慕的"柿外桃源"。红岩村认真实施恭城"生态立县"战略，立足自身资源优势，顺应市场发展趋势，不断优化产业结构，取得了令人瞩目的成果。

## 三　主要经验

### （一）咬定生态优势不动摇

红岩村积极落实恭城瑶族自治县"养殖—沼气—种植"三位一体农业发展思路，通过优化农村燃料结构，改变过去取暖做饭用柴火的生产生活方式，逐步减少对森林的砍伐。同时，红岩村大规模种植果树，在改善生态环境的基础上积极发展月柿产业，将荒山变成果园，解决了农民燃料需求与生态环境之间的矛盾，并改变了当地人与自然的关系，跳出了生存环境恶化与生态环境恶化相互影响的死循环，扭转了当地生态环境恶化的趋势，走上了一条可持续发展之路，为下一步进行人居环境提升、发展生态旅游打下坚实的基础。进入21世纪，红岩村将沼气、月柿等进行规模化、集约化管理，并以休闲农业与乡村旅游发展为轴心，将农业结构调整和发展生态旅游紧密结合，借助自身产业优势和特色，举办月柿节，使红岩村的生态旅游声名远播，促进农民就业增收。如今的红岩村依托月柿产业，改善了人居环境，又通过人居环境改善促进乡村旅游的发展，实现以生态产业发展促进人居环境改善向以生态环境改善实现兴村富民的跨越，走出了一条"传统农业—生态农业—农旅结合—三产融合"的乡村振兴之路。

### （二）大力推进农村人居环境整治

虽然红岩村通过发展月柿产业富了起来，但是村容村貌依然比较破败，这一度是村民心中的痛。进入21世纪以来，红岩村积极落实恭城瑶族自治县制定的"富裕生态家园"计划，兴建红岩新村，仅8个月就完成了一期31户的建设。近年来，在前期工作的基础上，红岩村统一规划、统一风格、统一施工、统一资金管理，改建自来水、道路、厕所、厨房等基础设施和生活设施，建起了漂亮的别墅群。这些举措改变了红岩村的人居环境，提升了红岩村的生态环境质量，乡村面貌焕然一新，彻底治好了红岩村村民多年的

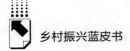

心病，提高了村民的生活质量，增强了老百姓的获得感。近年来，红岩村配备村屯保洁员，实现生活垃圾和污水集中处理，与全县一起走出一条投资少、运行成本低、管理方便、容易维护的污水处理路子，为红岩村良好人居环境的维持提供了坚实的保障。

### （三）优化体制机制，提升管理效能

红岩村以党建为引领，在整治农村生态环境的过程中，注重发挥农村基层组织和农民主体作用。比如，在规划编制上，村委会和乡镇政府充分听取群众意见，按程序公示之后再依法审批，先批后建，严格按照规划实施落地，保证人居环境具有鲜明的生态特色。同时，广泛开展群众性清洁乡村活动，引导村民建立健全村屯环境卫生管理制度，让村民成为改善人居环境的主力军，并制定、完善和实施保洁员管理、清洁乡村问责等方面的环境卫生管理制度，让村民自觉开展和坚持日常保洁工作。2020年以来，红岩村生态振兴乘着恭城瑶族自治县入选数字乡村示范点的东风，对中国月柿博物馆进行数字化改造，成为恭城乡村振兴工作数字大脑和运营服务指挥中心，并将生态环境信息纳入实时监测，为当地生态振兴插上了大数据的翅膀，最大限度方便红岩村的生态治理，同时方便整个恭城瑶族自治县的乡村生态管理工作，实现全县生态管理在大数据时代的体制机制创新。

## 四　案例启示

红岩村的生态振兴，是实施乡村振兴战略过程中把握和处理生态环境与经济发展、人民群众生活之间关系，促进三者协调共进的典范。生态环境保护和经济发展之间的关系历来是人类推进环保事业过程中的一个焦点和难点问题。传统观点常常将二者对立起来，好像二者不可兼得一样。如此观点以及在该观点指导下的实践导致很多棘手的问题，引来了诸多争议。但是，考察红岩村的案例可以发现，这样的看法有着极大的局限性。在20世纪80年代以前恭城瑶族自治县也面临类似的问题。具体到当时，恭城农村的燃料供

给主要靠砍柴，而砍柴会破坏当地的森林，进而加剧水土流失。当地居民通过砍柴满足自身能源和生活需求，虽然方便，但砍伐树木给村民生活带来的便利也就仅限于烧柴取暖。由于生态环境恶化，当地农业生产条件十分恶劣，收成不好，农民生活依然贫困。为了生存，农民只能增加树木砍伐量，加大对荒山的开垦力度，这反而加重了水土流失。结果，当地的生态环境更加恶化，农业生产力和农民生活水平也没有提高，人民群众陷入粮食安全和燃料供应的双重困境。这样的例子说明，生态环境保护和经济发展并非是非此即彼的关系。事实证明，破坏生态环境的代价是蝇头小利远远不能相抵的。红岩村实施农业生产转型之后，广泛种植柿子树，改善生态环境，同时优化全村的产业结构和能源结构，让全村通过月柿产业摆脱贫困，实现村民增收致富。不仅如此，红岩村还充分发挥自身的生态优势，发展乡村旅游，真正将"绿水青山"变成了"金山银山"，实现生态效益和经济效益相互促进。红岩村的案例充分证明，保护好生态环境不会与发展经济相矛盾，而是能够保护生产力，促进经济发展。处理好环保和经济的关系，关键是认识到生态环境保护和发展经济之间的关系并非是彼此对立，而是相互促进，并且要找到适当的路径，让保护生态环境成效实实在在转化为"金山银山"，满足人民群众对美好生活的向往。红岩村的案例还为乡村生态振兴和可持续发展提供了一些可供参考的经验，具体如下。

第一，要加强顶层设计。纵观红岩村生态振兴的过程，可以发现，从大力种植林果，改善农业结构，发展"三位一体"生态农业，到推进农村生态环境整治，发展乡村旅游，打响"恭城月柿"品牌，无不是落实县委的指示、响应县委的号召、几十年如一日推进生态农业发展所结出的累累硕果。因此，推进乡村生态振兴，需要加强顶层规划和设计，在全局的高度谋划农村生产生活方式转型，统筹经济发展和生态环境保护，在明确的规划下推动乡村生态振兴。

第二，要用实实在在的举措让群众参与生态环境保护。让群众意识到生态环境保护不会阻碍经济发展，而是有利于经济发展和生活水平提高。大力进行生态环境保护宣传，增强人民群众的相关意识固然重要，但更重要的是，让人民群众充分参与生态环境保护，让保护生态环境转化为看得见、摸得着的实惠。红岩村建立了行之有效的管理制度，广泛开展群众性清洁乡村活动并将保洁工作日常化，保证人民群众在维护生态环境事业中的参与度。同时，保护生态环境，在红岩村的成果，就是柿子树枝繁叶茂、月柿产业红红火火、乡村旅游名声在外。有了这些看得见、摸得着的实惠，人民群众自然就明白了"绿水青山就是金山银山"的道理，从而愿意接受新的生产生活方式。生态环境保护，人民群众是受益者，因此不能缺席。这就要求我们在推进乡村生态振兴的过程中，通过组织和制度方式，保证人民群众充分参与转变农村生产生活方式和保护家园环境的事业。

# 附　　录

Appendix

**B.9**

# 2021~2022年桂林市乡村振兴大事记

魏承林　欧吉兵*

**2021 年 2 月 22 日**　桂林市市长秦春成在创业大厦会议中心慰问肇庆市高要区、端州区派出的结对帮扶龙胜各族自治县、资源县的 8 名粤桂扶贫协作工作队队员，并与工作队员们进行了座谈，市扶贫办主任吴应新参加座谈。

**2021 年 4 月 12~13 日**　广东省党政代表团到桂林市考察粤桂协作工作并出席在桂林市召开的 2021 年粤桂协作联席会议。

**2021 年 4 月 25 日**　习近平总书记到桂林市全州县才湾镇毛竹山村视察，对桂林市乡村振兴工作给予了充分肯定。

**2021 年 4 月 30 日**　桂林市扶贫办被自治区党委、政府表彰为全区 2019~2020 年脱贫攻坚先进集体，桂林市扶贫开发综合服务中心被自治区党委、政府表彰为全区"十三五"脱贫攻坚先进集体，邓岩松、高云寿被表

---

\* 魏承林，桂林市乡村振兴局党组书记、局长，桂林市实施乡村振兴战略指挥部办公室主任，研究方向为乡村振兴发展；欧吉兵，桂林市乡村振兴局副局长，桂林市实施乡村振兴战略指挥部办公室副主任，研究方向为乡村振兴发展。

彰为全区"十三五"脱贫攻坚先进个人。

**2021 年 5 月 27 日** 桂林市脱贫攻坚乡村振兴总结表彰暨巩固拓展脱贫攻坚成果同乡村振兴有效衔接部署大会召开，全面总结桂林市脱贫攻坚和乡村振兴工作，表扬表彰先进个人 399 人和先进集体 198 个，对巩固拓展脱贫攻坚成果同乡村振兴有效衔接工作进行部署。

**2021 年 5 月 27 日** 桂林市扶贫办被市委、市政府评为脱贫攻坚先进集体，林章廷、姚荣国、刘贺、蒋士林 4 人被评为脱贫攻坚先进个人。

**2021 年 6 月 3 日** 桂林市扶贫开发办公室重组为桂林市乡村振兴局，并在临桂区青莲路建设大厦北楼 15 楼举行桂林市乡村振兴局成立挂牌仪式。市委副书记赵仲华、副市长谢灵忠出席并揭牌，市农业农村局领导班子成员、市乡村振兴局全体干部职工参加挂牌仪式。

**2021 年 7 月 6 日** 粤桂协作工作队队员、自治区乡村振兴局帮扶协调处副处长（挂职）肖飞宇到桂林市乡村振兴局挂职，挂任桂林市委农村工作（乡村振兴）领导小组办公室副主任。

**2021 年 7 月 26 日** 印发《中共桂林市委员会 桂林市人民政府关于印发〈实现巩固拓展脱贫攻坚成果同乡村振兴有效衔接的实施方案〉的通知》。

**2021 年 11 月 19 日** 印发《中共桂林市委办公室 桂林市人民政府办公室关于印发市领导联系县（市、区）、挂点脱贫村、重点工业企业工作安排表的通知》。

**2021 年 12 月 10 日** 广西师范大学政治与公共管理学院希望羽翼志愿服务团队获教育部语言文字应用管理司和共青团中央青年发展部联合表扬。

**2021 年 12 月 15 日** 广西师范大学西部乡村振兴研究院乡村振兴调研基地（资源）揭牌仪式在桂林市资源县举行。

**2021 年 12 月 22 日** 根据组织安排，桂林市乡村振兴局局长吴应新转任桂林市农业农村局局长，魏承林接任桂林市乡村振兴局局长。

**2021 年 12 月 31 日** 桂林市龙胜各族自治县代表广西迎接国家巩固拓展脱贫攻坚成果同乡村振兴有效衔接评估考核和粤桂东西部协作工作考核，得到好评。

**2022 年 1 月 7 日**　受桂林市人民政府委托，由广西师范大学与桂林发展研究院、中国区域经济学会珠江—西江经济带专业委员会主办，广西师范大学珠江—西江经济带发展研究院、广西人文社会科学发展研究中心、广西师范大学经济管理学院承办的首届桂林发展论坛暨第五届珠江—西江经济带发展论坛在桂林举行。此次论坛以"桂林世界级旅游城市建设与区域经济协作"为主题，以"桂林世界级旅游城市建设""桂林旅游高质量发展""全面推动新时代珠江—西江经济带高质量发展""流域经济高质量发展与协同治理"等为主线展开研讨，包含 10 场专题报告。来自中国社会科学院、南开大学、厦门大学、武汉大学、华南师范大学、湖南师范大学、广西大学、中共广西区委党校（广西行政学院）、广西师范大学等高校和科研机构的代表作为特邀演讲嘉宾出席此次论坛。桂林市委常委、副市长沈威虎，广西师范大学校长、桂林发展研究院院长贺祖斌出席会议并致辞。

**2022 年 1 月 12 日**　桂林市扶贫开发综合服务中心更名为桂林市乡村振兴综合服务中心。

**2022 年 1 月 21 日**　广西师范大学乡村振兴调研基地（雁山）挂牌仪式暨桂林市乡村振兴交流座谈会在雁山区雁山镇罗安村委司马田自然村召开。桂林市乡村振兴局、广西师范大学西部乡村振兴研究院、桂林市乡村振兴促进会、雁山区政府、桂林银行等单位相关负责人齐聚一堂，围绕桂林市乡村振兴相关主题展开交流和研讨，为桂林市乡村振兴高质量发展贡献智慧力量。桂林市副市长赵奇玲出席揭牌仪式并在交流会上致辞。

**2022 年 1 月 29 日**　印发《自治区实施乡村振兴战略指挥部办公室关于印发乡村振兴重点村名单的通知》，桂林市 280 个行政村（社区）被认定为乡村振兴重点村。

**2022 年 3 月 1 日**　印发《桂林市实施乡村振兴战略指挥部关于印发〈桂林市 2022 年巩固拓展脱贫攻坚成果同乡村振兴有效衔接督查工作方案〉的通知》。

**2022 年 3 月 25 日**　"粤桂一家亲　抗疫心连心"广西桂林捐赠百万元生活物资助力深圳市南山区抗疫。

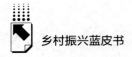

**2022 年 3 月 25 日**　印发《桂林市实施乡村振兴战略指挥部关于印发〈桂林市 2022 年县（市、区）、乡镇党委和政府及市直、中（区）直驻桂林各定点帮扶单位巩固脱贫成果后评估（绩效考核）工作方案〉的通知》。

**2022 年 3 月 25 日**　印发《桂林市实施乡村振兴战略指挥部关于调整充实桂林市实施乡村振兴战略指挥部办公室和专责小组的通知》，指挥部办公室设在市乡村振兴局，办公室人员实施驻组办公。市乡村振兴局任指挥部办公室、巩固脱贫攻坚成果专责小组、乡村建设专责小组、粤桂协作专责小组牵头单位。

**2022 年 3 月 26 日**　广西师范大学受邀在《中国教育扶贫报告（2020～2021）》新闻发布会暨《中国教育发展与乡村振兴报告（2022）》新版蓝皮书编撰启动会上发表主旨报告。广西师范大学获得《中国教育扶贫报告（2020～2021）》蓝皮书编写单位优秀组织奖。

**2022 年 3 月 29 日**　在桂林市乡村振兴局综合服务中心增设桂林市粤桂协作服务中心。

**2022 年 4 月 14 日**　根据《自治区乡村振兴局关于组织开展乡村振兴"四个一批"典型案例征集工作的通知》精神，经过自下而上推荐、实地查勘、沟通确认，最终确定灵川县灵川镇双潭村等 28 个村为桂林市乡村振兴记录村。

**2022 年 4 月 19 日**　广西师范大学经济管理学院成立暮桥乡村振兴助力队。

**2022 年 4 月 27 日**　印发《桂林市乡村振兴局关于印发〈桂林市实现巩固拓展脱贫攻坚成果同乡村振兴有效衔接"十四五"规划〉的通知》。

**2022 年 4 月 29 日**　广西师范大学国家语言文字推广基地入选 2022 年度教育部国家乡村振兴重点帮扶县培训单位，对口帮扶自治区革命老区东兰县。

**2022 年 5 月**　全国唯一艺术平台公布 2022 年唯一艺术·全国乡村振兴摄影大赛结果。广西师范大学美术学院 2021 级美术学（影像艺术创作与理论研究）硕士研究生赵梓旭的参赛作品《复制故乡》（组照）获得全国

"特等奖"。

**2022年5月28日** 由江苏省哲学社会科学界联合会、南京林业大学共同举办，广西师范大学设计学院协办的第二届"生态文明引领下的乡村振兴"国际研讨会暨设计助力乡村建设青年论坛在南京林业大学举行。

**2022年6月13日** 《自治区党委办公厅 自治区人民政府办公厅关于2021年度市县巩固脱贫成果后评估综合评价结果的通报》，桂林市2021年度巩固脱贫成果后评估获得综合评价"好"的等次。

**2022年6月16日** 桂林市市长李楚率代表团赴深圳市南山区进行粤桂协作互访，龙胜各族自治县、资源县主要领导参与活动。活动期间，在南山区召开了"南山区桂林市粤桂协作联席会议"。

**2022年6月28日** 广西师范大学在资源县第二小学举行实施乡村振兴校长发展工程开班典礼暨第一次集中研修启动仪式。

**2022年7月1日** 广西师范大学发起实施的资源县基层干部乡村振兴能力提升培训项目在资源县正式启动。

**2022年7月15日** 根据《自治区党委办公厅 自治区人民政府办公厅关于表扬2021年度全区实施乡村振兴战略实绩考核优秀单位的通报》，在2021年度全区实施乡村振兴战略实绩考核中，桂林市获评"优秀"等次，在自治区设区市中位列第一。

**2022年8月22~25日** 2022年中央单位定点帮扶和粤桂东西部协作挂职干部培训班在桂林举办。

**2022年9月19日** 由中国旅行社协会主办，中国旅行社协会乡村振兴专业委员会承办的"2022文旅赋能乡村振兴发展论坛"在广西桂林召开，围绕"文旅赋能·创新引领·乡村振兴"主题，共探乡村文旅发展创新之路。

**2022年10月27~28日** 2022年广西民族特色村寨建设与乡村旅游融合发展试点现场推进会在桂林市兴安县召开。

**2022年11月14~19日** 自治区实施乡村振兴战略指挥部组织开展了2022年度巩固脱贫成果后评估县际交叉考核，桂林市有巩固脱贫攻坚任务

的 13 个县（市、区）接受考核。

**2022 年 11 月 14 日**　由广西师范大学马克思主义学院、中共北海市委党校和北海市社科联共同主办的 2022 年"推进乡村振兴，促进共同富裕"学术研讨会在中共北海市委党校举行。

**2022 年 12 月 16 日**　受桂林市人民政府委托，由广西师范大学与桂林发展研究院主办，广西人文社会科学发展研究中心、广西师范大学西部乡村振兴研究院、广西师范大学经济管理学院、广西师范大学珠江—西江经济带发展研究院承办的第二届"桂林发展论坛"在桂林举行。此次论坛以"桂林世界级旅游城市建设与全面推进乡村振兴"为主题，以"桂林世界级旅游城市建设""桂林全面推进乡村振兴"为主线展开研讨，包含 4 场专题报告和 1 场圆桌论坛对话。来自四川大学、中山大学、山东大学、武汉大学、广西大学、广西师范大学、桂林理工大学、桂林漓江风景名胜区管理委员会、桂林旅游学会等国内高校、科研机构、政府部门和行业协会的代表作为特邀演讲嘉宾出席此次论坛。广西壮族自治区农业农村厅厅长、乡村振兴局局长黄智宇视频致辞，桂林市副市长龙杏华，广西师范大学校长、桂林发展研究院院长贺祖斌出席会议并致辞。

# 后　记

从创意出炉到书稿完成，《桂林乡村振兴发展报告（2021～2022）》历时一年有余，其间经历了团队组建、创意论证、框架修订、实地调研、资料整理、初稿修改、二稿研讨、三稿完善等阶段，可谓一路攻坚克难，终成此书。

本书的实地调研得到了桂林市委、市政府尤其是桂林市乡村振兴局及各县（市、区）乡村振兴局的大力支持，在此表示感谢。其间，研究团队在桂林13个县（市、区）设立了乡村振兴调研基地①，并在每个县（市、区）设立了2个乡村振兴样本观测点；在此基础上，研究团队围绕产业振兴、人才振兴、文化振兴、生态振兴、组织振兴等核心议题，多次深入各调研基地及观测点开展专题调研，系统收集了桂林乡村振兴的宝贵一手资料，为报告撰写奠定基础。

本书由桂林发展研究院、广西师范大学西部乡村振兴研究院、广西师范大学珠江—西江经济带发展研究院等组织专家团队采取分工协作的形式编写完成，其中，部分广西师范大学在校学生参与了此次编写任务，他们是：经济管理学院研究生杨兰、刘杨青、郭晨阳等（参与了《桂林乡村振兴发展成效及机制保障》的撰写）；教育学部研究生周润伍、梁宇健（参与了《桂林乡村人才振兴调查与研究报告》的撰写）；经济管理学院研究生姜旭扬、陈宇婷，本科生姜小梦、汪玉苹等（参与了《桂林乡村文化振兴调查与研究报告》的撰写）；生命科学学院研究生董淑龙、曹蕊、丁若曦等（参与了

---

① 由于秀峰区、叠彩区、象山区、七星区4区城镇化程度高，乡村振兴任务较轻，并未设立乡村振兴调研基地和乡村振兴观测点。

335

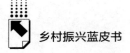

《桂林乡村生态振兴调查与研究报告》的撰写）；经济管理学院研究生司叶林、张晓玥、陈佳明、夏天、刘英松等（参与了《桂林乡村振兴典型案例分析》的撰写）。由于在校学生参与人数较多，并未在相应报告正文中予以一一署名，在此对他们的辛勤付出表示感谢。

本书的编写得到了有关单位和个人的大力支持，在此一并表示感谢。具体包括：中共桂林市委办公室、桂林市乡村振兴局、桂林市发展与改革委员会、桂林市统计局、桂林市农业农村局等部门提供的资料与数据支持，桂林各县（市、区）乡村振兴局及调研样本对象对实地调研的密切配合与支持，社会科学文献出版社对书稿整理、校对、编排等的支持。

# Abstract

In order to comprehensively implement the spirit of the document of "Opinions of the CPC Central Committee and The State Council on Implementing the Strategy of Rural Revitalization", "Opinions of the CPC Central Committee and The State Council on Effectively connecting the Achievements of Poverty Alleviation and Rural Revitalization" and "Decision of the CPC Guangxi Zhuang Autonomous Region Committee on Implementing the Rural Revitalization Strategy", along with the actual situation of regional development, Guilin has taken many measures simultaneously to promote rural industry revitalization, rural talent revitalization, rural cultural revitalization, rurual ecological revitalization, and rural organizational revitalization. In 2020 and 2021, Guilin has ranked the first place in Guangxi rural revitalization performance assessment for two consecutive years, and created a "Guilin model" of rural revitalization.

"The Guilin Rural Revitalization and Development Report (2021-2022)" consists of four parts: general report, topical reports, special reports and appendix. On the basis of reviewing the background of rural revitalization and development in Guilin, the general report focuses on elaborating and analyzing the achievements of rural revitalization in Guilin, and puts forward relevant policy suggestions for comprehensively and deeply promoting rural revitalization in Guilin from the perspective of system guarantee. According to the general report, Guilin has made gratifying achievements since 2021 in the areas of promoting high-quality development of agricultural products, optimizing structural adjustment of rural industry, strengthening rural talents cultivation, improving rural civilization construction, creating and upgrading livable countryside, and encouraging and guiding the innovative rural governance. To ensure the rural revitalization reaching

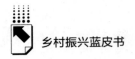
乡村振兴蓝皮书

to a higher level, Guilin will have to make a concerted effort to maintain her system guarantee.

The topical reports take rural industry revitalization, rural cultural revitalization, rural ecological revitalization, and rural organizational revitalization as main framework, and conduct panel investigation and research on typical issues along with it. Among them, "The Survey Report on Rural Industry Revitalization in Guilin" summarizes and analyzes the development of characteristic industries, industrial technological innovation, industrial brand shaping, industrial supportive revitalization and other contents; "The Survey Report on Rural Talent Revitalization in Guilin" comprehensively discussed the typical problems and corresponding measures, such as talent absence, brain drain, talent neglect, talent mismatched, talent gap, talent misled, and talent wasted; "The Survey Report on Rural Cultural Revitalization in Guilin" deeply discusses the core issues such as ideological guidance, cultural inheritance, civilization transmission and cultural system benefiting the people; "The Survey Report of Rural Ecological Revitalization in Guilin" summarizes the achievements made in the improvement of human settlement environment and the systematic control of agricultural environmental pollution, and put forward the solutions to the existing problems; and "The Survey Report on Rural Organizational Revitalization in Guilin refines the basic models of "party construction + N" and "micro-governance" at the primary-level party organizations, and believes that corresponding measures should be taken to solve the typical problems of rural organizational revitalization.

The special reports mainly focus on typical cases of Yangshuo's homestay development and rural revitalization. Among them, "Investigation and Research on the Development of Homestay in Yangshuo under the Background of Rural Revitalization" focuses on systematically summarizing and refining the basic status quo, existing problems, development characteristics and basic experience of the development of homestay in the practice of rural revitalization in Yangshuo, and puts forward corresponding countermeasures and suggestions for the typical problems existing in the development of homestay in Yangshuo. "The Typical Case Analysis of Guilin's Rural Revitalization" selects one typical case from each of the five aspects of Guilin's rural industry revitalization, cultural revitalization, organizational revitalization, talent revitalization and ecological revitalization respectively. By analyzing the main measures and achievements of the implementation of rural revitalization strategy in the five typical cases and summarizing their successful experience, we try to provide inspiration for Guilin to achieve the comprehensive rural revitalization.

In addition, the appendix combs some typical events of Guilin's rural revitalization from 2021 to 2022.

**Keywords**: Rural Revitalization; Yangshuo Homestay; Guilin

# Contents

## I　General Report

**Abstract**: Guilin deeply studied and implemented the important discussion on
the rural revitalization strategy from the state level and Guangxi regional level, and
made concerted efforts to jointly manage and combine forces, and made solid
rectification to promote revitalization. This report closely focuses on the important
instructions and development goals of the " Opinions of the CPC Central
Committee and The State Council on Completing the important work of
Comprehensively Promoting Rural Revitalization in 2022", reviews, summarizes
and systematically evaluates the status and results of the key work of rural
revitalization in Guilin. Guilin has always firmly adhered to the bottom line of
preventing substantial reemergence of poverty, and effectively consolidated and
expanded the achievements of poverty alleviation. We further deeply implement the
strategy of "storing grain on farmland and technology", and improve our ability to
ensure the supply of agricultural products. By focusing on "two keys", Guilin
promotes the modernization of agriculture and rural areas, and fills the "real
practices" of rural development. We steadily promote the beautiful and livable
countryside construction and mould the "shape" of beautiful countryside,

and. focus on "implementing", "adjusting", "constructing", "weaving" and "establishing" to overcome "new difficulties", and firmly cast the "soul" of rural governance. But at the present stage, there are still some shortcomings in agricultural production, rural living and public service facilities. This report then puts forward the basic countermeasures to comprehensively promote the rural revitalization of Guilin: stick to the "two bottom lines", strengthen the institutional innovation; focus on the "three key points", and consolidate the development achievements. With high spirits and pragmatic work style, Guilin studies, publicizes and implements the spirits of The 20th National Congress of the Communist Party of China, continues to focus and make precise efforts on the important and difficult points, and strive to create a new situation of rural revitalization on the new journey.

**Keywords:** Rural Revitalization; Agriculture and Rural Modernization; Rural Development; Beautiful and Livable; Rural Civilization

# II   Topical Reports

**B**. 2   The Survey Report on Rural Industry Revitalization
in Guilin                                    *Wu Xianfu, Liang Jun* / 047

**Abstract:** Based on the economic development mission of rural revitalization, Guilin made multi-pronged efforts to focus on the rural industry revitalization and achieved good results: Firstly, the rural characteristic industry is gradually developed; secondly, the effect of industrial technology innovation is gradually emerging; thirdly, the featured brands of rural industry are established and shaped; fourthly, the rural industrial supportive revitalization gradually become a fairly common atmosphere. Relying on its relatively occupied factor endowment, Guilin has gradually formed a rural industrial revitalization model with local characteristics, such as "Party construction+", "agriculture+", "organization+" and "ecological environment+", which is of great reference significance for other regions. While

achieving a series of development results, Guilin rural industry revitalization also presents some typical problems, manifested in: Firstly, the rural specialty industry development is "big but not strong"; secondly, the specialty industry technology innovation effect is relatively low; thirdly, the featured brands management for rural industry is still improper; fourthly, the rural industry support revitalization still has shortcomings. In view of the above typical problems, this report takes the following measures to accelerate the revitalization of the rural industry in Guilin: Firstly, the rural specialty industry should be expanded and strengthened in an orderly manner; secondly, the technological innovation of the rural industry should be steadily promoted; thirdly, the featured brands for rural industry should be systematically managed, and finally, the rural industrial supportive revitalization should be fully compensated.

**Keywords:** Industrial Revitalization; Characteristic Industry; Technological Innovation; Featured Brands; Industrial Support

## B.3　The Survey Report on Rural Talent Revitalization in Guilin　　　　　　　　　*He Zubin, Ouyang Xiujun* / 087

**Abstract:** Rural revitalization, the key lies in the people. In order to create a Guilin chapter of The Magnificent Guangxi, Guilin has made effective achievements in rural talent revitalization utilizing a multi-points outburst-strength settings. Various types of primary-level talents in Guilin are strengthened by exchange acquisition and local cultivation. At the same time, Guilin greatly promotes the development of innovation practice platforms, strengthens the carrier construction of innovation practice platform and creates the new forms of gathering primary-level talents to improve the quality and efficiency of talents, and further improve the basic guarantee of "retaining talents" in rural Guilin. The valuable experience of rural talent revitalization in Guilin can be summarized as the mode of "sending wisdom from colleges and universities to the countryside", "industry leading by the village party secretary", "county overall planning and coordination", "county appointing retired cadres" and "rural industry dependence-driven", and etc. Guilin's rural talent revitalization, of course, also faces the future challenges of high-quality development, the main problems, such as: the rural talent acquisition mechanism still need to further improve; rural high-end talent insufficient demand leads the brain drain; the weakness of talent consciousness induces the talent problem has been neglected; lack of fusion between foreign talents and local talent; continuity issue of rural talent in the industry development, rural industry and local talents are not strongly connected; and rural talent were not being precisely classified and evaluated are still need to be solved. In this regard, this report suggests to take targeted measures to solve the problem, actively develop industries to stimulate the demand for talents and improve the acquisition mechanism, and render a parallel system to support the development of characteristic industries and rural infrastructure construction. Meanwhile, at county-level, more attention should be given to the talent problem as a key issue, and plan rural and develop rural industries in a more "de-myopically" way. Adhere to the combo way of "screening" and "mining" to promote the talents fusion, enhance the substantial connection between rural industries and farmers' development, and improve the rural talents' classification and evaluation mechanism in accordance with local conditions. Thus to promote the rural talent revitalization and forge a talent-strong city.

**Keywords:** Rural Talents Revitalization; Send Wisdom to the Countryside; Talents Acquisition; Talents Demand; Talents Management

**Abstract:** Rural revitalization should not only mould the shape, but also cast the soul. Without cultural revitalization, rural revitalization will become soulless revitalization. The report of the 20th National Congress of the Communist Party of China points out that promote cultural self-confidence and self-improvement need to follow the lead of the socialist core values, develop advanced socialism culture,

carry forward the revolutionary culture, inherit the excellence of traditional Chinese culture, cultivate innovated culture, meet people´s growing spiritual and cultural demand, improve the network comprehensive management system, prosperously develop of public cultural undertakings and cultural industry. This report bases on theprogress of the rural revitalization practices in 2021 of all counties (affiliated cities and districts) in Guilin city, focusing on ideological guidance, cultural and tourism integration, cultural benefit to the people, civilization transmission, network culture, cultural talents and related aspects, to deliver a comprehensive review of the main achievements of Guilin's rural cultural revitalization in 2021, and further summarizes the main characteristics of rural culture revitalization driven by civilized activities, local culture inheritance, multi-culture integration into the construction of benefiting the people, civilization transmission, network culture and cultural talents, and points out the main problems existing in the progress of development. Finally, countermeasures and suggestions are put forward in the aspects of ideological guidance, strengthening the cultural heritage protection, cultural benefit to the people, civilization transmission, digital construction and talent cultivation.

**Keywords**: Rural Cultural Revitalization; Ideological Guidance; Culture and Tourism Integration; Cultural Benefit to the People; Civilization Transmission

## **B**.5　The Survey Report on Rural Ecological Revitalization in Guilin
Ma Jiangming, Mo Yanhua / 161

**Abstract**: Ecological revitalization is an important support for rural revitalization. A good ecological environment is the greatest advantage and the most valuable wealth of rural areas. Guilin attaches great importance to the rural ecological construction, and has made remarkable achievements in the improvement of the living environment, the systematical control of the agricultural environmental pollution, the efficient and sustainable utilization of agricultural ecological resources and the sound development of the ecosystem. Based on the landscape resource endowment, Guilin pays attention to expending rural ecological tourism, implementing the ecological compensation system, developing the ecological industry according to local conditions, and forms Guilin's typical rural ecological revitalization and development modes, including the ecotourism mode, ecological compensation mode and under-forest economy mode. Meanwhile, Guilin also realizes that there are still problems in its rural ecological revitalization, such as the weakness of ecological consciousness, lack of ecological planning and poor ecological industry. Therefore, from the aspects of strengthening ecological awareness, paying attention to ecological planning and promoting the development of ecological industry, this report offers the development measures to accelerate the rural ecological revitalization of Guilin, mould the "shape" of beautiful countryside, fill the "real practices" of rural development, and cast the "soul" of rural civilization.

**Keywords**: Rural Ecological Revitalization; Improvement of Human Settlement Environment; Control of Rural Environmental Pollution; Rural Ecotourism; Ecological Compensation

**B**. 6 The Survey Report on the Rural Organizational Revitalization in Guilin *Xiao Fuqun*, *Xu Qilong* / 201

**Abstract**: Organizational revitalization is the main content and fundamental guarantee of rural revitalization. In 2021, Guilin fully implements the important indicative spirit of general secretary Xi Jinping on Guilin's rural revitalization during his visit to Guangxi, achieves the major outcomes in improving the system of rural revitalization leadership cohesion, promoting the standardization construction of primary-level party organizations, improving rural governance ability by utilizing digital enabling and Integrating of autonomy, law ruling, and virtue ruling, cultivating new agricultural business operation entities, and guiding social organizations to participate in rural revitalization, ensures cohesion orderly and smoothly, promotes rural organizational revitalization, forms the revitalization modes such as "party construction +N", primary-level "micro-governance", and

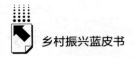
"cluster development of collective economy". However, Guilin's organizational revitalization is still facing practical problems, such as imperfect coordination mechanism, insufficient service capacity of primary-level party organizations, administerization of autonomy, and lack of endogenous power of rural collective economy. To consolidate the achievement of poverty alleviation and the effective cohesion of rural revitalization, this report suggests that Guilin needs to further establish a sound mechanism, adhere to party's core leadership of rural revitalization, optimize the rural grassroots party member team structure, further go deep into the grassroots and the masses, mobilize and cultivate social organizations deeply involving in rural revitalization, creatively develop new rural collective economy, and walk out Guilin's featured way of rural organizational revitalization.

**Keywords**: Organizational Revitalization; Party Construction +; Social Organization

# Ⅲ    Special Reports

**B**.7    Investigation and Research on the Development of
Homestay in Yangshuo Under the Background of
Rural Revitalization                    *Lu Jun*, *He Zubin* / 240

**Abstract**: Homesay is an important carrier of the integrated development of rural three industries, an important way to integrate resources, extend the industrial chain, improve industrial added value and consolidate the achievements of poverty alleviation, and an important force to promote the comprehensive revitalization of rural areas. Rural revitalization has brought new opportunities for the development of homestay, and homestay has become one of the important ways to promote rural revitalization. The unique function and value of homestay in consolidating and expanding the effective connection between poverty alleviation and rural revitalization are sought after by the industry. Under the background of rural revitalization, a large number of social capital has entered Yangshuo to invest in

B&Bs. B&bs have become a new channel, new path and new model to consolidate the achievements of poverty alleviation in Yangshuo. The practice of Yangshuo homestay development shows that homestay fully awakens rural sleeping resources, promotes social capital to the countryside, accelerates rural economic development, and promotes the high-quality development of rural industries. Therefore, this report analyzes the main achievements of Yangshuo B&B development under the background of rural revitalization, summarizes and refining the basic experience of B&B development in helping rural revitalization, and provides experience and path reference for consolidating and expanding the effective connection between poverty alleviation achievements and rural revitalization. On this basis, the paper further analyzes the main problems of B&Bs development and puts forward corresponding countermeasures and suggestions, so as to provide reference for the sustainable development of B&Bs in Yangshuo and promote the high-quality sustainable development of rural revitalization in Yangshuo.

**Keywords:** Rural Revitalization; Yangshuo Homestay; Sustainable Development

## B. 8 The Typical Case Analysis of Guilin's Rural Revitalization

*Zhang Haifeng, Tan Zhixiong* / 281

**Abstract:** The year of 2021 is the first year of the 14th Five-Year Plan. Guilin has fully implemented the conference spirits of the CPC Central Committee, the State Council and the Guangxi Autonomous Region on the rural revitalization, adhered to the overall layout of "five-sphere integrated plan", made comprehensive arrangements, paid specific attention to the implementation, took pioneering and innovative steps, and held on to the victory fruits of poverty alleviation. Focusing on Guangxi's 28 specific problems in six aspects on the state level assessment feedback of "consolidate and expand poverty alleviation achievements and effectively link up with rural revitalization in 2021", Guilin has implemented "12345" work methodology, strengthened the responsibility and implementation, built a responsibility system with setting clear division of work and clear classification of

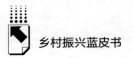

乡村振兴蓝皮书

responsibilities and duties to, resolutely implemented the rectification work, and ensured new achievements in promoting rural revitalization. This report selects one typical case from each of the five aspects of Guilin's rural industry revitalization, cultural revitalization, organizational revitalization, talent revitalization and ecological revitalization respectively. By analyzing the main measures and achievements of the implementation of rural revitalization strategy in the five typical cases and summarizing their successful experience, we try to provide inspiration for Guilin to achieve the comprehensive rural revitalization.

**Keywords:** Primary-Level Party Organizations; Rural Revitalization; Characteristic Industry

社会科学文献出版社

# 皮 书

## 智库成果出版与传播平台

### ❈ 皮书定义 ❈

皮书是对中国与世界发展状况和热点问题进行年度监测，以专业的角度、专家的视野和实证研究方法，针对某一领域或区域现状与发展态势展开分析和预测，具备前沿性、原创性、实证性、连续性、时效性等特点的公开出版物，由一系列权威研究报告组成。

### ❈ 皮书作者 ❈

皮书系列报告作者以国内外一流研究机构、知名高校等重点智库的研究人员为主，多为相关领域一流专家学者，他们的观点代表了当下学界对中国与世界的现实和未来最高水平的解读与分析。截至 2022 年底，皮书研创机构逾千家，报告作者累计超过 10 万人。

### ❈ 皮书荣誉 ❈

皮书作为中国社会科学院基础理论研究与应用对策研究融合发展的代表性成果，不仅是哲学社会科学工作者服务中国特色社会主义现代化建设的重要成果，更是助力中国特色新型智库建设、构建中国特色哲学社会科学"三大体系"的重要平台。皮书系列先后被列入"十二五""十三五""十四五"时期国家重点出版物出版专项规划项目；2013~2023 年，重点皮书列入中国社会科学院国家哲学社会科学创新工程项目。

权威报告・连续出版・独家资源

# 皮书数据库
## ANNUAL REPORT(YEARBOOK) DATABASE

## 分析解读当下中国发展变迁的高端智库平台

### 所获荣誉

- 2020年，入选全国新闻出版深度融合发展创新案例
- 2019年，入选国家新闻出版署数字出版精品遴选推荐计划
- 2016年，入选"十三五"国家重点电子出版物出版规划骨干工程
- 2013年，荣获"中国出版政府奖・网络出版物奖"提名奖
- 连续多年荣获中国数字出版博览会"数字出版・优秀品牌"奖

皮书数据库

"社科数托邦"
微信公众号

### 成为用户

登录网址www.pishu.com.cn访问皮书数据库网站或下载皮书数据库APP，通过手机号码验证或邮箱验证即可成为皮书数据库用户。

### 用户福利

- 已注册用户购书后可免费获赠100元皮书数据库充值卡。刮开充值卡涂层获取充值密码，登录并进入"会员中心"—"在线充值"—"充值卡充值"，充值成功即可购买和查看数据库内容。
- 用户福利最终解释权归社会科学文献出版社所有。

社会科学文献出版社 皮书系列
SOCIAL SCIENCES ACADEMIC PRESS (CHINA)
卡号：686489879816
密码：

数据库服务热线：400-008-6695
数据库服务QQ：2475522410
数据库服务邮箱：database@ssap.cn
图书销售热线：010-59367070/7028
图书服务QQ：1265056568
图书服务邮箱：duzhe@ssap.cn

# 法律声明

"皮书系列"（含蓝皮书、绿皮书、黄皮书）之品牌由社会科学文献出版社最早使用并持续至今，现已被中国图书行业所熟知。"皮书系列"的相关商标已在国家商标管理部门商标局注册，包括但不限于 LOGO（ ▨ ）、皮书、Pishu、经济蓝皮书、社会蓝皮书等。"皮书系列"图书的注册商标专用权及封面设计、版式设计的著作权均为社会科学文献出版社所有。未经社会科学文献出版社书面授权许可，任何使用与"皮书系列"图书注册商标、封面设计、版式设计相同或者近似的文字、图形或其组合的行为均系侵权行为。

经作者授权，本书的专有出版权及信息网络传播权等为社会科学文献出版社享有。未经社会科学文献出版社书面授权许可，任何就本书内容的复制、发行或以数字形式进行网络传播的行为均系侵权行为。

社会科学文献出版社将通过法律途径追究上述侵权行为的法律责任，维护自身合法权益。

欢迎社会各界人士对侵犯社会科学文献出版社上述权利的侵权行为进行举报。电话：010-59367121，电子邮箱：fawubu@ssap.cn。

社会科学文献出版社